학교 제도

미국 · 영국 · 일본

학교 제도

미국 · 영국 · 일본

초판 1쇄 인쇄 2023년 7월 5일
초판 1쇄 발행 2023년 7월 17일

—

지은이 김상규
펴낸이 이방원
책임편집 정조연   **책임디자인** 양혜진
마케팅 최성수 · 김 준   **경영지원** 이병은

—

펴낸곳 세창출판사
        신고번호 제1990-000013호 주소 03736 서울시 서대문구 경기대로 58 경기빌딩 602호
        전화 02-723-8660 팩스 02-720-4579 이메일 edit@sechangpub.co.kr 홈페이지 http://www.sechangpub.co.kr
        블로그 blog.naver.com/scpc1992 페이스북 fb.me/Sechangofficial 인스타그램 @sechang_official

—

ISBN 979-11-6684-199-6 93370

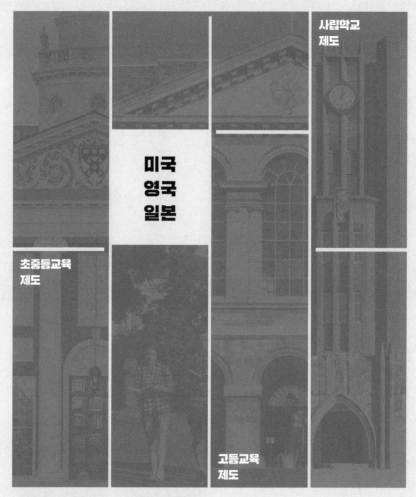

사립학교
제도

미국
영국
일본

초중등교육
제도

고등교육
제도

학교 제도

김상규 지음

세창출판사

저자 서문

프랜시스 베이컨의 말처럼 '지식 그 자체가 힘'인 시대를 살아왔다. 우리나라의 학교는 개인과 사회에 필요한 지식을 공급하는 중심 기관으로서, 획일적·경직적이라는 비판이 있는 가운데서도 지식의 비대칭성을 바탕으로 제도적 권위를 독점하면서 발전해 왔다.

그러나 지식 그 자체만으로는 힘이 되지 못하는 시대가 이미 도래해 있다. 세계에서도 유례없는 저출산으로 학령인구가 급격히 감소하여 성공적인 사회 제도로만 여겨 왔던 학교의 존립을 위태롭게 하고 있으며, 한편으로는 지식정보사회와 글로벌화, 산업 경제의 변화 등으로 지식의 공급처가 다양화되면서, 학교가 지식의 공급만으로는 국민과 사회의 존경과 신뢰를 받을 수 없는 시대가 되었다.

따라서 유례없는 전환기에 주요 국가의 학교 제도는 어떻게 조직되어 있으며, 각국의 개별성은 무엇인지, 공교육이 도입된 이래 1세기가 지난 20세기 후반 이후 주요 국가의 교육 제도에는 어떤 변화가 생기고 있는지, 다른 국가의 교육 개혁이 우리나라 학교의 성공에 시사하는 것이 무엇인지를 찾고자 하는 것은 교육 연구자로서 사회적 책임이라 할 수 있다.

이러한 노력으로 교육을 전공하는 학생과 교육 제도를 연구하는 연구자 등에게 학문의 기초 자료를 제공하고 정책 설계자에게는 교육 정책 입안 자료가 되며, 교육에 관심 있는 일반인들에게는 교육 제도를 폭넓게 알 수 있는 교양서로서 읽힌다면 실천적 지식으로서 가치 있는 일이 될 것이다.

본서에서는 연구 대상을 미국, 영국, 일본으로 하였다. 대서양을 사이에 둔 미국과 영국은 1980년대 이후 교육 제도의 패러다임을 바꾸는 개혁을 하여 세계 각국의 정책 모델 또는 연구 대상이 되고 있다. 그리고 교육 법령과 학교 제도 기준에서 우리나라와 동질적인 측면이 많은 일본은 교육 개혁에 사회문제 해결의 사활을 걸 정도로 총력적으로 대응하고 있다는 점에서 시사하는 바가 크다.

본서에서는 세 국가의 교육 제도를 초중등교육 제도, 고등교육 제도, 사립학교 제도, 세 분야로 구분하고, 각 분야에서 교육 제도의 핵심을 이루는 테마를 유형화하여 정리하였다.

먼저 초중등교육 제도에는 교육 행정 제도, 의무교육, 학교 제도 기준, 교원 양성·자격 제도와 최근 교육 개혁 동향 등을 정리하였다. 그리고 고등교육 제도는 고등교육 개요, 설립 인가, 학위·자격 제도, 입학 제도, 고등교육의 질 보증, 대학 운영 거버넌스, 대학의 법적 지위, 교육 행정과의 관계 등으로 정리하였다. 특히 우리나라 정치계와 교육계의 이해가 충분하였다고 보기 어려운 사립학교 제도는 사립학교의 역사, 법적 지위, 설립 인가, 입학·진급, 사립학교 관련 규정 등을 정리하여 국가 간 사립학교의 제도적 특성을 상대화하여 비교할 수 있도록 하였다. 이는 교육의 양적 성장기에 사립학교로서의 법적 특질이 형식화되고, 공립학교에 동화되어 발전해 온 우리나라 사립학교의 미래 정책 설계에 도움을 줄 것이다.

본서는 여러 국가의 교육 제도를 대상으로 하지만, 비교교육학 연구이기

보다는 지역 연구이다. 지역 연구에 초점을 둔 이유는 각국의 교육을 바르게 이해하는 것이 먼저이며, 국가 간 제도 비교를 위한 정확한 자료를 학계와 전문가에게 제공하는 것이 중요하기 때문이다. 본 연구에 후속하여 각국의 교육 제도에 대한 깊이 있는 연구와 국가 간 비교 연구가 활성화될 것으로 기대한다.

전환기에 우리 교육의 문제는 무엇인가를 냉철하고 정확하게 바라보기 위해서는 우리 사회의 내면을 들여다보는 내적 성찰에 더하여 교육 선진국의 개혁이 사회 전반에 미치고 있는 성과를 배우려는 자세가 중요하다. 다만, 각국의 제도는 역사, 문화, 기후, 정치 수준, 국민들의 수용도 등이 반영되어 정착한 것이므로, 다른 나라의 교육 제도를 이상적인 것으로 과잉 해석하거나 모범으로 간주하고 맞추어 가려는 자세는 바람직하지 않다.

덧붙여 우리 교육에 긴급하게 요구되는 것은 초중등교육, 고등교육이 미치는 효과, 교육으로 생성되는 교육 격차 문제, 글로벌 사회에서 우리나라 교육의 현주소, 그리고 미래 사회의 변화에 학교 제도와 교육 정책이 일치하는지를 정교하게 분석하고 정치와 교육계의 한정된 시점에서 벗어나 사회 각계가 참여하여 우리나라만의 미래 교육 모델을 만들어 가는 것이다.

2023년 5월
저자 김 상 규

차례

미국

제1장 초중등교육 제도   33

제2장 고등교육 제도　103

영국

제1장 초중등교육 제도 207

제2장 고등교육 제도   293

제3장 사립학교 제도

일본

제1장 초중등교육 제도

제2장 고등교육 제도   445

표 차례

그림 차례

약어 일람

미국

AAUP	American Association of University Professors	미국대학교수협회
ACE	American Council on Education	미국교육위원회
ACSI	Association of Christian Schools International	국제그리스도학교협회
ACT	American College Testing Program	미국대학입시프로그램
AGB	Association of Governing Boards of Universities and Colleges	미국대학이사회협회
AMS	American Montessori Society	미국몬테소리협회
BEDS	Basic Educational Data System Report	교육기본데이터시스템 보고서
BOCES	Boards of Cooperative Educational Services	협동교육위원회
CHEA	Council of Higher Education Accreditation	고등교육적격인정협의회
CHP	Department of the California Highway Patrol	캘리포니아고속도로 순찰국
CFAT	Carnegie Foundation for the Advancement of Teaching	카네기교육진흥재단
CMO	Charter Management Organizations	차터스쿨운영교육조직
CNP	Child Nutrition Program	아동영양프로그램
CS	U.S. Commercial Service	미국상업서비스
CTC	California Commission on Teacher Credentialing	캘리포니아교사자격인정 협회
DCJ	Division of Criminal Justice	형사사법국
ECIS	European Council of International Schools	유럽국제학교협회
EMO	Education Management Organizations	공립학교운영영리조직
ESSA	Every Student Succeeds Act	모든학생성공법

FBI	Federal Bureau of Investigation	연방수사국
FSA	Federal Security Agency	연방안전부
FSEOG	Federal Supplement Educational Opportunity Grant	연방보조교육기회장학금
GED	General Education Development	학력인정민간자격
HHS	Department of Health and Human Services	후생복지부
IBO	International Baccalaureate Organization	국제바칼로레아협회
ICE	U.S. Immigration and Customs Enforcement	이민세관수사국
IES	Institute of Education Sciences	교육과학연구소
IHIP	Individualized Home Instruction Plan	개별가정교육계획
LCC	Labor Coalition Clearinghouse	노동연합정보센터
LEA	Local Education Agency	지방교육당국
MPCP	Milwaukee Parental Choice Program	밀워키시학교구바우처 프로그램
MSA	Middle States Association of Colleges and Schools	중부주지역인정협회
MSCES	Middle States Commission on Elementary Schools	중부주초등학교위원회
MSCHE	Middle States Commission on Higher Education	중부주고등학교위원회
MSCSS	Middle States Commission on Secondary Schools	중부주학교대학위원회
NACAC	National Association for College Admission Counseling	전국대학입학상담협회
NAEP	National Assessment of Educational Progress	국립교육성취도평가
NAFSA	Association of International Educators	국제교육자협회
NAIS	National Association of Independent Schools	전미사립학교협회
NBPTS	National Board for Professional Teaching Standards	미국전문기준협회
NCES	National Center for Education Statistics	국립교육통계센터

NCLB	No Child Left Behind	낙오아동방지법
NCTAF	National Commission of Teaching and American Future	교직과 미국의 미래 위원회
NEA	National Education Association	전미교육협회
NEASC	New England Association of Schools and Colleges	뉴잉글랜드지역인정협회
NGSS	Next Generation Science Standards	차세대과학스탠더드
NIH	National Institute of Health	국립위생연구소
NSCRC	National Student Clearinghouse Research Center	국립학생정보연구센터
NYSAIS	New York State Association of Independent Schools	뉴욕주사립학교협회
OEHHA	Office of Environment Health Hazard Assessment	환경보건유해성평가국
PCT	Preliminary Competency Test	예비능력테스트
PEP	Pupil Evaluation Program Test	학생평가프로그램테스트
PET	Program Evaluation Test	프로그램평가테스트
PSA	Private School Affidavit	사립학교전일제취학 확인서
PSS	Private School Survey	사립학교조사
RCT	Regent Competency Test	주능력테스트
RE	Regent Examination	주표준시험
RWADA	Resident Weighted Average Daily Attendance	학생가중평균출석률
SAT	Scholastic Assessment Test	대학진학적성시험
SFM	State Fire Marshal's Office	주소방보안관사무소
STAR	School Tax Relief Program	학교세금감면프로그램
UGC	University Grant Committee	대학보조금위원회

영국

BIS	Department for Business, Innovation and Skills	비즈니스·이노베이션·기술부
BTEC	Business and Technology Education Council	비즈니스·테크놀로지 교육협회회
CATS	Credit Accumulation and Transfer Scheme	단위호환제도
CLG	Company Limited by Guarantee	보증유한책임회사
CNAA	Council for National Academic Awards	전국학위수여위원회
CUC	Committee of University Chair	대학의장위원회
DCSF	Department for Children, Schools and Families	아동·학교·가정부
DfE	Department for Education	교육부
DfEE	Department for Education and Employment	교육고용부
DfES	Department for Education and Skills	교육기능부
DIUS	Department for Innovation, University and Skills	이노베이션·대학·기술부
DTI	Department of Trade and Industry	통상산업부
EAZ	Education Action Zones	교육개선추진지역
ERASMUS	European Community Action Scheme for the Mobility of University Students	에라스무스
EYFS	Early Years Foundation Stage	취학전기초단계
FEFCs	Further Education Funding Councils	계속교육재정심의회
GCE A Level	General Certificate of Education Advanced Level	일반교육수료상급레벨
GCSE	General Certificate of Secondary Education	중등교육수료일반자격시험
GDST	Girls' Day School Trust	전일제여학교트러스트
GTC	General Teaching Council	종합교육회의

HEFCE	Higher Education Funding Council for England	잉글랜드고등교육재정심의협의회
HEFCs	Higher Education Funding Councils	고등교육재정심의회
HEIs	Higher Education Institutions	고등교육기관
HESA	Higher Education Statistical Agency	고등교육통계국
ISC	Independent Schools Council	사립학교협의회
ISEB	Independent Schools Examination Board	사립학교입시위원회
ISI	Independent Schools Inspectorate	사립학교감사기구
ITT	Initial Teacher Training	초기교사연수
LA	Local Authority	지방당국
LEA	Local Education Authority	지방교육당국
LMS	Local Management of Schools	자주적 학교 경영
LSE	London School of Economics	런던경제대학
NDPD	Non-Department Public Body	준정부기관
NPQH	National Professional Qualification for Headship	전국교장자격프로그램
Ofqual	Office of Qualifications and Examinations Regulation	자격·시험규제기구
OfS	Office for Students	학생국
Ofsted	Office for Standards in Education, Children's Service and Skills	교육수준국
PCFC	Polytechnics and Colleges Funding Council	폴리테크닉·칼리지재정심의회
PFI	Private Finance Initiative	민간투자개발사업
PGCE	Postgraduate Certificate in Education	대학졸업후교직과정
PISA	Program for International Student Assessment	국제학업성취도평가
PSHE	Personal, Social, Health and Economic	인격·사회성·건강·경제교육
PPPs	Public Private Partnerships	민관 협력에 의한 학교 운영

QAA	Quality Assurance Agency for Higher Education	고등교육질보증기구
QCDA	Qualification and Curriculum Development Agency	자격·커리큘럼개발기구
QTS	Qualified Teacher Status	정규교사자격
RPA	Raising the Participation Age	교육참가연령상향
RSE	Relationships and Sex Education	인간관계와 성교육
SCITT	School-Centred Initial Teacher Training	학교주도교원양성
SEN	Special Educational Needs	특수교육
SLE	Specialist Leaders of Education	특정영역교육리더
SMSC	Spiritual, Moral, Social and Cultural	정신적·도덕적·사회적·문화적 인식
SRE	Sex and Relationships Education	성과 인간관계교육
TEF	Teaching Excellence and Student Outcomes Framework	교육수월성·학습성과체제
TNE	Transnational Education	국경을 넘는 교육
UCAS	Universities and Colleges Admission Service	대학·칼리지입학서비스기구
UFC	Universities Funding Council	대학재정심의회
UGC	University Grants Committee	대학보조금위원회
UKRI	UK Research and Innovation	영국연구·혁신기구
UKSCQA	UK Standing Committee for Quality Assessment	질 보증을 위한 영국상설위원회
UUK	Universities UK	영국대학협회

일본

GHQ	General Headquarters	연합군최고사령부
CIE	Civil Information and Educational Section	민간정보교육국
PTA	Parent-Teacher Association	학부모교사단체
교과서무상 조치법	義務教育で使用する教科書を無償配布するための具体的方法や教科書採択の仕組みなどを定めた法律	의무교육에서 사용하는 교과서를 무상 배포하기 위한 구체적 방법 및 교과서 채택 체제 등을 정한 법률
급여부담법	市町村立学校職員給与負担法	시정촌립학교 직원급여 부담법
지방교육행정법	地方教育行政の組織及び運営に関する法律	지방교육행정의 조직 및 운영에 관한 법률
인정어린이집법	就学前の子どもに関する教育、保育等の総合的な提供の推進に関する法律	취학 전 아동에 관한 교육, 보육 등의 종합적인 제공의 추진에 관한 법률
지방분권 일괄법	地方分権の推進を図るための関係法律の整備等に関する法律	지방 분권의 추진을 도모하기 위한 관계 법률의 정비 등에 관한 법률
지역대학 진흥법	地域における大学の振興及び若者の雇用機会の創出による若者の修学及び就業の促進に関する法律	지역에서 대학의 진흥 및 청년의 고용기회 창출에 의한 청년의 수학 및 취업 촉진에 관한 법률
취학 장려원조법	就学困難な児童及び生徒に係る就学奨励についての国の援助に関する法律	취학 곤란한 아동·생도에게 관련하는 취학장려에 대한 국가의 원조에 관한 법률
취학 지원금법	高等学校等就学支援金の支給に関する法律	고등학교 등 취학 지원금의 지급에 관한 법률

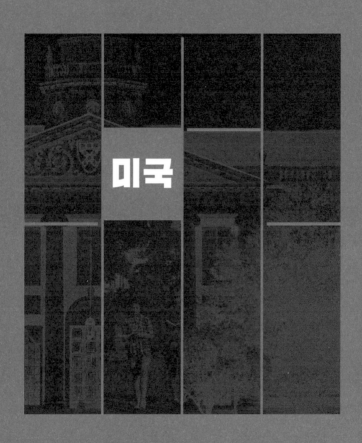

미국

제1장
초중등교육 제도

제1절 ____ 교육 행정 제도

1. 교육 행정의 개요

　미합중국수정헌법 제10조에 따르면 연방정부는 교육에 관한 권한이 없다. 그러므로 교육에 관한 사무는 주정부와 학교구의 책임과 권한에 의해 정해진다. 그래서 연방교육부 설치 당시 의회는 연방교육부 장관 및 연방교육부 직원의 교육 기관, 학교 및 학교 제도에 관한 교육 지도 방침, 관리·운영, 인사에 관한 지도·감독 및 지배 등을 전면 금지하는 것을 의도하였다. 우리나라의 교육부가 취학전교육, 초중등교육, 고등교육, 평생교육 등 교육 전반에 관여하고 있는 것과는 매우 대조적인 제도적 특징이다.

　모든 주의 법률에서는 교육 내용과 학교구의 설립을 정하고 있으며 학습 내용, 교육 재정, 교원 등 교육에 관한 기본 방침은 각 지역에서 선출된 교육위원회에 의해 결정된다. 그리고 학교구는 각 학교의 관리·운영을 담당하고 있다. 이 때문에 초중등교육의 구조에는 공통점이 많지만 각 주의 교육 제도는 독자의 역사적, 지리적, 전통문화적 특징을 배경으로 발전해 왔으므로, 모든 주에 통일된 제도는 존재하지 않는다.

미합중국헌법에서 교육에 관한 권한을 부여받지 못한 연방정부가 교육에 관여하게 된 발단은 1964년 제정된 경제기회법Economic Opportunity Act으로 시작된 '헤드스타트'Head Start 프로젝트이다. 그리고 이듬해 제정된 초중등교육법Elementary and Secondary Education Act에 의거하여 극빈 가정의 자녀에 대한 지원이 제도화되었으며, 1979년 연방교육부의 창설로 미국 전역의 교육 행정을 체계적으로 관리할 수 있게 되었다. 아울러 낙오아동방지법(NCLB)이 제정된 2002년 이후로는 교육 사무에 관한 관여가 한정되어 있던 연방정부도 의무교육의 실시 주체로서 그 역할을 담당할 수 있게 되었다.

2. 연방교육부

1) 연방교육부 창설 경위

앞서 말했듯, 연방제 국가인 미국의 헌법에는 연방정부가 교육에 관여할 수 있는 근거가 없으며 교육 사무는 주와 지방의 권한과 책임으로 이루어지고 있다. 연방정부가 직접 교육에 관여하지 않는 미국의 오랜 전통은 헌법상의 한계이기도 하다. 지미 카터Jimmy Carter 정권에서 미국 역사상 최초로 연방교육부United States Department of Education가 창설되기 이전(1908-1975)에도 교육부 형태의 중앙행정기관 설립에 관한 법안이 여러 번 있었지만 실현되지는 못하였다(Radin & Hawley, 1988).

지미 카터 정부가 교육부를 창설하게 된 배경에는 미국 최대 규모의 교원 단체인 전미교육협회(NEA)의 급속한 정치화와 교육에 대한 연방 단위의 존재감이 커졌던 것과 관련이 깊다(Stallings, 2002). 전미교육협회는 1972년에 정치적활동위원회를 조직하고 1975년에는 다른 조합과 연합하여 선거 캠페인을 위한 노동연합정보센터(LCC)를 결성하였다. 그리고 노동연합정보센터의 다른 멤버들과 함께 'Need: A Cabinet Department of Education'을 공표하였는데 이는 대통령 선거 후보자인 카터를 지지하기 위한 중요한 운동이었다.

당시 전미교육협회는 대통령 후보자 지명에 적지 않은 영향력을 행사할 수 있는 규모였으며, 노동연합정보센터도 1976년의 민주당 전국대회에 참가할 선거인단 3천 명 중 4백 명을 선발할 정도로 영향력이 있었다(Stephens, 1983). 전미교육협회는 1976년에 카터가 백악관의 주인이 되는 데 힘을 보탰으며, 이러한 연유로 교육은 카터 정권에게 가장 중요한 정책으로서 우선순위가 되었다. 물론 카터 자신도 교육을 매우 중요한 문제로 생각하였다.

카터는 심사숙고 과정을 거친 후에 교육부의 창설을 결심하고 교육부조직법Department of Education Organization Act안을 작성하여 의회에 제출하였으며, 이 법안은 1977년과 1978년의 논의를 거쳐 통과되었다. 그리고 카터 대통령이 1979년 10월 17일 법안에 서명함에 따라 각료 단위의 교육부 창설을 위한 150년간의 노력은 결실을 맺게 된다(Stickney & Marcus, 1984).

카터 대통령이 제안한 교육부조직법안은 1979년 7월 11일 상하원 양원에서 가결되어 후생교육부의 교육 행정 부문, 국방부의 해외 교육 부문, 미국인디언문제국의 인디언 교육 부문이 통합되었는데 그 과정은 순탄하지 않았다. 교육부를 신설한 가장 큰 이유는 연방정부의 보조금 등을 충실하게 사용한다는 데 있었지만 교육의 중앙 집권화에 대한 비판이 적지 않았기 때문이다.

하원을 통과한 교육부조직법안은 연방정부가 주의 교육 행정에 개입하는 것을 금지하고 있는 헌법 원칙과 '미국의 교사와 교실이 교육의 중앙 집권회로 마비되어서는 안 된다'는 일부 의원의 반론 등 부정적 의견이 많아, 하원의 표결에서는 찬성 210표, 반대 206표로 불과 4표 차로 겨우 가결이 되었다.

여성으로 미국 최초의 교육부 장관이 된 셜리 허프스테들러Shirley Hufstedler는 연방재판소 재판관 출신이었는데, 그녀가 세운 교육부의 정책 과제는 네 가지였다. 첫 번째 목표는 연방과 주의 관계를 원활히 하고 강화하는 것이었다. 허프스테들러는 학생에 대한 지원을 둘러싸고 복잡한 형태를 가진 모든 연방 프로그램에 대한 규제적인 관료주의regulatory red tape를 줄이고자 했다. 연방-주-지방의 협력은 교육적 이익 단체가 아니라 개개인의 학생에게 중점을 두어야 한다는 것이었다.

두 번째 목표는 교육부가 규제적 법률을 강제하여 지방의 교육에 관한 권한을 침해하지 않는 대신에 지역의 성공적 모델을 전국에 파급하는 역할을 하는 것이었다. 그리고 세 번째 목표는 교육의 기회균등 이슈에 중점을 두는 것이었으며, 마지막 목표는 국가적으로 교육의 중요성을 다시 일깨우는 것이었다(O'Neill, 1980).

카터 대통령이 1980년 선거에서 패배하고 로널드 레이건Ronald Reagan 정부가 들어서면서 불과 2년 전에 카터 정권에서 창설한 교육부는 폐지 위기를 맞게 된다. 레이건 대통령의 정치적 관점에서는 교육부가 담당하는 대부분의 기능은 주와 지방에 돌려주어도 문제가 없는 것이었다. 레이건은 헌법 제정자들Founding Fathers이 의도한 것처럼 주정부와 지방의 권한에 연방정부가 관여하지 않는 것이야말로 각 주의 권한을 존중하는 것이므로 교육부를 해체하는 것이 바람직하다고 본 것이다.

2) 연방교육부의 역할

연방교육부United States Department of Education는 미 전역의 교육 기회를 동일하게 제공하고 촉진하기 위해 1980년 5월 4일, 미국 역사상 최초의 연방 교육 행정 조직으로서 설치되었다. 교육부조직법 제102조에서는 연방교육부가 다음의 일곱 개 사업을 담당하도록 하고 있다(Legal Information Institute).

- 각 개인이 교육을 균등하게 받을 기회를 제공하기 위한 연방정부 책무의 강화
- 교육의 질적 향상을 달성하기 위한 주정부, 학교구, 사립학교, 공사립 연구 기관, 공사립 비영리 교육·연구 기관, 지역 사회 기반 조직, 학부모, 학생의 노력에 대한 보충 및 보완
- 공립학교, 보호자, 학생의 연방정부에 의한 교육 프로그램 참가 장려
- 연방정부가 지원하는 연구, 평가, 정보 공유를 통한 교육의 질적·실용적 개선 촉진
- 연방정부 교육 프로그램의 조정 및 증진
- 특히 정부의 재정을 받기 위한 연방 교육 재정 분배의 과정, 절차, 행정적 구조와 불필요한 문서 작업을 포함한 불필요하고 중복적인 부담과 제약의 축소 등 연방 교육 활동의 효율성 및 관리의 증진
- 연방정부의 교육 프로그램에 관하여 대통령, 연방의회, 공중에 대한 설명 책임의 증진

미국의 경우 교육은 주정부의 권한에 속하므로 연방정부가 교육에 직접적으로 관여하는 경우에는 위헌 소지가 생긴다. 그래서 연방정부는 교육에 대하여 직접 관여하지 않고 교육 재정의 배분 등을 조건으로 영향력을 행사하고 있다.

특히 고등교육과 관련해서는 ① 대학 적격 인정 기관의 인가, ② 대학생 학비 원조 정책, ③ 기본적인 통계 조사·분석·공표, ④ 연구 자금의 지원 등을 통하여 간접적으로 관여하고 있다. ①은 대학 적격 인정accreditation을 실시하는 기관 중에 기준을 충족하는 경우 인가하는 것이므로 개별 대학의 인증 평가에 직접적으로 관여하지는 않지만 간접적으로 관여하는 형태이다.

②는 연방정부가 대학생을 대상으로 학비 보조 정책을 실시하는 것으로, 1년간 1300만 명의 학생을 대상으로 1200억 달러를 보조하고 있다. 연방정부로부터 학비 보조를 받기 위해서는 연방정부가 인가한 적격 인정 기관의 적격 인정을 받은 고등교육기관에 취학하여야 하므로 간접적 관여에 해당된다.

그리고 ③은 국립교육통계센터(NCES)를 가지고 있는 연방정부가 상세하고 다양한 항목의 통계 조사를 실시하고 그 데이터를 집계·분석·관리하여 제공하고 있다. 국립교육통계센터는 교육과학연구소(IES)의 네 개 센터 중 하나이다. ④는 고등교육기관에서 이루어지는 기초적 학문 연구의 대부분에 연방정부가 재정 책임을 지는 형태로 이루어진다. 기초 연구는 대학의 중요한 사명이며 연방정부는 기초 연구에 관한 보조금을 독립 법인 등을 통해 지원하고 있다.

3) 연방교육부의 조직

연방교육부는 연간 예산이 680억 달러에, 근무하는 직원이 4400명(2019년 1월 기준)인 거대한 조직이다. 본부는 워싱턴 D.C.에 있으며 미국 전역에 지역 사무소 10개소가 있다. 장관Secretary, 부장관Deputy Secretary, 차관Under Secretary 은 각각 사무국을 가지고 교육부 내의 교육 정책에 대응하는 부서와 백악관 주도로 설치된 부서를 각각 분담하여 관리한다.

장관은 교육부 업무에 관하여 전체적인 방침 결정, 감독, 조정을 한다. 또한 대통령이 교육 분야에 관한 정책을 작성하는 경우에는 조언을 한다. 장관은 대통령에 의해 지명되어 연방상원의 승인을 얻도록 하고 있다.

부장관은 초중등교육에 관련한 정책, 계획, 활동의 개선 및 실시에 관한 사항을 담당한다. 그 외에 학교 안전 대책, 약물 대책, 특수교육, 언어 및 문화가 다른 학생에 대한 교육에도 폭넓게 관여하고 교육 개혁을 추진한다. 부장관도 장관처럼 대통령이 지명하고 연방상원에서 승인한다.

차관은 대통령이 지명하며 장관을 보좌한다. 주요 직무는 연방정부로부터의 학생에 대한 재정 지원, 고등교육, 평생교육, 중등교육 후 교육, 대학에 대한 재정 지원, 장학금 등 연방정부에 의한 재정 지원 등을 담당한다. 그 외에 백악관의 의향에 따라 장관을 보좌하기 위한 수석보좌관 및 특명 사항을 담당하는 직책이 마련되어 있다. 한편 장관직의 승계는 부장관, 차관, 법무고문 순으로 되어 있다.

4) 연방교육부의 변천

연방의 교육 행정 기관은 1867년에 교육에 관한 정보 수집 및 보급을 목적으로 한 번 설치된 적이 있지만 다음 해에 신설된 내무부Department of Interior 에 그 기능이 이관되었다. 그 후 1939년에는 연방안전부(FSA)에 이관되고 1953년에는 후생교육복지부에 이관되어 연방 행정 기관 내의 하나의 부서로 존속하였다.

앞서 언급했듯이, 1970년대에 접어들어 공립학교 교육의 위기가 국가적 문제로 발전함에 따라 1979년에 교육부조직법이 통과되고 이듬해에 연방교육부가 설치되었다. 교육부 설치 직후 대통령에 취임한 레이건 정부는 각 주의 권한과 책임으로 운영하는 교육에 관한 사무에 연방정부가 관여하는 것에 부정적인 입장을 가지고 교육부를 폐지하는 방침을 세웠으나 점점 추락하는 미국 교육의 국제적 위상에 위기의식을 느끼고 교육부 폐지 방침을 철회하였다.

한편 연방교육부의 권한은 한정되어 있으며 주요 임무는 1965년에 제정된 초중등교육법 제1장에서 규정하고 있듯이 '빈곤 가정의 학생과 특수 교육을 받는 학생 등 불리한 환경에 있는 학생에게 보조금을 제공'하는 것이다. 그러나 20세기 후반 이후 사법부는 주정부 및 지방정부의 정책이라도 미합중국헌법 제1조 제8절 제1항을 근거로 연방정부의 관여를 인정해 왔다.[1]

그리고 교육 기회의 평등과 빈곤층 아이들의 재정 보조를 목적으로 성립된 초중등교육법이 2002년에 대폭 개정되면서(낙오아동방지법 성립) 연방정부는 교육 정책에 공식적으로 영향력을 발휘할 수 있게 되었다.

3. 주의 교육 행정

1) 주정부의 교육 책임

교육에 관한 기본적인 권한은 주정부와 주교육위원회에 있으며 구체적으로 유아교육, 의무교육, 고등교육 등의 교육 활동을 지원하고 주정부 및 연방정부의 보조금 관리, 통일테스트 및 학위·자격의 교육 수준 유지, 커리큘럼의 정비, 주 전체 교육 계획의 조정, 교육의 질 향상에 관한 사항의 관장이다. 교육에 관한 규정 대부분은 주헌법 및 주의 법률에 규정되어 있으므로 교육 사무에서 주정부의 역할은 매우 크다고 할 수 있다.

2) 연방정부와의 관계

주 내의 학교교육의 운영 책임과 결과 책임은 주정부와 교육위원회에 있으므로 연방교육부는 미국 내의 교육의 기회균등을 실현하기 위한 재정 지원이 주된 역할이다. 따라서 미국의 교육 행정에서는 연방정부에 의한 표준화·규격화된 교육 제도나 정책은 존재하지 않으며 주정부가 실시주체라는 점이 우리나라와의 차이점이다. 다만 낙오아동방지법 성립 이후 연방정부가 보조금 지급 등의 정책을 실시하는 과정에서 실질적으로 주정부의 교육 정책에 개입하고 있다.

3) 주의 교육 통치기구

미국의 초중등교육에서 주의 교육 기관의 주된 구성 요소는 주교육위원회, 주교육장, 주교육부이다. 주교육위원회는 교육 정책에 관하여 의사결정을 하는 기관으로 일반적으로 다음 여섯 가지의 공통된 법적 권한이 있다.

- 교원과 학교 관리자의 자격 기준에 관한 사항
- 고교 졸업 자격 요건에 관한 사항
- 주정부 실시 시험 운영에 관한 사항
- 학교구, 교원, 학교 관리자가 준비한 사업 인정에 관한 사항
- 주교육부 예산의 심사·승인
- 주정부 사업을 관리·운영하기 위한 규정·규칙의 책정에 관한 사항

각 주의 교육 통치기구는 통일되어 있지 않고 각각 다르다. 주정부교육위원회연합은 교육 통치기구를 크게 네 타입으로 분류하고 있다. 주교육위원회를 구성하는 교육위원의 선임은 32개 주가 임명제를 채택하고 있고 11개 주에서는 주민의 선거에 의하며 5개 주에서는 선출된 위원과 임명된 위원이 혼재하고 있다.

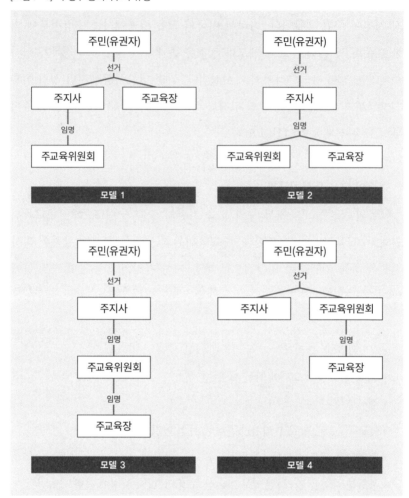

출처: Education Commission of the States. (2013).

　[그림 Ⅰ-1]은 미국 각 주의 교육 거버넌스 모델이다. 모델 1은 애리조나
주, 캘리포니아주, 조지아주, 인디애나주 등 9개 주의 모델인데 주민이 주
지사와 교육장을 선출하고 교육위원회는 주지사가 임명한다. 모델 2는 아
이오와주, 뉴저지주, 버지니아주 등 11개 주의 모델인데 주민의 직접선거

에 의해 선출된 주지사가 교육장과 교육위원을 임명하는 구조이다.

모델 3은 가장 많은 14개 주가 채용하는 모델로 아칸소주, 플로리다주, 매사추세츠주 등이다. 구성 방법은 주민이 주지사를 직접선거에 의해 선출하면 주지사가 교육위원회를 임명하고 교육장은 교육위원회가 임명하는 방식이다. 모델 4는 콜로라도주, 미시간주, 유타주 등 7개 주에서 채용하는 모델인데, 주민이 주지사와 교육위원회를 선출하고 교육위원회가 교육장을 임명한다. 그 외에 컬럼비아특별구, 미네소타주, 뉴욕주, 텍사스주 등 10개 주에서는 모델 2를 변형한 거버넌스 모델을 채용하고 있다.

주교육장은 주 내의 공교육 제도를 관리·운영·감독하며 주교육부를 대표하고 교육부 내의 전문 직원을 감독한다. 교육에 관한 입법 기능이 의회에서 교육위원회에 위임되지 않은 경우에 주교육장에게 교육에 관한 입법 기능을 인정하는 주도 있다. 많은 주에서는 주지사가 교육위원과 교육장을 임명하기 때문에 주지사는 교육 정책에 관하여 폭넓은 영향력을 행사하고 있다.

4. 학교구

1) 학교구 개요

미국의 학교구는 13,551개(2017-2018학기)가 설치되어 있다. 연방정부 교육 통계에 의하면 1959-1960년도에는 미국 내에 약 4만 개의 학교구가 있었지만 통폐합 등에 의해 급격히 감소하여 1990-1991학기에 15,300개, 2000-2001학기에는 14,859개로 줄었다(NCES, 2022. Table 214.10).

학교구의 주민은 학교구 교육위원회Board of Education 위원을 선출하며 교육위원회는 교육장Superintendent을 임명한다([그림 Ⅰ-1] 모델 3, 모델 4의 경우). 교육장은 학교구의 대표자로서 학교구의 운영에 책임을 지며 교육장을 보좌하는 부교육장Assistant Superintendent 여러 명을 두는 학교구가 많다. 학교구의 부서로는 교통부, 영양부, 시설부, 학습지도부, 인사부, 학생지원부, 교육지도부가 있으며 학교구 내의 학교를 관리·운영한다.

2) 학교구의 기능과 역할

학교구란 교육에 관한 서비스를 제공하는 특별 행정구를 말한다. 본래 교육에 관한 권한은 주정부에 속하지만 대부분의 주에서는 공립학교의 운영과 의사 결정 권한을 학교구를 대표하는 교육 기관에 위임하고 있다. 학교구의 주요 임무는 다음과 같다(U.S. Department of Education, 2005).

- 학교구 내의 예산 결정
- 학교별, 사업별 예산 배분
- 교원 및 일반직의 채용
- 학생의 성적에 관한 연차 보고서의 작성·공표
- 교원과 일반직 급여의 결정
- 현직 교원 연수의 기획 및 실시
- 통학 버스의 운영
- 학교 시설의 건설과 관리·운영
- 설비와 소모품 구입

학교구는 통상 교육위원회와 학교구의 장인 교육장에 의해 지휘·감독을 받는 학교구 사무국을 둔다. 학교구 사무국은 학교구 내의 학교를 관리·운영한다. 학교구는 교육위원회 설치 권역과 관할이 동일한 경우가 대부분이다.

학교구 교육위원회는 학교구의 의사 결정 조직이며 위원은 학교구 내 주민의 직접선거로 선출된다([그림 I-1] 모델 4의 경우). 구체적으로는 학교구 내의 주민의 의견을 집약하여 학교구 내의 사업 계획, 지도 방침, 예산, 건물의 관리·운영에 관하여 의사 결정을 하며 사업을 평가하고 있다. 그리고 교직원의 징계 처분을 하는 때에는 사법적 기능을 가진다.

교육장은 교육위원회에 의해 임명되는 경우가 많으며, 통상 학교구 교육위원회의 지휘·감독하에서 학교구의 대표자로서 사무국을 총괄한다. 그리고 학교구 교육위원회에서 결정한 사항을 집행하며, 교육위원회의 모든 회의에 출석하여 위원에 대하여 지도·조언을 한다. 일반적으로 교육장은 교육자로서 우수한 실적이 있는 교육 전문가를 고용하고 있다.

학교구의 형태는 주마다 다른데 뉴욕시는 학교구가 시의 부서로 되어 있으며 하와이주는 주정부가 직접 학교구를 운영한다.

3) 주정부와의 관계

주정부는 교육 수준의 설정, 교육 계획의 수립, 보조금의 관리·운영을 주로 하며, 학교구를 통하여 교육 기관의 활동을 지원하고 있다. 주정부에 의한 학교구의 구속력은 주마다 다르며, 콜로라도주와 같이 주정부가 학교구를 총괄하는 경우도 있고 뉴욕주처럼 교육에 관한 권한의 대부분을 학교구에 위임하는 경우도 있다.

최근에는 낙오아동방지법의 영향으로 콜로라도주에서는 대부분의 학교구가 주정부의 방침에 따라 사무를 처리하도록 하고 있으며, 주정부가 설정한 학력 향상 목표의 달성을 위하여 학교구에 자체 제작한 팸플릿 등을 활용한 정책 설명회, 학교구의 주정부에 대한 요구 사항을 조사하기 위한 설문 조사, 교원에 대한 교과 지도 연수회 실시 등과 더불어 주 내 학교구에 대한 정보 제공·정보 수집 활동도 적극적으로 실시하고 있다.

한편 규모가 큰 학교구의 경우 주정부의 관여는 많지 않고 주로 학교구의 활동이 법률적으로 타당한지를 확인하는 정도로 주정부의 관여가 느슨한 경우도 있다.

4) 학교구의 주요 수입

학교구의 주요 수입은 학교구 내에 과세하는 지방세, 주정부로부터의 보조금, 연방정부로부터의 보조금이 있다. 이러한 수입의 비율은 학교구의 상황에 따라 다르며 여건이 좋은 학교구의 경우 같은 주에 속하는 다른 학교구와 비교하여 주정부나 연방정부로부터의 보조금이 매우 적다.

예를 들어 델라웨어주의 뉴캐슬 카운티에 속한 아포퀴니밍크Appoquinimink 학교구와 브랜디와인Brandywine 학교구의 2016-2017학기 세입을 비교하면 아포퀴니밍크 학교구의 경우 주정부·연방정부·지방정부 세입이 각각 64.9%, 2.2%, 32.9%이지만, 브랜디와인 학교구는 각각 49.7%, 3.4%, 46.9%이다(Delaware Department of Education). 이처럼 교육 재정을 구성하는 고정자산세 수입이 많은 지자체와 적은 지자체 간의 교육 재정 차이를 메워 주기 위하여 주정부와 연방정부는 재정 여건이 열악한 지방에 추가 재원을 지원하고 있다.

학교구가 과세하는 지방세는 대부분이 재산세이며, 뉴욕주에서는 공공시설비에 대한 동산세를 과세하는 학교구도 있다. 대다수의 학교구는 지방단체와 독립한 과세징수권을 가지고 있으며 학교구 내의 재산 등에 과세할 수 있다. 예외로 뉴욕주 내의 뉴욕시와 같은 대도시에서는 시의회가 과세징수권을 가지며 예산을 교육위원회가 작성하여 시의회에 제출하여 승인을 얻고 있다. 재산세라는 성격상 학교구 내의 주택 가격에 따라 학교구 간에 교육 재원의 격차가 생기고 결과적으로 지역 간에 교육 재정 격차를 생성하고 있다.

주정부로부터의 보조금은 학교구가 안정된 교육을 운영하도록 배분되는 보조금이며 보통 보조금Formula과 특별 보조금Competitive의 두 종류로 분류된다. 보통 보조금은 학생 수, 과세 대상 물건, 학교구 내의 세금 수입, 학교구의 규모 및 조직 운영 등을 고려한 계산 방법에 따라 기계적으로 산출되어 모든 학교구에 배분되고 있다.

주정부의 보조금은 보통 보조금이 대부분을 차지하고 있다. 특별 보조금은 주정부가 기획한 시험적 사업 및 특수한 교육을 학교구가 행하는 경우의 보조금이며 일반적으로는 학교구의 응모를 받아 주정부가 심사를 거쳐 선정하여 배분하므로 경쟁 자금이라 할 수 있다. 연방정부로부터의 보조금은 주정부의 보조금에 비해 적지만 빈곤 지역에 대한 보조금, 장애아 교육, 평생교육, 약물·학교 안전 대책 등 교육의 기회균등을 주안으로 하여 연방교육부가 실시하는 프로그램을 학교구가 실시하는 경우에 배분된다.

5. 뉴욕주의 교육 행정

1) 뉴욕주의 학교구

뉴욕주 학교구의 근거는 주헌법으로, 제11조 제1항에서는 "주의회는 주의 모든 아동이 학교교육을 받을 수 있는 무료의 일반 학교 시스템을 유지·지원하여야 한다"고 규정하고 있다.[2]

의회에서는 1795년 뉴욕주 전역에 5년마다 개정하는 학교 제도가 채용되었지만 학교구를 설립하는 포괄적 법률이 성립한 것은 1812년이 되어서이다. 현재 뉴욕주에서 교육은 가장 비중이 큰 사무로, 교육비는 지방정부의 최대 지출 분야이며 전체 지방정부 세출의 약 3분의 1을 차지하고 있다.

뉴욕주에는 733개 학교구에 공립학교 4,436개교, 차터스쿨 343개교가 있으며, 공립학교 재학생 수는 263만 명에 이르고 있다(NY State Data).

학교구는 뉴욕주 전역을 망라하고 있으며 시, 타운, 빌리지, 카운티 경계에 겹쳐 있는 경우도 많다. 학교 예산이 지자체 예산의 일부가 되어 있는 주 내의 5대 도시(인구가 12만 5천 명을 넘는 도시)를 제외하고 각 학교구는 과세권 및 기채권을 가진 독립된 정부 단위이다.

[표 I -1] 뉴욕주의 지방정부

구분	설치 수	지위	조직	사무
카운티 (County)	62	본래 주의 사무소로 설치되었으나 독립하여 광역자치단체로 발전	자치 헌장 도입 단체는 의회와 장(주민 직선), 자치 헌장 미도입 단체는 카운티법에 의해 의회가 집행기관을 겸함.	사법, 경찰, 교도소, 출생 등록, 도로, 선거, 의료, 도시 계획, 공항, 공공 교통, 공중위생, 폐기물 처리, 위기관리, 커뮤니티칼리지, 공원 등
시티 (City)	62	주의회에 의해 개별 법인화된 기초자치단체	의회·지배인형(의회가 지배인 임명), 시장·의회형(시장은 주민 직선), 이사회형(각 이사는 주민 직선) 등	경찰, 소방, 상하수도, 폐기물 수집 처리, 각종 증명서·면허, 자산 평가, 건축확인, 환경, 도시 개발, 공원, 고령자 복지 등
타운 (Town)	932	본래 카운티를 세분화한 주의 사무소로 설치되었지만 독립하여 기초자치단체로 발전	의회(장과 의회에 의해 구성), 일부 단체에서는 지배인을 임명	선거, 자산 평가, 세금 부과 및 징수, 도로, 도시 계획, 건축 확인, 경찰 등
빌리지 (Village)	551	주법의 규정에 의해 타운 구역 내에서 유권자의 발의에 의해 주민 투표를 거쳐 법인화된 기초자치단체	의회(장과 의원으로 구성), 일부 단체에서는 지배인을 임명	경찰, 소방, 도로·공원 관리, 폐기물 수집, 건축 확인 등

출처: A Division of the New York State Department of State. (2018).

뉴욕주립대학평의원회Board of Regents of the University of the State of New York[3]가 결정하는 방침에 따라 주교육국State Education Department은 공립학교에 대한 감독 및 지도를 실시하고 있다. 그 책무의 일부는 지구교육장district superintendents of schools이 통솔하는 감독구supervisory districts가 실시한다(http://www.lexisnexis.com/).

학교구의 기본적인 형태로 뉴욕주에는 5개 타입의 학교구, 즉 공립학교구Common School Districts, 연합공립학교구Union Free School Districts, 중앙학교구Central School Districts, 시학교구City School Districts, 중앙고등학교구Central High School Districts가 있다(Spear, 2014).

공립학교구

1812년 입법에 의해 만들어진 학교구로 학교구 중에서 가장 역사가 오래되었다. 공립학교구는 고등학교 운영에 대한 법적 근거는 없지만 다른 학교구와 마찬가지로 중등교육을 제공할 의무가 있다. 그 때문에 공립학교구는 인근의 지정된 학교구(복수인 경우도 있다)의 고등학교에 학생들이 다니도록 하고 있다.

2014년 기준 뉴욕주에는 직접 교육을 실시하지 않는 두 개의 학교구(South Mountain Hickory, Piseco)를 포함하여 9개의 공립학교구가 있다. 공립학교구는 전형적으로 평의원trustee 1명 또는 3명으로 구성되는 평의원회board of trustees에 의해 운영되고 있다.

연합공립학교구

1853년 주의회는 두 개 이상의 공립학교구가 고등학교 교육을 제공할 목적으로 합동하여 구성하는 연합공립학교구를 설립했다. 초기 연합공립학교구의 대부분은 빌리지나 시와 동일하거나 비슷한 경계를 가지고 있었다.

연합공립학교구의 본래 목적은 중등교육을 제공하는 것이었지만 일부(5분의 1 정도)는 현재 고등학교를 운영하지 않는다. 2014년 기준으로 뉴욕주에는 75개의 연합공립학교구가 설치되어 있으며, 특수아동을 대상으로 교육을 제공하는 10개의 학교구를 특별법학교구special act school districts라고 한다. 연합공립학교구는 3명에서 9명의 위원으로 구성되는 교육위원회에 의해 운영된다.

중앙학교구

중앙학교구는 뉴욕주에서 가장 일반적인 학교구로 280개(2012년 기준)가 있는데, 20세기 초에 포괄적이고 집중적인 교육을 제공하기 위해 설립되었다. 1914년 제정된 중앙농촌학교법Central Rural Schools Act이 1925년에 개정되면서 법적 근거가 마련되었다. 즉, 중앙농촌학교법의 개정과 주의 보조 제도에 의해 학교가 편성되어 지금의 중앙학교구가 생겼다.

중앙학교구는 공립학교구, 연합공립학교구 또는 그 외 학교구 중 하나와 결합되어 형성된다. 연합공립학교구와 동일하게 중앙학교구도 고등학교를 운영하는 권한을 가진다. 중앙학교구 운영의 많은 부분을 연합공립학교구에 적용하는 법률에 의하도록 하고 있으므로 연합공립학교구의 한 유형으로 볼 수 있다.

중앙학교구와 연합공립학교구의 차이 중 하나는 교육위원회를 구성하는 위원의 수이다. 중앙학교구 교육위원회는 5명, 7명 또는 9명으로 구성되며 그 범위에서 위원 수와 임기(3년, 4년, 5년)는 학교구 내 유권자의 동의를 얻어 변경할 수 있다.

시학교구

시학교구는 인구를 기준으로 두 개의 유형으로 구분된다. 인구 12만 5천 명 미만의 57개 시에서는 학교구가 독립된 행정 단위이다. 학교구는 지역의 교육위원회에 의해 관리되며 과세 독립권과 기채권을 가진다. 교육위원회는 주민이 직선한 5명, 7명 또는 9명으로 구성된다. 시학교구의 대부분은 지리적으로 시의 경계보다 넓은 지역을 가지며 확대시학교구enlarged city school districts라 불린다. 그중 7개의 학교구는 인구 12만 5천 명 미만의 시에 있는 학교구에 한하여 지정된 중앙시학교구central city school districts로 재편성되어 있다.

뉴욕주에서 인구가 12만 5천 명을 넘는 버펄로Buffalo, 로체스터Rochester, 시러큐스Syracuse, 용커스Yonkers, 뉴욕New York 등 5대 도시the 'Big Five'에서는 학교구의 경계와 시의 경계가 동일하다. 이들 학교구에는 위원회(board or panel)가 설치되어 있는데 독립성과 학교 제도의 방침에 관한 권한 정도는 각각 다르다. 그러나 어느 위원회에도 과세권과 기채권은 주어지지 않는다. 그 대신에 학교 예산은 지자체 전체의 예산에 포함되어 있다. 버펄로, 로체스터, 시러큐스는 주민에 의하여 선출된 교육위원회가 있지만 용커스는 시장에 의해 임명된다.

2002년 이래 뉴욕시의 공립학교는 교육장Chancellor이 통솔하는 시의 기관으로서 운영되고 있다. 교육국에는 폭넓은 정책을 결정할 책무를 담당하는 교육위원회를 대신하여 교육정책심의회Panel for Education Policy를 두어 교육장에게 조언과 주요 교육국의 정책, 예산 및 노동조합과의 합의 사항과 관련된 사무를 승인한다. 13명의 심의회 위원 중 5명은 시내에 있는 다섯 개 구의 구청장이 각각 한 명을 임명한다. 의장이 되는 교육장을 포함한 나머지 8명은 시장이 임명한다.

중앙고등학교구

중앙고등학교구는 학교구 중에서 가장 특수한 조직으로 2개 모두 나소Nassau 카운티에 있다. 중앙고등학교구는 초등교육을 제공하는 2개 이상의 학교구 또는 연합공립학교구의 아동에게 중등교육을 제공하고 있다. 중앙고등학교구 교육위원회 위원은 각 학교구의 교육위원회에서 임명한다.

이 형태의 학교구는 1917년에 승인되어 당초에는 소규모 학교구의 재편에 좋은 수단이라고 보았다. 중앙고등학교구는 1944년에 신규 설립이 금지된 후 37년이 경과한 1981년에 법률로 서픽Suffolk 카운티에 한하여 중앙고등학교구의 설립 선택권이 인정되었다.

감독구

감독구The Supervisory District는 1910년에 존재하고 있던 수천 개에 이르던 작은 학교구를 교육상 관리하고 지도를 제공하기 위하여 설립되었다. 각 감독구에는 운영을 위한 지구교육장district superintendent of schools이 임명되어 있다.

감독구가 창설된 당시는 208개가 존재하여 한 개의 카운티 내에 7개의 감독구가 소재하는 경우도 있었다. 감독구의 영역은 후술하는 협동교육위원회와 동일하다. 지구교육장은 주교육국장Education Commissioner의 지역 대리인 및 협동교육위원회의 최고 집행관chief executive officer으로서 역할을 한다.

협동교육위원회

각 지역의 학교구는 독자적으로 처리할 수 없는 교육 서비스를 제공하기 위해 협동교육위원회(BOCES)를 통하여 자원을 공유할 수 있다. 협동교육위원회는 감독구 내의 교육위원회 위원 과반수의 승인에 의해 설립된다. 5-15인의 위원에 의해 협동교육위원회의 조직이 관리된다.

위원은 각 학교구의 교육위원회 연차회의에서 위원의 공백이 생기지 않도록 교차하여 선출된다(elected for staggered three-year terms). 협동교육위원회에 과세권은 없으며 주요 재원은 협동교육위원회를 구성하는 학교구에 의해 과세되는 세금, 주정부 보조금, 소액의 연방정부 보조금이 있다. 구성 학교구의 부담 비율은 각 학교구의 과세 대상 자산 평가액, 재적 학생 수 또는 학생가중평균출석률(RWADA)에 의해 산출된다.

협동교육위원회의 서비스에는 장애가 있는 학생을 대상으로 하는 학급, 직업교육 등의 특별 지도 서비스 외에 데이터 처리, 구매 및 관내 학교구에 대한 특수 교재의 제공 등 지원이 포함되어 있다.

2) 뉴욕주의 교육 재정

2014-2015학기 뉴욕주의 초중등교육기관에 재학하는 학생 1인당 교육비는 21,206달러로 미국 전체 평균 11,392달러에 비하면 86.1% 정도 높은 수준이다. 2010-2011년도 이후 뉴욕주의 교육비는 매년 2.7%씩 증가하고 있는데 미국 전체 평균 증가율 1.9%보다 높다(Office of the New York State Comptroller).

뉴욕주의 초중등교육 예산은 주정부, 지방정부, 연방정부의 재정으로 구성되어 있다. 2015-2016학기 예산 내역은 주정부 274억 달러, 지방정부 358억 달러, 연방정부 24억 달러이다. 연방정부 지원은 감소 추세이지만 주정부와 지방정부의 예산은 계속 증가하고 있다.

고정자산세

일부 예외를 제외하고 고정자산세는 학교구에서 중요한 교육 재원이다. 학교구는 헌법상 과세 제한의 대상이 아니지만 5대 도시 이외의 학교 예산은 유권자의 승인이 필요하다. 단, 주민 투표의 실제적 효과는 법률에 의해 상당한 제한을 받고 있다. 예를 들면 제안된 예산을 유권자가 거부해도 위원회가 작성한 예산이 과년도 예산의 일정 증가율 이내일 경우에는 위원회는 채무 변제, 교원 급여 등 통상 및 임시ordinary and contingent 지출의 충당을 위하여 필요하면 과세를 할 수 있다.

뉴욕주의 5대 도시에서는 시의회가 학교구의 과세를 결정한다. 예산은 교육위원회가 작성하여 시의회에 제출하며 의회의 승인으로 성립한다. 시의회는 예산 총액을 조정할 수 있지만 개별 예산 항목은 변경할 수 없다. 학교교육을 위한 과세는 시 전체의 과세에 포함되어 있다.

비고정자산세

고정자산세 이외의 세금 수입은 학교구의 세입에서 차지하는 비율이 크지 않다. 학교구가 직접 과세할 수 있는 비고정자산세는 공공요금소비세tax on consumers' utility bills뿐이며, 최고 3%까지 과세할 수 있다. 이 과세 권한은 인구 12만 5천 명 미만의 시의 학교구에만 인정되고 있다.

시 또는 카운티는 매상세sales tax를 부과·징수할 수 있으며 조세법Tax Law에서는 그 전부 또는 일부를 학교구에 배분할 수 있도록 규정하고 있다.

주의 보조금

주의 보조금은 학교구에서 매우 높은 비중을 차지하고 있다. 주의 주된 보조금은 일반 보조와 특별 보조general and special aid 두 종류가 있는데 특별 보조는 비교적 소액으로 실험적 프로그램이나 교육상 특별한 수요에 대하여 교부된다. 일반 보조는 모든 학교구에 배분되며 과세 대상 재산, 각 학교구의 학생 1인당 주민의 수입, 학교구의 규모 및 조직 등을 고려한 계산식에 따라 금액을 다르게 하고 있다. 계산식에 의한 일반 보조는 20여 종이 있다 (New York State Division of the Budget, 2019).

주정부로부터의 세입에는 학교세금감면프로그램(STAR)도 포함되어 있다(2015년 33억 달러). 학교세금감면프로그램은 학교구의 부동산세 부담 경감을 위하여 뉴욕주가 주 전역에서 시행하는 프로그램으로 뉴욕주 전역에서 학교구(또는 시)를 대상으로 하며, 지방 재산세의 일부인 학교세School Tax를 경감해 주는 프로그램으로 조세 지출에 대한 보조금이라 할 수 있다. 즉, 학교세금감면프로그램은 뉴욕주 전역의 주거 소유자를 대상으로 이 프로그램에 신청한 경우에 납세자가 부담하는 학교세의 경감을 목적으로 하고 있다.

학교세금감면프로그램은 지방정부의 학교세 부담을 감면해 주는 대신에 주에서 경감분을 부담해 주는 제도로, 공제를 받을 수 있는 대상은 소득액이 연간 25만 달러 미만이어야 하며, 공제액은 부부가 공동으로 신고하는 경우에는 125달러, 기타의 경우에는 63달러이다.

<h1 style="text-align:center">제2절 ___ 의무교육</h1>

1. 공교육 발달사

미국에서 공교육의 발달은 ① 식민지 시대(17세기 초-1776), ② 미국독립선언에서 남북전쟁(1861-1865) 이전, ③ 남북전쟁에서 제1차 세계대전 이전, ④ 제1차 세계대전 이후의 네 시기로 크게 구분할 수 있다.

첫째, ①의 식민지 시대에는 각 가정이 자녀의 교육에 대한 일차적인 책임을 가졌으며(Bailyn, 1960), 가정에서의 자녀 교육을 원하지 않는 부모들을 위한 사립학교가 일부 지역에 존재하였다(Murphy, 1960).

둘째, ②의 시기에는 자선학교Monitorial charity schools, 일요학교Sunday schools, 유아학교Infant schools가 민간에 의해 설립되어 가난한 가정의 자녀들에게 교육을 제공하였다. 이러한 학교는 19세기 초에 미국 전역에 크게 퍼졌는데 민간에 의한 공교육이라는 특징을 가진다. 1852년에는 교육 개혁가인 호러스 만Horace Mann에 의해 매사추세츠주가 최초로 공교육을 도입하고 취학을 의무화하였다. 공교육의 제도화에 따라 공립학교가 크게 증가하였다. 이 시기에 교육 개혁가들은 사립학교에 대하여 반감을 가지고 공격하였는데, 결과적으로 사립학교 취학률이 1840년 18.7%에서 1860년 8%로 크게 감소하였다(Vinovskis, 1992).[4]

셋째, ③의 시기에서 남북전쟁은 미국의 교육 제도사에서 중요한 분기점이 되는데 공립학교가 크게 증가한 시기로 많은 사립학교가 공립학교로 전환되었다. 현재 미국의 공립학교가 폭넓은 자율성을 가지고 있는 배경에는 이러한 경위가 반영되어 있으며, 아울러 사립학교 시스템에 강한 뿌리를 둔 공립학교 시스템에서 새로운 운영 체계가 확립된 시기이기도 하다. 공립학교는 교육위원회에 의해 민주적으로 관리되었으며, 수업료를 부과할 수 없고 선택권이 제약되었으며 취학은 학교구가 지정하였다. 그리고 사립학교에는 공적 자금의 제공이 금지되었다.

마지막으로 ④의 시기로 1920년대까지 미국의 모든 주가 공교육과 의무교육을 완성하였다. 미국의 민주적인 교육 제도는 제2차 세계대전 이후 우리나라를 비롯하여 많은 국가의 교육 제도에 영향을 주었다. 특히 미국은 1980년대 이후 영국과 함께 세계의 교육 개혁을 선도하는 역할을 하고 있다.

2. 주의 의무교육 제도 기준

미국 내의 학교는 의무교육 등 학교 제도가 통일되어 있지 않고 주내의 의무교육 기간은 주의 법률에 의해 기간과 상·하한 연령이 정해져 있으며, 학교 제도 기준은 학교구가 결정하는 등 제도적 다양성을 특징으로 한다.

그리고 주의 법률에서 정하는 의무교육 기간과 실제 의무적 무상 교육 기간이 다른 경우도 있어 전국적 균등·균질의 학교 제도 기준을 적용하는 우리나라의 상식으로는 이해하기 어렵다.

[표 I -2] 미국의 의무교육 제도

주명	도입 연도	의무 취학 연령			공교육 무상 연령		의무교육 근거 법률	고교 중퇴율	
		1915년	2000년	2015년	하한	상한		남학생	여학생
앨라배마 (Alabama)	1915	–	7–16	6–17	5	지방 결정	Ala. Code § 16–28–3	2.0	1.5
알래스카 (Alaska)	1929	–	7–16	7–16	5	20	ALASKA STAT. § 14.30.010	7.4	6.3
애리조나 (Arizona)	1899	8–16	6–16	6–16	5	21	ARIZ. REV. STAT. § 15–802	8.3	7.2
아칸소 (Arkansas)	1909	8–20	5–17	5–18	5	21	ARK. CODE. ANN. § 6–18–201	4.2	2.9
캘리포니아 (California)	1874	7–15	6–18	6–18	5	21	CAL. EDUC. CODE 48200	5.4	3.9
콜로라도 (Colorado)	1889	8–16	7–16	6–17	5	21	Colo. Rev. Stat. § 22–33–104	5.9	4.8
코네티컷 (Connecticut)	1872	7–16	7–16	5–18	5	21	Conn. Gen. Stat. § 10–184	3.8	2.1
델라웨어 (Delaware)	1907	7–14	5–16	5–16	5	21	DEL. CODE. ANN. tit. 14, § 2702.	4.5	3.4
플로리다 (Florida)	1915	–	6–16	6–16	4	상한 없음	FLA. STAT. ANN. § 1003.21	2.7	1.9
조지아 (Georgia)	1916	–	6–16	6–16	5	20	GA. CODE. ANN. § 20–2–690.1	4.5	3.0
하와이 (Hawaii)	1886	6–15	6–18	5–18	5	20	HAW. REV. STAT. 2302A–1132	5.7	4.7
아이다호 (Idaho)	1887	8–18	7–16	7–16	5	21	IDAHO CODE § 33–202	1.5	1.3
일리노이 (Illinois)	1883	7–16	7–16	6–17	4	21	105 Ill. Comp. Stat. Ann 5/26–1	3.3	2.5
인디애나 (Indiana)	1897	7–16	7–16	7–18	5	22	Ind. Code. Ann. § 20–33–2–6	1.9	1.3
아이오와 (Iowa)	1902	7–16	6–16	6–16	5	21	IOWA CODE ANN. § 299.1A	3.7	2.9
캔자스 (Kansas)	1874	8–15	7–18	7–18	5	상한 없음	KAN. SRAR. ANN. § 72–1111	2.5	1.7
켄터키 (Kentucky)	1886	7–16	6–16	6–18	5	21	KY. REV. STAT. ANN. 159.010	–	–
루이지애나 (Louisiana)	1910	8–16	7–17	7–18	5	20	La. Rev. Stat. Ann. § 17:221	5.6	4.1

주명	도입 연도	의무 취학 연령			공교육 무상 연령		의무교육 근거 법률	고교 중퇴율	
		1915년	2000년	2015년	하한	상한		남학생	여학생
메인 (Maine)	1875	7-15	7-17	7-17	5	20	ME. REV. STAT. ANN. tit. 20A. § 5001-A	–	–
메릴랜드 (Maryland)	1902	8-16	5-16	5-17	5	21	MD. CODE. ANN. EDUC. § 7-301	3.2	2.1
매사추세츠 (Massachusetts)	1852	7-16	6-16	6-16	3	22	MASS. GEN. LAWS. ANN. ch. 76. § 1	3.2	2.3
미시간 (Michigan)	1871	7-16	6-16	6-18	5	20	MICH. COMP. LAWS § 380.1561	1.8	1.3
미네소타 (Minnesota)	1885	8-16	7-18	7-17	5	21	MINN. STAT. § 120A.22	–	–
미시시피 (Mississippi)	1918	–	6-17	6-17	5	21	MISS. CODE. ANN. § 37-13-91	–	–
미주리 (Missouri)	1905	8-16	7-16	7-17	5	21	Mo. Rev. Stat. § 167.031	3.9	2.9
몬태나 (Montana)	1883	8-16	7-16	7-16	5	19	MONT. CODE. ANN. § 20-5-102	4.8	3.8
네브래스카 (Nebraska)	1887	7-15	7-16	6-18	5	21	Neb. Rev. Stat. § 79-201	2.5	1.7
네바다 (Nevada)	1873	–	7-17	7-18	5	21	Nev. Rev. Stat. § 392.040	5.0	3.8
뉴햄프셔 (New Hampshire)	1871	8-16	6-16	6-18	지방 결정	21	N.H. Rev. Stat. Ann. § 193:1	1.4	0.9
뉴저지 (New Jersey)	1875	7-16	6-16	6-16	5	20	N.J. REV. STAT. ANN. § 18A-38-25	1.8	1.5
뉴멕시코 (New Mexico)	1891	7-14	5-18	5-18	5	규정 없음	N.M. Stat. ANN. § 22-8-2, 22-12-2	7.7	6.1
뉴욕 (New York)	1874	8-16	6-16	6-16	5	21	N.Y. EDUC. LAW § 3205	4.1	3.0
노스캐롤라이나 (North Carolina)	1907	8-12	7-16	7-16	5	21	N.C. GEN. STAT. § 115C-378	5.3	3.8
노스다코타 (North Dakota)	1883	8-15	7-16	7-16	5	21	N.D. CENT. CODE. § 51.1-20-01	2.5	2.0
오하이오 (Ohio)	1877	8-16	6-18	6-18	5	22	OHIO REV. CODE. ANN. § 3321.01	4.2	3.8
오클라호마 (Oklahoma)	1907	8-16	5-18	5-18	5	20	OKLA. STAT. ANN. TIT. 70. § 10-105	2.6	2.2
오리건 (Oregon)	1889	9-15	7-18	7-18	5	19	OR. REV. STAT. § 339.010	3.7	2.9
펜실베이니아 (Pennsylvania)	1895	8-16	8-17	8-17	6	21	PA. CONS. STAT. ANN. § 13-1326	2.4	1.8
로드아일랜드 (Rhode Island)	1883	7-15	6-16	6-18	5	21	R.I. Gen. Laws § 16-19-1	5.5	3.8

주명	도입 연도	의무 취학 연령			공교육 무상 연령		의무교육 근거 법률	고교 중퇴율	
		1915년	2000년	2015년	하한	상한		남학생	여학생
사우스캐롤라이나 (South Carolina)	1915	–	5–16	5–17	5	22	S.C. CODE. ANN. § 59–65–10	3.5	2.4
사우스다코타 (South Dakota)	1883	8–16	6–16	6–18	5	21	S.D. Codified Laws § 13–27–1	2.8	2.5
테네시 (Tennessee)	1905	8–16	6–17	6–18	5	규정 없음	TENN. CODE. ANN. § 49–6–3001	3.1	2.2
텍사스 (Texas)	1915	–	6–18	6–18	5	21	TEX. EDUC. CODE. ANN. § 25.085	2.8	2.5
유타 (Utah)	1890	8–16	6–18	6–18	5	규정 없음	UTAH CODE ANN § 53A–11–101	2.9	2.3
버몬트 (Vermont)	1867	8–16	7–16	6–16	5	상한 없음	VT. STAT. ANN. tit 16 § 1121	2.9	2.2
버지니아 (Virginia)	1908	8–12	5–18	5–18	5	20	VA. CODE. ANN. § 22.1–254	2.4	1.8
워싱턴 (Washington)	1871	8–16	8–17	8–18	5	21	WASH. REV. CODE. ANN. § 28Q.225.010	4.5	3.7
웨스트버지니아 (West Virginia)	1897	8–15	6–16	6–17	5	22	W. Va. Code. § 18–8–1a	4.4	3.6
위스콘신 (Wisconsin)	1879	7–16	6–18	6–18	4	20	WIS. STAT. ANN. § 118.15	2.4	1.9
와이오밍 (Wyoming)	1876	7–14	6–16	7–16	5	21	WYO. STAT. ANN. § 21–4–102	6.6	5.2

출처: 金相奎. (2017); Council of State Governments. (2017); 각 주의 법률 등을 참고하여 작성함.

3. 의무교육의 면제

주의 교육법에서 의무교육은 '공립학교에의 취학'으로 규정하고 있는 것이 일반적이다. 사립학교에 취학하는 경우, 공립학교에의 취학을 면제하는 요건 중 하나로 인정하고 있다. 주에 따라서는 사립학교가 주의 인가를 받는 등 일정 요건에 달하는 경우 공립학교를 대체하는 교육 기관으로서 취학 요건을 충족하는 것으로 간주하고 있다.

의무교육 연령의 자녀가 학교에 취학하지 않고 재택 교육(홈스쿨링)에 참가하는 경우에도 사립학교에 취학하는 것과 동일하게 취급하는 경우가 많다. 주에 따라서는 인가를 받은 고등교육기관 및 온라인 학습 프로그램 참가도 면제 요건으로 인정하기도 한다(Alaska Statutes 14.30.010). 취학의무를 면제하는 요건으로는 대부분의 주가 정신적, 신체적으로 학교에 취학하는 것이 적당하지 않다고 의사 등 전문가와 교육위원회가 판단한 경우이다.

4. 의무교육 규정 위반에 대한 벌칙

주의 교육법에서는 의무교육 규정에 위반하여 자녀를 학교에 취학시키지 아니하거나 적정한 절차에 따른 홈스쿨링을 실시하지 않은 부모에게는 벌칙을 부과하고 있다. 취학의무 위반은 범죄로 간주되며 벌금형 또는 금고형에 처해진다. 경우에 따라서는 육아 방치의 책임을 물어 자녀를 부모의 감독하에 두지 않도록 하는 조치가 취해진다.

펜실베이니아주에서는 주행정규칙에 의해 300달러 미만의 벌금 및 법정비용의 지불 또는 학교구 및 의료 시설 등이 제공하는 부모교육 프로그램의 수강이 부과되며, 이를 이행하지 않는 경우 5일 미만의 금고형에 처해진다. 그리고 플로리다주의 주교육법에는 60일 미만의 금고형 또는 500달러 미만의 벌금을 부과하도록 하고 있다. 이 법에서는 교장 및 교원에 대해서도 고의로 규정에 위반한 경우, 교장 자격이나 교원 자격의 취소까지도 가능하다.[5]

그 외에 취학에 태만한 아동에 대해서도 출석 의무의 불이행으로 간주하여 보호관찰처분으로 아동 보호 시설에 위탁하는 경우도 있다. 주에 따라서는 지역 사회 봉사 활동이나 카운슬링의 수강을 요구하는 경우가 있다.

제3절 ____ 학교 제도

1. 학교 제도 개요

[그림 I -2] 미국의 학교 계통도

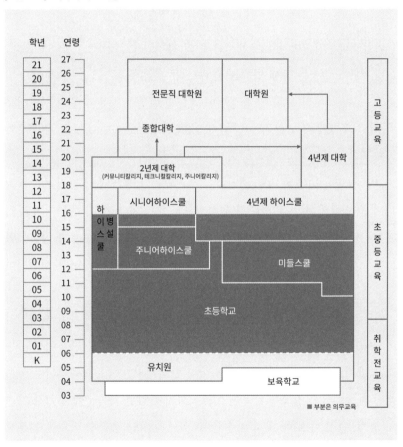

출처: U.S. Department of Education. (2018).

- 취학전교육: 취학전교육은 유치원 외에 보육학교 등에서 이루어지며 보통 3-5세 유아를 대상으로 한다.
- 의무교육: 교육에 관한 사무는 각 주의 권한이므로 의무교육에 관한 규정도 각각 다르다. 각 주의

의무교육 제도 기준은 [표 I -2] 참조.

- 초중등교육: 초중등교육은 합계 12년이지만 그 형태는 6-3-3제, 6-2-4제, 8-4제, 6-6제, 5-3-4제, 4-4-4제 등으로 다양하다. 공교육 제도 도입 당시에는 8-4제가 대부분이었지만 그 후 6-6제, 6-3-3제 등이 증가하였으며, 20세기 중엽의 미들스쿨 운동으로 5-3-4제가 일반적이다.
- 고등교육: 고등교육기관은 리버럴아츠칼리지(Liberal Arts College)를 비롯한 종합대학 이외의 4년제, 2년제로 구분된다. 종합대학은 교양학부, 전문직 대학원(학부 수준의 프로그램을 제공하는 경우도 있다), 대학원으로 구성된다. 전문직 대학원에 진학하기 위해서는 보통 종합대학 또는 리버럴아츠칼리지에서 일반교육을 받은 후에 시험, 면접을 거친다. 2년제 대학에는 주니어칼리지, 커뮤니티칼리지, 테크니컬칼리지가 있다. 주립인 2년제 대학은 주로 커뮤니티칼리지 또는 테크니컬칼리지이다.

미합중국수정헌법 제10조에서는 주의 자치권을 폭넓게 보장하고 있다. 연방정부가 주정부 등에 영향을 줄 수 있는 것은 헌법 제1조 제8절이 규정하는 "일반 복지의 목적"에 한정되며 교육을 비롯한 많은 사무는 연방정부가 아닌 주정부에 권한이 이양되어 있으므로(USConstitution.net), 주정부와 학교구의 권한과 책임에 의해 학교교육이 이루어진다.

그러나 교육의 경우 지방 분권화가 추진되는 동시에 중앙 집권적인 정책과 각종 법률의 정비로 '표준화를 바탕으로 한 교육 개혁'이 이루어지고 있다. 대표적으로 1979년에는 미국 역사상 처음으로 연방교육부가 창설되었으며 2002년에는 초중등교육법 개정 법률인 낙오아동방지법이 성립되어 연방정부의 교육에 대한 권한의 확대를 들 수 있다.

미국은 각 주 또는 학교구에 따라 학교 계통의 설정에는 차이가 있지만 초중등교육 기간 12년은 전국의 공통 기준이다. 초등교육 단계에서 중등교육 단계로의 진학은 무시험 선발이 일반적이지만 중등교육기관은 학문적인 과목에서 직업교육 과목에 이르기까지 다양한 과목군에서 학생 자신의 능력, 관심, 진로에 맞춰 이수할 수 있도록 하는 종합제 학교를 기본으로 하는 단선형의 학교 제도로 되어 있다. 12년간의 초중등교육은 초등학교에 부설되어 있는 5세 아동 등을 대상으로 하는 1년간의 유치원(K학년)을 합쳐 'K-12'로 표기된다.

학교 제도는 실질적으로 각 주의 특별 행정구로 설치되어 있는 공립학교의 설립 및 유지 관리를 전속 관할하는 학교구에 의해 결정된다. 현재 미국의 전체 학교구는 13,551개(2017-2018학기)이며 각 학교구가 학령인구, 학교의 수용 정도, 연방과 주의 교육 정책, 자체 교육 방침 등에 따라 학교 제도를 결정하고 있다. 학교구는 일반적으로 소관 지역 내에서 한 개의 학교 제도를 정하고 있지만 학교구 내에 다양한 학교 제도를 두고 있는 경우도 있다.

미국의 학교 제도는 도시 지역에서 8-4제(초등학교 8학년, 고교 4학년), 농촌 지역은 초중고가 한 학교 건물 내에 통합되어 운영되던 것이 주류였다. 그러나 1892년 개최된 전미교육협회 연차대회에서 임명된 10인 위원회의 보고서Report of the Committee of Ten on Secondary School Studies에서 중등학교의 취학 기간을 2년 빨리 시작하도록 하고 초등학교 수업 연한을 8년에서 6년으로 단축하는 6-6제 제안에 이어 1918년 중등교육개조심의회의 보고인 '중등교육의 기본원리'Cardinal Principles of Secondary Education에서 최초 6년간을 초등교육에 할당하고 약 12세에서 18세까지의 학생에 대응하는 계획된 중등교육을 제안하였다. 그리고 도시 지역에서의 학생 수 증가 등은 학제를 5-3-4, 6-2-4, 6-3-3제 등으로 다양하게 하는 계기가 되었다.

미국에서는 1980년대 후반부터 킨더가든Kindergarten**6** 교육도 중시되어 유치원 1년간을 초등학교에 편입하는 6-3-4, 7-2-4제가 주류가 되었지만, 미국에는 각 지역의 학생 수와 학교구의 범위에 따라 다양한 학교 제도가 존재하고 있다. 한편 우리나라는 1949년 교육법 제정으로 학제가 성립될 당시 미국의 6-3-3제를 근간으로 하여 설계한 후 정치 변동기에 학제 개혁이 논의된 적이 있지만 1950년 이후 원형을 그대로 유지하고 있다.

2. 취학전교육

미국은 각 주마다 고유한 취학전교육 정책이 있지만 이전 오바마 정권에서 교육 정책의 방향이 되었던 '요람에서 취직에 이르기까지'From Cradle to Career에서 단적으로 나타나는 것처럼 태어나서 고등교육을 거쳐 취직을 한 후에도 교육을 받을 기회를 보장하는 것을 전 국가적 주요 목표로 하고 있다.

미국의 취학 전 아동을 대상으로 하는 교육·보육 기관은 ① 공교육 내에 포함하여 주정부나 학교구 교육위원회가 주관하는 취학전교육 프로그램(유치원), ② 연방정부의 보육 정책 대상에서 제외되는 중·고소득층의 보육 욕구를 충족하기 위하여 민간 조직을 중심으로 제공되는 서비스(보육학교, day care), ③ 저소득층의 사회통합을 목표로 연방정부의 보육 정책에 의하여 실시되는 프로그램(Head Start Program) 등이 있다.

①의 유치원과 ②의 보육학교는 주나 학교구 교육위원회 소관의 교육 기관으로 유치원은 공립학교에 부설된 초등학교 1학년에 들어가기 전의 5세 아동을 대상으로 한다. 일반적으로 미국의 학교 제도를 K-12로 부르는데 K가 유치원Kingergarten이다. 일부 공립학교에는 Pre-K로 불리는 3-4세 아동 등을 대상으로 하는 학급도 있다. 보육학교nursery school는 학교 부설이 아니고 단독 기관으로 설치되어 있으며 공립과 사립이 있다. ②의 주간 보육day care 은 통상 주의 복지 관계 부서가 소관하며 주에 따라 제도 내용이 다르다.

서비스의 내용과 주체도 다양한데 민간 보육소 외에 교회, 기업, 대학 등이 다양한 기간과 내용의 보육 서비스를 제공한다. ③은 1964년 제정된 경제기회법에 의해 시작된 사업으로 경제적·문화적으로 충분한 혜택을 받지 못하는 취학 전 아동을 중심으로 교육 기회를 확대하는 정책이다 (Economic Opportunity Act Part C. Sec. 220).

3. 초중등교육

미국의 많은 주에서는 초중등교육의 목적 및 목표를 법령에서 명확히 규정하고 있다. 예를 들면 텍사스주의 경우, 교육법에서 규정하는 공교육의 목적과 학문상의 목표는 아래와 같다.

- 공교육의 목적(Texas Education Code 4.001)

  목적 1: 부모는 자녀의 교육에 있어 교원과 함께 중요한 파트너가 된다.

  목적 2: 학생들의 모든 교육적 잠재성에 맞도록 장려하고 동기를 부여한다.

  목적 3: 중도 퇴학 방지 노력을 통하여 모든 학생이 고등학교 졸업장을 받을 수 있게 한다.

  목적 4: 균형 잡힌 적절한 커리큘럼을 모든 학생에게 제공한다. 커리큘럼을 통하여 학생들이 다양한 취업과 고등교육기관의 진학을 포함한 중등교육 이후를 성공적으로 준비할 수 있게 한다.

  목적 5: 교원은 학생이 우리 나라의 기본 가치와 국가 전통을 존중하는 사려 깊고 활력 있는 시민, 자유기업사회에서 생산적인 역할을 이해할 수 있도록 준비시킨다.

  목적 6: 고도의 자격을 갖춘 효과성 높은 교원을 채용하여 전문성 개발을 지원하고 유지한다.

  목적 7: 공립학교 학생은 국가 및 국제 표준과의 비교에서 우수한 성과를 증명한다.

  목적 8: 학교 시설은 학생의 교육에 도움이 되는 안전하고 교육적인 환경으로 유지한다.

  목적 9: 교원은 학생들의 학습을 향상시킬 수 있는 적절한 기술을 사용

함으로써 수업과 경영에서 창조적이고 혁신적인 기술의 발달에
뒤처지지 않도록 한다.

목적 10: 테크놀로지는 학생들의 학습 효과, 교육 관리, 교원 교육 및 행
정을 증진시키기 위하여 사용된다.

목적 11: 교육위원회, 교육청, 교육위원은 학생들에 대한 직업교육과 기
술교육을 제공하는 학교구와 차터스쿨을 지원한다.

• 공교육의 학문상 목표(Texas Education Code Sec. 4.002 Public Education Academic
Goals)

목표 1: 공립학교에 재학하는 학생은 영어 읽기와 쓰기에서 우수한 성과
를 증명한다.

목표 2: 공립학교에 재학하는 학생은 수학에서 우수한 성과를 증명한다.

목표 3: 공립학교에 재학하는 학생은 과학에서 우수한 성과를 증명한다.

목표 4: 공립학교에 재학하는 학생은 사회과에서 우수한 성과를 증명
한다.

1) 초등학교

초등교육을 실시하는 학교인 초등학교primary school는 연방정부의 통계에
서 "제5학년보다 아래의 학년을 포함하고 제8학년보다 높은 학년을 포함
하지 않는 학교"로 정의하고 있다. 초등학교는 5년제가 가장 많고 그다음
으로 6년제가 많다. 그리고 3년제와 4년제의 초등학교도 있다. 초등학교의
조직은 각각 다르지만 입학 연령은 6세로 동일하다.

공립학교의 경우, 통상 초등학교에 입학하기 전 1년간 취학전교육을 제
공하기 위한 유치원 학급(K학년)이 부설되어 있다. 그리고 많지는 않지만
학교에 따라서는 3세 아동과 4세 아동 등을 대상으로 하는 Pre-K를 설치

하고 있는 경우도 있다. 우리나라와 마찬가지로 학급 담임제를 기본으로 하고 있으며 언어와 예술 과목 등은 교과 담임제를 채택하고 있는 경우도 있다.

2) 미들스쿨·주니어하이스쿨

미들스쿨middle school은 "4학년에서 7학년까지의 저학년과 9학년 또는 그보다 낮은 학년의 학교"를 말한다. 보통 5년제 초등학교에 이어지는 3년제(제6-8학년) 또는 4년제 초등학교에 이어지는 4년제(제5-8학년)이며 어느 미들스쿨이라도 졸업을 하면 4년제 하이스쿨에 진학한다.

미들스쿨 외에 초등학교에서 이어지는 학교로 주니어하이스쿨이 있다. 주니어하이스쿨은 초등학교와 시니어하이스쿨 사이에 있는 학년으로 편성되어 개별적으로 운영되는 학교로 통상 학년의 편성은 제7-9학년(6-3-3제) 또는 제7-8학년(6-2-4제) 등이다. 즉 주니어하이스쿨은 6년제 초등학교에서 진학하는 학교로, 2년제의 경우는 4년제의 시니어하이스쿨, 3년제의 경우는 3년제의 시니어하이스쿨에 진학한다. 그리고 미들스쿨 및 주니어하이스쿨과 학년 편성의 일부가 중복되는 학교로 8년제 학교(K-8학년), 주니어하이스쿨과 시니어하이스쿨이 병설된 학교, 7년제 하이스쿨 등이 있다.

3) 하이스쿨

중등교육기관은 초등학교 내지는 미들스쿨에서 이어지는 학교로 제12학년 이하의 학년으로 편성된다. 4년제 하이스쿨이 절반을 차지하고 있으며 다음으로 3년제 시니어하이스쿨, 주니어·시니어 병설 하이스쿨, 7년제 하이스쿨 등이 있다. 중등교육의 최종 학년인 제12학년의 표준적인 수료 연령은 17세 또는 18세이다.

하이스쿨은 종합제로, 학생 개개인이 다양한 과목 중에서 자신의 능력이나 관심, 진로 등을 바탕으로 선택하여 커리큘럼을 편성한다. 통학 구역에 거주하는 학생이 선발을 거치지 않고 입학하기 때문에 각 학교에서는 학생들의 욕구에 맞도록 다양한 과목을 준비하고 있다. 학생 수가 790명 정도의 고등학교인 경우에도 제공되는 과목 수가 200개를 넘는 것이 보통이다(UNESCO International Bureau of Education).[7]

4) 마그넷스쿨

마그넷스쿨Magnet school은 1950년대 인권 운동과 연방대법원의 교육 기회 차별 위헌 판결, 1964년 제정된 공민권법Civil Rights Act 등의 영향으로 인종이나 민족 배경에 의한 마이너리티(소수 그룹)의 차별을 없애기 위하여 1960년대부터 도입된 학교 유형이다. 주로 과학, 예술 등 특정 영역에 중점을 둔 교육 과정 및 독특한 교수 방법을 가지고 교육을 하는 공립학교이다. 마그넷스쿨은 학교구의 경계를 넘어 선택이 가능하다.

마그넷스쿨은 2000-2001학기 1,469개교에서 2020-2021학기 2,946개교로 증가하였으며, 재학생은 2000-2001학기 1,213,000명에서 2019-2020학기 2,694,000명으로 두 배 이상이 증가하였으나 차터스쿨보다는 완만한 증가 추세를 나타내고 있다. 차터스쿨은 상대적으로 초등학교 과정이 많은 반면 마그넷스쿨은 중등학교 과정이 많다(NCES, 2022. Table 3).[8]

마그넷스쿨의 특징은 특별한 분야의 적성과 능력을 가진 학생을 대상으로 교육을 제공한다는 점으로 우리나라의 특수목적고등학교와 유사하다. 구체적인 교육 과정으로는 ① 과학, 수학, 컴퓨터, ② 예술, 커뮤니케이션, ③ 사회과학, 인문과학, 외국어, ④ 대학 준비 등이다.

학교에 따라서는 영재 아동을 대상으로 폭넓은 내용의 교양 교육liberal arts이 제공되는 경우도 있으며 마그넷스쿨 교육 프로그램을 일반 공립학교에서 제공하는 경우도 있다. 마그넷스쿨은 교육 수준이 높고 지원자가 많으므로 공립학교에서는 실시하지 않는 입학생 선발을 하는 경우가 적지 않다. 필기시험에 의하거나 오디션, 작품 프레젠테이션 등에 의해 입학자를 결정한다.

5) 얼터너티브스쿨

얼터너티브스쿨alternative school이란 일반 공립학교에서는 대응하기 곤란한 사정이 있는 학생을 받아들이는 것을 목적으로 하여 설립된 학교이다. 일반 공립학교에서도 동일한 프로그램을 제공하기도 한다. 입학 대상은 교육상의 실패(성적이 낮고 결석을 잘하거나 수업 등 교육 활동을 방해하는 경우, 임신 등) 등 위험성이 높은 아동이다(U.S. Department of Education, 2010).

연방정부의 통계에 의하면 2015-2016학년도의 경우 미국 전역에 5,375개교가 설치되어 있다. 캘리포니아주가 1,296개교로 가장 많고 이어서 텍사스주가 955개교이다. 한편 메인주, 뉴햄프셔주, 노스다코타주, 오하이오주, 버몬트주에는 얼터너티브스쿨이 없다(NCES, 2022. Table 3).

얼터너티브스쿨의 특징은 첫째, 무학년제 프로그램이나 지역 기업 등에서의 인턴십에 중점을 둔 프로그램 등 일반적으로 공립학교와 다른 교육 활동이 이루어진다는 점이다. 둘째, 일반 공립학교와 비교하면 교원이나 카운슬러 1인당 학생 수가 적고 세밀한 지도와 지원이 가능하도록 되어 있다는 점이다.

제4절 ___ 학교 제도 기준

1. 학기 · 수업 일수

미국의 초중등교육 수료 연한은 모든 주에서 12년으로 하고 있지만 학년, 학교 단계의 구분은 주 또는 지방마다 각각 다르며, 같은 학교구 내에서 복수의 학교 제도를 채용하고 있는 경우도 있다.

20세기 중반에는 6년제의 초등학교가 많았지만 1960년대 이후는 미들스쿨 운동의 영향으로 초등교육 기간이 줄어들고 중등교육 기간이 늘어나 5-3-4제, 4-4-4제가 주류이다. 의무교육 기간도 10년에서 14년으로 다양하며 의무교육 연령도 주에 따라 6-16세, 6-18세, 5-18세로 다르다. 일부주에서는 유치원이 초등교육의 기초적 단계로 위치하여 의무교육으로 제도화되어 있다. 연간 수업 일수는 180일인 경우가 많으며 학기 구분, 휴업일 등은 학교구에서 결정한다.

학년도 개시는 주의 규정에 위반되지 않는 한 학교구의 재량 사항이지만 많은 주에서는 8월 하순 또는 9월 상순경에 시작하여 5월 하순 또는 6월 상순에 끝나며, 다음 학년도 개시까지(3개월 이상) 하계 방학을 가지는 것이 일반적이다. 학기는 2학기제와 4학기제를 채용하는 경우가 많다.[9]

미국에서는 의무교육의 취학을 '공립학교 취학'으로 규정하고 있어 대부분의 학생은 공립학교에 취학하고 있으며(약 90%), 사립학교에 취학하는 경우에는 의무교육의 면제로 취급하고 있다. 의무교육 취학 유형은 크게 다음의 다섯 가지로 구분할 수 있다.

• 공립학교에 한정하는 경우: 알래스카주, 캘리포니아주, 콜로라도주, 매

[표 I -3] 각 주의 연간 수업 시수 및 학기

주 구분	연간 수업 일수	연간 수업 시간	학년도 개시
캘리포니아주	180일	K학년: 600시간 1-3학년: 840시간 4-8학년: 900시간 9-12학년: 1,080시간	학교구 재량
플로리다주	180일	K-3학년: 720시간 4-12학년: 900시간	학교구 재량. 단 개시는 '노동자의 날' 2주 전부터
매사추세츠주	180일	K학년: 425시간 1-5학년: 900시간 6-12학년: 990시간	학교구 재량
오하이오주	규정 없음	K학년(반일제): 455시간 K학년(전일제): 910시간 1-6학년: 910시간 7-12학년: 1,001시간	학교구 재량
오클라호마주	180일	1,080시간	학교구 재량
펜실베이니아주	180일	K학년: 450시간 1-8학년: 900시간 9-12학년: 990시간	학교구 재량
사우스캐롤라이나주	180일	규정 없음	학교구 재량. 단 개시일은 8월의 셋째 월요일 이후
사우스다코타주	규정 없음	K학년: 437.5시간 1-5학년: 875시간 6-12학년: 962.5시간	개시는 9월 첫 화요일 이후
버지니아주	180일	K학년: 540시간 1-12학년: 990시간	학교구 재량. 단, 개시일은 노동자의 날 이후
위스콘신주	규정 없음	K학년: 437시간 1-6학년: 1,050시간 7-12학년: 1,137시간	9월 1일 이후

출처: ESC, School Calendar.

사추세츠주, 펜실베이니아주 등. 이들 주에서는 사립학교에 취학하는 학생은 의무교육의 면제exempt에 해당

• 공립학교와 사립학교를 취학 학교로 규정하는 경우: 하와이주, 아이오와주, 미시시피주, 미주리주, 뉴저지주, 뉴욕주, 유타주 등

• 공립학교와 사립학교, 홈스쿨링을 취학하는 학교로 규정하는 경우: 애

리조나주, 아칸소주, 조지아주, 버몬트주 등

- 단순히 학교라고 규정하는 경우: 플로리다주, 노스케롤라이나주 등
- 학교에 대한 취학 규정은 없고 교육을 받는 것을 의무로 하는 경우: 미네
  소타주 등

미국에서 대부분의 주는 학교에 취학하지 않고 가정에서 교육을 하는 홈
스쿨링을 허용하고 있는데 홈스쿨링의 절차, 가정에서의 교육에 관한 기
준 등은 주마다 다르다. 2016년 기준으로 5세(유치원)에서 17세(12학년)까지
아동 169만 명이 홈스쿨링에 참여하고 있는 것으로 조사되고 있다.[10] 홈스
쿨링에 대해서는 후술한다.

미국의 교육 제도를 우리나라와 비교하면 다음과 같은 특징을 찾을 수
있다. 첫째, 분권화 및 다양성의 존중이다. 주 또는 학교구마다 교육 제도
가 다르며 미국 전역에 공통적인 학교 제도 기준은 존재하지 않는다.

둘째, 공교육의 무상 원칙이다. 우리나라에서도 고등학교 무상 교육이
실시되고 있으나 미국에서 초중등교육 기간 12년은 의무교육 여부에 관계
없이 무상제로 하는 공교육의 무상 원칙이 관철되고 있다. 많은 주에서는
중고등학교를 중도 퇴학하는 학생들의 교육 기회 보장을 위하여 무상 교
육 상한 연령을 21세 등으로 상향 조정하고 있다는 점이 우리나라와의 차
이점이다.

셋째, 과정주의의 충실이다. 우리나라가 의무교육의 이수를 연령주의로
하고 있는 것과 대조적으로 미국은 과정주의를 채택하고 있다. 즉 학년에
대응하는 교육 과정 내용에 학습자가 도달하였는지를 측정하는 교과별 표
준을 각 교과마다 설정하고 표준 테스트를 실시하여 진급을 결정하고 있
다는 점이 우리나라와는 대조적이다.

넷째, 학교 선택과 학교의 설명 책임과의 연동이다. 1980년대 이후 선택

제 학교인 차터스쿨이 설립되기 시작하여 이후 지속적으로 증가하고 있다. 차터스쿨은 부모나 지역 주민이 직접 학교 운영에 관여하는 공설 민영학교로, 학교구와 달성 목표에 관한 계약을 체결하는 것이 일반적이다. 공립학교 중 일정 수준의 학력에 도달하지 못하는 학교는 실패 학교로 분류하여 문을 닫게 하거나 차터스쿨로 전환하는 등 학교가 학생들의 학력에 책임을 지도록 하는 설명 책임의 제도화 등 교육 개혁의 경로는 향후 우리나라의 교육 개혁에 참고가 되는 부분이다.

2. 교육 과정 · 교과서

1) 교육 과정

각 주가 정하는 교육 과정 기준은 주에 따라 요구되는 학력 수준이나 규정이 너무 다양하므로 전국적인 학력 수준으로 이어지지 않는다는 비판을 받아 각 주가 협력하여 영어, 수학, 과학 세 교과에 관한 전국적인 기준을 개발하였다. 미국은 교육이 주의 권한으로 되어 있지만 연방 차원에서 교육 수준의 향상을 위한 다양한 노력을 경주하였는데 대표적으로 1965년의 초중등교육법 제정, 1979년의 연방교육부 창설, 1983년의 위기에 선 국가 발표, 2002년의 낙오아동방지법 등을 들 수 있다.

전국적 교육 과정 기준 자체는 법적 구속력을 가지지 않으며 주에 의한 교육 과정 기준 개발의 모델에 불과하다. 주에서 도입을 결정하여야만 비로소 교실 단위의 실천에 반영된다. 세 개의 교과 중 영어와 수학에 관한 공통 중핵common core이라고 불리는 공통 기초 기준은 80% 이상의 주가 도입하였지만[11] 차세대과학스탠더드(NGSS)는 도입 초기에 참여하는 주가 많지 않았다(2017년 11월 기준으로 19개 주가 도입). 다만 학교의 교육 성과에 대한 책임(설명 책임)을 중시하는 연방과 주의 학력 향상 정책에 따라 모든 주는 적어도 영어, 수학, 과학 세 교과에 관한 교육 스탠더드에 준거한 주통일학력 테스트를 실시하여 결과를 공표하고 있다. 한편 사립학교는 각 주의 교육 스탠더드와 공통 중핵을 준수할 의무가 없다.

2) 교과서

미국은 각 주가 교육 과정curriculum과 교과서 채택에 관한 가이드라인을 정하고 있지만 원칙적으로는 학교구 교육위원회의 소관으로 되어 있다. 교과서는 School-textbooks로 표기되는데 'Schools'는 K학년에서 12학년까지의 학교를 의미하며 고등교육기관은 포함되지 않는다. 따라서 School-textbooks는 초중등학교에서 사용하는 교과서이다.

미국에서는 우리나라의 교육 과정에 해당하는 것으로 각 교과 전문직 단체가 제안하고 있는 가이드라인 또는 내셔널 커리큘럼, 각 주가 정하는 커리큘럼 기준, 학교구가 정하는 커리큘럼 가이드라인이 있다. 교과서 검정 제도는 없으며 연방정부가 교육 내용에 관하여 관여할 권한을 가지지 않으므로 모든 교과서가 가이드라인에 따라 검정을 받는 경우는 있을 수 없다. 즉, 교과서는 자유 발행제로 누구나 출판할 수 있지만 주의 방침에 맞춰 편집·작성된다. 교과서 가격은 주정부나 학교가 정하지 않고 출판사가 시장 수요 등을 고려하여 자체적으로 가격을 결정한다. 교과서 법정 사용 의무는 없지만 실제 수업에서 교과서가 사용되는 빈도는 매우 높다.

수업에서 교과서는 학습 가이드라인이며 커리큘럼이라고 할 수 있지만 미국 학교의 교과서는 한 권에 모든 내용을 담고 있는 것이 아니라 교과서에 부수한 많은 보조 교재가 있으며 교사가 준비한 보충 교재도 있다. 초등학교는 기본적으로 학급 담임제이므로 한 사람의 교원이 전 교과를 지도하는 것이 원칙이다. 그러나 미술 등의 교과는 전담 교원을 채용하여 수업을 하는 경우가 적지 않다.

교과서 채택은 주나 학교구에 교과서채택위원회가 조직되어 절차에 따라 선정하고 교과서 리스트를 작성하여 공개하고 있다. 위원회는 교사, 교육 행정관, 학부모 대표로 구성되어 있다. 주나 학교구의 교과서 채택 주기는 5년에서 7년이다.

교과서는 무상 대여제로 학교가 교과서 리스트 중에서 예산에 맞춰 수업에 사용할 교과서를 필요한 수만큼 구입하는 구조이다. 교과서 리스트 중에서 어떤 교과서를 구입할 것인가는 교사와 학교의 자율이다. 학교에서 교과서를 대여받은 학생은 학기 중 교과서를 자유롭게 사용할 수 있지만 훼손할 경우 변상하는 경우도 있다. 학년도가 종료되면 교과서를 학교에 반납하며 진급하는 학생이 다시 사용하게 된다.

3. 진급 · 진학 제도

1) 진급 제도

공립학교에서의 진급 제도grade promotion, grade advancement는 대부분의 경우 주의 법령이나 학교구의 권한으로 구체적인 기준이 정해져 있다. 실제 진급은 수업에서의 학습 성과에 대한 성적 평가에 의해 결정된다. 성적이 아주 낮고 다음 학년으로 진급할 준비가 되어 있지 않다고 교원이 판단하는 경우 유급하는 경우도 있다. 유급은 부모와 협의한 후에 동의를 얻은 다음 결정된다. 그러나 실제적으로는 요구되는 학력 수준에 도달하지 않은 학생에게도 진급을 허용하는 제도(social promotion)가 마련되어 있다.

1990년대에 접어들어 학력 향상을 목표로 각 주에서는 교육 과정의 기준이 되는 교육 스탠더드를 정하고, 여기에 대응하는 주 내의 통일학력테스트를 통해 공립학교의 교육 성과를 향상하고자 의도하는 교육 정책을 추진히였다. 동시에 이러한 개혁 노력은 교육 스탠더드가 규정하는 학력 수준에 학생이 도달하는 것을 과거보다 중시하게 되어 학력 달성 성과와 관계없이 누구나 진급하도록 하였던 여러 곳의 주에서 진급 제도를 수정하기 시작했다. 이들 주에서는 상급 학년으로의 진급에 있어 도달하여야 할 학력 수준에 도달하고 있는지 없는지를 판단하는 진급 판정 제도와 학년별 누적 취득 단위 수를 설정하는 등의 개혁이 이루어졌다.

수료graduation는 초중등교육(K-12) 최종 단계인 하이스쿨의 수료를 지칭한다. 하이스쿨 수료 요건은 대부분의 경우 이수가 필요한 교과목과 교과목별 취득 단위 수가 주에 의해 최저 요건으로서 정해져 있으며 최근에는 수료 시험이 부과되고 있다. 수여된 수료증은 이수 과목의 종류와 취득 단위 수, 이수 과목 및 수료 시험의 성적을 바탕으로 복수의 종류가 마련되어 있다. 최근에는 수업의 출석 시간에 관계없이 요구되는 학력의 유무를 시험 등에서 판정하여 단위를 수여하는 등의 정책도 생기고 있다.

2) 진급 판정 제도

진급 판정 제도promotion gate는 상급 학년으로의 진급 시에 영어, 수학 등의 기초적 교과에 대하여 기대되는 학력 수준을 달성하고 있는지 여부를 판정하는 제도이다. 통상 주에서 실시하는 교과별 테스트 또는 학교구에서 독자적으로 도입한 학력 테스트 성적을 중심으로 판정이 이루어지고 있다. 다른 교과 학습에도 많은 영향을 주는 독해력에 문제가 있는 아동을 조기에 발견하여 중점적으로 지도하는 것이 학력 향상에 효과적이므로 초등학교 저학년의 영어에 초점을 두고 있는 주가 많다.

2012년 8월 시점에 17개 주와 워싱턴 D.C.는 K단계(5세 아동 대상의 취학전 교육)에서 제3학년까지 사이에 영어의 학력이 주의 통일학력테스트나 학교

[그림 I -3] 텍사스주의 진급 판정 제도

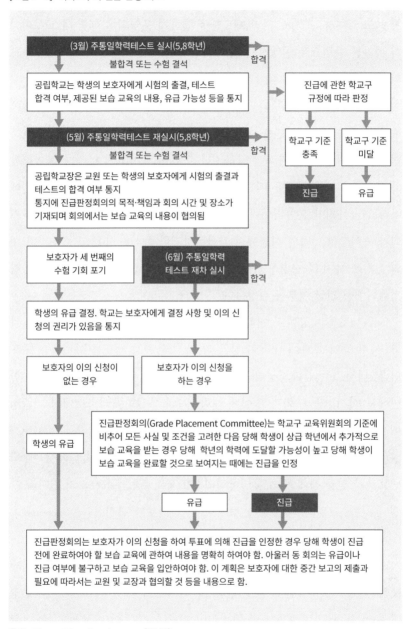

출처: Texas Education Agency. (2019).

구가 실시하는 테스트에서 기준점에 도달하여야 제4학년 진급이 가능하도록 하고 있다(Rose, 2012). 다만 제도는 유연하게 운영되어 학력 테스트 이외의 평가를 학력으로 인정하는 것도 가능하며, 교장이나 교사의 의견, 부모의 의견 등을 토대로 유급이 면제되는 경우도 있다.

[그림 I -3]은 텍사스주의 진급 판정 절차를 나타내고 있다. 매년 3월에 주가 제5학년과 제8학년을 대상으로 실시하는 학력 테스트에서 합격을 하면 학교구의 규정에 따라 진급하지만 수험에 응시하지 않거나 불합격을 하면 5월에 다시 시험을 치른다. 이 시험에서 합격하면 학교구의 규정에 따라 진급하지만 불합격이나 응시하지 않을 경우 6월에 한 번 더 수험 기회가 주어진다. 6월의 시험에서 불합격하거나 응시하지 않고 보호자가 이의 신청을 하지 않는 경우 유급이 결정되며, 이의 신청을 하는 경우 진급판정회의에서 진급 여부를 결정한다.

유급은 보통 초등학교 저학년의 영어 성적을 기준으로 하지만 수학, 과학, 사회 등의 교과에 대하여 상급 학교 진학 판정 제도를 마련하는 주도 있다. 텍사스주의 학생성취구상Student Success Initiative에서는 제5학년과 제8학년에서 실시되는 수학과 영어에 대한 주 내 통일학력테스트에서 기준점에 달하여야만 진급할 수 있는 요건이 된다(Texas Education Code - EDUC § 28.0211). 그리고 위스콘신주는 제4학년에서 제5학년, 제8학년에서 제9학년으로의 진급 시에 주의 통일학력테스트(영어, 수학, 과학, 사회)의 결과와 학생의 학력, 교원의 의견 등을 토대로 진급 여부를 결정한다(Wisconsin State Legislature).

진급 판정 제도를 도입하고 있는 주에서는 정해진 학력 수준에 도달하지 못하는 것으로 판정된 학생을 대상으로 과외수업, 여름 캠프, 작은 학습 집단 수업 등 학력 향상을 위한 중점적인 지도interventions의 제공을 진급·유급 규정 안에 포함하도록 학교구에 요구하고 있다(Rose, 2012).

3) 단위 취득 제도

우리나라의 초중등교육법에서 고등학교 수업 연한은 3년을 원칙으로 하고 예외적으로 시간제와 통신제는 4년으로 하고 있다(제46조). 미국도 하이스쿨을 수료하기 위해서는 4년의 수업 연한에서 지정된 교과목에 대한 일정 단위 수를 취득하여야 한다. 그리고 경우에 따라서는 단위 취득 외에 추가로 주가 정하는 수료 시험에 합격하는 것을 요건으로 하고 있다.

단위 수를 취득하기 위해서는 교원의 성적 평가를 토대로 인정된 단위를 누적할 필요가 있지만 수료를 위해서는 4년간 고등학교에 출석하여야 하는 것이 일반적이다. 즉, 출석 시간seating time이 고등학교 수료의 기본이 된다. 다만 미국의 고등학교는 단위제이므로 각 학기에서 이수하는 과목을 더 이수하거나 방과 후 프로그램이나 하계 방학 중 개최되는 서머스쿨에서 단위를 취득하는 경우 4년까지 재학하지 않아도 수료 요건을 충족할 수 있다.

1905년에 설립된 교육 싱크탱크이자 연구소인 카네기교육진흥재단(CFAT)의 자료에 의하면 미국 50개 주와 워싱턴 D.C.의 단위 취득 제도 도입 상황은 다음의 다섯 가지로 구분된다.

- 카테고리 1: 주로 출석 시간을 기본으로 하는 단위 수여를 폐지하고 학생의 지도 내용과 스킬의 습득을 기반으로 단위 수여(1개 주)
- 카테고리 2: 단위 수여를 출석 시간으로 할 것인가, 학습 내용 숙달도를 기준으로 할 것인가 등 학교구가 단위를 수여하는 조건을 정의(29개 주)
- 카테고리 3: 학교구가 출석 시간 이외의 방법으로 단위 수여를 하고자 할 때에는 주에 규제 면제 등을 신청(4개 주)
- 카테고리 4: 학교구에 단위 수여에 관한 재량이 없으므로 수업 출석 시간을 기준으로 단위를 수여(11개 주)

• 카테고리 5: 학교구에는 특정 조건하에서 단위 수여를 할 수 있는 한정적인 재량이 있으며 경우에 따라서 주의 승인이 필요(6개 주)

카테고리 1에 속하는 뉴햄프셔주는 2005년에 제도를 개정하여 출석 시간을 토대로 단위를 수여하는 제도를 폐지하고 기업 인턴십 등도 대상에 포함하여 학습 내용 숙달 능력을 판정하는 단위 수여 프로그램을 주 전역에 도입하였다(Carnegie Foundation for the Advancement of Teaching).

4) 초중등교육(K-12)의 수료

미국에서는 12년간의 초중등교육 수료로서 하이스쿨의 수료가 중시되고 있다. 각 주에 공통된 하이스쿨 수료 기준은 지정된 교과목에 관하여 일정 수 이상의 단위를 취득하는 것이다. 그러므로 대부분의 주는 교과목과 단위 수에 관한 기준을 정하고 있다(2012년을 기준으로 47개 주와 워싱턴 D.C.). 주의 기준은 최저 기준이며 학교구는 여기에 밑돌지 않도록 실제 적용되는 수료 요건을 정하고 있다. 일부 주에서는 주의 기준을 두지 않고 학교구의 재량에 맡기고 있다(콜로라도주, 매사추세츠주, 펜실베이니아주 등).

근년에는 이수 교과목의 종류와 취득 단위 수 외에 주가 지정하는 학력 테스트의 합격을 수료 요건으로 하는 주가 늘고 있다. 난이도는 주마다 다양하지만, 2013년 기준으로 적어도 24개 주가 어떤 형태로든 수료 시험을 부과하고 있으며, 수험 과목은 영어와 수학 두 교과를 대상으로 하는 주, 영어, 수학, 과학 또는 사회나 역사 네 교과를 대상으로 하는 주, 영어, 수학, 과학 세 교과를 대상으로 하는 주, 수학만을 대상으로 하는 주 등 다양하다.

하이스쿨 수료에서 특징 중 하나는 같은 학교를 수료하더라도 이수 과목의 종류나 취득 단위 수, 수료 시험의 성적 등에 따라 다른 종류의 수료증이 수여된다는 점이다. 예를 들면 버지니아주의 경우 지정된 교과의 취득 단위 수와 과목별 수료 시험의 성적 차이에 따라 표준 수료증, 상급 수료증, 특수교육 대상자 수료증(장애가 있는 학생만이 대상) 등 세 종류의 수료증이 있다(http://www.doe.virginia.gov/instruction/graduation/standard.shtml).

아울러 버지니아주에서는 각 교과목의 성적 및 수료증 취득 요건 이상의 단위 취득, 직업 능력 자격 등의 취득을 토대로 성적 우수자임을 증명하는 보증표seal를 수료증에 붙여 주고 있다.

5) 진학 제도

초중등교육 12년간은 의무교육 기간에 관계없이 희망자 전원의 진학을 원칙으로 하고 있다. 따라서 초등학교에서 미들스쿨, 미들스쿨에서 하이스쿨에 진학할 때에는 시험에 의한 선발이 이루어지지 않는다. 그러나 직업 하이스쿨, 과학 교육이나 예술 교육 등 특정 분야에 관한 중점적인 지도를 실시하는 하이스쿨은 일반적으로 넓은 지역에서 학생을 모집하는 경우가 적지 않고 진학자를 선발하는 경우가 많다. 이 경우에 선발 요건으로는 장애의 유무 등 학생의 신체적, 사회 경제적 요인 외에 출신 학교의 학업 성적, 추천서 등이 있다. 입학자 선발을 실시하고 있는 곳은 전체의 3% 미만이다.

4. 수업료

미국의 각 주는 주헌법 또는 주교육법에서 최단 10년에서 최장 14년의 의무 무상 교육 기간을 마련하고 있으며, 의무교육 기간 중의 중도 퇴학자나 유예자가 고등학교까지의 보통교육을 무상으로 수료할 수 있도록 무상 교육의 상한 연령을 21세까지 정하고 있는 주가 많다는 것은 전술하였다. 즉, 미국의 모든 주는 의무교육 기간은 각각 다르지만 초중등교육(K-12)을 무상으로 하는 '공교육의 무상 원칙'이 확립되어 있으므로 교육을 받는 자는 수업료를 부담할 필요가 없다.

제5절 ___ 교원 양성 및 자격 제도

1. 교원 자격 제도 개요

미국의 교원 정책은 대학에서의 교원 양성을 원칙으로 하고 있으며 교원 자격증을 발급한다는 점에서 우리나라 제도와 유사하다. 그러나 우리나라처럼 교원 채용 시험이 없으며, 교원 자격증 취득 요건, 교원 양성 프로그램, 자격증 유효 기간의 설정 등에서 주마다 각각 다르다. 1974년 이후 모든 주에서는 초중등학교의 교원 자격으로 4년제 대학 졸업Bachelor's degree을 요구하고 있는데 교원 자격은 주가 인정하는 교원 양성 프로그램 수료와 학사 취득을 조건으로 하고 있다.

미국의 교원은 주로 교과 지도를 담당하며, 학생 진로 지도, 카운슬링을 담당하는 전문 직원을 따로 두고 있다. 교원의 급여 수준은 높지 않지만 많은 주에서 정년까지 안정적으로 근무할 수 있는 제도를 도입하고 있다. 초임부터 몇 년간은 기간제로 근무하다가 유효 기간이 없는 자격증을 취득하여 정년까지 근무할 수 있도록 하는 주도 있다.

2. 교원 양성의 역사

미국에서 조직적인 교원 양성은 19세기 중반부터 시작되었다. 18세기부터 초등학교 교원 양성의 필요성이 높아짐에 따라 사범학교가 설립되기 시작하였으며, 19세기 이후 중등교육기관의 증가에 따라 중등 교원의 양성이 활성화되었다. 19세기에 사범학교 수료자에게 교원 자격증을 발급하였으며 1963년에는 중등교육 단계, 1974년에는 초등교육 단계에서 학사 자격을 요구했다.

1983년 위기에 선 국가A Nation at Risk에서 교원 양성의 개선과 교직의 지위 향상을 제안하였으며,[12] 2002년 낙오아동방지법은 주요 교과의 모든 교원에 대하여 2005-2006학년도까지 높은 수준의 자격highly qualified을 가지도록 하였다. 낙오아동방지법에서 엄격하게 설정되어 있던 설명 책임을 완화시킨 오바마 정권은 정점까지의 경쟁Race to the Top 정책을 통하여 학교에서 혁신과 개혁을 유인하고자 연방교육부가 43억 달러 이상의 경쟁 자금을 지원하도록 하였다.

3. 교원 자격 제도의 다양성

대체적으로 각 주의 공통적인 특징은 대학 졸업 후 예비 자격증을 발행하며 일정 기간의 근무 경험과 상위 학위 취득, 필요 단위 취득을 요건으로 정규 교원 자격증이 발행된다. 정규 교원으로서 자격증은 다음과 같이 대략 세 종류로 구분할 수 있다.[13]

① 대학 졸업 후 유효 기간이 있는 자격증을 발행하고 연수나 근무 경험

등의 요건을 부여하여 갱신하는 경우로 유효 기간이 없는 자격증은 발급하지 않는다.

② 자격증을 등급에 따라 하위 등급에서 상위 등급으로 취득하며, 최종적으로는 유효 기간이 없는 자격증을 발행하는 경우도 있다. 뉴저지주만이 대학 졸업 후에 유효 기간이 없는 자격증을 발급하고 있다.

③ 여러 종류의 등급별 유효 기간이 있는 자격증이 있으며, 근무 경험이나 석사 학위의 취득에 의해 상위 자격증을 취득하지만 유효 기간이 없는 자격증은 발행하지 않는다.

미국에서는 ②가 가장 일반적이며, ③은 가장 적게 도입하는 제도이다. 교원 자격 제도의 기본적 정책이 ①에 해당하는 메릴랜드주의 교원 자격 종류 및 자격 기간, 조건 등은 다음과 같다.

[표 I -4] 메릴랜드주의 교원 자격 종류별 기간·내용·조건

	종류	기한·회수	내용 및 조건
①	Professional Eligibility Certificate	5년, 갱신 가능	• 최초로 받는 자격증 • 고용되지 않은 지원자에게 발행. 예비 자격증에 해당 • 대학 수업 과목을 6단위 이수하면 갱신 가능
②	Standard Professional I Certificate	5년, 한 번만 갱신 가능	• 주 내의 학교구에 고용된 자에게 발행 • 대학 수업 과목을 6단위 이수하면 한 번만 갱신 가능 • 유효 기간 내에 ③ 또는 ⑤의 조건을 충족할 필요가 있음.
③	Professional II Certificate	5년, 갱신 없음	• 주 내의 학교구에 고용된 자에게 발행 • 최저 3년간의 전임 교직 경력을 증명할 것 • 대학의 수업 과목을 6단위 이수할 것
④	Extended Professional II Certificate	3년, 갱신 없음	• ②를 3년간 보유하고 연속하여 ③을 5년간 보유하고 있는 자에게 발행 • 3년 이내 ⑤의 조건을 충족할 필요가 있음.
⑤	Advanced Professional Certificate	5년, 갱신 가능	• 3년간 학교 관련 경험을 증명할 것 • 대학의 수업 과목을 6단위 이수할 것 • 위의 조건 외에 석사 학위, 대학원의 수업 과목을 최소 21단위에서 36단위 이수 등의 추가 조건 중 한 가지 충족 필요

출처: eLaws.US, Sec. 13a.12.01.11. Renewal of Certificates.

4. 최근 교원 정책 동향

최근에는 석사 학위 취득을 요건으로 하는 주가 다수 있으며, 교원 양성 기관의 대학원화가 진행되고 있다. 아울러 교원 양성 기관에 대하여 교육의 질과 성과에 대한 설명 책임을 요구하는 사례가 늘고 있다.

미국은 교사 결원율이 높은데 2016년 발표에 의하면 모든 학교구의 거의 전 과목에서 교사 부족 현상을 겪고 있다(U.S. Department of Education Office of Postsecondary Education, 2017). 교원 두 명 중 한 명은 교사가 된 후 5년 내에 교직을 그만두는 것으로 나타나고 있다. 2015년 8월 24일 자 『워싱턴포스트』에서는 교사들이 직업에 대하여 더 환멸disillusioned을 느끼며 이는 이직률이 높은 원인이 되고 있다고 한다. 교직과 미국의 미래 위원회(NCTAF)는 교원의 중도 퇴직 문제에 연간 70억 달러 이상의 비용이 드는 것으로 추계하고 있다(Banville & Rikard, 2009).

또한 지식 기반 사회로의 급진전과 함께 교사의 전문성 개발을 지원하는 다양한 전략이 마련되고 있다. 1987년에 설립된 미국전문기준협회(NBPTS)의 상급 교원 인정 프로그램이 대표적이다. 이 프로그램은 특수한 훈련을 통하여 현직 교사들이 보다 유능하게 되도록 지원하는 것을 목적으로 하는데, 미국전문기준협회의 교원 자격 취득을 위해서는 계획 입안 능력, 지도력, 자신의 수업에 대한 유효성 분석 등을 증명하는 포트폴리오를 1년 이상에 걸쳐 작성하여야 한다.

포트폴리오는 수업 계획 샘플, 최소 2회의 수업 비디오, 학생에게 부여한 숙제 샘플, 수업 이외의 성과와 그 성과가 어떻게 학생들의 학습에 영향을 미치는지에 대한 문서 1건을 포함하는 것이 조건이며 아울러 각각의 분석과 그 실천으로부터 얻은 지식을 첨부할 필요가 있다. 이 포트폴리오는 전국의 교원에 의해 심사가 이루어지는데 지원자는 자기 전문 분야에 관한 여섯 개의 과제를 온라인으로 완성하여야 한다. 이것은 교과에 관한 이해를 학생의 학습 과제에 응용하는 능력을 보기 위한 것이다.

<h1 style="text-align:center">제6절 ___ 학교 선택</h1>

1. 학교 선택제 개요

　미국은 일반적으로 학교구 내에 같은 학교 종별이 복수로 설치되어 있는 경우, 학교구 교육위원회가 통학 구역을 설정하고 있다. 공립학교에 취학하는 경우 학교구 교육위원회에 등록을 하면 초등학교에서 하이스쿨까지 학교 단계에 관계없이 학교구 교육위원회에서 주거지 통학 구역에 있는 학교를 지정한다. 이는 우리나라 초중등학교 배정과 비슷하다.

　그러나 특정 통학 구역이나 특별한 사정이 있는 경우에는 학교를 선택할 자유를 보장하고 있는 것이 특징이다. 예를 들면 매사추세츠주 보스턴시에서는 세 개의 광역지정구역assignment zone 외에 자택으로부터 초등학교는 1마일(1마일은 약 1.6킬로미터), 중등학교는 1.5마일을 반경으로 하는 도보통학구역walk zone을 설정하고 있다. 부모는 지정 구역 내의 학교뿐만 아니라 도보통학구역 내의 학교 선택도 가능하다. 시 전역에서 입학 지원이 가능한 미들스쿨, K-8, 하이스쿨도 따로 있다. 아울러 우선적으로 취학 지정이 가능한 경우도 있는데 해당 학교에 이미 형제자매가 취학하는 경우에는 최우선권이 부여되는 등 특례가 마련되어 있다(Kimelberg & Billingham, 2012).

　사립학교에 취학하는 경우를 제외하고 대부분의 아동은 학교구 교육위원회가 지정한 공립학교에 취학하지만 20세기 중반부터 학교 선택 기회가 확대되고 있다. 여기에는 개방 입학 제도, 마그넷스쿨, 얼터너티브스쿨, 차터스쿨, 온라인 학습, 홈스쿨링 등이 있다. 주로 부유한 가정의 자녀가 향유하던 사립학교의 경우에도 일정 소득 미만의 가난한 가정의 자녀에게 사립학교 취학 기회를 부여하는 교육 바우처가 일부 주에서 도입되어 있다.

2. 개방 입학 제도

개방 입학 제도Open enrollment는 통학 구역의 학교 이외의 공립학교 중에서 취학하는 학교를 선택하는 제도이다. 개방 입학 제도는 같은 학교구 내에서 통학 구역을 넘어 학교를 선택할 수 있는 방법(intradistict)과 학교구를 넘어 학교를 선택할 수 있는 방법(interdistrict)이 있다.

이 두 가지를 교사와 교실의 수용 능력에 따라 주 내의 학교구에 의무 지우고 있는 주와 학교구가 임의로 정하도록 하는 주가 있다. 주에 따라서는 저소득 가정 출신자와 학력 수준이 낮은 학교에 재학하는 자, 집단 따돌림 피해자 등 특정 요건을 충족하는 학생의 학교 선택을 인정하도록 학교구에 의무 지우는 경우도 있다.

3. 차터스쿨

차터스쿨Charter school은 민간에게 위탁하여 경영하는 공설 민영학교이지만 공식 통계에서는 공립학교로 분류하고 있다. 이는 영국이 지방교육당국의 유지 관리에서 벗어나 자율성을 가지고 운영되고 있는 학교를 통계에서 사립학교로 분류하고 있는 것과 대조적이다.

차터스쿨은 사립학교의 특징인 선택과 시장 메커니즘이 강한 학교 유형이다. 차터스쿨에 재학하는 학생의 수업료는 무료이며 지역에서 선출된 학교위원회에 의해 관리된다. 예산과 교육 과정 결정권 등은 모두 학교 측에 이양되어 있지만 계약 위반이나 당초 목표가 달성되지 않는 경우 폐교까지도 가능하다.

학교 운영에서 차터스쿨은 폭넓은 자율성을 가지고 있다. 차터스쿨은 통학 구역에 구속되지 않고 다른 지역의 학생도 경쟁을 통하여 입학할 수 있다. 학교 운영에 소요되는 경비는 학생을 기준으로 지출하므로 교육적으로 높은 달성을 하여 많은 학생을 모집할 경우 재정 수입이 증가하는 등 시장 경쟁적 환경에 놓여 있다. 그러나 이 메커니즘 때문에 차터스쿨은 시장 원리주의 정책이라는 비판을 받는다.

교육위원회는 원칙적으로 비영리 단체인 차터스쿨 운영 교육 조직(CMO) 또는 공립학교 운영 영리 조직(EMO)과 계약을 체결하며 많은 주에서는 영리 단체가 차터스쿨을 경영하는 것을 허용하고 있다. 이러한 특징 때문에 차터스쿨은 공립학교보다는 사립학교에 더 가까운 특징을 가지고 있다. 차터스쿨법은 1991년에 미네소타주가 미국에서 가장 먼저 제정하였으며 2017-2018학기 기준으로 차터스쿨법을 제정하지 않은 주는 6개 주뿐이다. 차터스쿨법을 제정하지 않은 주에서도 차터스쿨이 설립·운영되고 있다.

뉴욕주의 차터스쿨은 뉴욕주립대학평의원회[14]와의 계약을 기초로 운영되는 독립된 공립학교이다. 차터스쿨은 전형적으로 공립학교가 운영하지 않는 선진적인 커리큘럼이나 비종교적인 수업을 제공한다. 차터스쿨은 지방·주, 연방정부의 자금에 의해 운영되지만 다수의 교육 관련 법령·규칙의 규제에서 벗어나 자유롭게 운영된다는 점에서 유연성을 가진다.

그러나 차터스쿨은 법률(Education Law 제56장)의 규정 및 당해 학교의 헌장에 적합하게 운영하여야 한다. 또한 다른 공립학교와 동일하게 건강과 안전, 시민권, 학력에 관한 기준 등을 충족하여야 한다. 차터 위반, 주정부의 실적 평가 기준 미달성, 중대한 법령 위반 및 재정 관리상의 위반, 공무원 임용법Civil Service Law에 반하는 고용자 차별 등이 있는 경우 당해 학교의 헌장은 박탈된다.

헌장은 본래 5년까지의 기간으로 발행된다. 유효 기간이 지나면 헌장을 5년 더 연장할 수 있다. 주립대학평의원회는 460 헌장을 초과하여 헌장을 발행할 수 없다(FinfLaw). 그러나 헌장의 갱신 및 일반 공립학교의 헌장 학교로의 전환은 '460 헌장'이라는 법률상의 제한에 포함되지 않는다.

1980년대 이후 학력 저하 현상을 극복하기 위하여 학교 선택을 확대하고 교육 기관 간의 경쟁을 강화하여 설명 책임을 확보하고자 차터스쿨 정책이 도입된 후, 2000년에 접어들어 크게 증가하였다. 차터스쿨은 2000-2001학기 1,993개교에서 2019-2020학기 7,547개교로 10년간 3.8배가 증가하였으며, 차터스쿨에 재학하는 학생 수도 같은 기간 448,000명에서 3,431,000명으로 7.7배가 증가하였다(NCES, 2022. Table 216.20 & Table 216.90).

4. 교육 바우처

교육 바우처는 새로운 학교 유형이 아니라 재정적 메커니즘이다. 교육 바우처의 기본 원칙은 학생들이 학교구 이외의 공립학교 또는 사립학교를 자유롭게 선택할 수 있도록 수업료를 대신하는 바우처를 제공하는 것이다. 차터스쿨이 1990년대에 크게 증가한 것과는 다르게 바우처 프로그램을 대규모로 시행하고 있는 주는 7개에 불과하고 12개 주에서는 장애를 가진 학생들을 위한 프로그램을 마련하고 있지만 재정 문제, 자격 문제 등으로 제한적으로 실시되고 있다.

메인주와 버몬트주는 매우 오래된 바우처 프로그램을 운영하고 있는데 이는 농촌 지역에 학교가 부족하기 때문에 생긴 정책으로 학교 선택을 확대하기 위하여 생긴 바우처로 보기는 어렵다. 미국에서 대표적인 밀워키와 클리블랜드의 바우처 프로그램은 1990년대부터 실시되었다. 이 두 프로그램의 공통점은 소득 요건을 기준으로 하고 있다는 점이다.

바우처의 선구자로 소개되고 있는 위스콘신주에서는 주정부가 아동의 학교교육 경비를 보증하는 바우처(증서)를 발행하여 사립학교도 포함된 모든 학교에 이 증서를 제출하여 통학과 전학하는 것을 인정하고 있다. 이 증서는 빈곤 가정 출신의 아동에게 한정되어 발행되고 있지만, 여기에는 교육에 대한 평등한 접근 기회 보장이라는 관점과 사립학교에 대한 공적 자금의 투입이라는 관점에서 논쟁을 불러일으키고 있다.

미국에서 정치적으로 공화당의 보수 연합, 기독교 그룹, 신자유주의 성향의 싱크탱크, 학부모 운동 단체 등은 차터스쿨과 교육 바우처의 확대를 찬성하고 있다. 정치적 좌파, 민주당, 교원 조합은 바우처에 반대하지만 차터스쿨 정책에는 대체로 호의적이다. 사실 차터스쿨의 최초 아이디어는 교원 조합의 리더가 제안하였다는 말이 있을 정도이다.

제7절 ____ 홈스쿨링

1. 홈스쿨링의 개요

우리나라는 의무교육 대상자에게 취학의무를 부과하므로 극히 일부의 취학 유예 대상자를 제외하고 대부분의 부모는 자녀를 학교에 취학시킬 의무를 지고 있다. 그러나 미국은 교육의무를 부과하므로 학교에 취학하지 않고 다른 교육을 선택할 수 있는 여지가 많다.

홈스쿨링이란 의무교육을 포함한 초중등교육을 자택이나 자택 외의 도서관, 다른 홈스쿨링 학습자와의 그룹 학습, 특정 교과에 한한 학교 수업의 참가 등 다양한 방법으로 취학을 대신하는 이른바 재택 학습이다. 미국에서 홈스쿨링에 참여하는 5세부터 17세까지의 아동은 1999년 85만 명에서 2016년 168만 명으로 10년도 되지 않은 기간에 두 배가 늘었으며, 같은 기간 홈스쿨링에 참여하는 학생의 비율은 1.7%에서 3.3%로 증가하였다. 인종별로는 백인이 가장 많고 유치원을 제외하고 연령 단계가 높아질수록 홈스쿨링의 참여도가 높다.[15]

주에 따라서는 사립학교로 인정되기도 하며 제도화된 개별 학습 프로그램이나 유자격자에 의한 개인 지도 프로그램 등도 홈스쿨링에 포함되는데 거의 모든 주에서 인정하고 있으나 홈스쿨링 제도 기준은 주마다 일정하지 않다.

홈스쿨링을 선택한 이유로는 '학교의 학습 환경이 걱정'된다는 의견이 가장 많았으며 그다음으로는 '도덕 교육을 받게 하기 위하여', '학교의 교과 지도에 만족하지 않으므로'가 높은 응답률을 나타내고 있다.[16] 특히 학교의 학습 환경을 걱정하거나 학교교육의 불만족 비율이 높아지는 추세이다. 이는 교사의 학부모에 대한 관점에 변화가 필요함을 시사한다. 즉, 학부모를 오직 자녀만을 위한 존재, 또는 학교를 후원하는 역할로 보기보다는 학습의 파트너로서 인식할 필요가 있다는 것이다(Buchen, 2004).

주가 홈스쿨링을 규제하는 경우로는 ① 주의 법령(주교육법 또는 주행정규칙)에서 명확히 하고 있는 경우, ② 사립학교 또는 종교계 학교의 형태로 승인하는 경우, ③ 사립학교에 관한 규제하에서 암묵적으로 승인하는 경우, ④ 학교구에 의한 감독의 방법으로 하는 경우 등 다양하다. 이하에서는 홈스쿨링 제도 기준이 각각 다른 뉴욕주와 노스캐롤라이나주, 오하이오주의 홈스쿨링 제도를 비교해 보고자 한다.

2. 뉴욕주의 홈스쿨링 제도

의무교육 연령에 있는 학생의 보호자는 자녀의 홈스쿨링을 하고자 희망할 때에는 매 학년도 7월 1일까지 자신이 거주하는 지역의 교육장에게 그 의향을 제출하여야 한다.

학교구는 학부모의 홈스쿨링 의향을 받은 날로부터 10업무일 안에 주교육장관규칙(Regulations of the New York State Commissioner of Education §100.10)과 개별가정교육계획(IHIP)의 제출 양식을 학부모에게 제공하여야 한다. 학부모는 학교구의 자료를 받고 4주 내 또는 늦어도 8월 15일까지 완성된 개별가정교육계획을 제출하여야 한다.

학교구는 10업무일 안 또는 늦어도 8월 31일까지 개별가정교육계획이 주의 필요 요건에 일치하는지 여부를 학부모에게 알려야 한다. 만약 개별가정교육계획에 미비점이 있으면 그 내용을 학부모에게 문서로 통지하여야 한다. 개별가정교육계획에 미비점을 발견하였을 때에 학부모는 이를 보완하여 미비점이 있다는 통지를 받은 날로부터 15일 내 또는 늦어도 9월 15일까지는 제출하여야 한다.

개별가정교육계획에는 학생의 성명, 나이, 학년, 교육 과목 리스트, 커리큘럼 자료, 각각의 필수 과목에 사용될 교과서 또는 교수 계획, 부모의 분기 보고서 제출일, 교수를 제공하는 자의 이름, 학생이 교육법에서 정한 의무교육 필수 요건과 일치한다는 기술서 등을 포함하여야 한다. 홈스쿨링 필수 과목은 다음과 같다.

- 1년 차에서 6년 차
  산수, 읽기, 철자법, 쓰기, 영어, 지리, 미국사, 과학, 보건교육, 음악, 시각 예술, 체육, 이중 언어교육 또는 제2외국어로서 영어
- 7년 차와 8년 차
  영어, 역사·지리, 과학, 수학, 체육, 보건교육, 예술, 음악, 공예, 도서관 기술library skills[17]
- 9년 차에서 12년 차
  영어, 미국사, 정부·경제를 포함한 사회, 수학, 과학, 예술 또는 음악, 보건교육, 체육, 그리고 세 개의 선택 과목

학부모는 출석 기록, 분기 보고서, 매년 평가 결과를 유지·보존하여야 한다.

3. 노스캐롤라이나주의 홈스쿨링 제도

노스캐롤라이나주는 홈스쿨을 "최대 두 가족의 한 명 이상의 아동이 부

모 또는 법적 후견인, 각 가정의 일원으로부터 학문적인 지도를 받는 비공립학교"로 정의하고 있다(N.C. Gen. Stat. §115C-563).

종교 설립 사립학교Private church school나 종교적 성격의 학교School of religious character, 자격을 인정받은 사립학교 중에서 선택한 홈스쿨은 학교로서 필요한 조건에 맞아야 한다. 다만 학교가 개인 주택일 경우에는 건물 검사는 예외로 한다. 학생에 대한 전국 표준화 테스트는 연 1회이다. 홈스쿨에서 교육을 지도하는 자는 최소한 고등학교 졸업 자격 또는 이와 동등한 자격을 필요로 한다(N.C. Gen. Stat. §115C-564).

홈스쿨을 새롭게 운영하고자 하는 경우, 그 의향을 노스캐롤라이나 사립학교과North Carolina Division of Non-Public Education에 통지하여야 한다. 통지는 홈스쿨을 종료하였을 때에도 제출하여야 한다(N.C. Gen. Stat. §115C-552, 560, 563). 새롭게 운영하는 홈스쿨은 고등학교 능력 평가와 주 전역 테스트 프로그램에 한정되지 않고 자발적으로 주가 운영하거나 학교가 다른 방법으로 이용할 수 있는 스폰서 프로그램에 참가할 수도 있다(N.C. Gen. Stat. §115C-551, 559).

홈스쿨은 학생들의 예방 접종을 확인하기 위한 기록을 보존하여야 한다(N.C. Gen. Stat. §115C-548). 홈스쿨에 참가하는 학생들은 전국적으로 표준화된 테스트나 이와 동등한 전국적 테스트를 통하여 매년 학문적인 테스트를 받아야 한다. 이러한 테스트에서는 영어 문법, 읽기, 철자법, 수학을 측정하여야 하며 11학년의 학생들에게는 국어(verbal)와 수학(quantitative areas)의 달성도를 측정하여야 한다(N.C. Gen. Stat. §115C-549, 550; 557, 558). 홈스쿨에 대해서는 예방 접종에 관한 필수품 외에 다른 교육적인 지원은 하지 않는다(N.C. Gen. Stat. §115C-565).

4. 오하이오주의 홈스쿨링 제도

홈스쿨링을 선택한 학부모는 학생의 성명과 연락 정보, 그리고 다음에서 열거하는 사항을 학교구 교육장 또는 관공서에 제출하여야 한다(ORC § 3301-34-03).

- 홈스쿨에서 이루어지는 과목 리스트, 의도하는 커리큘럼의 간략한 아웃라인
- 부모가 홈스쿨에서 사용하고자 하는 교과서의 리스트, 또는 다른 기본 교육 자료
- 학생이 각 학년도에 최소 900시간의 가정교육을 제공받을 것이라는 보증
- 가정교사의 고등학교 졸업 자격 또는 이와 동등한 자격
- 고등학교 졸업 자격과 동등함을 증명하는 표준화 테스트 점수, 이와 동등함을 교육장이 증명하는 자격

학부모는 자녀의 전 학기 성적 평가 리포트를 교육장에게 제출하여야 한다. 매년 성적 평가에서 아동이 적정한 숙달을 증명하지 못한다면 부모는 보완 계획을 개발할 필요가 있으며 교육장에게 분기별로 보고서를 제출하도록 하고 있다. 보완 기간 내에 아동의 적정한 숙달을 증명하지 못할 경우 행정규칙(Chapter 3301-35 of the Administrative Code)에 따라 교육장은 청문 절차를 거쳐 아동의 출석 면제 조치를 취소하고 30일 안에 문서로 학교 취학을 통지하여야 한다(ORC §3301-34-05).

제8절 ____ 교육 개혁 동향

1. 교육 개혁의 계보

미국의 교육 개혁은 공립학교 운동, 진보주의 운동, 공민권 운동, 표준화 운동, 그리고 학교 선택 운동이 학교 개혁이라는 드라마의 무대 중심을 차례로 차지하고 있다(Labaree, 2010).

1) 공립학교 운동

미국에서 최초의 교육 개혁 운동은 19세기 초반에서 중반에 걸친 공립학교common school 운동이었다. 휘그주의Whiggism 개혁자에 의한 이 운동은 개국 초기 미국에 만연한 위기를 해결한, 미국 역사에서 가장 성공적인 사례로 손꼽힌다. 공적 자금을 재원으로 공중의 통제에 의한 공립학교를 창설하여 그 학교에서 지역 사회의 모든 아동을 교육하고자 한 공립학교 운동은 이 시기 사회 제도의 건설이라는 보다 큰 전체상에서 경제의 성장을 이루면서 미합중국의 통합에도 기여하는 중요한 역할을 하였다.

1820년경에는 교육 전문가들에 의한 의무교육과 교육의 국가 통제 의도가 나타나기 시작하였다. 그리고 1837년에 창설된 매사추세츠주 교육국의 국장이 된 호러스 만의 1840년 연차 보고서는 교육자들에게 큰 영향을 주었다. 1852년에는 매사추세츠주가 최초로 공교육을 도입하고 취학을 의무화하였다. 공교육의 제도화에 따라 공립학교가 크게 증가하였으며 일부 사립학교는 공립학교로 전환되었다. 공립학교 운동은 큰 성공을 거두었으며 그 결과 사립학교 취학률은 1840년 18.7%에서 1860년 8%로 크게 감소하였다(Vinovskis, 1992).

2) 진보주의 운동

미국 교육사에 있어 두 번째로 중요한 개혁 운동은 20세기 전반기 진보주의 운동이었다. 교육에서 진보주의 운동은 어떤 의미에서 하나하나가 마법의 포켓처럼 여러 가지 구성 요소를 가지고 있었다. 교육적 진보주의는 전통적인 주요 교과 커리큘럼을 적대시하였으며, 교육을 발달상의 필요에 합치시킬 것을 주장하였다. 그리고 진보주의자들은 쇄도하는 이민자를 미국에 통합시키기 위한 관심과 아울러 고등학교 입학 수요가 급격하게 증가하는 사회적 상황에 대처하기 위하여 중등교육의 재편에 노력을 집중하였다.

진보주의 운동은 존 듀이John Dewey와 그의 추종자들에 의해 주도된 아동 중심주의 진보주의자 그룹과 손다이크Edward Thorndike 등 교육 전문가들로 구성된 집단이 주도한 관리 행정적 진보주의자에 의해 이루어졌다. 관리 행정적 진보주의자는 미국에서 중등교육의 구조 변화에 크게 영향을 미친 자들이었지만 50년 이상에 걸친 개혁 노력에도 불구하고 미국 교실에서의 수업과 학습 방법의 기본 패턴을 바꾸지는 못하였다.

3) 공민권 운동

1950년대에서 1960년대에 걸쳐 있었던 인종 격리 철폐 운동은 미국의 학교를 민주적인 기관으로 전환하고자 하는 거대한 운동으로 발전했다. 인종 간 학교 분리를 종식시키고 아울러 미국에서 남녀 간의 장벽과 장애인과 정상인 간의 교육적 장벽을 없애고자 한 운동이다.

이 운동으로 1964년 공민권법이 제정되어 인종, 종교, 성별, 출신 국가 등에 의한 차별을 금지하는 정책을 채택하였다. 공민권법 제402조에서는 사법부 장관에게 공민권법 시행으로부터 2년 이내에 미국의 모든 공립학교를 대상으로 인종, 피부색, 종교, 출신국 등 개인에 귀속하는 제 요인이 교육의 기회균등에 어떤 영향을 미치고 있는지에 대하여 조사를 실시하여 대통령과 의회에 보고하도록 하였다.

나아가 공민권법과 같은 해 제정된 경제기회법에 의해 헤드스타트 프로젝트가 추진되어 경제적·문화적인 불리함을 안고 있는 아동에 대하여 교육 기회를 확대하는 정책이 추진되었다. 1960년대부터 사회 문화적 배경에 의한 교육 기회 격차 해소 노력은 인종 차별적인 학교 분리 현상을 극복하기 위한 마그넷스쿨의 설립으로 이어졌다.

1970년대에는 학교의 인간화가 교육 개혁의 기조가 되었다. 1971년 연방대법원이 인종 통합 버스 통학Desegregation busing을 합헌으로 판결한 것을 계기로 교육 기회의 강제적 평등화 정책이 전개되었다. 그러나 정책 의도와는 거꾸로 인종 통합 버스 통학에 백인이 강하게 반발해 도심지에서 교외로 주거를 이전하는 화이트 플라이트White flight가 가속화되어 도심지에 마이너리티가 집중하는 아이러니한 결과를 만들어 냈다.

4) 표준화 운동

2001년에 성립한 낙오아동방지법에 의해 미국의 교육에 새로운 생명이 불어넣어졌다. 그것은 커리큘럼의 가이드라인과 표준 학력 테스트에 의해 학교에서 학력 도달 수준의 향상을 의도하여 부유한 아이들과 그렇지 않은 아이들의 학력 격차의 축소를 의도하는 정책이었다.

1983년에는 국립교육성취도평가(NAEP)에 의한 학업 성적 저하 등이 원인이 되어 '위기에 선 국가'A Nation at Risk가 발표되었다. 위기에 선 국가는 미국의 초중등교육 및 고등교육의 위기적 상황을 국민에게 고발한 연방 보고서로 전국적 교육 개혁이 박차를 가하는 계기를 만들었다. 보고서가 고발한 위기적 상황 몇 가지를 지적하면 다음과 같다.

- 미국의 17세 청소년 중 약 13%가 기능적 문맹자(문자는 읽을 수 있지만, 문장의 의미·내용은 이해할 수 없는 상태)이다. 소수 민족 중 기능적 문맹자는 40%로 높다.
- 대학진학적성시험(SAT) 성적은 1963년부터 1980년까지 실제로 연속하여 하락하고 있다. 언어 능력 시험에서는 평균 50점 이상이 하락하고 수학 평균 점수는 40점 가까이 떨어졌다.
- 1969년, 1973년, 1977년에 전국적으로 측정한 시험 결과에 의하면 미국 17세 청소년의 과학적 능력은 일관되게 감소하고 있다.

그간에는 공민권법의 영향으로 인종 통합 평등 정책이 교육 정책의 기조가 되었지만, 위기에 선 국가의 발표로 학교의 설명 책임이 한층 강조되었다. 그리고 2002년의 낙오아동방지법에서 각 주의 학력 요건이 일정한 기준을 넘어야 연방정부의 재정 지원을 받을 수 있는 설명 책임accountability을 제도화하였다. 그러나 낙오아동방지법이 요구하는 설명 책임이 너무 엄격하고 실현 불가능하다는 비판이 이어짐에 따라 2015년 오바마 정부의 모든학생성공법(ESSA)에서는 낙오아동방지법의 설명 책임을 분권화하는 등 상당 수준을 완화하였다.

5) 학교 선택 및 민영화

1980년대 레이건 행정부에서는 학생들의 선택을 확대하였다. 학교 선택 정책은 개개의 소비자를 고무하여 공적 섹터에 의한 교육의 독점 타파가 목표였다. 이 운동은 2000년대가 시작될 즈음에 교외의 부유층이 향유하고 있는 것과 동등한 학교 선택권을 도심부에 사는 빈곤 가정의 자녀도 가져야 한다는 주장이 나오면서 그 사정권이 넓어졌다.[18]

차터스쿨은 교육 기관 간의 경쟁을 통하여 교육력의 향상을 기하고자 도입한 학교 유형으로, '주법률 또는 교육당국이 승인한 헌장하에서 지정된 초중등교육을 무상으로 제공하는 학교'로 정의할 수 있는데, 내부분의 주가 차터스쿨법을 제정하고 있다.

한편 가난한 가정의 자녀 또는 장애 아동들이 사립학교에 취학할 수 있도록 수업료를 지원하는 제도인 교육 바우처의 경우 1990년 위스콘신주가 처음으로 밀워키시학교구바우처프로그램(MPCP)을 도입하였다. 현재 빈곤 가정 자녀 대상 교육 바우처를 7개 주가 도입하고, 장애 아동 대상 바우처를 12개 주가 도입하는 등 교육 바우처 정책은 미국 전역에서 일반적인 제도는 아니다. 그러나 최근 들어 차터스쿨과 교육 바우처가 증가하고 있는 것에서 교육의 관료주의를 완화하고 경쟁을 통하여 학력 향상을 도모하는 방향으로 교육 개혁의 경로가 향하고 있음을 알 수 있다.

2. 최신 교육 동향

1) 유아교육 무상 확대

바이든 대통령이 2021년 4월 28일 취임 후 최초의 연방의회 상하원 양원 합동회의 시정 방침 연설에서 제안한 정책 구상 '미국가족계획'American Famalies Plan에는 3세 아동 및 4세 아동을 대상으로 하는 취학전교육(Pre-K) 무상화가 포함되어 있다. 구체적으로는 무상으로 제공되는 공립학교 교육(K-12) 외에 그 전 단계에서 유상인 취학전교육을 무상으로 하며, 이를 위하여 2000억 달러를 투자한다는 계획이다.

이 제안대로라면 4세아의 경우 500만 명이 대상이 되며, 한 가족당 13,000달러가 소요되었던 경비가 경감되는 효과가 생긴다.[19] 연방정부는 2022회계연도 예산교서에서 대통령안으로 3-4세를 대상으로 한 2년간의 취학전교육 무상화를 위한 예산 200억 달러를 요구하였다.

2021년 5월 12일에는 캘리포니아주지사가 총액 1000억 달러에 이르는 경제 대책(California Comeback Plan)의 중점 시책으로 2024년까지 모든 4세 아동의 교육 무상화를 표명하였다. 캘리포니아주에서 K-12에 해당하는 5세부터 고교 3학년까지는 무상이 되어 있지만 무상 교육의 대상을 단계적으로 확대하여 2024년까지 4세 아동 전부를 Universal Transitional Kindergarten의 대상으로 하기 위해 27억 달러를 투입한다는 계획이다.[20]

2) 고등학교 원격 수업 제도화

고등교육의 경우 종전에는 온라인 학위 과정이 교양 과정 중심으로 운영되었으나 코로나 19 이후 온라인 학위 과정이 특수 학문 분야로까지 확대되고 있다(U.S. News & World Report).[21] 미국 온라인 학사 학위 프로그램 1위인 플로리다대학University of Florida은 생물학Biology, 컴퓨터공학Computer Sciences, 소방·응급서비스Fire & Emergency Services 등의 학위를 온라인만으로 취득하도록 하고 있다. 사우스캐롤라이나의과대학Medical University of South Carolina은 보건교사 자격Science in Healthcare Studies 학사 학위와 보건 관리Health Administration 석사 학위 등을 온라인만으로 운영하고 있고, 미국의 혁신 대학 1위로 선정된 애리조나주립대학Arizona State University은 온라인만으로 학위를 수여하는 300개 이상의 프로그램을 운영하고 있다. 공학·기술Engineering and Technology, 생화학Science in Biochemistry, 화학Arts in Chemistry 등 특정 분야의 학위를 온라인만으로 취득할 수 있다. 특기할 만한 사례는 존스홉킨스대학Johns Hopkins University 간호대학이 간호학 박사 과정Medical Engineering을 온라인만으로 취득할 수 있도록 하고 있는 것이다.[22]

뿐만 아니라 코로나 19의 영향 등으로 고등학교에서도 원격 수업을 정규 수업으로 제도화하고 있다. 2021년 6월 16일 코네티컷주에서는 주 내의 공립하이스쿨(9-12학년)의 원격학습remote learning에 의한 수업을 교실 수업과 동일하게 긴주하고 하이스쿨 출석 요건 및 졸업 요건으로 인정하는 법률이 제정되었다(Public Act No. 21-46).

이 법률은 정신적인 돌봄과 자살 방지 등을 담당하는 다양한 전문직의 교육·훈련 및 공립학교 교직원의 연수 기회 확충, 공립학교 학생에 대한 정신건강 향상을 목적으로 하는 휴가의 승인 등 청소년의 어려움을 지원하는 포괄적인 내용을 담고 있으며, 그중 하나로 대면 수업을 기본으로 하는 종전의 규정을 개정한 것이다. 법률에서는 원격학습에 관한 기준을 주 교육장이 책정하도록 하고 있으며, 원격학습을 제공하는 학교구는 교육장이 책정한 기준에 따라 원격학습 프로그램을 제공해야 한다.[23]

종전 코네티컷주교육법에서는 원격 수업을 '연간 180 수업일' 출석 요건으로 인정하지 않았다. 학생이 출석으로 인정받기 위해서는 재학하는 학교에 통학하여 교실에서 대면 수업을 받아야 했다. 2019년부터 2020년에 걸쳐 이루어진 공립학교의 원격 수업은 주지사가 발한 긴급 명령에 의한 예외적인 조치였으며, 이 법률의 제정으로 정식 제도화한 것이다.

제2장

고등교육 제도

제1절 _____ 고등교육의 개요

1. 고등교육 발전 과정

미국 고등교육의 효시는 1636년 하버드대학의 전신인 하버드칼리지의 설립이며 이는 미합중국 국가 성립보다 빠른 시기이다. 중세 유럽에서 탄생한 대학은 유럽대륙에서 제도로서 확장되었으며, 유럽 이외의 식민지에도 대학이 설립되었다. 하버드대학도 예외는 아니어서 영국의 식민지 대학으로서 설립되었다. 따라서 종주국인 영국의 대학 이념 및 제도상의 특징이 농후하게 반영되었다(IUCAS, 1994). 비록 아메리카대륙에 설립된 대학이지만 기본적으로는 유럽형 대학이라고 할 수 있다.

하버드대학에 이어 예일칼리지(1701), 펜실베이니아대학의 전신인 칼리지 오브 뉴저지(1740) 등 아이비리그 대학을 비롯하여 1776년까지 10개교의 칼리지가 설립되었다(Thelin, 2019). 이 시기에 종교 단체의 지원으로 설립된 대학은 옥스피드대학과 케임브리지대학을 모델로 하였으며 폭넓은 교양을 가진 지도자의 육성을 목적으로 하는 신학 외에 고전, 윤리학, 수사학, 고대사 등 교양 교육이 중심이었다. 비슷한 시기에 Campus(야영지, 평원을 의미하는 라틴어 *kampos*에서 유래)라는 용어가 사용되었는데 최초로 사용한 대학은 프린스턴대학이다.

1776년 미국독립선언이 채택되어 영국으로부터 독립을 이룬 후 공업화와 교통 인프라의 급속한 정비가 이루어지고 경제 규모가 확대되었다. 1787년에는 미합중국헌법이 제정되었고 1791년 미합중국수정헌법 제10조에 의거, 교육이 주의 권한으로 자리 잡게 된 이후 각 주가 주립대학을 설립하거나 기존의 사립대학을 주립으로 이관하려는 움직임이 일었다.

대표적인 사례는 조지 3세King George III가 뉴햄프셔주에 설립한 사립의 다트머스Dartmouth칼리지를 주립대학으로 하려는 시도였다. 이러한 주의 방침에 대하여 1819년 연방최고재판소는 주가 사립대학이 가지는 기존의 권리를 침해할 수 없으며 사립대학 행정에 관여할 수 없다고 판결했다(Dartmouth College v. Woodward). 다트머스칼리지 판결 이후 주는 사립대학의 이관을 단념하고 독자적으로 주립대학을 설립하였다. 다트머스칼리지 판결은 사립대학의 존속을 보장하고 개인과 단체에게 대학 설립을 인정한 판결이라는 점에서 고등교육사에서 중요한 위치를 차지하고 있다(Willetts, 2017).

아울러 이 판결은 공립대학이 이미 존재하였던 사립대학을 모델로 하는 데에 영향을 주었다. 그러므로 공립대학을 중심으로 고등교육이 발전한 국가에서의 대학과 중앙정부의 관계와 미국의 고등교육 제도 간에는 상당한 차이가 있다.

1862년에는 농학 및 공업 교육의 진흥을 위해 연방정부가 주에 불하한 국유지를 매각한 자금으로 농학 및 공학 교육 과정을 가지는 대학을 각 주에 1개교 이상 설립·운영하는 것을 목적으로 하는 국유지교부대학법(통칭 모릴법Morrill Act)이 제정되었다. 이 법은 종전 교양 교육을 주로 하였던 대학 교육에 실용적인 교육을 편입하여 대학이 전문가 양성 기관으로서 성격을 가지는 데에 기여하였다.

모릴법에 의거하여 각지에 설립된 대학은 국유지교부대학land grant college(대학 설립에 공유지를 불하받아 주로 농업 및 기계 기술에 관한 학과를 설치한 대학의 총칭)이라 칭하며 현재에도 미국 전역에 79개 대학·대학 시스템이 운영되고 있다(https://www.aplu.org/members/our-members/). 1865년에 설립된 매사추세츠공과대학과 코넬대학은 사립대학이지만 모릴법에 의해 자금이 투입된 국유지교부대학이다. 따라서 주정부로부터 교부금을 지원받고 있으므로, 사립대학이지만 뉴욕 주민에게는 수업료가 저렴하다.

지금의 대학 원형은 2년제 대학을 제외하고 19세기에 모습을 갖췄다. 20세기에 접어들어 단과대학의 종합대학으로의 전환이 이루어져 2년제의 사범학교는 중등 교원의 수요 증가에 따라 4년제 교원 양성 대학으로 개편되는 등 고등교육 체제에 변화가 생겼다.

19세기 말부터 20세기 초에 걸쳐 4년제 대학의 전반에 해당하는 2년간 일반교육을 제공하는 2년제 대학이 독립적으로 설립되었으며, 연방의 직업교육 진흥 정책을 배경으로 20세기 중반까지는 직업교육 과정을 제공하는 대학도 설립되었다. 아울러 고등교육의 사회적 역할을 검토하는 것을 목적으로 설치된 대통령자문위원회가 1946년에 발표한 보고서에서는 학사 과정 전반의 2년간 과정을 무상으로 제공하는 커뮤니티칼리지 증설을 제안하였는데, 지금도 미국 사회에서 2년제 커뮤니티칼리지는 고등교육 기회 제공 등 중요한 역할을 하고 있다.

2. 고등교육기관 개요

고등교육기관은 학사 이상의 학위를 수여하는 4년제 대학과 준학사 과정을 제공하는 2년제 대학으로 구분되며, 제공하는 교육 과정 수준이나 교육·연구 활동의 비중에 차이가 있다. 주립대학의 경우 주의 법령이나 중장기 고등교육 계획에 해당하는 마스터플랜에 의해 연구 활동과 박사 과정까지의 대학원 교육에 중점을 두는 대학, 학사 과정과 석사 과정의 교육을 중시하는 대학 등 대학마다 역할을 나누는 경우가 있다.

연방정부는 교육에 관한 권한이 없으며 고등교육기관에 대해서는 주의 법령에서 규정하고 있다. 그러나 연방정부도 고등교육법에서 고등교육 지원 사업의 대상으로 고등교육기관institution of higher education을 정의하고 있다. U.S. Code Title 20 § 1001 (a)에서는 고등교육기관을 "중등교육secondary education을 제공하는 학교의 졸업 자격 또는 이와 동등한 자격이 있다고 인정되거나 section 1091 (d)의 필수 조건을 충족하는 자를 정규 학생으로 받아들이는 교육 기관" 등으로 일반적 정의를 하고 있다.

그리고 제공하는 교육 프로그램 및 수여하는 학위·자격에 따라 2년 이상의 교육 과정을 제공하는 2년제 대학과 학사 학위를 수여하거나 대학원 과정까지 제공하는 4년제 대학으로 구분되며, 설립자별로는 공립, 비영리 사립, 영리 사립으로 나뉜다(U.S. Code Title 20 § 1002).

마스터플랜의 사례로는 캘리포니아주대학이사회와 캘리포니아주립대학, 주의 커뮤니티칼리지관리위원회 역할을 담당하던 주교육위원회가 1959년 12월 승인하여 1960년 주의회에 제출한 캘리포니아주 고등교육 마스터플랜Master Plan for Higher Education in California(1960-1975)이 있다. 이 마스터플랜은 증가하는 고등교육 수요에 대응하면서 불필요한 경쟁과 중복을 배제하여 주 내 대학의 효율적인 운영을 실현하는 것을 목적으로 정책 제언을 하였는데, 중심적인 내용은 세 대학 시스템의 역할을 명확히 하는 것이었다. 이 캘리포니아주의 마스터플랜은 주립대학의 역할과 사명을 명확히 규정한 것으로 다른 주 고등교육 정책의 모델이 되었다.

대학의 사명과 역할 차이에 주목하여 교육 과정 및 자격·학위, 연구 활동의 규모 등을 기준으로 고등교육기관을 분류하는 카네기고등교육기관분류Carnegie Classification of Institutions of Higher Education가 있다. 이 분류는 미국의 고등교육 연구에 큰 역할을 해 온 카네기교육진흥재단에서 1973년에 공표한 이래 몇 년 단위로 개정이 이루어지고 있으며, 2021년의 분류가 최신 개정판이다.

- 박사 수여 대학Doctoral Universities

  ① 연구 지향의 박사 연간 수여 건수가 20건 이상, 또는 ② 실천적 직업 지향의 박사 연간 수여 건수가 두 개 과정 이상에 걸쳐 합계 30건 이상 중 하나의 조건을 충족하는 대학. ①의 경우 연간 연구 지출이 500만 달러를 넘는 대학은 연구 대학으로 분류되어 연구 개발 지출과 교원 수에서 대학 전체의 연구 활동과 교원 1인당 연구 활동에 관한 2개 지표를 조합하여 고도 연구 대학과 연구 대학으로 분류한다. 여기에 포함되지 않는 대학은 '박사·직업 전문학위 수여 대학'으로 분류된다.

- 석사 수여 대학Master's Colleges and Universities

  연간 50건 이상의 석사를 수여하고 박사 수여 건수는 20건 미만인 대학. 이 중 석사 수여 건수가 연간 200건 이상의 대학은 대규모형, 100-199건 대학은 중규모형, 50-99건 대학은 소규모형으로 분류된다.

- 학사 수여 대학Baccalaureate Colleges

  연간 수여되는 학위의 50% 이상이 학사이며, 석사 수여 건수가 50건 미만인 대학. 그리고 수여하는 학위 중 반수 이상이 교양 교육 분야에서

수여되는 경우는 교양 교육 그룹, 그 외의 경우는 다분야 그룹으로 분류
된다.

- 학사/준학사 수여 대학Baccalaureate/Associates Colleges

학사 과정은 두지만 연간 수여되는 학위의 50% 이상이 준학사인 대학.
이 중 학사 비율이 10% 이상인 경우는 혼합형, 10% 미만인 경우는 준학
사 중심형으로 분류된다.

- 준학사 수여 대학Associate's Colleges

수여하는 최상위 학위가 준학사인 대학. 4년제 대학 편입 과정, 기술교
육 과정 두 개 과정을 혼합한 교육 프로그램 목적에 관한 세 유형과 전통
적 학생, 비전통적 학생 양자를 조합하는 학생의 특징에 관한 세 유형에
서 9개 타입으로 분류된다. 교육 프로그램의 목적에 관한 분류는 수여하
는 학위에서 차지하는 경력 기술 분야의 학위 비율에 의해 결정된다. 비
율이 40% 이하인 경우는 편입 과정 중심, 60% 이상인 경우는 경력 기술
교육 과정 중심, 그 중간의 경우는 양자를 조합한다.

- 전문대학Special Focus Institutions

특정 분야에 한정한 학위를 수여하는 대학. 2년제 대학은 보건 의료, 기
술, 예술, 디자인, 기타 네 분야로 분류된다. 4년제 대학은 종교계 대학,
의과대학, 보건 의료 분야의 전문대학, 공업대학, 기술 관계 대학, 경영
대학, 예술·디자인대학, 법과대학, 기타 전문대학 9개 종류의 기관으로
분류된다.

- 부족대학Tribal Colleges

미국 인디언 고등교육 컨소시엄(American Indian Higher Education Consortium)
가맹 대학

3. 대학의 설치 형태

대학의 설치 형태는 공립public과 사립private으로 나뉘며, 사립은 비영리 사립non-profit과 영리 사립for-profit으로 구분된다. 공립에는 연방 설립과 지방 설립(시립, 카운티, 학교구)이 있기도 하지만 거의 대부분이 주립이다. 지방 설립 대학은 주로 2년제 대학이며 연방 설립은 군 관계 기관으로 19개 대학이 있다.

주립대학은 '주헌법에 의해 공법인격을 가진 대학', '주법률에 의해 공법인격을 가진 대학', '법인격을 가지지 않는 주립대학'으로 구분된다. 주헌법에 의한 대학은 주법률에 의한 대학보다도 대학의 자치, 자율성이 보장되며 주의회나 법원으로부터의 통제도 약하다. 사립대학은 법인법에 의해 법적 지위를 가진다.

카네기고등교육기관분류에 의하면 미국의 대학은 3,940개교이며 재학생은 7,817,000명이다. 부족 대학 35개교(15,485명, 이하 괄호 안은 재학생 수), 4년제 전문대학 746개교(571,958명), 2년제 전문대학 340개교(171,308명), 준학사 수여 대학 949개교(5,109,921명), 학사/준학사 수여 대학 202개교(1,171,983명), 학사 수여 대학 532개교(819,570명), 석사 수여 대학 667개교(3,614,373명), 박사 수여 대학 469개교(7,817,409명)이다(The Carnegie Classification of Institutions of Higher Education, 2021).

한편 미국 국립교육통계센터의 자료에 의하면 2019-2020학기에 미국의 고등교육기관은 3,982개교로 전년도와 비교하여 감소 추세이다. 설립별로는 공립대학 1,625개교(4년제 772개교, 2년제 853개교), 사립대학 2,357개교로 사립대학이 60% 정도이다. 사립대학에는 영리 대학과 비영리 대학이 있으며, 영리 사립대학 1,660개교(4년제 1,568개교, 2년제 92개교), 비영리 사립대학 697개교(4년제 339개교, 2년제 358개교)이다(NCES, 2022. Table 317.20). 최근의 경향으로는 공립대학, 비영리 사립대학보다 영리 사립대학에서 도산하는 사례가 늘고 있다.

4. 대학 설립의 인가

사립대학의 설립·운영에 대한 허가는 주의 권한으로 이루어진다. 허가는 통상적으로 법인 설립 허가(incorporation 또는 chartering)와 대학 운영의 허가licensure로 구분되는데, 우리나라의 경우 기본 재산의 확보, 재정 운용 계획 등과 같이 학교법인의 책무성에 대한 심사가 엄격한 것과 대조적으로 미국은 대학 교육의 질 보증 등 학생 교육과 관련한 요건 심사가 엄격한 것이 특징이다.

허가를 담당하는 기관은 주에 따라 다른데, 주 내의 고등교육 정책 조정 및 중장기 계획의 책정 등을 주관하는 조정위원회에서 허가를 담당하는 주가 가장 많다. 주에 따라서는 사립대학 전문 기관이 허가를 담당하는 경우도 있고, 주립대학의 관리·운영을 담당하는 관리위원회 또는 초중등교육에서 고등교육까지 주의 모든 교육을 총괄하는 주교육위원회나 주교육국이 담당하는 주도 있다. 특이한 사례로 메인주는 주교육위원회의 제안을 받은 주의회가 허가 여부를 결정한다.

대학으로서 운영을 허가하는 것은 대학의 조직 구성 및 교원 요건, 교육 프로그램의 특징, 도서관 장서 수, 교육 시설 규모 등 고등교육기관으로서 필요한 조건 및 기준을 주가 정하여 이 기준에 따라 심사를 하는 경우와 고등교육 질 보증에 관한 민간 제도인 적격 인정을 이용하는 경우가 있다. 연방정부로부터 인정된 적격 인정 단체로부터 적격 인정을 받은 기관은 주의 심사를 전부 또는 대부분 면제받는다.

그리고 초중등교육과는 다르게 고등교육 단계의 종교계 사학의 설치·운영 허가는 비종교계 사학과 동등한 입장에서 이루어지는데, 이는 종교계이든지 비종교계이든지 대학으로서 기능과 역할에 큰 차이가 생기지 않도록 의도하기 때문이다.

제2절 ____ 학위·자격 제도

학위에는 준학사, 학사, 석사, 박사가 있다. 각 학위의 취득 요건 등은 주의 법령에서 정하고 있는 경우 외에 적격 인정 심사 기준 등에도 규정되어 있다. 2학기제semester에서는 준학사 60단위, 학사 120단위, 석사 30단위 이상을 취득할 것과 모든 과정에서 일반교육general education을 일정 단위 이상 이수할 것 등을 요건으로 하고 있다. 대학에 따라서는 학위 외에 학위 취득에는 이르지 못하지만 지정된 과목을 이수한 자에 대하여 이수 증명서가 수여된다.

1. 준학사

준학사associate degree에는 4년제 대학 편입으로 이어지는 프로그램(transfer degree, academic degree 등)이 있으며, A.A.(Associate of Arts, 교양 교육 중시)와 A.S.(Associate of Science, 학문 응용 및 기술교육 중시)로 구분된다. 그리고 취직 준비가 목적인 technical degree, terminal degree 등이 있다. 학위는 A.A.S.(Associate of Applied Science)로 표기되는 것이 일반적이다.

A.A.와 A.S.는 대학 교육 과정을 전일제로 2년간 이수하고 2학기제인 경우 60단위 이상, 4학기제인 경우 90단위 이상을 취득하여야 한다. 단위 취득의 3분의 1 이상은 일반교육 과목이어야 하며, 이수 단위 중 일정 비율을 학위 수여 자격이 있는 대학에서 취득하는 것이 요건이다.

2. 학사

학사bachelor's degree는 크게 B.A.(Bachelor of Arts)와 B.S.(Bachelor of Science)로 구분된다. B.A.는 교양 교육을 중시하고 B.S.는 기술교육을 중시하는 과정이지만 양자의 구별이 명확하지는 않다. B.A.와 B.S.는 대학 교육 과정을 전일제로 4년간 이수하고 2학기제인 경우 120단위 이상, 4학기제인 경우 180단위 이상을 취득하여야 한다.

단위 취득의 4분의 1 이상은 일반교육 과목이어야 하며, 이수 내용의 수준 등을 고려하여 이수 단위 중 일정 비율을 학위 수여 자격이 있는 대학에서 취득하는 것이 요건이다. 주에 따라서는 학사 과정의 후반에서 취득해야 하는 단위 수를 규정하고 있는데, 오리건주는 학위를 신청할 고등교육 기관의 학사 과정 2년간에 40단위 이상을 이수하도록 규정하고 있다.

B.A.와 B.S. 외에 예외적으로 전문직 학위professional degree가 있으며, 표기 방법은 B.Eng.(Bachelor of Engineering), B.Ed.(Bachelor of Education) 등과 같이 학위의 종류를 나타내는 bachelor 다음에 직업 분야의 명칭이 붙여진다. 이러한 학위는 B.A.나 B.S.와 비교하면 취득 단위 수가 낮게 설정되어 있다.

2000년대 이후 2년제인 커뮤니티칼리지에서의 학사 학위에 해당하는 커뮤니티칼리지바칼로레아Commuinty College Baccalaureate(CCB) 수여를 인정하는 주가 늘고 있다. 이러한 경향은 산업계가 요구하는 직업교육을 2년제 대학에서 유연하게 대응하도록 하기 위함이다.

3. 석사

석사master's degree는 대학원에서 수여되는 최초의 학위로, 크게 M.A.(Master of Arts)와 M.S.(Master of Science)로 구분된다. 일반적으로 M.A.는 교양 교육을 중시하고 M.S.는 응용 학문이나 기술 지향 교육이지만 그 구분은 명확하지 않다. 이러한 연구 중시 학위 외에 MBA(Master of Business Administration), MPA(Master of Public Administration), MSW(Master of Social Worker) 등의 전문직 학위가 있다.

M.A.와 M.S.는 교육 과정을 전일제로 1-2년 이수하고 2학기제인 경우 30-60단위, 4학기제인 경우 45-75단위 이상을 취득하여야 한다. 학사 과정과 다른 점은 전문 분야 및 관련 분야에 초점을 두고 과목을 이수한다는 점이다. 종합 수료 시험의 합격, 연구논문 집필, 예술 작품 제출, 직업 분야에서 실천적 과제 해결 등 어떤 형태로든 프로젝트의 수행을 수료 요건으로 부과하는 것이 일반적이다.

4. 박사

박사doctor's degree, doctoral degree는 고등교육에서 최고의 학위이다. 연구 지향 학위인 Ph.D.(Doctor of Philosophy)와 Ed.D.(Doctor of Education), Psy.D.(Doctor of Psychology), M.D.(Doctor of Medicine), J.D.(Judical Doctor) 등 전문직 박사로 구분된다.

Ph.D.는 연구 주제에 정통하고 당해 연구 분야에 전문 지식과 이론, 문헌, 연구 방법을 습득하고 독립한 연구지로서 연구 활동을 할 수 있는 능력이 인정될 것, 독창성이 있는 연구논문의 작성 및 연구 프로젝트 수행이 취득 요건이다. 수업 연한이 정해진 경우에는 전일제 대학원생인 경우 3년 이상 재학하고, 필수 과목을 이수한 후에 연구 분야에 관한 종합시험에 합격하면 전문 지식의 습득이 증명될 경우 박사 취득 후보자로서 박사 논문의 집필이 인정된다. 논문 집필 후 구술시험이 실시되며, 심사를 통과하면 박사 학위가 수여된다.

대학에 따라서는 박사 취득까지의 기간이 정해져 있는데, 오하이오대학 Ohio University의 경우 박사 과정 재적 기간은 7년이며, 박사 취득 후보자가 된 때로부터 3년 이내에 취득하도록 하고 있다. 미국에서는 석사 과정을 이수하지 않아도 박사 과정에 진학할 수 있다.

제3절 ____ 대학 입학 제도

1. 입학 제도 개요

대학 입학자 선발 방법은 크게 자격 선발과 시험 선발로 구분된다. 자격 선발은 중등교육 수료 자격이나 고등교육 입학 자격을 바탕으로 이루어지는 선발로 영국의 일반교육수료상급레벨, 프랑스의 바칼로레아, 독일의 아비투어가 대표적이다. 그리고 시험 선발은 1회 또는 여러 번의 시험 성적을 근거로 선발하는 방식이다. 그리고 일정 요건을 충족하면 자격 자체는 취득하지만 자격 취득을 위하여 사전에 시험이나 성과물의 제출이 부과되며 자격에는 단계 평가나 점수가 부여된다. 자격만으로 합격 여부가 결정되는 경우도 있고 입학 경쟁률이 높은 대학인 경우 단계 평가나 점수가 합격에 영향을 준다.

미국의 학사 과정 입학자 결정은 학생 모집에서 합격 판정까지 일련의 업무를 전문 부서인 입시담당사무국Admission Office에서 주관한다. 입시담당사무국에는 입학 업무 전문직으로 입학사정관Admission Officer이 상주하면서 업무를 처리한다.

입시담당사무국에 의한 입학자 결정 기본 방침은 각 대학에 기대되는 역할 및 사명을 바탕으로 결정된다. 원칙적으로 희망하는 모든 하이스쿨 수료자를 받아들이는 개방형, 하이스쿨 성적 및 전국적 표준 테스트인 대학진학적성시험(SAT)[24] 또는 미국대학입시프로그램(ACT)[25] 득점이 일정 수준에 달하는 자를 모두 받아들이는 기준 이상 입학형, 학력 정보에 더하여 과외 활동 및 하이스쿨 교원 등의 추천서, 지원 이유서 등 복수의 평가 자료를 종합적으로 고려하여 합격을 결정하는 종합 판정형으로 크게 구분된다.

개방형으로 입학자 결정을 하는 대학은 대표적으로 커뮤니티칼리지 등 주립 2년제 대학 외에 성인 학습자 등 다양한 학생에게 교육 기회를 제공하는 것을 사명으로 하는 일부 4년제 주립대학이 있다. 그리고 기준 이상 입학형은 대부분의 4년제 대학에서 실시하며, 특히 4년제 주립대학이 대표적이다. 종합 판정형은 경쟁력이 높은 4년제 주립대학과 사립대학에서 실시하는 입학자 판정 방법이다.

최근에는 대학진학적성시험, 미국대학입시프로그램 등 표준 테스트 점수가 인종 및 가정환경 등 출신 배경의 경제적 상황에 영향을 크게 받는다는 비판이 있어 합격 판정의 소재로 활용하지 않고 대신 포트폴리오 평가, 실기·작품 제작 등을 제출하도록 요구하거나 메릴랜드주에 있는 사립의 가우처칼리지Goucher College처럼 지원자가 작성한 비디오만으로 합격 여부를 결정하는 사례기 있다.[26]

2. 입학·학력 요건

대학의 입학은 공립하이스쿨 또는 주가 인정하는 사립하이스쿨 수료를 기본 요건으로 하고 있다. 또한 전국 단위의 고등교육 관련 단체인 미국교육위원회(ACE)가 운영하는 시험에 의해 하이스쿨 수료 상당의 학력을 인정하는 학력인정민간자격(GED, 우리나라 대학입학자격검정고시에 해당하는 자격)은 모든 주가 인정하는 제도이며, 어느 대학이든 하이스쿨 수료와 동등한 것으로 간주하고 있다.

대학 입학 연령에 관하여 연방이나 주의 법령에는 규정이 없다. 일반적으로 2년제 대학 또는 4년제 대학의 학위 취득 과정에 입학하는 경우, 대학은 공립하이스쿨 또는 주가 인정하는 사립하이스쿨 수료 자격의 취득을 하나의 요건으로 하고 있지만, 영재교육 프로그램에 의해 하이스쿨 표준 연령인 18세 이전에 졸업하는 자도 있다. 모든 주가 인정하고 있는 학력인정민간자격의 경우에도 정해진 연령 요건은 없다.

홈스쿨링으로 학습한 지원자는 학력인정민간자격의 취득, 공립하이스쿨과 동등한 프로그램을 집에서 수료하였다는 것을 증명하는 거주지 학교구 교육위원회의 증명서와 자택에서의 학습 기록 보고를 요구하고 있다. 이러한 자격 및 기록이 없는 경우는 대학진학적성시험과 미국대학입시프로그램 등 대학이 지정하는 전국적인 표준 테스트 수험이 요구된다. 그러나 홈스쿨링에 참가한 지원자에게 학력 요건을 요구하지 않고 개별적으로 판단하는 대학도 있다.

3. 과목 이수 요건

기준 이상 입학형 또는 종합 판정형 입학자 결정을 하는 대학에서는 통상적으로 하이스쿨 수료 자격 외에 영어, 수학, 사회, 이과 각 교과를 일정 기간 이수할 것이 입학 요건으로 부과된다. 이수 기간은 대학에 의해 정해지지만 영어는 4년, 기타 교과는 3년 이상으로 하는 경우가 많다. 또한 대학에 따라 성적 요건으로 5단계 평가(A, B, C, D, F. F는 불합격)나 평균성적득점(GPA, 보통 4.0 만점)이 일정 이상일 것을 요구하는 경우가 있다.

예를 들면 캘리포니아대학시스템의 경우 과목 이수 요건과 성적 요건은 아래와 같으며, 이들 요건은 시스템 내의 대학에 공통적이다.[27]

- 과목 이수 요건: 역사·사회 2년간, 영어 4년간, 수학 3년간, 이과 2년간, 영어 이외의 언어 2년간, 댄스·음악·연극·미술 등 1년간, 지정 과목군에서 선택 과목 1년간
- 성적 요건: GPA 2.50 이상(다른 주에서 지원하는 자는 3.0 이상)

4. 입학자 선발 방법

입학원서 제출 일정은 각 대학이 결정하므로 지원서 제출 기간은 대학마다 다르지만 전통적인 일정은 하이스쿨 최종 학년(12학년) 1월 1일을 원서 제출 마감일로 하는 것이 기준 이상 입학형과 종합 판정형으로 입학자를 결정하는 대학에서 일반적이다. 대학은 3월 하순에서 4월 초순 사이에 합격 여부를 통지하며 입학을 결정한 대학에는 5월 1일까지 등록 예약금을 납부하도록 하고 있다.

최근에는 우수한 학생을 확보하기 위해 4년제 사립대학을 중심으로 전형적인 기간보다 앞당겨 원서를 제출하도록 하는 조기 결정early decision이나 조기 신청early action이 이루어지고 있다. 이 경우 입학원서 제출 기한은 보통 11월 한 달간 이루어지며 합격 여부는 12월 중에 통지된다. 이 외에도 학년도 중 각 학기의 시작 단계에 맞춰 정기적으로 합격 여부를 결정하여 통지하는 롤링 어드미션rolling admissions 등 다양한 방법이 채용되고 있다.

기준 이상 입학형이나 종합 판정형 입학자 결정을 하는 대학의 경우 입학원서에는 다양한 문서와 기록이 첨부된다. 대학 진학에 관한 카운슬러 전국 단체인 전국대학입학상담협회(NACAC)가 매년 조사하는 자료에 의하면 대학의 합격 여부 결정에 사용하는 정보 중 가장 중시되고 있는 것은 하이스쿨의 성적이며, 이어서 대학 진학 준비 과목의 성적, 대학진학적성시험이나 미국대학입시프로그램의 득점, 이수 과목의 수준 순이다. 이들은 학력 관련 정보인데 학력 이외의 정보 중에는 진로 카운슬러나 교원의 추천서, 지원 이유서 등이 인물 평가에 관한 정보로서 중요시되고 있다.

[표 I -5] 합격 여부를 결정하는 때에 중요시되는 요인(%)

구분	매우 중시	중시	제한적으로 중시	중시 하지 않음
모든 이수 과목의 성적	80.9	10.4	5.8	2.9
대학 준비 교육 과목 성적	70.8	17.5	8.8	2.9
SAT, ACT 득점	52.3	30.8	14.5	2.3
이수 과목의 수준	51.2	29.4	12.9	6.5
지원 이유서	16.7	36.9	20.8	25.6
진로 카운슬러 추천서	10.8	46.1	28.7	14.4
지원자의 흥미 · 관심	15.5	21.4	34.5	28.6
교원 추천서	7.1	46.4	29.2	17.3

출처: NACAC, 2018 State of College Admission.

제4절 ___ 교육 과정

1. 학사 과정

학사 과정(undergraduate) 커리큘럼은 일반교육general education과 주전공major에 관한 전문 과목, 선택 과목elective 세 가지로 구성된다. 이 중에서 일반교육의 대부분은 모든 학사 과정 재학자가 이수할 공통 필수 과목과 자연과학, 인문과학 각 분야 학문 영역과 관련된 필수 선택 과목으로 구성되는데, 대학과 전공에 따라 다르지만 보통 이수 요건은 졸업 단위 수의 4분의 1에서 3분의 1을 차지한다.

학사 과정의 학생은 일반적으로 입학 시점 또는 학사 과정 2년 종료 시점까지 주전공을 정한다. 그러나 주전공 선정 이후에도 전공을 변경할 수 있으며, 이 경우에 취득한 단위 대부분은 졸업 요건으로 인정된다.

희망하는 학생은 부전공minor을 정하여 주전공과 다른 분야를 전문적으로 배울 수 있다. 이 경우 요건이 되는 단위 수는 주전공보다 적게 설정되어 있다. 아울러 두 개 학문 분야를 주전공으로 하는 복수전공double major, dual major도 인정된다.

2. 학기제

학기는 각 대학이 결정하는데, 학년도는 전통적으로 9월 초순에 시작되어 5월 하순에서 6월 상순 사이에 종료하는 것이 일반적이다. 최근에는 학년도의 시작이 빨라지는 경향이 있으며 8월부터 수업을 시작하는 대학이 많아지고 있다. 학기제는 몇 개로 구분되는데, 2학기제semester, 3학기제trimester, 4학기제quarter 등 다양하다.

[표 I -6] 학기제의 종류

학기제 구분	주요 내용
2학기제 (Semester)	학년도를 semester로 부르는 2개의 학기로 구성하는 학기제. 1 semester는 15주 전후로 구성되며 대학에 따라 차이가 있다. 하계 방학 중에 하계 학기가 제공되는 경우가 있다.
4학기제 (Quarter)	학년도를 4학기로 나눠 그중 3학기를 quarter로 부르는 학기로 구성하는 학기제. 1 quarter는 11–12주로 구성되며 대학에 따라 폭이 있다. 하계 방학 중에 하계 학기가 제공되는 경우가 있다.
3학기제 (Trimester)	학년도를 1학기 15주간인 세 개의 학기로 구성하는 학기제. 학생은 3학기 중 2학기에 이수함으로써 표준 연한에 졸업이 가능하다.
4-1-4제 (4-4-1제)	학년도를 1학기 16주(4개월)로 구성하는 2개의 학기와 학기 사이 또는 학기 후에 단기 집중형 강의 및 개인 연구 등을 실시하는 1학기를 두는 학기제. 통상 4개월에 4과목, 1개월에 1과목을 이수한다.
무학기제	입학 시기가 특정되어 있지 않고 비교적 유연하게 수업 등록 및 참가가 가능하며, 직업교육 · 훈련을 하는 비학위 취득 과정에서 운영하고 있다.

출처: NCES, IPEDS 2012-13, Survey Materials: Glossary, https://surveys.nces.ed.gov/ipeds2k12_13/Downloads/Forms/IPEDSGlossary.pdf

2학기제의 경우 가을 학기가 8월, 또는 9월부터 12월 말, 또는 1월 초까지이며 2-4주간의 동계 방학을 가지고 봄 학기는 1월부터 5월, 또는 6월까지 종료한다. 입학 시기는 가을 학기와 봄 학기 어느 때도 가능하다.

우리나라에서도 타 대학으로의 편입학이 허용되고 있지만 일반적이지는 않다. 그러나 미국의 대학은 대학 간의 전 · 편입학이 보편화되어 있다. 단기대학에서 4년제 대학으로의 편입, 희망하는 전공 학과가 있는 대학으로의 편입, 보다 수준이 높은 대학으로의 편입학 기회가 열려 있다.

3. 단위 이수 및 졸업

1) 단위제

학생의 학습 내용과 학습량을 증명하는 제도로 대부분의 대학이 단위제credit system를 도입하고 있다. 수업 시간에 대응하여 과목별로 학습량이 2 credit hours 또는 2 credit units 등의 수치로 표기되고 학생에 대하여 표기된 학습량을 이수한 것을 증명하는 것이다. 단위가 축적되어 학위와 수료증 취득이 가능하며, 이수 단위 수를 수업료 등 학생 납입금 결정, 전일제 학생인지 시간제 학생인지 나눌 때 기준으로 이용하는 경우도 있다.

단위제에서 2학기제는 주 1회 1시간의 수업에 1학기간 출석하면 1단위를 취득하지만 1학기 15주간으로 이루어지는 2학기제인 경우 1시간 수업에 예습이 2시간 필요하므로 약 45시간의 학습을 필요로 한다. 1학기가 10-11주인 4학기제의 경우 1단위당 학습은 수업 10시간, 예습 20시간, 계 30시간이므로 2학기제의 3분의 2 정도이다. 그러므로 일반적으로 학사 취득에 필요로 하는 단위 수는 2학기제가 120단위인 것과 대조적으로 4학기제는 180단위로 2학기제의 1.5배이다.[28]

과목당 취득 가능한 단위 수는 수업의 종류에 따라 다르며, 2학기제 강의 수업에서는 한 과목당 3단위가 일반적이지만 실험 등이 필요한 과목은 주 1시간의 강의, 주 1-2시간의 실험 및 2시간의 준비 시간으로 구성되므로 1과목당 단위 수가 4단위를 상한선으로 하는 경우가 많다.

2) 평가

평가에 관한 기준은 대학마다, 같은 대학 내에서도 학부에 따라 다양하다. 많은 대학 및 학부에서는 A(최우수)에서 F(불합격)의 5단계를 기본으로 하는 상대평가 또는 절대평가, 합격인지 불합격인지 판정만을 하는 평가 등이 이용된다.

상대평가_{norm-referenced grading system}에서는 수강 학생 전체 성적 분포에 관하여 사전에 정해진 비율에 따라 성적을 부여한다. 미국교육위원회(ACE)의 성적 부여 참고 사항에 의하면 A: 상위 10%, B: 다음 20%, C: 다음 30%, D: 다음 20%, F: 하위 20%이다. 절대평가_{criterion-referenced grading system}는 사전에 설정한 학생 달성에 관한 척도에 따라 성적을 부여하는 것으로 알파벳에 의한 표기와 점수 표기가 있다. 같은 자료에 의하면 A: 95-100, B: 85-95, C: 75-85, D: 65-75, F: 65 미만이다(American Council on Education, 2019).

합격 여부 판정 평가_{pass-fail grading system}는 예술 작품의 제작 및 실기 등 교원의 주관에 의하는 평가 또는 일반적으로 수용되고 있는 평가 기준이 없는 경우, 전문 시험의 합격처럼 단일 요건을 충족하는지 아닌지를 평가하는 경우에 활용하는 평가 방법이다.

3) 진급·졸업

대부분의 대학은 취득 단위 수 30단위 미만의 학생을 freshman, 이후 30단위를 기준으로 sophomore, junior, senior로 구분하는 경우가 많다. 대학에 따라서는 15단위를 기준으로 lower와 upper로 구분하는 경우가 있다. 학사 과정에서는 freshman과 sophomore를 전기, junior와 senior를 후기로 하여 전기에서 일반교육을 마치고 후기부터 전공에 관한 전문 과목을 이수한다.

이 외에 단위 취득 수마다 평균성적득점(GPA) 기준점을 정하고 있는 대학도 있다. 기준점에 도달하지 못한 학생은 학사 경고_{academic probation}에 처해지며, 이후 일정 기간에 걸쳐 성적의 개선이 이루어지지 않은 경우, 퇴교 처분되는 경우가 있다.

학사 취득 요건은 전체 취득 단위 수가 120단위일 것 외에 이수할 과목의 영역·분야 및 수준, 단위 취득의 방법, 각 단위의 성적 및 평균성적득점 등에 관하여 대학 및 학부 단위에서 규정하고 있다. 학사 취득을 위해서는 주전공마다 정해진 이수 과목 요건을 충족하여야 하며, 일정 기준 이상의 성적(평균성적득점 2.0 이상으로 하는 경우가 많다)을 거둘 것과 최종적으로 취득할 일정 수의 단위는 학위를 수여하는 대학에서 취득할 것 등과 같이 대학마다 공통된 졸업에 관한 기준이 있다.

학사 취득 요건을 충족한 시점에서 졸업한 것으로 간주하므로 대학에서는 학년도 종료 시가 아니라도 단위가 충족한 학기를 수료한 시점에서 졸업을 인정하는 경우가 많다.

제5절 ____ 고등교육의 평가 및 질 보증

1. 고등교육 질 보증의 연혁

미국의 지역 적격 인정은 1885년 뉴잉글랜드지역인정협회(NEASC)의 설립으로 시작되었다. 그리고 뉴잉글랜드지역인정협회 설립 후 10년 사이에 중부 대서양 연안, 중서부, 남부에 지역인정협회가 설립되었다. 이들 지역 협회는 각 지역에 소재하는 교육 기관에 의한 회원제 조직이며, 중등교육기관과 대학이 회원이었다. 1917년에 북서부협회, 1962년에 서부협회가 설립되었다.

1905년에 북중부(현재는 서중부)협회가 처음으로 중등교육기관의 적격 인정을 실시하였다. 그 후 적격 인정 대상이 확대되어 1909년까지 인정 기준이 정리되고 1913년에는 적격 인정을 받은 학교 명부가 처음으로 작성되었다. 이 제도에 의해 고등학교에서 대학 진학, 대학 간 이동할 때 단위 인정의 근거가 마련되었다. 지역 협회 중 가장 늦게 적격 인정을 실시한 단체는 뉴잉글랜드협회로 1952년이다.

2. 적격 인정 제도

고등교육의 질 보증을 관리하는 전국적으로 일원화된 조직은 없으며 연방, 주, 적격 인정 단체 세 곳에서 각각의 기준을 가지고 실시하고 있다. 적격 인정accreditation이란 대학으로서 교육의 질을 확보하고 있는지를 보증하는 것이다.

대학의 의의를 증명하고 신용을 획득하기 위하여 대학에 관여하는 스테이크홀더는 다양한 제도를 궁리해 왔는데 대표적으로 차터링과 적격 인정이 있다. 이 중 적격 인정은 자유와 독립을 표방하는 미국 대학의 역사와 의의를 특징짓는 고유한 체제라고 할 수 있다. 기본적 원리는 대학으로서의 적격성을 동료에 의해 자주적, 자발적으로 상호 체크하는 것이며, 연방 정부, 주정부는 개입을 자제하고 있다.

적격 인정에서 중요한 동료평가peer review는 지식과 기술을 생산하는 전문가이자 연구자로서 대학교원의 질을 보증하는 것으로 논문 평가의 기본이 되어 있다. 전문가에 의해 산출되어 교수되고 있는 지식·기술의 옳고 그름은 동일한 지식과 기술을 가진 동질적인 사람들만이 할 수 있으므로 같은 계통의 전문가가 상호 평가하고 서로 비판하여 질을 향상시킨다는 관점이다.

이런 기본적인 사고가 대학교원의 집합체인 대학을 평가할 때의 원리가 되고 국가와 정부를 포함한 비전문가의 개입과 통제를 배제하여 대학에 의한 자주적·자율적 활동에 평가가 맡겨지는 근거가 되고 있다. 따라서 적격 인정은 교회와 왕권으로부터의 칙허장에 의해 대학으로 승인되는 유럽형의 차터링과는 대조적인 제도라고 할 수 있다.

연방정부는 적격 인정을 통하여 연방 장학금 이용 가능 대학 및 연구비 보조 지원 대상 대학의 질을 담보하고 있다. 장학금의 가장 많은 규모를 담당하는 연방정부에서는 여러 기관이 장학금 지원을 하고 있는데 교육부가 가장 규모가 크다. 주요 장학금으로는 펠 장학금Pell Grant, 연방보조교육기회 장학금(FSEOG), 워크스터디Work Study(학생이 근로를 하면서 학업에 종사할 수 있게 하는 교육 계획), 기타 학자금 대여(Direct Loans, PLUS Loan, Perkins Loans) 등이 있다.

주정부는 대학의 설립·운영 인가 심사를 통하여 질을 보증하지만, 정기적으로 실시하는 운영 계속 심사는 적격 인정으로 대체하는 것을 일반적으로 인정한다. 또한 대부분의 주에서는 의사 면허나 변호사 자격 요건으로 요구되는 학위 취득도 적격 인정을 조건으로 하고 있다.

적격 인정은 평가 과정에 정부가 관여하지 않고 민간에 의해 이루어지는 시스템이지만, 적격 인정을 받는 것은 대학이나 과정의 질을 인정받는 것이며, 인정을 받을 것인지 아닌지는 대학의 자율이다. 그러나 대학이 대학으로서 수준에 있다고 사회적으로 인정되기 위해서는 적절한 적격 인정을 받을 필요가 있다.

기관 인증을 하는 적격 인정 단체는 미국 전역을 6개 지역으로 나뉘어 7개 단체가 설치되어 있다.

- Accrediting Commission for Community and Junior Colleges Western Association of Schools and Colleges
- Higher Learning Commission
- New England Commission of Higher Education

- Northwest Commission on Colleges and Universities
- Southern Association of Colleges and Schools Commission on Colleges
- WASC Senior College and University Commission

그리고 종교계 대학이나 직업교육·훈련에 중점을 두는 교육 기관 등을 대상으로 적격 인정을 실시하는 전국적 적격 인정 기관이 있다.[29] 적격 인정 기관의 전국적인 연락 조정을 하는 기관으로는 고등교육적격인정협의회(CHEA)가 설치되어 있다.

3. 적격 인정 단체의 질 보증

고등교육기관은 적격 인정을 받음으로써 사회적 신용을 획득하고 연방 장학금을 비롯한 공적 자금의 수급 요건을 충족할 수 있다. 적격 인정을 받지 않으면 재학생이 연방 장학금을 이용할 수 없을 뿐만 아니라 취직 시에도 기업으로부터 신뢰가 낮으므로 학생 모집이 어렵고 학생의 수업료를 주된 재원으로 교육을 운영하는 중소규모 사립대학의 경우 재정적 위기 상황을 초래할 수 있다. 이 때문에 교육 기관 중에는 적격 인정 단체를 만들어 그 단체로부터 적격 인정을 받는 경우도 있다.

이러한 상황에서 적격 인정 단체 자체의 질 보증의 필요성에서 적격 인정 단체의 전국적 조직인 고등교육적격인정협의회와 연방교육부 장관이 각각 적격 인정 단체의 승인을 독자적으로 실시하고 있다.[30] 양자 중 고등교육적격인정협의회는 대학으로서의 질 평가에 집중하고, 연방교육부의 제도는 연방 장학금(연방교육부 소관 장학금은 고등교육법 Title IV에 규정)의 취급과 관련하여 기관 경영의 건전성을 평가하는 데에 초점을 두고 있다. 연방 장학금 수급 자격을 받기 위해서는 연방교육부 장관이 승인한 단체에 의한 인정이 필요조건이 되기 때문이다.

연방교육부 장관의 승인을 얻은 적격 인정 단체는 51개이며, 고등교육적격인정협의회로부터 승인을 받은 적격 인정 단체는 59개이다. 이 중 25개 단체는 두 곳으로부터 승인을 얻고 있다. 기관 인정을 실시하는 적격 인정 단체 중 지역별 단체와 종교계 대학을 대상으로 하는 전국적 적격 인정 단체는 연방교육부 장관과 고등교육적격인정협의회 쌍방의 승인을 얻고 있으며, 직업교육·훈련 관련 교육을 제공하는 대학을 대상으로 하는 전국적 적격 인정 단체는 한 개 단체를 제외하고 연방교육부 장관의 승인을 얻고 있다.

제6절 ___ 대학의 법적 지위

1. 주립대학 및 사립대학

주립대학과 사립대학은 법인격을 가진다. 법인격은 각 대학의 최고 의사 결정 기관이 되는 대학이사회(Board of Trustee가 일반적이며, Board of Regents, Board of Governors 등)에 부여되지만 모든 주가 일률적인 것은 아니다. 일반적으로 주립대학은 주의 헌법 또는 주의 교육법에 의해, 사립대학은 주의 회사법 등 주의 법인 관련 법률에 규정되어 있다.

주의 헌법에 의해 권한이 인정되는 법인격 부여 주립대학 및 대학이사회가 법적으로 공익 신탁public trust, 헌법대학constitutional university, 자치대학 autonomous university, 헌법법인constitutional body corporate으로 불리는 것처럼 이들은 주정부기관이 정한 행정규칙의 적용이 면제되는 등 대학 운영에 관하여 상당한 재량을 가진다. 대부분의 주립대학은 대학이사회에 법인격이 부여되어 있으며, 대학에 법인격이 부여된 사례는 캘리포니아대학시스템(10개 캠퍼스), 미시간대학시스템(3개 캠퍼스)과 일부 종합대학 등이다.

사립대학 중 비영리 대학의 경우 대학의 설립·운영에 관한 각 주의 법령에 의해 비영리 법인nonprofit corporation 또는 자선 단체charitable institution로 설립된다. 많지는 않지만 사립대학이 교육 기관으로서 법인격이 부여되는 주도 있다. 사립대학 중 영리 대학은 법인 기업에 관한 법령이 적용되는 경우가 많다.

2. 대학과 교육 행정과의 관계

1) 연방정부와의 관계

교육에 관한 권한을 가진 주는 대부분의 고등교육 행정에 관한 권한을 대학의 관리위원회에 위임하지만 주 전체의 장기 계획 및 예산 배분, 교육 프로그램·조직의 신설·폐지·재편에 관한 심사·승인, 사립 교육 기관의 설립·운영에 관한 인가 등에 관한 조정 기능을 가진다. 한편 연방정부는 장학금 사업과 연구 지원 사업의 실시 등을 역할로 하지만 사업의 지원을 받을 조건을 설정함으로써 대학의 질 유지·향상에 기여하고 있다. 지방정부는 2년제 대학의 설립과 운영에 일정한 역할을 하고 있다.

미합중국수정헌법 제10조에 연방의 권한 사항으로 명기되지 않은 교육은 각 주가 제도적인 체계를 결정하는 등의 권한을 가지고 있으므로 고등교육에 관한 사항도 기본적 책임은 주가 담당한다. 그러나 고등교육비 공적 재정 부담 비율이 연방 50%, 주 38%, 지방 12%인 것처럼 초중등교육과

는 달리 고등교육에 대한 연방의 역할은 매우 크다.[31]

주와 지방의 고등교육에 관한 지출이 주립대학의 유지·관리를 위한 비용인 것과는 대조적으로 연방 지출은 주립대학이냐 사립대학이냐에 관계없이 장학금 사업과 연구 지원과 관련한 비용이다. 즉 연방은 대학 연구 활동의 최대 스폰서이자 연구 성과를 지역 및 국내 경제 발전으로 이어지도록 하는 중요한 역할을 담당하고 있는 것이다.

예를 들면 미국 연방 조직인 후생복지부(HHS) 소속의 국립위생연구소(NIH)는 27개 연구소를 가지고 의학 연구를 하면서 의학 연구비 보조를 병행하는 의학 연구 분야에서 세계 최대의 연구비 기관으로 2019회계연도 예산은 약 392억 달러이다. 국립위생연구소 내부에도 약 6천 명이 연구에 종사하고 있지만 예산의 80% 이상을 심사에 합격한 5만 건가량의 외부 연구에 보조를 실시하며, 3천 개 이상의 대학과 연구 기관에서 30만 명 이상을 연구 자금으로 고용하고 있다. 1939년부터 2022년까지 169명의 노벨상 수상자가 국립위생연구소의 연구비 보조를 받았다. 최근 수상자 수는 2019년 2명, 2020년 2명, 2021년 3명, 2022년 1명이다. 1990년 이후 국립위생연구소 연구 보조비를 받은 연구자가 노벨상을 수상하지 못한 해는 1991년뿐이다.[32]

또한 연방정부는 대학의 중요한 수입원이 되는 기부금에 대하여 내국세 입법Internal Revenue Code (c) (3)의 요건을 충족하는 단체에 기부한 자의 세 부담을 경감해 주기 위한 조치로서 소득세 공제가 제도화되어 있다. 대학은 영리 사립대학을 포함하여 연방 장학금의 이용 자격을 가진 경우에 공제 대상 단체에 포함된다. 연방 장학금 이용 자격을 가진 대학에 기부한 자는 조정 후 총소득의 50%를 상한(법인 기부는 소득의 10% 한도)으로 기부액이 공제된다.

2017년 트럼프 정권에서는 세제 개혁을 실현하기 위한 감세·고용법Tax

Cuts and Job Act이 성립되어 내국세입법 501 (a) (1)의 공익 증진 단체(종교 단체, 교육 기관, 의료 연구 기관, 공립대학 지원 단체, 정부기관 등이 포함)에 속하는 사립대학에 징벌적 세제가 신설되었다. 구체적으로는 기본 재산endowments을 투자하여 얻은 소득investment return 중 면세 한도를 초과하는 소득에 대하여 1.4%의 규제세excise tax를 부과하고, 대학 임원 등의 연간 보수액이 100만 달러가 넘는 경우 초과 지불액에 대하여 21%의 법인세율을 적용하도록 한 것이다(IRS).

여기에는 사립대학의 학비가 해가 갈수록 급등하여 저소득층 가정의 자녀가 진학하기 어려워지고 있으며, 대학에 진학하는 학생 중 약 70%가 학자금 대출로 평균 5만 달러의 채무를 지고 졸업하지만 졸업 후 5년 이내에 학자금 변제가 불가능한 졸업생이 50%를 넘는데도 사립대학의 기본 재산은 계속 늘어나고 대학교의 임원은 높은 보수를 받는 것에 대한 정치권의 문제 인식이 있었다. 대학이 본래의 사명인 교육·연구에 적극 투자하고 학생에 대한 지원을 늘려 교육 격차를 줄이는 역할을 하도록 한 조치이다.

2) 주정부와의 관계

고등교육에서 주의 역할은 주립 고등교육기관의 설치·유지·관리, 사립 고등교육기관의 설치·운영에 관한 인허가이다. 모든 주는 주립 고등교육기관의 관리 책임을 대학이사회라는 관리위원회에 위탁하는 것을 주의 헌법 또는 주의 법률에 규정하고 있다. 그러므로 교내 조직, 학위 수여 기준, 교원 고용 조건 등 기관 운영에 관한 사항 대부분은 주의 법령에 규정되어 있지 않고 각 기관 또는 대학 시스템의 내규로 규정되어 있다(Education Commission of the State, 2019).

관리위원회의 책임은 관할하는 대학이나 대학 시스템의 경영에 관한 최종적인 의사 결정을 하는 것이며, 실제 대학의 경영 책임자인 총장을 임명하고 경영 방침을 정하며, 정해진 방침에 따라 교육 프로그램의 신설·폐지 및 교직원의 임용 결정, 재정의 감독 등 스테이크홀더로서 기능을 한다.

아울러 고등교육기관에 대한 주의 조정 기능이 있는데, 주요 내용은 마스터플랜 및 장기 계획의 입안·책정과 이와 관련한 정책 분석 및 과제 해결 방안의 제시, 주립대학 사명의 명확화 등이다. 주립대학을 대상으로 하는 조정 기능으로는 주의회가 결정한 고등교육 예산을 각 대학에 배분하는 방식의 결정 및 예산의 배분, 각 대학으로부터 제출된 교육 프로그램의 신설 및 재편·폐지 심사·승인이 있다. 사립대학 설치·운영에 관한 인가 및 감독도 조정 기능에 포함된다.

각 주의 관리위원회 및 조정위원회의 구성은 ① 1개의 조정위원회가 주의 전체 주립대학의 조정을 담당하는 경우, ② 1개의 관리위원회가 주의 전체 주립대학을 관리·운영하는 경우, ③ 1-3개의 관리위원회가 관할하는 주립대학을 관리·운영하는 경우 등 모든 주가 일률적이지는 않지만 ①에 의한 관리 및 조정 체제를 채용하는 주가 20개로 가장 많다.

뉴욕주의 고등교육 거버넌스를 살펴보면 주립대학의 관리 권한은 주지사와 의회가 가지고 있다. 그리고 주교육부는 고등교육 계획 및 교육 과정을 규제하고 있는데, 사립대학을 폐쇄하고 이사를 교체시킬 수 있으며, 공사립 영리 대학의 인가 권한을 가지고 있다.

뉴욕주의 경우 학위를 수여하는 모든 공립·사립, 영리 대학은 뉴욕주립대학평의원회의 구성원이며 협회 사무국은 주의 교육부가 담당한다. 평의원회 이사 16명 전원은 의회가 선출한다.

3) 지방정부와의 관계

시티, 타운, 카운티 등 지방정부는 캠퍼스 시설을 좌우하는 건축 규제 및 구획 규제, 소방 조례, 안전 조례, 연구 활동에 영향을 주는 위험물의 보관

규제 등 다양한 부문에서 고등교육에 관여하고 있다. 그러나 연방이나 주와 비교하면 대학의 설치 및 관리에 직접 관여하는 사항은 많지 않다. 재정 측면에서도 공재정 부담 합계에서 차지하는 지방의 부담은 적고 주에 따라서는 주립대학에 재정을 지원하는 지방이 없는 경우도 있다.

지방정부에 의한 직접적인 관리 체제로는 2년제 대학의 설치·운영을 들 수 있다. 예를 들면 미국에서 가장 큰 커뮤니티칼리지 시스템을 가진 캘리포니아주에서는 주 산하에 커뮤니티칼리지의 설립·운영을 전담하는 특별지구community college district가 72개 설치되어 116개의 커뮤니티칼리지를 운영하고 있다. 이 시스템 전체를 총괄하는 관리위원회와 총장을 두고 있기는 하지만 각 기관의 일상적인 관리는 특별지구마다 선출된 운영이사회와 각 칼리지의 학장에 의해 이루어지고 있다(https://www.cccco.edu/).

고등교육에서 지방정부의 중요한 역할 중에 특기할 만한 것으로 프로미스 프로그램Promise Programs이 있다. 종전에는 '경제적 여유가 없는 소수의 우수한 학생을 선발하여 국가와 사회의 발전에 기여할 인재 육성'이라는 관점에서 고등교육의 무상화가 실시되었다. 그러나 프로미스 프로그램은 미국의 지방정부 단위에서 실시하고 있는 새로운 형태의 고등교육 지원 정책으로 커뮤니티칼리지의 교육을 무상으로 지원하는 대학 장학금이다.

프로미스 프로그램은 미시간주에 속하는 캘러머주Kalamazoo가 2005년에 시작하였으며, 지금은 32개 주에서 300개 이상의 지방으로 확대되어 있다. 캘러머주는 미국 최초로 중등학교에 대한 공적 지원을 합법화하여 중등학교 보편화의 계기를 만든 캘러머주 판결Kalamazoo Case로도 유명하다(金相奎, 2017). 프로미스 프로그램 운영자는 국가가 아니라 주로 지자체인데, 전국적으로 표준화된 프로미스 프로그램이라는 제도가 있는 것은 아니며, 각 지방의 다양한 대학 무상화 장학금을 총칭하여 프로미스 프로그램이라고 부르고 있다.

프로미스 프로그램은 전형적으로 대상 지역의 거주를 조건으로 한 지역 기반 장학금Place Based Scholarship Program이며, 지역에서 고등학교를 졸업하고 지역의 커뮤니티칼리지에 진학하는 경우에 수업료tuition와 납입금fee을 무료로 한다. 성적이나 수입 등에 의해 선발하거나 지원액이 조정되지는 않는다. 본래 커뮤니티칼리지는 입학시험이 없으므로 프로미스 프로그램에 의해 경제적 장벽이 제거되어 희망자는 누구라도 대학에서 학업을 할 수 있는 보편적 고등교육이 실현될 수 있다.

테네시주는 2014년에 주 전체를 대상으로 하는 장학금으로 테네시 프로미스Tennessee Promise를 제도화하여 2021-2022학기까지 123,000명 이상에게 181,000,000달러의 장학금을 지원했다(THEC & TSAC, 2022). 테네시 프로미스는 고등교육의 보급을 통하여 경제 발전, 고용 확대, 실업 감소, 수입 증가, 생활의 질 향상을 목표로 하고 있다는 점에서 시사하는 바가 크다.

3. 대학 거버넌스

미국 대학의 거버넌스는 17세기 식민지 칼리지 시대부터 학문의 자유 및 대학의 자치를 근간으로 1세기 이상의 논의와 시행착오를 거쳐 형성되었다. 1819년의 다트머스칼리지 판결에서 확립된 대학의 자율성은 사립대학을 모델로 발전한 공립대학의 거버넌스에 많은 영향을 주었다. 미국의 연구 대학이 세계대학랭킹의 상위권을 석권하는 등 세계 고등교육의 황금률gold standard이 된 근원을 학문의 자유academic freedom, 자치autonomy, 공동 통치shared governance라고 한 티어니Tierney(2009)의 통찰에서도 학문의 자유와 대학 자치는 미국의 대학 거버넌스에서 가장 핵심적인 가치라고 할 수 있다.[33]

미국에서는 학문의 자유에 대한 침해가 문제가 되어 1915년에 대학교수의 학문의 자유를 옹호할 목적으로 미국대학교수협회(AAUP)가 결성되었다. 1940년에 미국대학교수협회는 학문의 자유를 보호하는 제도적 수단으로서 테뉴어에 관한 기본 원칙 등이 포함된 학문의 자유와 테뉴어에 관한 기본 원칙Statement of Principles on Academic Freedom and Tenure을 채택하였으며, 1966년에는 대학 거버넌스의 세 주체인 이사회governing body, 총장president, 교원faculty의 역할을 정리한 대학의 거버넌스에 관한 성명Statement of Government of Colleges and Universities을 작성·채택하였다.

이 성명은 교원 단체인 미국대학교수협회가 작성하였지만 대학 총장 단체인 미국교육위원회(ACE), 대학의 이사를 회원으로 하는 미국대학이사회협회(AGB)가 채택하여 이사회, 총장, 교원을 세 축으로 하는 공동통치모델shared governance이 미국 대학 전체에 공유되었다.

주립대학 및 비영리 사립대학은 위원회 형식의 조직인 관리위원회가 경영상 최고 의사 결정 기관이다. 실제로는 대학이사회로 불리며 대학의 법률상의 대리인legal agent 또는 소유자owner로서 대학의 사명을 실현하기 위한 권한과 책임을 가진다. 대학이사회는 주로 총장의 임용과 대학 경영을 위한 계획 및 방침, 규칙의 승인 등을 담당하며, 기관의 일상적인 관리·운영은 총장에게 위임되어 있다(Forest & Altbach, 2007).

대학이사회의 규모 및 구성에 관해서는 주립대학의 경우 주의 법령에서, 사립대학은 각 대학의 내규에서 정하고 있다. 그 규모는 수 명에서 50명을 넘는 경우도 있다. 주립대학의 이사의 경우 많은 주에서는 주지사에 의한 임명 외에 총장 등 특정 지위에 있는 자가 당연직이 되고 있다. 사립대학에서는 대학이사회를 선임하는 것이 일반적이며, 종교계 대학은 교회 이사회가 선임하기도 한다.

일반적으로는 소재하는 지역이나 지자체로부터 폭넓은 지원을 받기 위하여 다양한 분야의 전문가나 지도적인 입장의 인사를 이사로 선임한다.

따라서 이사회에 기업 관계자가 적지 않다. 대학이사회를 전문가가 아닌 다양한 분야의 인사로 구성함으로써 폐쇄적 경향이 있는 대학이사회는 다양한 의견을 접할 수 있으며, 대학 경영자인 총장에게 전문적인 견지에서의 조언을 기대할 수 있다.

총장은 이사회보다는 단기적인 시점에서 구체적인 매니지먼트와 일상적인 사무를 담당한다. 조직 전반에 걸쳐 리더십을 발휘하고 예산과 재무를 관리하며 전략을 책정·실행하고 설명 책임 및 업적에 관련한 제도를 구축하는 책임을 가진다. 다만 의회에 대학의 지원을 요구하거나 기업 및 지역 단체와의 관계를 구축하는 등 대외적 역할을 하는 경우가 많다. 사무는 여러 명의 부총장에게 분담하여 처리하지만 교원과 총장을 잇는 역할은 프로보스트Provost가 담당한다. 프로보스트는 학부장을 실질적으로 임명하는 등 학술·예산 등 학술 부문 전반에 걸쳐 광범위한 권한을 가지는 경우가 많다.

평의회는 교학에서 실질적인 결정권을 가진다. 각 대학에 전체 교원의 조직으로 설치되며, 교육·연구에 관한 사항 및 교원 인사 방침 등 학술적인 사항에 관해서는 이사회로부터 권한이 이양되어 있다. 신규 커리큘럼 및 과정, 학위 요건, 교직원 채용 및 업무 분담에 관한 결정이나 방침에 대하여 권고를 한다. 그리고 학부·학과 단위에도 각각의 관리 기관이 설치되어 있다.

제7절 ___ 고등교육의 글로벌화

앞에서도 여러 번 언급했듯이, 미국의 교육 사무는 주의 전권사항으로,

원칙적으로 연방정부에는 권한이 없으므로 연방정부가 고등교육의 국제화를 총괄할 입장에 있지 않다. 따라서 민간 기구나 주정부가 협력을 바탕으로 각 대학이 중심이 되어 방침을 정하고 국제화를 위한 방침을 실행해왔다. 미국의 고등교육 국제화는 유학생의 유치를 중심으로 추진하여 왔지만 최근에는 외국의 대학, 정부기관과의 파트너십을 바탕으로 학위 수여 프로그램, 해외 거점의 설치 등 폭넓게 대응하고 있다.

1. 연방정부에 의한 노력

연방정부는 교육에 관한 권한이 없지만 국익의 관점에서 국내 대학에서의 학생 교류 및 공동 연구를 지원하기 위하여 연방정부기관이 다양한 서비스를 제공하고 있다(Education USA).

연방정부의 기관 중 가장 중요한 역할을 하는 곳은 복수의 유학 지원 사업을 소관하는 국무부이다. 국무부가 소관하는 풀브라이트 프로그램Fulbright Program, 길먼 프로그램Gilman Program, 전략적 중요 외국어 습득 장학금Critical Language Scholarship(CLS) 등 다양한 국제 교류 사업을 통해 해외에 유학하는 미국 국민은 초중등교육에서 청년층 전문가까지 포함하여 연간 7,000명 이상에 이른다.

또한 해외로부터의 유학생 모집·유치에 관해서도 위의 교류 프로그램 운영 외에 175개 국가·지역에 두고 있는 국무부 소관 430개 이상의 유학 정보센터 네트워크(Education USA)가 유학 희망자에게 양질의 정보를 제공하고 있다.

국무부의 소관 프로그램 중에서도 풀브라이트 프로그램은 1946년 플브라이트법Fulbright Act of 1946(P.L.79-584) 제정 이후 70년 이상에 걸쳐 연방 소관

국제 교류 프로그램의 주축으로서 국무부에 의해 계속 운영되고 있다.

현재는 연방 학생 파견 사업, 미국인 연구자 파견 사업, 영어 지도 교사 파견 사업 등 자국민을 대상으로 하는 파견 프로그램과 외국인 학생 유치 사업, 외국인 연구자 초빙 사업, 외국인 지도자 초빙 사업 등 외국으로부터의 초빙·유치 사업이 목적과 대상에 의해 복수 마련되어 있다. 국가 간 교류로 미국인 학생의 파견 기관과 유치 학생의 출신 국가·지역은 160개 국가를 넘고 연간 약 8,000명이 유학 경험을 쌓고 있다.

그 외에 상무부의 미국상업서비스(CS)는 국내외에 배치되어 있는 무역 전문가를 통해 미국의 대학과 해외 대학의 네트워크 형성을 지원하고 있다. 교육부에서는 미국의 교육 제도와 유학에 관한 정보를 제공하거나 연방 장학금 또는 외국어 교육 담당 교원을 대상으로 하는 유학 프로그램을 소관하고 있다. 국가안전보장부의 이민세관수사국(ICE)에서는 독자적인 교환 유학 프로그램, 지방정부와 협력하여 유학생 등을 대상으로 하는 방범 대책 등을 실시하고 있다.

2. 대학의 국제화 추진 체제

전국적 고등교육 관계 단체인 미국교육위원회에서 정기적으로 실시하는 조사에 의하면 약 반수의 대학은 사명mission statement에 국제화가 포함되어 있는 것으로 나타나고 있다. 국제화에 특화하여 학교 단위의 전략을 정하고 있는 대학은 전체의 약 30%, 전문위원회를 설치하는 대학은 40% 정도이다. 박사 취득 대학인 경우 전략을 정하고 있는 대학은 40% 이상, 전문위원회를 두고 있는 대학은 60% 이상이다(American Council on Education, 2017).

각 기관에서는 국제화 노력으로 단위 학교 차원에서 조정 등을 하는 독립된 부서를 두도록 하고 있다. 박사 학위 수여 대학 대부분은 이들 부서 책임자로 부총장vice president을 두는 것이 일반적이다. 또한 국제회 전략을 소관하는 부서의 책임자인 간부 직원은 학장 또는 동급인 경우가 많다. 국제화 전략을 소관하는 부서의 특징 중 하나는 관리직director 아래에 많은 전문 직원(advisor, manager, coordinator, specialist 등)을 두고 있다는 점이다. 이러한 유학생 및 유치 연구자의 대응을 비롯하여 재학생의 유학 지원, 국제 사업에 관한 학교 내의 조정 등의 업무를 수행한다.

또한 전국적인 전문 단체로 국제교육자협회(NAFSA)가 조직되어 있으며, 연구 프로그램의 실시, 연차대회의 개최, 전문가 네트워크의 구축·운영, 조사 연구의 실시, 모델 사례의 제공 등 전문성 향상을 위해 다양한 전략을 추진하고 있다.

많은 대학의 국제화 업무 예산은 증가하고 있으며, 약 20%의 대학에서는 국제화 추진을 목적으로 하는 자금 확보 계획을 정하거나 모금 활동을 하고 있다. 실제로 민간(졸업생, 재단, 기업을 제외)으로부터 국제화를 목적으로 하는 기부를 받았다고 응답한 대학은 33%, 졸업생 및 재단으로부터 받았다는 대학은 28%가 넘었다.

3. 국제화에 대비한 구체적인 노력

미국교육위원회의 조사에 의하면 국제화에 대비한 구체적인 노력으로 각 대학이 가장 중시하는 것은 재학생의 유학(파견)이며, 다음으로 해외로부터 유학생의 모집·유치이다. 이어 외국 기관과의 파트너십, 교육 과정 및 과외 활동의 국제화 순이다.

이 중 재학자의 유학에 관한 사항으로 파견 학생 수에 관하여 수치로 목표를 설정한 대학은 위 조사에 응답한 대학의 약 5분의 1이며, 목표 수치 평균은 학사 과정에서는 학생의 33%, 대학원에서는 10%이다(2016년 기준). 또한 약 반수의 대학에서는 유학하는 재학생에 대하여 대학 예산에서 장학금 등을 재정적으로 지원하고 있다.

해외 유학생의 모집·유치에 관해서는 응답한 대학의 48%가 유학생 모집 계획을 책정·실행하고 있으며, 80% 이상은 수치로 유치 목표가 설정되어 있고, 58%는 대상 국가·지역을 정하고 있다. 또한 학사 과정 유학생에 대하여 장학금 등의 재정 지원을 제공하는 대학은 약 반수(49%), 학사 과정 학생 모집에 관한 입학사정관의 해외 출장비를 대학의 지출로 하는 곳도 44%(대학원 학생에게는 23%)를 넘고 있다.

또한 교육 과정의 국제화에 관해서는 학사 과정에서 일반교양 과정 과목 및 외국어 과목의 이수 요건 설정 등이 이루어지고 있다. 위 조사에 의하면 49%의 대학은 일반교육의 요건 중 하나로 국제적인 조류와 과제(건강, 환경, 평화 유지 등)에 관련한 과목 및 특정 국가 및 외국의 문제에 관한 과목의 단위 취득을 요구하고 있다. 또한 46%의 대학은 학사 과정 재학자 전원 또는 일부에게 외국어 과목의 단위 취득을 학사 과정 취득 요건으로 하고 있다.

최근 많은 대학이 힘을 쏟고 있는 것이 협정 등에 바탕을 둔 해외 기관과의 연계 협력이다. 대상 기관은 보통 고등교육기관을 중심으로 하는 학술 연구 기관이지만, 비정부 조직이나 외국 정부, 기업으로 하는 경우도 있다. 해외 기관과의 연계 협력에 바탕을 둔 국제화 전략의 하나인 협력적 학위 프로그램에 관하여 파트너십을 체결한 양 기관에서 학위 및 수료증이 수여되는 복수 학위 프로그램을 실시하고 있는 기관은 16%, 파트너십을 체결한 기관이 상호 공동으로 편성한 교육 프로그램 수료자에게 단일 학위 및 수료증을 수여하는 공동학위 프로그램joint degree program을 실시하고 있는 기관은 8%였다.

또한 해외 기관과의 연계 협력 등을 목적으로 해외 거점을 마련하고 있는 경우도 있지만 대부분은 해외 연락 사무소와 같은 사무소 기능만을 가진 조직이며, 해외 캠퍼스는 박사 과정만으로 한정하는 경우가 많다.

제8절 ____ 고등교육의 과제

존 텔린John R. Thelin은 미국의 고등교육은 '완전 난장판'perfect mess과 같다고 했다(Thelin, 2019). 텔린의 관점에서는 미국의 대학은 대학마다 획일적이지 않은 특징을 가지고 있었으므로 건전하고 성공적으로 발전할 수 있었다. 즉, 미국은 고등교육에 대하여 중앙정부의 획일적인 법과 제도가 없었으므로 각 대학이 다양한 각자의 특성을 가질 수 있었다.[34] 중앙정부의 획일적인 정책의 결여는 미국의 대학이 경쟁적이고 혁신적이며 번창할 수 있는 자양분이 된 것이다.

2022년 10월 22일 THE(Times Higher Education)가 발표한 2023년 세계대학랭킹World University Rankings 2023에서 미국의 대학은 상위 50위 이내에 23개 대학이 포함되어 약 반수를 차지하였다. 2022년 6월 9일 QS(Quacquarelli Symonds)가 발표한 QS 세계대학랭킹QS World University Ranking 2023에서도 미국의 대학은 50위권 내에 15개 대학이 포함되었다. 이들 평가 기관은 상업성이 강하고 각국의 고유한 특성을 반영하기 어려우며 영어권 대학에 유리하다는 문제점도 지적되고 있지만(김상규, 2022a), 미국은 세계 젊은이들이 유학하고 싶어 하는 국가이며 글로벌 고등교육을 선도하는 국가이다.

세계 대부분 국가의 고등교육은 많은 문제를 안고 있다. 미국도 마찬가지로 고등교육이 안고 있는 문제가 적지 않은데, 세 가지로 정리하면,

① 고등교육 재정 지출의 증가, ② 대학 졸업률의 정체, ③ 도산하는 대학의 증가 등이다.

1. 고등교육 재정 지출의 증가

대학 시스템을 유지하기 위해서는 막대한 자금이 필요하다. 미국의 고등교육 지출 비율은 GDP의 2.5%(R&D 포함)로 독일 1.3%, 우리나라 1.5%, 프랑스 1.5%, 영국 2.0%보다 크게 높다(OECD 평균 1.5%).[35] 이 지표에 의하면 미국은 거액의 국가 재정을 고등교육에 투입하고 있다는 것을 알 수 있다. 그럼에도 불구하고 학비는 주립대학을 포함한 공립대학인 경우에도 계속 비싸져 많은 가정에서 부담하기 어려울 정도로 올라 있다.

미국의 고등교육에 대한 공적 지출은 연방정부 50%, 주정부 38%, 지방정부 12%이다. 고등교육의 직접적인 권한을 가진 주정부보다 연방정부의 지출이 3분의 1 정도 많다. 연방정부의 대학생 학비 지원Federal Student Aid, 대학에 대한 학문적 기초 연구 지원을 위한 예산 등이 많기 때문이다. 역사적으로 연방정부는 헌법상의 원칙을 존중하여 고등교육에 직접적으로는 관여하지 않고 간접적으로 관여하는 시스템을 구축하였다. 정부가 학문의 자유와 대학의 자치를 존중하면서도 고등교육에서 교육과 연구 프로그램의 질과 양을 일정 수준 이상으로 유지하고자 하는 독특한 시스템이라고 할 수 있다.

[그림 I-4]는 2015-2016학기를 기준으로 2년제 공립대학, 4년제 공립대학, 영리 대학, 4년제 비영리 대학의 평균 학비를 나타낸 것이다. 대학 학비(수업료·기숙사비·교과서·교통비·기타 비용 등 대학에 재학하기 위한 학생 개인의 평균 비용)는 2년제 공립대학 16,100달러, 4년제 공립대학 26,900달러, 영리 사

[그림 I -4] 미국 대학 형태별 학비(달러)

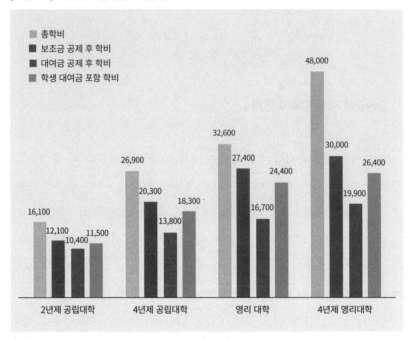

출처: National Center for Education Statistics. (2019).

립대학 32,600달러, 사립 4년제 대학 48,000달러이다. 4년제 공립대학의 경우 총학비 26,900달러에서 보조금을 공제하면 20,300달러이다. 4년제 사립대학은 30,000달러로 공립대학보다 3분의 1이 많다. 이 금액은 가정에서 부담하기 어려우므로 대다수는 학비를 대여받아 충당하지만 졸업 후에는 변제하여야 한다.

미국은 대학의 급부형 장학금 제도가 발달해 있는데, 연방정부의 재원으로 하는 재정 보조 장학금(Need-based)인 펠장학금Pell Grant이 대표적이다. 이 장학금은 1970년대에 고등교육을 개혁하여 경제적으로 어려운 가정의 자녀에 대한 교육 지원 확대에 진력한 클레이번 펠Claiborne Pell 상원의원의 이름에서 유래하였는데, 2021-2022학기의 장학금 총액은 259억 달러이며,

610만 명이 수급하고 있다. 당해 학기 1인당 평균 급부액은 4,250달러이다 (College Board, 2022).

공립대학 학생인 경우에도 학사 과정을 이수하는 데 평균적으로 32,880달러를 빌려야 한다. 대학 졸업을 위해 빌린 가정과 학생 개인의 대여 장학금 변제 불능 건수는 계속 증가하여 2020년 기준으로 채무 총액이 1조 7453억 달러에 이르고 있다(2022년 2분기 기준).[36] 대여 장학금 채무의 증가는 결과적으로 고등교육 재정의 압박 요인으로 작용할 가능성이 크다.

2. 정체되는 대학 졸업률

미국의 교육에서 낮은 고등학교 졸업률은 고질적인 문제가 되어 있다. 오바마 대통령 취임 이래 고등학교 졸업률은 계속 증가하여 2010-2011학기 79%에서 2014-2015학기 83.2%, 2018-2019학기 86%가 되었지만 인종, 민족 배경에 따른 격차는 아직도 남아 있다(Institute of Education Science, 2022).[37]

또 대학 입학 시부터 6년 안에 학사 학위를 취득하는 학생의 비율은 늘지 않고 있다. 고등교육기관에 따라 다소 차이는 있지만 6년 안에 졸업하는 학생 비율은 60% 정도에 머물고 있다. 국립학생정보연구센터(NSCRC)의 보고에 의하면 2016년 대학에 입학해 2022년에 학위를 받은 학생은 62.3%이다. 6년 안에 대학을 졸업한 비율은 고등교육기관에 따라 차이가 있는데 4년제 비영리 대학 77.8%, 4년제 공립대학 68%, 영리 사립대학 47.6%, 2년제 공립대학 43.1%이다. 인종별로는 아시아계가 74.9%로 가장 높고 백인이 68.4%이며, 흑인이 43.9%로 가장 낮다.[38]

대학 중퇴자가 중퇴 후 5년 안에 대학에 재입학하는 비율은 13%에 불과

하며 재입학을 하더라도 학위를 취득하는 학생은 절반 정도이다. 대학 중
퇴자는 학위 취득자보다도 수입이 낮고 사회 경제적 계층에서는 고등학교
졸업자에 가깝다. 따라서 학비를 빌려 학업을 하다가 중퇴한 경우에는 빌
린 학자금의 변제가 어려울 가능성이 크다.

졸업률이 낮은 이유 중 하나는 미국 대학의 엄격한 교육을 들 수 있다.
학업 부담과 경제적인 이유로 휴학을 한 학생 중 대다수가 학업을 그만두
므로 학생들의 학습 지원이 중요하다는 의견도 있다. 대학에 재학하는 학
생의 학습 시간이 1960년대 초에는 한 주당 약 40시간에서 2000년대에는
27시간으로 감소했다는 연구 결과가 있지만(Arun & Roksa, 2011), 학습 시간
의 감소는 학생이 단지 학습을 게을리하므로 나타나는 문제로만 이해하기
보다는 대학의 높은 학비와도 무관하지 않다.

3. 도산하는 대학의 증가

지금 우리나라에서는 '대학 위기'가 정치적·사회적으로 중심적인 키워
드가 되어 있지만, 1970년대부터 1990년대까지 고등교육의 황금기라고 할
수 있는 양적 성장기에 우리나라 대학이 도산할 것이라고 생각하는 국민
들은 많지 않았다. 일본의 경우에도 대학은 도산하지 않을 것이라는 대학
불패 신앙이 '대학 붕괴', '대학 파산' 등의 신조어가 사회적으로 관심을 끌
기 시작한 2000년대 이전까지는 유효하였다.

한편 미국의 경우 대학 도산은 역사적으로 드물지 않았다. 거대한 고등
교육 시장을 가지고 상업적 세계대학랭킹의 상위권을 독식하다시피 하는
미국의 대학이 도산한다는 것은 납득하기 어려운 사실이다. 그러나 미국
의 대학 중 학생 수가 1,000명 미만인 대학은 40%를 넘고 있으며, 이들 소

[그림 I -5] 미국의 파산 대학 수(2013–2014학기부터 2018–2019학기까지)

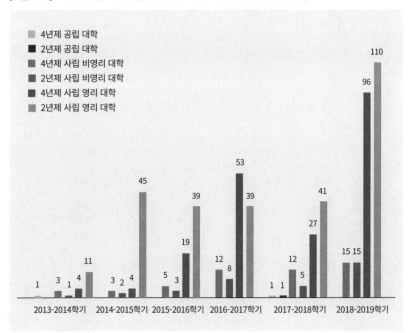

출처: Institute of Education Science. (2019). Table 317.50.

규모 칼리지에는 전체 대학생의 3% 정도가 재학하고 있는데 주로 이들 대학이 도산하는 대학군이다.

[그림 I -5]에서 나타나듯이 도산하는 대학은 주로 사립대학 중 영리 대학이다. 사립 영리 대학 중 2년제 대학의 도산은 1990년부터 꾸준하였으나, 2015년 이후로는 4년제 영리 대학과 2년제 영리 대학의 도산이 급증하고 있다.

지금까지 대학의 도산은 영리 사립대학이 중심이었지만 앞으로는 공립 대학도 피하기 어려운 현실이 될 수 있다. 고등교육에 대한 공적 재정 지출이 감소하여 일부 주에서는 2008년과 2017년 사이 주의 고등교육 재정이 21%나 줄어들었다. 미국의 주에는 대학명이 주의 명칭과 University로 되어 있는 엘리트 대학(○○○ University)과 주의 명칭과 State University로 되어 있는 보통 성적의 학생이 입학하는 대학(△△△ State University)이 있다.

이들 대학은 미국 대학의 주류를 형성하는 고등교육기관인데 켄터키주립대학Kentucky State University은 코로나 19와 대학 진학자 감소 등으로 재정 위기를 맞아 도산을 피하기 위해 켄터키주정부에 자금 원조bailout를 요청했다.[39] 그리고 이 사태에 대한 책임으로 학장과 여러 명의 이사가 퇴임하기도 했다.

주립대학은 학생 정원을 채우기 위한 경쟁으로 교육비보다는 학생 유치에 더 많은 비용을 사용하고 있다. 각 주를 대표하는 대학flagship state universities의 경우 학문적 프로그램, 로스쿨, 부속병원, 전국적으로 인지도가 있는 스포츠 프로그램 등이 복합적으로 작용하므로 입학하고자 하는 잠재적인 지지층이 있지만 주변 지역 학생들에게 입학을 의존하는 규모가 적은 공립대학들은 학생 유치, 교직원 연금 등에 추가적으로 재정 부담을 하여야 한다(Thelin, 2019).

엘리트 단계에서 대중화 단계, 보편화 단계로 발전해 온 고등교육은 사회의 발전에 괄목할 만한 공헌을 하였으며, 현재 발생하는 국내 및 글로벌 수준의 복잡한 문제를 해결하고 약속된 미래를 위해 가치가 큰 필수적인 기관이지만 대학 간의 경쟁은 피할 수 없으며, 경쟁에서 낙오하는 대학은 도산의 길로 나아갈 수밖에 없는 현실이 되어 있다.

제3장
사립학교 제도

제1절 ____ 사립학교 제도 개요

미합중국헌법하에서 부모는 자녀의 교육을 직접 선택할 기본권을 가진다. 이 헌법의 이념을 역사적으로 연방대법원의 판결에서 반복하여 확인하고 있다. 예를 들면 오리건주의 법률이 학교에 취학할 모든 아동에 대하여 공립학교 의무취학을 규정한 것에 대하여 1925년 연방대법원은 오리건주의 법률을 위헌이라고 판결하였다(Pierce v. Society of the Holy Names of Jesus and Mary, 268 U.S. 510).

오늘날 사립학교 교육을 선택할 부모의 권리는 50개 주의 법률에 반영되어 있다. 전형적으로 의무교육법은 사립학교의 교육을 대체 수단 내지는 공립학교 입학에 대한 예외로 규정하고 있다. 아울러 각 주가 사립학교를 규제할 권한도 확립되어 있다. 시민의 교육을 위한 높은 책임감을 근간으로 하여 각 주는 기본 교육의 감독을 위한 합리적인 규정을 마련할 수 있다. 그러나 규제할 수 있는 권리에 한계가 없는 것은 아니다. 과도한 규제는 사녀의 교육을 직접 지도할 수 있는 부모의 권리를 빼앗을 가능성이 높기 때문이다.

1923년 연방대법원은 초등학교 학생들에게 독일어로 교수하는 것을 금지하는 네브래스카주의 법률을 위헌으로 판결하였다. 연방대법원은 주의 법률이 비합리적으로 자녀의 교육에 책임이 있는 부모의 권리를 간섭한다고 결정한 것이다(Meyer v. State of Nebraska, 262 U.S. 390). 비슷한 사례로 1927년 연방대법원은 사립 어학교의 교사와 커리큘럼, 교과서를 규제하고 공무원에 의해 관리가 이루어지는 하와이주의 법률이 위헌이라고 보았다 (Farrington v. T. Tokushige, 273 U.S. 284, 298).

이처럼 미국의 각 주는 헌법이 보장하는 부모의 자녀 교육 선택권을 근간으로 사립학교 교육을 선택할 권리와 아울러 사립학교가 최소한의 정부 규제하에서 자율성을 가지고 운영할 수 있는 법적 체계를 마련하고 있다.

1. 사립학교의 정의

미국 국립교육통계센터(NCES)에서는 "사립학교란 주로 공적 자금에 의해 운영되지 않고 한 명 이상의 유치원생에서 12학년까지의 학생 또는 무학년제의 학생에 대하여 한 명 이상의 교사에 의해 교육을 제공하는 조직이다. 단 교실에서 학생에게 교육을 제공하지 않는 홈스쿨링은 해당되지 않는다"고 정의하고 있다.

그러므로 연방이나 주, 지방으로부터 교육 재정의 보조를 받지 않고 개인이나 단체에 의해 관리·운영되고 있는 초중등학교가 사립학교인 것이다. 다만, 사립학교의 정의에 대학은 포함되지 않는다.

미국은 종교와 교육, 종교와 정치를 둘러싸고 수많은 논쟁과 소송 사건이 제기되어 왔다, 그리고 종교교육이 배제된 공립학교에 대한 불만과 비판 등이 원인이 되어 홈스쿨링 운동으로도 이어지고 있다. 한편 교육에 대한 정교분리의 원칙은 종교계 사립학교에 대한 공적 자금 보조의 시시비비를 둘러싸고 많은 논의가 있어 왔다. 이러한 상황은 미국의 사립학교에 있어서는 교육에 대한 종파성과 세속성을 둘러싼 문제와 학교 선택의 문제 등을 포함하여 이른바 교육에 있어서 공과 사의 문제가 다양한 시점에서 제기되고 있다는 것을 의미한다.

2. 전통적 사립학교

미국은 1940년대 호러스 만 등의 교육 개혁가들이 주도한 공립학교 common school 운동으로 공립학교가 크게 증가하였다. 그리고 교육 개혁가들의 사립학교에 대한 공격과 법령에 의한 규제 등으로 많은 사립학교가 공립학교로 전환되고 사립학교 설립도 크게 위축되었다. 즉, 미국에서는 공립학교 운동으로 인해 학교교육의 주도권이 사립학교에서 공립학교로 바뀌게 되었다.

그 결과로 전통적 사립학교의 비율이 19세기 후반과 20세기 초반에는 낮아졌으나 1950년 이후부터는 재학생 비율이 안정적으로 유지되고 있다. 전통적인 사립학교는 수업료를 징수하는 선택제이며, 종파에 소속된 학교가 대부분이다. 사립학교는 세금 수입에 의한 혜택을 직접 받지는 않지만 지방 재산세 면제, 비과세 기부금 등과 같은 세제 혜택을 통한 간접적인 지원을 받고 있다. 그리고 사립학교가 특별한 교육 프로그램을 실시하는 경우에는 연방의 지원이 이루어진다.

[표 I -7] 사립학교 수업료 추이

구분	1987년	1993년	1999년	2003년
학생 1인당 평균 수업료(달러)	1,915	3,116	4,689	6,600
공립학교 학생 1인당 평균 지출액(달러)	4,240	5,767	7,394	8,900
학생 1인당 공적 지출 대비 수업료 비율(%)	45.2	54.0	63.4	74.2
세대 평균 소득 대비 수업료 비율(%)	6.2	8.4	9.6	12.5

출처: Köppe. (2017).

사립학교의 주요 수입원은 수업료이다. 1980년 후반에는 수업료가 낮았
는데 종교계 학교는 그들의 신도 단체로부터 지원을 받았기 때문이다. 사
립학교의 수업료와 정부가 공립학교 학생에게 지출하는 금액을 비교하면
사립학교의 수업료가 74.2%(2003년 기준) 정도로 낮지만 수업료는 계속 증가
추세에 있다. 수업료의 증가는 가계의 가처분 소득에 영향을 미쳐 사립학
교 교육을 위해 지출하는 비율이 15년 사이에 두 배 이상 증가하여 중류 계
급에서 사립학교 수업료 부담이 어려워지고 있다.

각 주의 사립학교 평균 수업료는 연간 최저 3,370달러(네브래스카주)에서
최고 24,634달러(코네티컷주)로 큰 차이를 보이고 있다(표 I -8) 참조). 이러한
수업료의 차이는 수업료가 고액인 기숙제 학교의 존재 여부와 관련이 크
다(Boarding School Review). 보딩스쿨Boarding school이 많은 코네티컷주, 메인주,
매사추세츠주, 뉴햄프셔주, 뉴욕주, 버지니아주, 펜실베이니아주의 사립학
교 수업료가 특히 높게 나타나고 있다(Association of Boarding Schools).

3. 사립학교의 특징

미국에서 사립학교의 설립·운영 주체는 가톨릭교, 전통 개신교, 기타 종교계, 특정 종파에 속하지 않는 자 등으로 다양하다. 사립학교는 사회 경제적 배경에 따라 계층화되어 있는데 사립학교 중에서 대학 입시를 준비하는 프렙스쿨preparatory school은 입학 심사가 엄격하고 학비도 연간 3만 달러 정도이다. 기숙제 학교인 보딩스쿨은 사회 경제적 상위 계층의 자녀가 주로 입학하는 학교이다. 그렇지만 사립학교라고 반드시 학비가 비싸거나 사회적 지위가 높은 계층의 자녀만이 입학을 하는 것은 아니며, 종교 단체가 운영하는 사립학교 중에는 낮은 비용으로 학생들에게 공립학교보다 더 나은 교육을 제공하는, 자선적으로 운영하는 학교도 많다.

미국의 사립학교는 공립학교가 충분한 교육을 제공하지 못하거나 공립학교 교육에 불만을 가진 학생들에게 교육 서비스를 제공한다는 측면에서 교육 선택의 다양성을 확보할 수 있고, 공립학교처럼 교육의 규격화·평준화를 추구할 필요가 없으므로 건학 이념에 맞는 교육이 가능하다. 아울러 공립학교와의 경쟁을 통하여 상호 간에 교육력 향상을 기할 수 있다는 측면은 긍정적으로 평가할 수 있다.

이러한 미국의 학교 제도 기준은 불확실성이 높은 미래에서 경쟁력 있는 인재를 어떻게 잘 기를 것인가가 학교의 중요한 역할이 되어 있는 현시점에서 미국과 다르게 교육의 규격화·평준화를 더 강화해 나가고 있는 우리나라의 정책 방향에 시사를 주고 있다.

4. 사립학교 현황

미국의 연방교육부가 격년제로 실시하고 있는 사립학교조사(PSS)에 의하면 2015-2016년도 미국 전역의 사립학교는 32,461개교에 4,898,154명이 재학 중인 것으로 나타나고 있다. 재직하는 교사 수는 481,558명이다.

[표 I -8] 각 주의 사립학교 현황 및 평균 수업료(2019-2020학기)

주명	학교 수	재학생 수	교원 수	평균 수업료(달러)
앨라배마	403	64,810	6,362	7,254
알래스카	43	3,058	387	7,016
애리조나	402	59,171	5,631	10,703
아칸소	171	24,234	2,662	5,690
캘리포니아	3,222	541,646	51,344	13,887
콜로라도	358	45,900	5,100	11,256
코네티컷	315	53,047	7,309	24,634
델라웨어	139	20,199	2,120	10,937
플로리다	2,506	395,043	37,480	8,659
조지아	858	145,135	17,031	10,717
하와이	165	41,191	3,756	12,104
아이다호	155	15,084	1,423	6,258
일리노이	1,282	191,454	17,905	7,902
인디애나	869	115,421	9,580	6,893
아이오와	217	42,573	4,096	5,210
캔자스	216	41,014	3,669	7,497
켄터키	409	72,565	7,160	6,713
루이지애나	406	117,465	11,050	6,604
메인	152	18,357	2,084	20,912
메릴랜드	705	129,476	14,424	12,753
매사추세츠	657	104,405	15,217	20,949
미시간	798	125,206	11,093	7,114

미네소타	521	71,734	6,556	6,612
미시시피	183	37,015	3,651	5,553
미주리	642	94,062	9,502	9,627
몬태나	121	8,350	949	8,289
네브래스카	194	35,456	2,804	3,370
네바다	130	20,626	1,776	10,033
뉴햄프셔	209	17,934	2,573	18,796
뉴저지	1,068	162,354	19,014	13,232
뉴멕시코	174	18,201	1,956	8,682
뉴욕	1,656	355,784	40,008	17,820
노스캐롤라이나	757	121,525	13,358	9,049
노스다코타	57	9,552	904	
오하이오	1,290	195,894	18,809	6,464
오클라호마	177	32,650	3,421	5,573
오리건	375	45,487	4,415	8,759
펜실베이니아	2,458	245,171	25,276	11,068
로드아일랜드	112	16,071	1,825	15,138
사우스캐롤라이나	427	50,367	5,597	6,591
사우스다코타	80	11,563	1,007	
테네시	566	99,832	11,547	9,678
텍사스	1,738	246,076	28,563	9,105
유타	169	16,223	1,790	10,633
버몬트	112	9,142	1,205	21,682
버지니아	1,024	111,427	13,116	13,933
워싱턴	672	94,937	9,682	10,610
웨스트버지니아	130	12,530	1,373	4,761
위스콘신	890	128,987	11,412	4,374
와이오밍	40	2,120	301	
워싱턴 D.C.	72	14,752	1,929	24,703
계	30,492	4,652,904	481,200	

출처: NCES, Private School Survey, Table 15.

주 1: 뉴멕시코주 사립학교 통계는 국립교육통계센터에 게재되어 있지 않으므로 https://www.
privateschoolreview.com/new-mexico 참조

주 2: 학교 수 · 재학생 수 · 교원 수는 2019-2020학기이며, 평균 수업료는 2018-2019학기임.

사립학교가 가장 많은 주는 캘리포니아주로 3,222개교이며 뒤이어 플로리다주 2,506개교, 펜실베이니아주 2,458개교, 텍사스주 1,738개교, 뉴욕주 1,656개교 순이다. 종교계 학교는 23,272개교(67.3%), 비종교계 학교는 11,304개교(32.7%)이다.

다양한 종교가 학교를 설립·운영하고 있는 종교계 학교는 로마가톨릭교가 7,008개교(30.1%)로 가장 많고, 다음으로 개신교 5,408개교, 아미시 2,105개교, 침례교 1,863개교 순이다.[40] 종교계 학교를 재학생 기준으로 하는 경우 로마가톨릭교가 49.6%(종교계 학교 총 재학생 3,834,293명 중 가톨릭계 학교 재학생 1,901,474명)로 절반을 차지하고 있다.

학교급은 초등부만 운영하는 사립학교가 63.4%인 21,907개교로 가장 많고 다음으로는 초·중등부 모두를 운영하는 학교 28.1%(9,723개교), 중등부만 운영하는 학교 8.5%(2,946개교) 순이다. 교육 방법은 공립학교와 같은 교육을 제공하는 학교가 23,524개교(68.0%)로 가장 많고 몬테소리교육 3,449개교(10.0%), 특수교육 1,857개교(5.4%) 등이다. 종교계 학교는 공립학교와 비슷한 교육을 실시하며, 몬테소리교육 등 특별한 교육 방법은 비종교계 학교에서 많다. 학비는 비종교계 학교가 종교계 학교보다 3배 정도 높은 편이다. 사립학교 재학생 수는 10년 전의 540만 명에 비하면 다소 감소하는 추세이다.

제2절 ____ 사립학교의 법적 지위

1. 사립학교 제도 기준

　미국 국립교육통계센터가 사립학교를 "연방정부, 주정부로부터 재정을 지원받지 않고 학생들에게 교육을 제공하는 교육 기관"으로 정의한다는 점에 대해서는 전술하였다. 그러나 주정부 등 교육 행정은 사립학교에 대하여 교과서, 보건, 전문성 향상, 교통 등을 지원하고 있다.

　미국에서 공교육이란 국민의 세금에 의하여 운영되는 공립학교를 의미하므로, 교육 사무의 권한을 가진 주와 지자체가 사립학교 운영에 적극적으로 관여하지는 않는다. 그러나 초중등교육법에서는 사립학교 재학생에 대한 지원을 규정하고 있으며, 연방교육부의 비전에도 '교육을 제공하는 민간 부문, 사립 교육 기관 등에 대한 주정부와 지방정부 지원의 촉진·보완'이 포함되어 있다. 사립학교 교육 운영의 가이드라인은 각 주의 교육법에 포함되어 있다.

　사립학교 설립 시 법적 지위 부여 방법으로는 인가, 등록, 면허, 동의가 있는데 주에 따라 채택하는 제도적 기준은 서로 다르다. 사립학교의 교육 운영에 있어서도 자격을 가진 교원의 채용 요건, 교육 과정 운영 기준, 보고 의무 등 각 주의 정책 내용은 동일하지 않다. 대부분의 주에서는 사립학교가 5-10년 단위로 정기적인 평가를 받도록 하고 있는데 평가는 주정부 또는 사립학교협회, 평가 기관 등이 담당하고 있다.

　다음 [표 I -9]에서 나타나는 바와 같이 각 주의 사립학교 제도 기준에는 큰 차이가 있다. 뉴욕주의 경우 사립학교 설립 시 인가를 필요로 하지 않지만 교육법(N.Y. Educ. Law)에서는 사립학교에 대하여 교사 자격, 수업일, 교

[표 I −9] 미국의 사립학교 제도 기준

주 구분	설립 요건				운영 요건		
	인가	등록	면허	동의	교사 자격	교육 과정	보고
애리조나	–	–	–	–	–	●	●
캘리포니아	–	●	–	○	–	–	●
플로리다	–	●	–	–	–	–	●
아이오와	○	–	–	–	○	○	●
매사추세츠	–	–	–	●	–	●	●
미시간	–	●	–	○	○	●	–
미네소타	–	–	–	–	○	●	●
미시시피	–	–	–	–	○	–	○
뉴저지	–	○	–	○	–	●	●
뉴욕	–	–	–	–	○	●	●
펜실베이니아	–	○	○	–	○	●	●
텍사스	–	–	–	–	○	–	●
버지니아	–	–	○	○	○	–	●
위스콘신	○	–	–	–	–	●	●
와이오밍	–	–	○	–	–	●	●

출처: U.S. Department of Education Office of Innovation and Improvement Office of Non-
    Public Education. (2009).
주: ●는 모든 사립학교가 대상이 되는 경우
   ○는 지정된 사립학교만이 대상되는 경우
   ● 또는 ○이 없는 주는 해당 항목의 규제가 없는 경우

육 과정 등을 공립학교에 준하여 운영하도록 하고 있다. 그리고 보건·안
전, 교통, 교과서, 보건·복지 서비스 등을 주정부가 지원하도록 하고 있다.

2. 사립학교의 공적 · 사적 측면

미국의 각 주는 자체적으로 고유한 사립학교 제도를 마련하고 있으며 정

책도 다양하다. 뉴욕주의 경우, 1897년 이래 의무교육법에서 6세부터 16세까지 모든 아동이 공립 내지는 사립학교에서 교육을 받아야 한다고 규정하고 있다.

그리고 의무교육법은 아이들의 교육을 받을 권리를 보장하고 아울러 부모가 자신들의 종교적 신념이나 교육적 철학에 따라 공립학교 이외의 학교를 선택할 권리도 인정하고 있다. 모든 아동이 무관심에서 벗어나 장래 사회 참가에 대비한 준비 교육을 보장하려는 것이 의무교육법의 의도이다.

사립학교에 재적하고 있는 아동과 가정에서 교육을 받는 아동에게도 그들이 거주하는 학교구의 공립학교에서 실시되고 있는 교육과 거의 동일한 교육을 보장할 것을 학교구에 부과하고 있다. 그러나 이러한 책무는 학교구가 교육을 받을 아동에 대해 지는 것이며 학교구가 감독권을 가지고 사립학교를 직접적으로 규제하거나 감독한다는 것은 아니다.

이처럼 사립학교에 대하여 공립학교와 동일한 교육을 요구하면서 다른 한편으로는 공립학교와는 다른 교육 기관인 사립학교에 대하여 일정한 배려 장치도 마련하고 있다. 즉, 사립학교는 공교육을 수행하는 기관으로서의 공적 측면과 사립학교로서의 특성에서 도출되는 사적 측면의 두 가지 측면이 있다. 이하에서는 ① 사립학교에 관한 주규칙State Regulation of Private Schools, ② 공립학교와 동등한 교육의 실현을 위한 사립학교 가이드라인 Guideline for Determining Equivalency of Instruction in Nonpublic Schools, ③ 신규 사립학교 관리자를 위한 매뉴얼Manual for New Administrators of Nonpublic Schools을 토대로 뉴욕주의 사립학교 제도 기준을 소개한다.

1) 사립학교의 공적 측면

뉴욕주의 사립학교에는 공립학교에 준하는 교육을 요구하는 등, 공립학교와 공통되는 규정이 일부 마련되어 있다. 여기에서는 이를 사립학교의 공적 측면으로 정의하고 세부적인 제도 기준을 살펴본다.

기록의 관리 및 제출 의무

공립학교의 교장과 마찬가지로 사립학교의 교장에게도 기록과 보고서의 관리 및 제출 의무가 부과되고 있다. 예를 들면 학생의 출석부나 주 교육국이 매년 실시하는 교육기본데이터시스템보고서(BEDS) 등이다. 다만 이러한 기록과 보고서를 작성하기 위하여 들어가는 실비용은 공적 자금으로 보조하고 있다.

수업 일수와 수업 시수

사립학교에도 공립학교에 준하는 연간 수업 일수 및 수업 시수가 정해져 있다. 규칙에 의하면 수업 일수는 180일 이상, 1일 수업 시수는 1학년에서 6학년은 5시간, 9학년에서 12학년은 5.5시간이 바람직하다고 하고 있다.

교수 언어

사립학교는 공립학교와 마찬가지로 영어로 집필된 교과서를 사용하여야 한다. 즉, 교수 언어는 영어가 원칙이다. 다만 영어 능력이 충분하지 않은 학생에게는 3-6년간의 유예가 마련되어 있다(N.Y. Educ. Law 3204.2).

커리큘럼

사립학교에도 공립학교에 준하는 커리큘럼이 부과되어 있다. 공립학교가 아닌 교육 기관에서 미성년자에게 제공하는 교육은 공립학교에서 제공되는 교육과 동등하여야 한다. 처음 8년간은 산수, 읽기, 맞춤법, 쓰기, 영어, 지리, 미국사, 시민성, 위생, 체육, 뉴욕 역사, 과학을 포함하여야 한다.

8년 이후에는 영어와 사용법, 시민성, 위생, 체육, 미국독립선언과 미합중국헌법을 포함한 미국사를 포함하여야 하며, 공산주의와 그의 파괴적 영향을 과정에 포함할 수 있다. 보건교육의 분야로 모든 학교는 알코올·약물·담배의 오남용 방지, 건강과 행복, 인간의 존엄 증진을 위한 태도와 행동을 증진하여야 한다.

사립학교는 8세가 지난 학생에 대하여 애국심, 시민 정신, 인권 문제(집단학살의 비인간성, 노예, 홀로코스트의 학습에 관한 특별한 주의와 함께) 지도 과정과 8-12학년의 학생에 대하여 미국 및 뉴욕헌법, 독립선언에 대한 지도를 제공하여야 한다(N.Y. Educ. Law 801.1, 2). 또 사립학교는 8세가 지난 학생에 대하여 체육 교육의 지도를 제공하여야 한다(N.Y. Educ. Law 803.4).

테스트 부과

공립학교와 마찬가지로 사립학교에 재학하는 모든 학생에게는 주의 표준 테스트를 부과하고 있다. 학생평가프로그램테스트(PEP), 예비능력테스트(PCT), 프로그램평가테스트(PET) 등은 특정 학생에 한정되어 실시되고 있는 반면 주능력테스트(RCT)와 주표준시험(RE)은 졸업 시에 모든 학생에게 부과되어 일정한 수준에 달하지 못하면 졸업이 인정되지 않는다. 그러나 주표준테스트 대신에 대학진학적성시험(SAT) 또는 미국대학입시프로그램(ACT) 등을 실시할 수 있다.

이러한 일련의 규정으로부터 수업 일수와 수업 시수, 영어에 의한 수업, 커리큘럼 요건 및 졸업 요건, 주의 표준 테스트 등에 관하여 사립학교에도 공립학교와 거의 동일한 기준을 요구하고 있음을 알 수 있다. 이러한 제도 기준은 사립학교라고 하더라도 공립학교의 교육 수준을 밑돌지 않도록 최저한도의 기준을 제시함으로써 사립학교 교육의 질을 보장하고자 하는 주의 정책이라고 평가할 수 있다.

2) 사립학교의 사적 측면

사립학교는 공립학교와 공통적으로 요구되는 공직 측면이 있는 반면 사립학교의 특수성과 고유성으로부터 보장되는 사적 측면이 있다. 이는 평등, 공평을 전제 조건으로 설립된 공립학교와는 다른 사립학교의 독자성이라 할 수 있다.

정규 학교의 승인 절차

사적 교육 기관인 사립학교가 정규 학교로서 공적으로 승인을 받는 것은 국가 제도인 교육을 실시하는 교육 기관으로서 인정을 받는 것을 의미한다. 뉴욕주는 비종교계 사립학교를 설립하는 때에는 우선 법인 조직을 만드는 것을 권장하고 있으며 이 법인 조직에 대하여 차터라는 허가를 부여하고 있다. 이것은 설립 인가에 해당된다.

이러한 설립 인가를 받은 사립학교에 대하여 뉴욕주는 주에 등록을 법적으로 의무화하고 있지는 않지만 보육원과 유치원, 중등학교에 대해서는 임의로 등록하도록 요구하고 있다. 등록된 중등학교만이 주의 표준 테스트에 참가할 수 있으며 졸업증서를 발급할 수 있다.

이러한 중등학교 등록 가부는 자기 평가와 주의 교육국 학교등록과에 의한 외부 평가에 의해 판단된다. 그때에 12학년생의 85%가 졸업 요건을 충족할 것과 학생 재적률이 90% 이상일 것, 주의 법률과 규칙을 준수하고 있는지 등도 심사의 대상이 된다. 이러한 등록 심사는 10년마다 받아야 한다. 한편 초등학교에 대해서는 등록이라는 제도를 채택하고 있지 않다.

교사 자격

공립학교는 공적으로 발행하는 자격을 가진 교사의 채용 의무가 있으나 사립학교는 그러한 의무가 없다. 실제로는 뉴욕의 사립학교 대부분이 주의 교원 자격증을 가진 자만을 고용하는 경우가 많지만 제도상으로 주는 사립학교의 교사에게 주의 교원 자격증 취득을 요구하지 않고 있다.

그러므로 각 사립학교는 교육 방침과 학교 자체의 판단으로 교사를 채용할 수 있다. 다만 규칙에서는 지도력이 뛰어난 교사competent teacher에 의해 학생 지도가 이루어져야 한다고 규정하고 있다(N.Y. Educ. Law 3204.2).

건학 이념

사립학교 중에는 특정 신앙을 가진 학생만을 입학시키는 학교, 남녀 공학이 아닌 별학을 이념으로 하는 학교가 있으므로 연방과 주의 헌법이나 법률에서 규정하고 있는 차별 금지 조항을 어떻게 해석할지에 대한 문제가 대두되고 있다. 즉, 사립학교가 인종, 피부색, 성, 종교, 출신 등에 의한 각종 차별을 금지하고 있는 미합중국수정헌법 제14조의 평등 보호 조항[41] 및 공민권법Civil Rights Act of 1964과 교육기회균등법Equal Educational Opportunities Act of 1974 등의 면제 규정에 해당하는지에 대한 논쟁이다.

다만 뉴욕주의 사립학교는 인종 차별을 하지 않는다는 학교의 방침을 학생의 모집요령 및 신문 광고 등에 의해 폭넓게 사람들에게 알리도록 하는 의무가 부과되어 있다.

사립학교에 대한 공적 지원

사립학교에 대한 공재정의 보조에 관한 문제인데, 뉴욕주에서는 신체검사 등 건강에 관한 서비스, 교과서·컴퓨터 소프트웨어·학교 도서 무상 대여, 일정 범위에서의 무료 버스 통학, 부동산세와 부동산의 매각으로 발생한 세금의 면제를 규정하고 있다.

한편 종교계 사립학교에 다니는 학생에 대한 교과서 무상 대여와 관련해서는 1968년 교육위원회와 앨런 간의 소송 사건Board of Education of Central School

District No. 1 v. Allen이 있다.[42] 공적 재정 보조의 시시비비를 둘러싸고 공적 보조가 종교계 사립학교를 대상으로 하는 것인지, 종교계 사립학교에 다니는 학생을 대상으로 하는 것인지가 미국 전역에서 논쟁이 된 사례가 여러 번 있었다. 근년 법원은 종교계 사립학교에 다니는 학생 개인에 대한 공적 보조는 합헌이라는 입장을 보이고 있다.

미합중국헌법하에서 학부모는 자녀의 교육에 관하여 직접적인 권리를 가진다. 1925년 연방대법원은 사립학교를 선택할 권리를 수정헌법 제14조에서 보호받는 '자유'로 인정하였다. 그리고 공립학교 취학의무를 부과한 오리건주 법률에 대하여 대법원은 주의 권력으로 아동을 공립학교에서 교육을 받도록 할 권한이 없다고 판시하였다(Pierce v. Society of Sisters of the Holy Names of Jesus and Mary, 268 U.S. 510).

현재 학부모가 사립학교를 선택할 권리는 미국의 전체 50개 주 법률에 반영되어 있다. 각 주의 의무취학법 등에서는 사립학교의 입학에 대하여 공립학교의 대체 또는 공립학교 취학의 면제로 명기하고 있다. 아울러 주가 사립학교를 감독할 권한을 보유하고 있다는 원칙도 잘 확립되어 있다. 이는 '시민 교육에 대한 높은 책임'에 근거하여 각 주는 기초교육에 합리적인 규제를 할 수 있도록 한 것이다.[43] 민주 사회에 참가할 수 있는 지식을 갖춘 자립심 있는 시민이라는 주의 이익은 일반적으로 사립학교의 감독을 지지하는 데 인용되고 있다(Yoder at 221; Kentucky State Board v. Rudasill, 589 S.W. 2d 877, 883, 1979).

그러나 주가 사립학교를 감독하는 권한에 한계가 없는 것은 아니다. 미국 사립학교의 80%가 종교계 학교로 이러한 학교는 미합중국수정헌법 제1조에 준거하여 종교교육의 자유가 보장되어야 한다. 그리고 이 원칙은 일반적으로 주의 법률에 반영되어 있다.

주의 과도한 규제는 사실 자녀 교육에 관한 부모의 직접적인 권리를 부정할 수 있다. 1923년 연방대법원은 초등학생에게 독일어로 교육하는 것을 금지하는 네브래스카주 법률을 무효라고 판시하였다. 부모의 자녀 교육에 주가 불합리하게 관여하는 것을 금지한 것이다(Meyer v. State of Nebraska, 262 U.S. 390). 1927년에도 유사한 재판이 있었는데 하와이주의 법률에서 사립 언어학교의 교사, 커리큘럼, 교과서를 규제하는 것과 공무원이 사립학교를 감독하는 것을 헌법 위반이라고 한 바 있다(Farrington v. T. Tokushige, 273 U.S. 284, 298).

1976년 오하이오주대법원은 주가 사립학교를 규제하는 최소 기준과 관련한 헌법 재판에서 사립학교에 대한 폭넓고 포괄적인 기준을 따르도록 하는 것은 공립학교와는 다른 사립학교의 특징을 박탈하는 것으로 자녀의 교육과 양육에 관한 부모의 전통적인 이익을 뺏는 것이라고 판시하였다(Ohio v. Whisner, 351 N.E. 2d 750, 768).

이처럼 사립학교를 규제하는 주의 법률에 대한 재판은 '부모가 직접 가지는 자녀의 교육에 관한 근본적인 권리의 존중', '사립학교에 대한 폭넓은 규제로 교육을 선택할 부모의 권리의 박탈'을 금지하는 법안이 만들어지는 데 있어 큰 영향을 미쳤다.

사립학교에 대한 공적 재정의 지원은 미합중국헌법에 의해 제한된다. 주법률은 연방대법원의 수많은 판례를 반영하고 있다. 미합중국수정헌법 제1조의 국교 수립 금지 조항Establishment Clause은 정부에 의한 종교적 신념의 강요가 금지된다(Agostini v. Felton, 117 S. Ct. 1997, 2010). 그러나 사립학교나 종교 기관이 정부가 자금을 지원하는 스폰서 프로그램에 참가하는 것을 적극 금지하지는 않는다(Bowen v. Kendrick, 487 U.S. 589, 609).

연방대법원은 사립학교를 지원하는 주의 법률을 지지하고 있다. 예를 들면 사립학교 학생에게 동일하게 교통을 제공하는 뉴저지주의 법률(Everson v. Board of Education of Ewing Tp., 330 U.S. 1, 1947), 종교계 사립학교 학생에게 교과서를 무상 대여하는 뉴욕주의 법률(Agostini v. Felton, 117 S. Ct. 1997), 주가 의무적으로 기록과 테스트를 부과하는 사립학교를 변상하는 뉴욕주의 법률(Committee for Public Education & Religious Liberty v. Regan, 444 U.S. 646, 1980), 수업료, 교과서, 교통에 대한 소득세 공제(Mueller v. Allen, 463 U.S. 388, 1983), 연방정부프로그램(IDEA)하에서 공적 재정이 투입된 수화 통역기를 종교계 학교에 재학하는 장애 학생을 위하여 배치한 애리조나주 학교구의 지원(Zobrest v. Catalina Foothills School District, 509 U.S. 1, 1993), 연방정부프로그램하에서 치료상의 교육 서비스를 제공하기 위한 종교계 학교에의 공립학교 교사 배치 등을 인정하였다(Board of Education of Cent. Sch. Dist. No. 1 v. Allen, 392 U.S. 236, 1968).

그러나 주의 법률을 무효로 결정한 사례도 적지 않다. 비종교 과목을 지도하는 사립학교 교사의 급여 일부를 지불하는 로드아일랜드주와 펜실베이니아주의 규정(Lemon v. Kurtzman, 403 U.S. 602, 1971), 교사 시험을 준비하는 종교계 학교를 지원하는 뉴욕주 법률에 관한 판례가 있다(Levitt v. Committee for Public Education, 413 U.S. 472, 1973). 그리고 사립학교 학생에게 진단과 처치 서비스를 허용하는 오하이오주의 법률을 지지하면서도, 사립학교 통제를 바탕으로 현장 학습의 교통과 교재의 지원은 무효struck down로 하였다(Wolman v. Walter, 433 U.S. 229, 1977).

연방대법원의 판례는 각 주의 사립학교 정책에 많은 영향을 주었는데, 27개 주는 사립학교 학생에 대한 공적 교통 지원 규정을 가지고 있으며, 아이다호주의 법률은 교통 비용을 지원하도록 명기하고 있다. 17개 주는 사립학교 학생에게 교과서 무상 대여를 규정하고 있다. 일부 주는 보건 건강에 관하여 상당한 지원을 하고 있다(이상 2000년 기준).

사립학교 입학 정책

미합중국헌법은 비종교계 사립학교의 입학에서 차별을 금지하고 있다. 다만 종교계 학교인 경우에는 건학 이념에 맞는 학생을 대상으로 모집할 수 있다. 예를 들어 종교계 학교인 린든크리스천스쿨의 입학 요강에는 학교의 종교적·철학적 원칙에 동의하고 정기적으로 교회에 참가할 것, 생활에서 크리스천으로서 책임을 약속할 것 등을 입학 자격으로 제시하고 있다(Lynden Christian Schools).

제3절 ____ 사립학교 거버넌스

미국은 교육에 관한 권한이 각 주에 소속되어 있으므로 학교 제도, 의무교육, 교육비 정책 등이 주에 따라 다르다. 그리고 사립학교 제도 기준도 주마다 차이가 있는데, 사립학교에 대한 비과세, 사립학교 재학생 교통 지원, 교과서 무상 대여(미국의 공립학교도 교과서는 무상 대여가 원칙), 보건·건강 서비스 등 주에 따라 지원 기준이 다르다.

미국에는 사립학교의 행동 기준을 자주적으로 정하고 교육 수요자에 대한 설명 책임을 지는 거버넌스로서 지역별 인정협회가 존재한다. 미국의 연방 법률에는 협회 인정에 관한 법률이나 규정은 없으며 연방교육부도 학교의 적격 인정accreditation과 관련하여 감시·감독의 기능을 가지지 않는다. 그러므로 주에서 공립학교와 사립학교의 적격 인정에 관한 법률을 제정하고 있다.

뉴욕주는 미국 전역에서 사립학교가 많은 주에 속한다. 뉴욕주의 초중등학교 6,763개교 중 공립학교가 71.3%, 사립학교가 28.7%이다. 미국 전역을 기준으로 하면 총 학교 수 139,874개교 중 공립학교 98,277개교, 사립학교 34,576개교로 사립학교가 24.7%이므로 뉴욕주의 사립학교 비율 28.7%는 전국 평균보다 약간 높다.

뉴욕주의 사립학교 대부분은 정규 학교로서의 승인을 복수의 학교 평가 기관으로부터 취득하고 있다. 그중에서도 지역인정협회의 하나인 중부주지역인정협회(MSA)와 사립학교협회의 하나인 뉴욕주사립학교협회(NYSAIS)는 뉴욕주가 공인하는 인가를 부여하는 기관이 되어 있다.

1. 지역인정협회

미국의 연방 법률에는 초중등학교의 협회 인정에 관한 법률이나 규정은 없으며 연방교육부도 학교의 적격 인정과 관련하여 감시·감독 권한을 가지지 않는다. 한편 대부분의 주에서는 공립학교와 주가 인정하는 사립학교의 적격 인정을 하도록 하는 법률을 가지고 있다.

적격 인정과 주 단위에서 권한을 부여한 단체에 의하여 인정된 학교는 미국 교육 시스템 내의 학교로 인정된 것으로 볼 수 있다. 그리고 연방국방부나 국토안전보장부, 주에 의해 인정된 다른 협회로부터 적격 인정을 받은 사립학교도 적격 인정을 받은 것으로 인정하고 있다(International Affairs Office, U.S. Department of Education, 2021).

미국에서 적격 인정의 역사는 19세기 후반에 대학이 일정한 기준을 갖추고 있는 중등학교를 인정하고 그 학교 졸업생에 한하여 입학시험을 실시하지 않고 입학을 인정한 것에서 시작된다. 한편 주에 의한 적격 인정도 거의 같은 시기에 시작되었던 관계로 양자의 대립을 해소하기 위하여 19세기 말부터 20세기 초반에 걸쳐 지역인정협회가 미국 전역을 여섯 개 지역으로 나누어 만들어졌다.

1933년에는 이 여섯 개의 지역인정협회가 미국 전역을 범위로 하여 중등학교 평가 기준을 개발하기 위한 공동 연구를 시작하여 1969년대 말경에는 학교에 의한 자기 평가와 전문가에 의한 외부 평가에 의해 종합적으로 학교를 평가하는 인정 평가 방법론이 확립되었다.

미국 전역을 여섯 개로 나누어 지역 내의 고등교육기관과 중등교육기관, 그리고 국외에 있는 미국인 학교까지도 관할하는 지역인정협회는 다음의 여섯 개 단체로 구성되어 있다.[44]

- 뉴잉글랜드지역인정협회New England Association of Schools and Colleges
- 중부주지역인정협회Middle States Association of Colleges and Schools
- 북중부지역인정협회North Central Association of Colleges and Schools
- 남부지역인정협회Southern Association of Colleges and Schools
- 북서부지역인정협회Northwest Association of Colleges and Schools
- 서부지역인정협회Western Association of Colleges and Schools

1885년에 창설된 뉴잉글랜드지역인정협회의 역사가 가장 오래되었고 1924년에 창설된 서부지역인정협회가 가장 늦다. 그러나 이 단체들이 실제 적격 인정을 개시한 것은 20세기에 접어들어서였다. 이러한 지역인정협회는 중등학교와 대학과의 접속 관계를 원활히 하는 것을 목적으로 한 것이므로, 설립 당초부터 4년제 대학과 중등학교를 주요한 구성 멤버로 하였다.

그리고 점차로 2년제 커뮤니티칼리지와 주니어칼리지, 대학원과 직업교육기관도 포함되었으며, 최근에는 초등교육기관도 포함시키고 있다. 외국에 설립되어 있는 미국인 학교와 국제학교의 관할도 중부주지역인정협회,

남부지역인정협회, 서부지역인정협회 세 단체가 분담하고 있다.

이들 지역인정협회가 행하는 구체적인 적격 인정 절차는 기준 인정, 해당 학교에 의한 자기 평가, 전문가가 방문을 하여 실시하는 외부 평가, 결과 공표라는 네 단계를 거치며 이러한 절차가 5-10년마다 반복된다는 점에서 공통점이 있다. 그리고 1980년대 이후 주와 지역인정협회가 연계하여 적격 인정을 실시하는 새로운 학교 평가 방식도 생겨나는 등, 적격 인정의 합리화와 개선을 도모하고 있다.

6개 지역인정협회 중 중부주지역인정협회는 다른 인정협회와 마찬가지로 평가와 적격 인정에 의한 학교교육의 질 향상을 위하여 1887년에 설립된 비영리 단체이다. 주로 중부 대서양 지역에 위치하는 뉴욕주, 뉴저지주, 펜실베이니아주, 델라웨어주, 메릴랜드주, 워싱턴 D.C., 버지니아주, 웨스트버지니아주에 있는 공립학교와 사립학교, 외국에 있는 미국인 학교의 적격 인정을 담당하고 있는데 교육 단계에 맞춰 중부주초등학교위원회(MSCES), 중부주고등학교위원회(MSCHE), 중부주학교대학위원회(MSCSS)로 구성되어 있다.

뉴욕시의 공립 및 사립학교가 적격 인정을 받은 경우, 중부주지역인정협회가 정규 학교로서 승인한 것이 된다. 또한 사립학교는 복수의 사립학교협회에 소속하고 있는 경우가 많으므로 다른 학교 평가 기구와 연계하여 적격 인정을 실시하는 경우도 있다.

예를 들면 미국몬테소리협회(AMS), 유럽국제학교협회(ECIS), 뉴욕주사립학교협회(NYSAIS), 국제그리스도학교협회(ACSI) 등의 기관과 적격 인정을 제휴하고 있다.

2. 뉴욕주사립학교협회

지역인정협회의 적격 인정이 공립과 사립학교를 대상으로 하면서도 주로 공립학교의 평가를 목적으로 개발된 것이므로, 많은 사립학교협회는 그 구성 멤버인 사립학교에 대하여 독자적인 적격 인정 방법을 개발하여 실시해 왔다.

미국 전역을 대상으로 하는 사립학교협회로는 그리스도계의 사립학교가 가맹하고 있는 '국제그리스도학교협회', 비종교계 사립학교가 가맹하고 있는 전미사립학교협회(NAIS), 미국몬테소리협회, 유럽에 본부를 두고 있는 유럽국제학교협회, 국제바칼로레아협회(IBO) 등이 있다. 통상 사립학교는 수 개의 사립학교협회에 소속하고 복수의 적격 인정을 받고 있다. 사립학교에 있어 다양한 조직과 단체로부터 정규 학교로 인정받는 것은 학교의 인지도와 신뢰도를 높여 학생 모집에서 좋은 점이 많은 것으로 생각하고 있기 때문이다.

2019년 기준 비영리 단체인 전미사립학교협회는 1,800개 이상의 학교와 미국 내, 외국의 학교 협회를 대상으로 서비스를 제공하고 있으며 여기에는 미국 전역의 1,500개 이상의 사립학교가 포함되어 있다. 전미사립학교협회의 멤버가 되기 위해서는 미국 내의 지역인정협회 어디에 소속하든가 그렇지 않으면 전미사립학교협회가 지정하는 16개의 사립학교협회 중 한 곳으로부터 정식으로 인정을 받아야 한다. 그 때문에 전미사립학교협회는 사립학교협회의 학교 적격 인정을 감독하는 입장에 있다고 볼 수 있다.

한편 유럽국제학교협회는 1965년에 영국에서 창설되었으며, 국제바칼로레아협회는 1968년에 스위스 제네바에서 창설되었다. 국제바칼로레아협회는 중등교육 최종 2년간에 대응하는 디플로마 프로그램, 11세에서 16세까지의 학생을 위한 중등교육 프로그램, 3세에서 12세까지의 학생을 위한 초등교육 프로그램, 세 종류의 프로그램을 가지고 있으며, 미국의 많은 학교가 이 중 하나의 프로그램을 채용하고 있다. 이처럼 유럽에서 생긴 학교 평가 기관도 미국에 뿌리 깊게 자리 잡고 있다.

그리고 중부주지역인정협회와 마찬가지로 뉴욕주로부터 공인된 뉴욕주 사립학교협회는 미국 전역을 대상으로 하는 사립학교협회의 하나인 전미 사립학교협회의 하부 조직으로 뉴욕주의 사립학교만을 대상으로 하는 학교 평가 기구이다.

뉴욕주사립학교협회는 세금이나 교회의 자금에 의하지 않고 수업료, 기부금, 기금에 의해 운영하는 사립학교 교육의 질 향상과 학교 운영의 자율성 보장이 불가결하다는 관점에서 설립되었다. 따라서 뉴욕주사립학교협회의 멤버로 선출되기 위해서는 이사회에 의해 학교가 자율적으로 운영되어야 하며, 모든 종류의 차별 금지를 서약하여야 한다. 2019년 기준 뉴욕주로부터 설립 인가를 받은 160개교 정도의 사립학교가 가맹하고 뉴욕주사립학교협회, 또는 중부주지역인정협회로부터 정기적으로 기준 인정을 받고 있다.

뉴욕주사립학교협회의 적격 인정 과정은 3-6개월에 걸쳐 이루어지는 학교의 자기 평가와 위원회 멤버가 수일간 학교를 방문하여 실시하는 외부 평가를 거친 후에 위원회에 의해 작성된 보고서를 바탕으로 심사가 진행된다. 학생 성적은 대학진학적성시험(SAT) 등 표준 테스트 결과와 중등학교 및 대학의 진학 상황에 의해 판단된다.

이처럼 뉴욕주 사립학교의 법적 지위는 주에 의한 설치 인가와 그 후의 정기적인 적격 인정, 주가 공인하는 중부주지역인정협회와 뉴욕주사립학교협회에 의한 적격 인정, 그리고 사립학교협회가 실시하는 독자적인 적격 인정 등과 같이 복합적이고 중층적인 방법으로 이루어진다. 즉, 주와 민간의 학교 평가 기관이 연계하여 사립학교의 법적 지위를 계속적으로 보장하고 있는 것이다.

제4절 ___ 사립학교에 관한 주규칙

사립학교에 관한 주규칙State Regulation of Private Schools은 미국의 사립초중등학교(K-12)에 적용되는 법적 요건이다. 미국의 모든 주는 이 규칙을 제정하고 있으나 제도 기준에는 차이가 있다. 이하에서는 미국에서도 사립학교의 비율이 높은 뉴욕주와 캘리포니아주의 사립학교 제도 기준을 소개한다.

1. 뉴욕주

1) 사립학교의 설립

뉴욕에서는 사립학교 설립 시 인가를 필요로 하지 않으며 등록은 선택적이다. 뉴욕주의 교육 방침을 결정하는 '뉴욕주립대학평의원회'[45]는 유치원과 보육원, 중등학교, 두 가지 타입의 자발적인 등록 프로그램을 실시하고 있다. 초등학교는 등록 프로그램이 없다.

사립학교는 정보를 제출하고 교육부의 위원회에 등록하기 위해 교육부 학교등록국 직원의 학교 방문을 허용하도록 하고 있다. 등록된 중등학교는 대학 평의원회가 주관하는 시험을 운영하고 졸업 자격을 인정할 수 있다.

2) 교사 자격

사립학교 교사는 교사 자격증을 필요로 하지 않지만 학교에서의 교육은 지도력을 인정받은 교사에 의하여야 한다(N.Y. Educ. Law §3204.2). 교육부는 지원자 데이터베이스, 취업 기회, 교육 경력·자격증 및 자격 취득 요건 licensure requirements에 관심이 있는 학생들을 위한 재정 원조와 관련한 정보를 사립학교에 제공하기 위하여 교사채용센터Teacher Career Recruitment Clearinghouse를 설립한다(N.Y. Educ. Law §3034).

3) 학기·수업 일수

사립학교에 재학하는 학생들은 공립학교에서 필요로 하는 수업 일수를 충족하여야 한다. 휴일은 일반 규칙과 공립학교의 관례에 따라야 한다. 종교적인 행사와 교육을 위하여 한 결석은 교육장Commissioner이 제정한 규정하에서 인정된다. 휴일과 방학 기간은 공립학교에서 허용되는 기간을 초과할 수 없다(N.Y. Educ. Law §3210.2). 전일제 학교는 법정 공휴일을 포함하고 토요일을 제외하며 수업 일수는 190일보다 적어서는 안 된다. 주의 공휴일 10일을 계산하여 학교는 180일 개교하여야 한다(N.Y. Educ. Law §3204.4).

4) 교육 과정·교수 언어

사립학교의 교육은 공립학교의 교육과 본질적으로 동등하게 운영되어야 한다(N.Y. Educ. Law §3204.2). 공립학교의 처음 8년간의 학습 과정은 산수, 읽기, 철자법, 쓰기, 영어, 지리, 미국사, 시민성, 위생, 체육, 뉴욕 역사, 과학을 포함하여야 한다. 8년이 지난 이후의 교육은 영어 및 사용, 시민성, 위생, 체육, 독립선언과 미국헌법이 포함된 미국사, 공산주의와 그 방법, 파괴적인 영향을 포함하여야 한다(N.Y. Educ. Law §3204.3).

보건교육의 분야로 모든 학교는 알코올, 담배, 다른 약물의 잘못된 사용과 오남용 방지 교육을 제공하여야 하며 건강을 증진하기 위한 태도와 행동의 촉진과 건강, 행복, 인간의 존엄을 증진하기 위한 교육을 제공하여야 한다(N.Y. Educ. Law §804).

공립학교와 동등한 교육을 제공하는 사립학교는 8학년 이후의 학생들에게 애국심, 시민 정신, 인권 이슈의 지도 코스를 제공하고 8-12학년에서는 미국 및 뉴욕헌법, 독립선언을 지도하여야 하며(N.Y. Educ. Law §801.1), 8학년이 지나면 체육 수업을 실시하고(N.Y. Educ. Law §803.4), K-12에서는 체육교육과 유사한 코스를 마련하여야 한다(N.Y. Comp. Code R. & Regs. Title 8, Part 135.4). 사립학교는 자전거 안전을 포함한 고속도로 안전과 교통법규 지도도 제공하여야 한다(N.Y. Educ. Law §806.1).

교수 언어는 영어이며 영어가 능숙하지 않은 학생들을 위하여 허용된 기간(3-6년) 외에는 영어로 된 교과서를 사용하여야 한다(N.Y. Educ. Law § 3204.2).

5) 기록 보관 · 보고

교육장은 학생들의 추적 및 주에 대한 보고 목적을 위하여 공립학교와 사립학교에 재학하는 모든 학생의 고유 번호를 지정하는 주 전역의 시스템을 창설할 법률상 의무를 가진다(N.Y. Educ. Law §305.22).

교사는 정확한 출근 기록을 유지할 필요가 있으며 교장은 출근 기록을 보존하고 관할청의 요청이 있으면 제시하여야 한다. 교장은 문서로 학생의 퇴학과 전교를 알려야 한다(N.Y. Educ. Law §3211).

뉴욕주립대학평의원회의 멤버인 사립학교는 대학 평의원회 또는 교육장에 의해 정해진 검증된 보고서를 완성하여야 한다(N.Y. Educ. Law §215). 아울러 이러한 학교는 주지사와 주의회에 대한 연례 보고서의 정보를 평의원회에 제공하여야 한다(N.Y. Educ. Law §215-a).

사립학교에서의 학생 기록은 보존되어야 한다(N.Y. Comp. Codes R. & Regs. Title 8, Part 104). 계속 운영하지 않는 사립학교는 N.Y. Comp. Codes R. &

Regs. Title 8, Part 104.2에 따라 학생 성적 기록을 위한 지원을 할 수 있다.

6) 건강과 안전

사립학교에 입학하는 학생은 의사가 예방 접종이 유해하다는 것을 증명하지 않거나 예방 접종이 부모 또는 후견인의 종교적 신념에 반하지 않는다면 예방 접종 증명서를 보유하여야 한다.

학교장은 부모와 후견인에게 예방 접종의 필요성과 지역 보건 사무소를 통한 무료 예방 접종의 이용을 알릴 의무가 있다. 학생이 예방 접종의 부족으로 학교로부터 배제되는 경우, 교장은 지역 보건 관계자와 부모, 후견인에게 알릴 의무가 있으며 부모가 동의하면 지역 보건소를 통하여 예방 접종의 기회를 제공하여야 한다(N.Y. Pub. Health Law §2164).

약물 남용 방지 프로그램을 운영하는 사립학교는 정신보건국장commissioner of mental health의 승인이 있어야 한다. 승인은 3년간 효력을 가진다(N.Y. Mental Hyg. Law §23.01).

모든 사립학교와 학교 운동장에서 흡연은 금지된다. 단, 성인 교직원은 학교 일과 시간이 아닌 시간에 지정된 흡연 장소에서의 흡연이 허용된다. 이 경우 학교 일과 시간은 교직원 등에 의해 감독이 이루어지는 학생들의 활동과 공식적으로 인정된 학교 행사를 포함한다(N.Y. Pub. Health Law §1399). 사립학교 관계자는 학부모들의 서면 동의하에 소변 검사를 포함한 약물 남용에 대하여 검사를 실시한다(N.Y. Educ. Law §912-a).

사립학교 운영 책임자는 긴급한 응급 상황에서 학생들이 건물을 빠져나가는 훈련을 할 의무를 가진다. 방화 피난 훈련은 연간 최소한 12회 실시하여야 하며 훈련 중 8회는 9월 1일과 12월 1일 사이에 실시한다. 훈련의 3분의 1은 건물로부터의 소방 대피 훈련을 실시하며 적어도 한 번은 점심시간에 건물을 빠져나가는 훈련을 하여야 한다. 이러한 규정을 준수하지 않은 학교 운영 책임자는 경범죄 처벌을 받는다(N.Y. Educ. Law §807).

　6인 이상의 원아와 25인 이상의 학생을 가진 사립학교는 연례적으로 화재 위험에 대한 건물 검사를 받아야 한다. 검사는 12월 1일 이전에 실시되며 보고서는 교육장이 제공한 서식에 주 소방 운영 책임자가 서명하여야 한다(N.Y. Educ. Law §807-a). 전기에 의해 작동하는 화재 경보 시스템이 갖추어지지 않은 지방 소방서를 가진 지역에 소재한 사립학교는 학교 내부 화재 경보 시스템을 지방 소방서와 상호 연결되도록 하여야 한다. 설치와 유지 비용은 학교 관계자에게 배분되어야 한다(N.Y. Educ. Law §807-c).

　형사사법국(DCJ)은 실종 아동 책자를 공립학교와 사립학교의 이용자를 위하여 교육국에 보급한다. 형사사법국은 아동 안전에 관한 교육과 예방 프로그램의 개발을 위하여 보조할 수 있다(N.Y. Exec. Law §837-f). 뉴욕은 학교가 배타적으로 사용하는 건물로부터 200피트 안에서 영업용 판매를 위한 소매 주류 면허를 제한한다(N.Y. Alco. Bev. Cont. Law §64.7).

7) 교통

　뉴욕주헌법은 주법률에서 사립학교 통학을 제공하도록 하고 있다(New York Constitution Art. XI, Sec. 3). 시 구역이 아닌 학교구non-city school districts는 통학이 필요한 학교구 내 거주 아동에 대하여 15마일까지 교통을 제공한다. 도시 학교구는 통학을 제공할 필요는 없지만 제공하는 경우에는 모든 아동에게 균등하게 하여야 한다.

　공립학교 집중 픽업 지점으로부터의 교통은 일정한 환경하에서 사립학교의 학생에게도 제공된다. 100만 명을 초과하는 도시의 교육장은 6월 1일까지 익년도 수업 일정을 통학을 요청한 사립학교 관계자에게 알려야 한다(N.Y. Educ. Law §3635.1.a-c; 2-a). 교통국장commissioner of transportation은 학교 간을 왕복하는 오토바이를 규제할 권한을 가진다(N.Y. Transp. Law §140.2.a.). 사립학교의 차량 운영자는 교육 활동에만 사용하는 자동차세의 변상을 신청할 수 있다(N.Y. Tax Law §289-c.3.e).

8) 교과서

지역 학교구는 사립학교에 재학하는 학생의 요청에 따라 교과서를 무료로 대여할 의무를 진다. 교과서는 관할청으로부터 승인을 받거나 공립학교에서의 사용을 위하여 지정되어야 한다. 학교구는 공립학교와 사립학교에 대하여 공평하게 교과서를 대여하여야 한다(N.Y. Educ. Law §710.3, 4). 종교계 학교에 대한 무상 교과서 대여는 New York Constitution. Bd. of Education v. Allen, 228 N.E.2d 791(1967)에 위반되지 않는다.

학교구는 사립학교에 재학하는 학생들에게 학교 도서관 자료를 대여할 권한과 의무를 가진다. 자료는 주의 공립초등학교 또는 중등학교에서 사용에 지정된 것이거나 교육부 또는 신탁trustees이나 다른 당국이 승인한 것이어야 한다(N.Y. Educ. Law §712).

9) 테스트

사립학교 학생은 고등학교를 졸업하기 전에 평의원회 능력 테스트 프로그램에 참가할 필요가 있다. 사립학교 학생은 특정 학년에서 학생평가프로그램테스트와 예비능력테스트에 참가하여야 한다.

10) 특수교육

학부모와 후견인이 서면으로 요청을 한 경우에 사립학교 학생은 우수한 학생 및 직업교육, 장애를 가진 학생을 위한 교육을 받을 수 있으며 이러한 서비스는 공립학교 학생에게도 주어진다. 교통은 공립학교와 사립학교의 거리가 4분의 1마일을 초과하면 제공되며 장애를 가진 학생들은 필요에 따라 받을 수 있다(N.Y. Educ. Law §3602-c).

학교구는 교육장으로부터 승인된 기숙학교나 비기숙학교와의 계약을 통하여 장애아 특별 서비스 또는 프로그램을 제공하여야 한다(N.Y. Educ. Law §4401.2 (e), (f), (g). N.Y. Comp. Codes R. & Regs. Title 8, Part 200.6).

사립학교에서 장애가 있는 아동을 위하여 공모public placements를 하는 전문적인 지도와 감독적 위치에 있는 모든 교직원은 적정한 자격을 갖추어야 한다(N.Y. Comp. Codes R. & Regs. Title 8, Part 200.7(b)(6)).

학교위원회는 특수교육을 받기 위하여 사립학교에 입학한 장애를 가진 학생들에게 5마일까지 적절한 교통을 제공하여야 한다(N.Y. Educ. Law § 4402.4.d). 그리고 교육국은 장애를 가진 학생에 대한 서비스를 위하여 공적 자금을 받은 학교에 대한 회계 감사 의무를 가진다(N.Y. Educ. Law §4403.5).

11) 보육과 건강

지역 학교구는 요청이 있을 경우 공립학교가 아닌 학교에 대하여(여기에 한정되지는 않지만) 공립학교에서 이용할 수 있는 모든 건강·복지 서비스와 시설을 제공하여야 한다. 이 서비스에는 내과 의사, 치과의사, 치위생사, 간호사, 학교 심리사, 사회복지사, 언어 장애 전문가, 건강 기록 유지, 다친 학생을 위한 응급 케어 프로그램을 포함하여야 한다(N.Y. Educ. Law §912).

사립학교는 자살 고위험군에 속해 있는 학생의 식별 및 치료를 위하여 정신위생서비스국Office of Mental Health에 교육 보조금을 신청할 수 있다(N.Y. Mental Hyg. Law §41.49).

12) 테크놀로지

지역 학교구는 요청이 있을 경우, 사립학교에 재학하는 학생들에게 컴퓨터 소프트웨어를 무상으로 대여할 수 있다. 소프트웨어 프로그램은 관할청에 의해 승인되거나 공립학교에서 사용을 위하여 지정되어야 한다(N.Y. Educ. Law §752).

13) 주와 지방의 기능 수행에 대한 변상

교육장은 학생평가프로그램, 교육 기본 통계 시스템, 평의원회 시험, 주 전역의 평가 계획, 학생 입학 보고를 위한 절차 등의 실제 경비를 주의 요건에 따라 분배하여야 한다(1974 N.Y. Laws, Chapter 507).

14) 세금 면제

종교적 또는 교육적인 목적을 행하는 비영리 법인과 단체가 소유한 부동산의 세금은 면제된다(N.Y. Real Prop. Tax §420-a). 전적으로 종교적 또는 교육적 목적으로 설립된 비영리 법인이나 단체에 의하거나 이러한 단체에 대한 판매는 주의 매상세·사용세를 면제한다(N.Y. Tax Law §1116(a)).

뉴욕주헌법은 시험과 감사를 제외하고 종파적 학교에 대하여 직간접적으로 주 또는 다른 부속 기관에 의한 재정 지원을 금지한다(New York Constitution Are XI, Sec. 3). 따라서 사립학교 입학에 대한 재정 원조 프로그램은 없다.

미국에는 사립학교의 취학과 연관되는 제도로 '529 플랜'529 college savings plan이 있다. 이 제도는 대학 진학을 위하여 가지고 있는 예금 구좌에 대한 비과세 제도인데, 2017년 12월 22일의 연방 세제개정법Tax Cuts and Jobs Act에 의해 예금의 사용 용도 제한이 완화되었다(U.S. Securities and Exchange Commission).

종전 이 플랜에서는 예금 인출의 목적이 각 주가 인정한 대학이나 중등교육 후 단계에 있는 직업교육기관 진학에 한정되어 있었지만 법의 개정으로 초중등교육기관에 대해서도 연간 1만 달러를 상한액으로 사용이 인정된 것이다. 따라서 사립학교 수업료의 지출도 가능하게 되었다.

2. 캘리포니아주

1) 인가·등록

캘리포니아주에서 사립학교의 인가는 임의적voluntary이다. 미국의 여섯 개의 인가 기관 중 하나인 서부지역인정협회가 공립과 사립학교에 대한 종합적인 인가를 주관하고 캘리포니아주의 인가된 학교 명부를 보존한다. 사립학교는 매년 10월 1일부터 15일 사이에 공립학교구 교육장에게 입학 사실 확인서를 제출할 필요가 있다(Calif. Educ. Code §33190).

등록은 의무이며, 면허licensing는 요하지 않고, 승인approval은 선택적이다. 캘리포니아는 사립학교를 승인하지 않지만, 사적으로 취학하는 비공립·비종교 특수학교는 사립학교로 간주하며 이러한 학교는 특수교육을 제공하기 위하여 캘리포니아주교육부로부터 자격을 받아야 한다. 캘리포니아주의 법률에서 사립학교는 차터스쿨로 전환할 수 없다(Calif. Educ. Code § 56836.2).

2) 교사 자격

사립학교의 교원에게 교사 자격은 필요하지 않다. 지도할 능력을 가진 자로부터 전일제 사립학교에서 지도를 받는 학생은 의무교육법에서 규정하는 공립학교 취학이 면제된다(Calif. Educ. Code §48222).

캘리포니아교사자격인정협회(CTC)는 폐지되거나 보류된 주의 교사 자격을 가진 모든 교사 명부를 매월 단위로 사립학교에 송부하여야 한다. 또한 협회는 폐지되거나 보류된 주의 교사 자격을 가진 모든 교사에 대한 개정된 명부를 분기 단위로 보내야 한다. 다만 교사 자격이 복원되거나 질병 중에 있는 자는 제외한다(Calif. Educ. Code §44237(g)).

사립학교는 교사 지원자의 적합성에 관한 정보를 협회에 의뢰할 수 있다 (Calif. Educ. Code §44341(d)). 영어는 모든 학교에서 기본 교수 언어이다. 사립학교 운영위원회는 일정한 상황하에서 이중 언어로 지도를 할 수 있다. 영어에 능숙하고 외국어에 능통한 학생은 외국어로 수업이 이루어지는 학급에서 교육받을 수 있다(Calif. Educ. Code §§48222,30).

3) 학기 · 수업 일수

사립학교에 취학하는 경우, 사립학교전일제취학확인서(PSA)에 의해 아동의 공립학교 의무취학이 면제된다. 사립학교의 학기와 수업 일수는 사립학교 커리큘럼의 운영을 감독하는 학교 관계자가 설정한다. 사립학교는 주가 채용하는 학습 내용 기준에 따를 필요는 없다. 그러나 학생이 사립학교에 취학함으로써 이루어지는 의무취학법의 면제는 사립학교가 주의 공립학교에서 요구되는 몇 개 분야의 학습 지도를 제공하는 요건을 포함한다(Calif. Educ. Code §48222).

카운티 교육장은 옥외 학급에서 학생들에게 과학 교육 및 회화 교육 프로그램을 제공하는 사립학교와 약정을 맺을 수 있다(Calif. Educ. Code §§8763, 8766 - 67). 학교구 교육장은 미성년자의 취업을 관리하는 주의 규정에 따라 학생에게 노동 허가를 발행하기 위하여 학교구 내에 위치한 사립학교에 담당자를 지명할 수 있다.

4) 기록 보관 · 보고

사립학교는 매년 10월 1일부터 15일 사이에 공립학교구 교육장에게 사립학교전일제취학확인서를 제출할 필요가 있다. 확인서에는 '학년별 취학률, 교사 수, 남녀 공학 또는 남녀 학교 구분, 기숙사 시설, 학교 입학 기록, 학습 코스, 학교가 보유하는 교직원 정보 기록' 등이 사실에 맞도록 정확하게 포함되어야 하며, 캘리포니아주교육법에 따라 '근로자에 대한 범죄 기록 요약 정보'를 보유하여야 한다(Calif. Educ. Code §33190).

교원이 학교 경영에 참가하는 경우, 사립학교 취학 확인서는 학부모나 학생의 보호자 또는 수험생의 청구에 따라 이용이 가능하도록 하여야 한다(Calif. Educ. Code §33191). 사립학교는 학생의 입학 기록을 유지할 필요가 있다. 반일 이상 결석자는 기록되어야 한다(Calif. Educ. Code §48222). 사립학교 학부모는 학교가 보관하는 자신의 자녀와 관련한 기록에 접근할 권리를 가진다(Calif. Educ. Code §49069).

학생이 공립학교구에서 사립학교에 전교를 하거나 사립학교에서 공립학교구로 전교를 하는 때에는 학교구나 사립학교는 학생의 영구 기록 또는 복사본을 청구에 따라 송부하여야 한다. 학부모는 기록 사본을 수령할 권리를 가지며 기록의 내용에 대하여 질문할 수 있다(Calif. Educ. Code § 49068). 사립학교 재학생이 공립학교로 전교했을 때 비용 또는 학생이나 학부모의 부담이 되는 수수료를 이유로 사립학교는 학교구의 청구를 거부할 수 없다(Calif. Code of Regulations, Title 5, S. 438 (c)).

사립학교는 배상이 이루어지기 전에 개인적 부상 또는 재산 손해를 만들어 낸 미성년자의 불법 행위를 근거로 학년, 졸업 자격을 유보할 수 있다. 학교는 학생에게 이의 신청에 관한 권리를 제공하고 어떤 조치가 이루어지기 전에 학부모에게 서면으로 알려야 한다(Calif. Educ. Code §48904(b)).

사립학교는 학교에 의해 제공되는 버스 안전교육의 기록을 1년간 보존하여야 한다. 이 기록에는 성명과 학교 소재지, 교육 일시, 성인 감독자, 참가 학생 수, 학년, 주제, 교육 시간, 버스 기사 성명, 버스 번호가 기록되어야 한다. 이 기록은 캘리포니아고속도로순찰국(CHP)에 의해 검사된다

(Calif. Educ. Code §39831.5).

카운티 교육위원회는 사립학교가 학생의 퇴학, 10수업일이 넘는 학생의 결석, 연락 두절, 제적, 제명, 면제, 전교 또는 정학에 관하여 보고하도록 할 수 있다. 보고서에는 학생의 성명, 나이, 최근의 주소 및 퇴학 사유를 포함하여야 한다(Calif. Educ. Code §48202(a)). 사립학교는 학생의 퇴학 또는 육체적 핸디캡, 지적 장애 또는 여러 가지 핸디캡을 이유로 한 입학 거절에 대하여 카운티 교육장에게 보고하여야 한다(Calif. Educ. Code §48203).

5) 건강과 안전

캘리포니아는 아동영양프로그램(CNP)에 의거하여 사립학교 및 종교계 학교에 재정을 원조한다. 재정은 학생에게 제공되는 식사 수를 기준으로 학교 식당 계좌에 입금된다(Calif. Educ. Code §§41311, 49530.5, 49531). 사립초등학교와 중등학교는 완전한 예방 접종을 하지 않은 학생을 조건 없이 받아들일 수 없다(Calif. Health and Safety Code §120325).

사립학교 및 종교계 초등학교와 중등학교 취학에 앞서 각 개인은 전염성 결핵의 문제가 없다는 것을 최근 60일 안에 검사 결과로 증명하여야 한다. 추가 검사는 적어도 4년마다 한 번 이상 필요로 한다. 사립학교는 각 개인의 최신 피보험자 증명을 보존할 책임이 있다. 자원봉사자는 최근 4년 내에 전염성 결핵이 없었다는 것을 증명하는 증서를 제시하여야 한다. 사립학교 관리자는 학생과 자주 또는 장시간 접촉할 필요가 없는 역할을 담당하는 자원봉사자에게는 이를 적용하지 않을 수 있다. 사립학교의 건물은 매년 주소방보안관사무소(SFM)의 점검을 받아야 한다(Calif. Health & Safety Code §13146.3).

펜스나 벽으로 둘러싸인 사립학교는 앰뷸런스, 경찰 장비, 소방 기기가 통행할 수 있는 적정한 규격의 문을 보유하여야 한다. 시건장치는 체인 또는 볼트 절단 장비에 의해 즉시 출입이 가능하도록 설비되어야 한다(Calif. Educ. Code §32020). 지역 보안관 또는 경찰관은 학교 교직원이 통제 약품 위반으로 체포된다면 사립학교에 즉각 알릴 것이다(Calif. Health & Safety Code § 11591(c)).

사립초등학교 및 중등학교에 법무부the Department of Justice와 연방수사국(FBI)의 범죄 기록 증명서를 가진 미성년 학생이 재학하는 경우 이들 학생을 담당하는 직원(new noncertified employees)을 두어야 한다. 법무부는 지명된 사립학교 고용주에게 인사 파일로부터 분리된 보호 파일로 유지된 기록을 제공한다. 범죄 기록 증명서는 유죄가 된 체포, 성범죄 재판의 미확정, 규제 약물 위반, 폭력 범죄가 포함된다(Calif. Educ. Code §44237(a), (b), (c)).

사립학교는 학생, 교사, 방문자를 위하여 안구 보호기를 학교에 갖출 의무를 가지며, 유해 물질을 사용하여 눈을 다치게 할 활동에 참가하거나 관찰할 때 보호기를 착용하도록 하여야 한다(Calif. Educ. Code §§32030-32032).

사립학교는 구급상자를 비치하여 학생들이 현장 학습에 참가할 때 지참하여야 한다(Calif. Educ. Code §32040). 현장 학습에는 미국적십자사로부터 구급 자격증 코스를 이수한 학교 관계자가 동행하여야 한다(Calif. Educ. Code § 32043).

사립학교는 공예품 재료 사용에 있어 환경보건유해성평가국(OEHHA)이 유해 물질을 포함하는 것으로 간주하거나 만성 질환을 유발하는 유해 물질인 경우에는 K-6학년에서 사용이 금지된다. 또 만성 질환을 유발하는 유해 물질을 포함하는 재료가 캘리포니아교육법 표시 기준에 맞지 않는 경우 7-12학년에서 사용이 금지된다.

사립학교는 1986년의 사립학교건물안전법Private Schools Building Safety Act of 1986의 규정에 따라 재학생들에게 공립학교 재학생과 동일하게 지진 시의 안전을 보증하여야 한다. 이 법은 사립학교의 디자인과 구조를 규제하며 집행 권한이 있는 기관에 의한 검사를 제공한다.

이 법에서는 '사립학교의 구조'를 "주당 12시간 또는 특정일에 4시간 이상 50명 이상의 12학년이 교육적 목적을 위하여 사용하는 빌딩"으로 정의한다. 층 면적이 2,000평방피트 미만인 건물은 면제된다(Calif. Educ. Code § 17320 et seq). 각 사립학교의 이사회는 수용 능력이 50명 이상이거나 한 학급 이상의 사립학교 건물에 긴급 지진 대응 시스템을 갖추어야 한다.

6) 교통

카운티교육장은 사립학교에 입학하는 학생에게 공립학교에 입학하는 학생에게 제공하는 것과 같은 경로와 동일한 조건과 기간, 교통을 제공하여야 한다. 그러나 교통비의 지급이 아닌 실제 교통에 한한다(Calif. Educ. Code §39808). 종교계 학교에 입학하는 아동에 대한 주의 교통비 지원은 주의 폭넓은 경찰권의 관점에서 아동의 교육 복지 및 안전을 증진하기 위하여 캘리포니아헌법하에서 적합하다(Bowker v. Baker, 167 P.2d 256, 1946). 캘리포니아는 교통법에서 통학 버스, 학생 활동 버스, 청소년 버스를 구분한다(Calif. Vehicle Code §§492, 545, 546, 680, 2808, and 12517; Calif. Educ. Code §39830, 39831).

사립학교는 관계 기관이 예외로 하는 경우를 제외하고는 스쿨 버스의 구조, 디자인, 운영, 설비, 색깔에 관하여 공립학교와 동일한 법령과 규정을 적용받는다(Calif. Veh. Code §§2808). 사립학교는 스쿨 버스의 응급 처치, 통학이나 교육 활동을 위한 안전교육을 제공하여야 한다. 교육은 K-8학년의 학생을 대상으로 최소한 1년에 1회 제공하여야 한다. 아울러 안전교육은 긴급 탈출구와 위치, 비상 장비 사용을 포함하여 현장 학습 출발 전에 실시하여야 한다. 학교는 교육의 상세에 대한 1년 동안의 서류를 보존하여야 한다(Calif. Educ. Code §39831.5).

7) 교과서

비영리 학교, 사립학교에 입학하는 학생에게 비용을 징수하지 않고 교과서를 대여하는 것은 종교계 학교에 재정 지원을 금지하는 캘리포니아주헌법 위반이다(Calif. Teachers Assoc. v. Riles, 632 P.2d 953, 1981). 입학 기록 유지 요건을 충족하는 사립학교는 주교육위원회가 교재를 지원할 수 있다(Calif. Educ. Code §60310).

8) 특수교육

캘리포니아는 특별한 욕구를 가진 학생의 교육적 욕구를 충족하도록 한다. 한 가지 옵션은 사립학교, 비종교계 학교에 배정하는 것이다. 개별 교육 프로그램의 팀 멤버와 부모는 아동의 교육적 욕구에 맞춰 학교 배정을 요구할 수 있다(Calif. Educ. Code §§ 6342, 56365, 56365.5, 56730.6).

사립학교, 비종교계 학교는 캘리포니아교육부로부터 승인되어야 한다. 인정 요건과 절차, 법정 가이드라인은 캘리포니아교육부 특수교육과가 관리한다(Calif. Educ. Code §§56365, 56366). 장애를 가진 자는 일반 공사립학교의 다른 학생들과 같은 교육 기회를 가질 권리가 있다(Calif. Civ. Code §54.1).

9) 보건·건강

주에서 재정을 지원하는 아동학대방지협력위원회에는 사립학교 대표자가 포함되도록 권장하여야 한다(Calif. Welf. & Inst. Code §18982.1).

10) 테크놀로지

카운티 교육장은 기기의 사용을 포함한 시청각 교재의 제공을 위하여 사립학교와 협약을 체결하여야 한다. 약정에는 시청각 교재의 조작, 분실, 손해로 발생된 비용과 동일한 금액의 변상이 규정되어야 한다(Calif. Educ.

Code §1251).

11) 전문성 개발

주 관계자는 학생에게 직업교육과 재교육을 제공하는 인가된 사립학교와 직업교육 계약을 체결할 권한을 가진다(Calif. Educ. Code §§8090-92).

12) 비과세

주의 법률은 전적으로 고등교육 미만의 학교교육을 목적으로 사용하는 부동산에 대하여 학교가 일정한 요건을 충족할 경우 비과세한다(Calif. Rev. & T. Code §214). 제214조하에서 종교계 K-12 학교에 대한 비과세는 비영리 학교가 자선 목적을 가진다는 판례 이래 합헌이다(Lundberg v. County of Alameda, 298 P.2d 1, 1956).

사립학교와 비영리 학부모 교사 연합은 이익이 전적으로 조직을 위하여 사용될 경우 ① 학교가 학생에게 배부하기 위하여 준비하는 연보와 카탈로그, ② 학부모 교사 연합에 의해 팔린 유형 자산과 관련하여 판매세상의 소매업자가 아닌 소비자이다(Calif. Rev. & T. Code §6361.5, 6370). 사립학교에서 학생에게 제공되는 학교 급식은 판매세가 면제된다. 국립 및 주립 공원·기념관을 제외하고 입장료를 내는 장소에서 소비자에게 음식을 판매하는 경우에는 비과세가 적용되지 않는다(Calif. Rev. & T. Code §6363).

사립학교는 주의 담당 기관이 마련한 학교 현장 학습을 위하여 주립 공원 입장료가 면제된다. 면제 대상은 K-12학년 학생, 동반자, 교사, 감독자, 버스 운전사이다(Calif. Pub. Res. Code §5010.2).

13) 사립학교 공적 원조

캘리포니아주헌법은 종교계 학교 또는 공립학교 교육장의 통제를 받지 않는 학교에 대한 공적 자금의 지원을 금지한다(California Constitution, Art. IX. Section 8). 아울러 종교적 신념, 교회, 종교계 등이 운영하는 학교에 대한 지원은 금지된다. 사립학교에 입학하는 데 있어 재정적 지원 프로그램은 없다.

제5절 ____ 사립학교에서 동등한 교육을 위한 가이드라인

뉴욕주의 '공립학교와 동등한 교육을 실현하기 위한 사립학교 교육 가이드라인'Guideline for Determining Equivalency of Instruction in Nonpublic Schools[46]은 공립과 사립학교 임직원들이 개방된 커뮤니케이션과 상호 관계를 통하여 모든 아동에게 적절한 교육 서비스가 이루어지도록 보장하기 위한 최선의 방법을 조언한다. 이 가이드라인은 효과적으로 증명된 현장의 실천에 기반을 두고 있으며, 학부모 및 학교 관계자에게 그들의 책임을 알리며 모든 아동의 최선의 이익을 위하여 서로 조화롭게 돕는 조언을 포함한다.

1. 신설 학교

사립학교와 공립학교의 운영 책임자 사이의 좋은 관계 형성은 서로에게 중요하고 도움이 되는 단계이다. 동등한 교육과 학생들이 요구하는 교육 서비스를 제공함에 있어 좋은 관계의 형성과 업무의 협력은 공정한 교육 서비스로 이어진다. 따라서 사립학교의 운영 책임자는 학교 설립의 이른 단계에서 학교가 위치한 학교구 교육장과 접촉하여야 한다.

운영 책임자는 초기에 새로운 학교의 목표, 스폰서, 개교 희망일, 학년 수준grade level을 기술할 필요가 있다. 사립학교는 보통 여러 개의 학교구에서 학생들을 모집한다. 학교가 위치하는 학교구 교육장은 교육의 동등성 실현을 위한 점검을 권장하고 있다.

교육법 체계 내에서 지방의 교육위원회는 지역에 거주하는 아동에게 적절한 교육 프로그램이 제공되는 것을 보장할 책임이 있다. 위원회는 보통 교육장에게 동등한 교육의 실현을 위한 필수적 정보 수집을 요구한다. 따라서 교육위원회의 에이전트로서 교육장은 신설 학교 업무를 처리한다.

학교 프로그램의 점검은 교육장 단독으로 처리하지는 않으며 공립학교나 다른 사립학교로부터 교육자(교장, 커리큘럼 책임자, 교사) 등의 도움을 받을 수 있다. 때때로 학교구는 점검팀을 구성하거나 외부 컨설턴트를 고용하기도 한다.

2. 사립학교 경영자의 책임

새로운 학교의 계획 및 개교에 관여하는 모든 관계자는 사립학교사무소 Nonpublic School Services Office에 알려야 한다. 교육부는 새로운 학교를 계획하거나 개교하고자 하는 자는 학교가 위치할 공립학교구 교육장에게 가능한 한 빨리 알리도록 촉구한다. 이러한 통지는 학교구가 새로운 학교에 취학하는 아동들에게 적절한 교육 서비스를 계획할 수 있도록 하기 위함이다. 조속한 통지는 좋은 관계 형성을 위한 기반이 된다.

새로운 학교의 개교에 앞서 운영 책임자는 학교 소재 학교구 교육장을 시설에 초대하여야 하며 학교 운영 중 한 번의 추가적인 방문을 권고한다. 새로운 학교의 운영 책임자는 학교 소재 학교구의 교육장에게 아래 사항을 제공하여야 한다.

- 학교 건물이 학생들에게 안전하다는 보증(뉴욕시의 소방 검사 보고서, 건축 부에 의해 발행된 점유 자격은 가장 증명력을 가진다. 뉴욕주교육부는 사립학교에 대한 건물과 부지 기준을 두고 있지 않지만 뉴욕주통일방화·건축기준New York State Uniform Fire Prevention and Building Code이 적용된다)
- 학교에 입학할 다른 학교구에 거주하는 학생의 성명 리스트(이 리스트는 입학할 학생들에게 부여된 서비스의 제공을 준비할 수 있도록 학교구에 데이터를 제공한다)
- 다가올 학년도의 학교 일정의 복사본
- 각 학년 레벨 및 학년 레벨의 총 재학생 리스트
- 학교의 각 학년에서 지도할 코스와 과목 리스트

새로운 학교는 학생들에게 지도할 필수 과목과 학업 달성에 필요한 수업 일수를 제시(공립학교의 수업 일수는 한 학년도에 최소 180일)하여야 한다. 주의 재정 보조를 받는 공립학교에 적용되는 수업 일수 180일은 사립학교에는 적용되지 않지만 학년과 수업일은 공립학교와 대체적으로 같아야 한다. 그리고 사립학교의 수업 시간도 특정되어 있지 않지만 대략 공립학교와 같은 시간(1-6학년 매일 5시간, 7-12학년 매일 5.5시간)을 제공하여야 한다.

새로운 학교가 소재하는 지역 밖으로부터 학생이 취학한다면 운영 책임자는 그 학교구의 교육장에게 다음 사항을 제공하여야 한다.

- 새로운 학교가 개교한다는 통지
- 학교에 취학한 당해 학교구의 학생 성명 리스트
- 다가올 학년도 학교 연간 일정의 복사본

가장 필수적인 요소는 공립학교 담당자가 적정하고 적합한 교육 프로그램을 아동에게 제공하는 것을 보증하여야 한다는 것이다.

3. 공립학교구 교육장의 책임

공립학교구 교육장은 새로운 학교가 학교구에 설립된다는 것을 알았을 때에는 사립학교사무소에 연락을 취해야 한다. 이러한 절차를 통하여 새로운 학교가 교육부의 메일 리스트에 이름을 올리고 사립학교 운영 책임자를 위한 가을의 연차 컨퍼런스에 초청된다.

교육장은 새로운 학교가 개교하기에 앞서 학교를 직접 방문하거나 다른 사람에게 방문을 위임할 수 있다. 방문을 통하여 얻은 정보를 바탕으로 새로운 학교가 실질적으로 동등한 교육 실현이 가능하다고 확실시된다면 교육장은 그것을 서면으로 위원회에 알리고 사립학교에도 보고서의 복사본을 보내야 한다.

비록 교육위원회는 사립학교의 프로그램이 만족스럽다고 결정하더라도 정식 의결로 통과시킬 필요는 없지만 그 사항은 기록되어야 한다. 만약 사립학교에 불만족한다는 정보를 받는다면 교육장은 사립학교 운영 책임자와 불비에 관하여 협의하여야 하며 이러한 불비가 합리적 기간 내에 고쳐질 것인지 여부를 확실히 하여야 한다. 그리고 만족할 만한 해결책이 나올 시기에 관하여 협의하여야 한다.

그 진행 기간 동안 어느 시기에도 교육장 또는 사립학교 관계자는 방문할 수 있다. 결함이 개선되지 않거나 학교가 필요한 프로그램의 변화 의사가 없고 교육장의 판단으로 그 프로그램이 본질적으로 동등하지 않다면 교육장은 위원회에 이를 알려야 한다. 같은 기간에 교육장은 이러한 정보를 사립학교에 입학할 학생들이 거주하는 학교구의 교육위원회와 공유하여야 한다. 교육위원회가 공적 미팅에서 사립학교가 동등한 교육 실현을 하지 않는다는 결정에 이르면 사립학교 운영 책임자와 학교에 입학한 학생의 학부모에게 문서로 알려야 하며 그 학교에 들어가고자 하는 학생들은 무단결석자가 될 수 있다. 학부모들에게는 자녀가 공립학교나 다른 사립학교에 입학할 수 있는 합리적인 기간이 주어져야 한다. 그 시기의 종료 시까지 모든 교통비, 교과서, 건강 서비스는 보류된다.

만약 학부모가 동등한 교육이 보장되지 않는 교육 프로그램을 운영하는 사립학교에 계속 재학하고자 희망한다면 공립학교 관계자는 아동들이 무단결석을 하고 있다는 사실을 가정법원에 청원하고 이를 학부모에게 통지한다. 사립학교 관계자나 부모가 교육위원회의 결정에 동의하지 않는다면 위원회 결정일로부터 30일 이내에 장관에게 이의를 신청할 권리가 있다.

4. 학교의 설립

여러 해 동안 얻은 경험을 통하여 교육청 관계자는 여러 해 운영하는 사립학교를 잘 파악할 수 있다. 학교는 학생의 사립학교와 공립학교 간의 전교 및 대학에서의 후속 성취 등 공인 기록을 가지고 있다. 그러나 심각한 고민은 설립된 학교에서의 교육이 동등한지인데, 사립학교가 소재하는 학교구 교육장은 사립학교의 관계자에 대하여 동등한 교육이 일어나고 있는지를 질문하여야 한다. 그리고 교육장은 사립학교 관계자와 비공식적으로 그 이유에 대하여 토론하여야 한다.

이러한 토론 이후에 교육장이 심각한 문제가 있다고 결론을 내린다면 교육장은 지구 총괄 교육장과 협의하여야 한다. 그 문제가 이 시점에서 해결되지 않는다면 교육장은 사립학교 관계자에게 문서로 질문지를 보내야 하며 필요한 경우 무엇이 동등한 교육에 문제가 되는지를 확인하기 위해 상호 합의한 시간에 사립학교를 방문하여 질문하여야 한다. 교육장은 주장에 대응하는 자료와 데이터를 점검하고 사립학교 관계자와 문제를 해결하기 위한 계획에 관하여 협의하여야 한다. 그 문제가 합리적인 기간 안에 개선된다면 교육장과 운영 책임자는 계획과 만족할 만한 해결책에 도달하기 위한 스케줄에 동의하여야 한다.

동등한 교육 문제에 대한 조사 기간 동안 사립학교에 입학한 학생들에 대한 서비스는 계속된다. 교통, 교과서 대여, 공공 의료는 공립학교 교육위원회가 프로그램이 동등하지 않다는 결정을 하지 않거나 할 때까지 제공된다. 중요한 계획이 마련되지 않거나 교육장이 지도 프로그램이 적정하지 않다고 판단할 경우, 교육장은 사립학교에서 이루어지는 교육이 동등하지 않다는 것을 교육위원회에 알려야 한다.

신설 학교가 교육 프로그램의 모든 면을 갖춘 이후에도 공립과 사립학교 관계자가 계속 관계를 유지하기를 권고한다. 교육장은 학생의 진척 상황을 확인하여야 한다. 진척을 측정하는 객관적 방법은 표준화 테스트의 결과에 대한 점검이다. 사립학교 운영 책임자는 학교 개교 후 2년 내지 3년간 교육장과 교육 운영 상황을 공유하도록 권장한다. 이 점검은 해당 기간에 연례적으로 교육장 또는 교육장이 지정한 자에 의한다.

공립학교 평가는 공립학교평가표Public School Report Cards를 통해 공립학교의 재정을 부담하는 납세자에게 공유된다. 사립학교도 마찬가지로 평가 데이터가 참가하는 학교의 종합 평가 보고서Comprehensive Assessment Reports에 포함되어 학부모에게 공유되는 것을 기대하고 있다.

5. 중등학교의 등록

대학평의회Board of Regents는 학교 프로그램의 점검, 법령, 규정, 규칙의 준수, 일정한 기준의 달성 등을 바탕으로 사립학교를 등록한다. 주교육부는 전체 중등학교가 등록하도록 권장하며, 초등학교를 위한 등록 프로그램은 없다.

사립학교는 문서로 뉴욕주교육부 사립학교사무소에 등록을 신청할 수 있다. 사립학교가 등록되면 교육부는 사립학교가 소재하는 학교구의 위원회에 사립고등학교가 동등한 교육 프로그램을 가졌다는 증명으로서 등록을 권장한다.

사립중등학교는 등록을 선택할 권한을 가지지 않을 수도 있다. 이러한 선택이 학교 프로그램이 부적절하다는 것을 의미하지는 않는다. 그러나 등록되지 않은 학교는 뉴욕주학력테스트Regents Examinations나 고교졸업증서award diplomas를 취득할 수 없을 수도 있다. 위원회에 등록된 사립중등학교는 모든 교육장에게 매년 송부되는 서류(Directory of Nonpublic Schools and Administration in New York State)에 기재된다.

6. 학생에 대한 서비스

뉴욕주의 법률에서 학교구는 부모의 요청이 있으면 사립학교에 입학한 학생에 대하여 통학비, 교과서, 컴퓨터 소프트웨어, 도서관 자료, 고교와 대학 접속 프로그램dual enrollment programs을 제공해야 하며 사립학교 운영 책임자의 요청이 있으면 사립학교에 재학하는 학생에게 공공 의료를 제공하도록 하고 있다.

이중 입학Dual enrollment이란 고등학교 재학 중인 학생이 대학 수준의 코스를 수료함으로써 고등학교와 대학 두 곳의 단위를 취득할 수 있도록 하는 제도이다. 따라서 고등학교와 고등교육기관(커뮤니티칼리지, 대학 등), 두 개의 교육 기관에 단순히 동시 등록하는 것을 의미하는 것이 아니라 동시에 두 교육 기관(고등학교와 고등교육기관)에서 단위를 취득하는 것이다.[47]

학교구는 프로그램이 공립학교에서 제공하는 프로그램과 동등하지 않다는 결정을 하지 않거나 할 때까지 사립학교 재학생에게 서비스를 제공하여야 한다.

7. 교사 자격 · 교육 과정

사립학교 교원은 자격증을 가질 필요는 없다. 교원을 고용하는 것은 사립학교 운영자의 판단과 책임으로, 학교의 목표와 철학에 비추어 적임자를 채용한다. 사립학교는 공립학교에서 사용하는 커리큘럼을 사용할 필요가 없다. 다만 사립학교에서 교육하여야 할 과목은 정해져 있다.

- 1-6학년

  산수, 영어, 읽기, 철자법, 쓰기, 음악, 지리, 보건교육, 체육, 과학, 미국사, 뉴욕 역사, 시각 예술visual arts
- 7-8학년

  영어, 사회, 과학, 수학, 체육, 보건교육, 뉴욕 역사, 시각 예술, 음악, 공예practical arts, 기술과 교육, 가정과 교육, 도서관·정보 교육
- 고등학교 4년 과정은 다음 단위를 취득하여야 한다.

  영어: 4단위, 1년간의 미국 역사를 포함한 사회: 4단위, 수학: 2단위, 과

· 학: 2단위, 보건: 0.5단위, 체육 및 예술, 음악: 1단위

• 위의 단위에 추가하여 다음 과목을 제공하여야 한다.

체육 및 이와 유사한 과목, 알코올·약물·담배 오남용 방지 교육, 고속

도로 안전 및 교통법규·자전거 안전, 학교 안전 패트롤, 소방 훈련, 방화

및 화재 방지 교육

1   미합중국헌법 제1조 제8절 제1항에서는 "연방의회는 다음의 권한을 가진다. 합중국의 채무를 변제하고 공동의 방위 및 일반의 복지를 준비하기 위하여 조세, 관세, 수입세 및 소비세를 부과하고 징수하는 권한. 단 모든 관세, 수입세 및 소비세는 합중국 전역에서 균일하여야 한다"고 규정하고 있다. 이 조항은 연방대법원의 사우스다코타 대 돌(South Dakota v. Dole) 판결과 관련이 있다. https://supreme.justia.com/cases/federal/us/483/203/.

2   New York State Constitution, Article XI Section 1, "The legislature shall provide for the maintenance and support of a system of free common schools, wherein all the children of this state may be educated." https://www.dos.ny.gov/info/constitution.htm.

3   New York State Constitution, Article XI Section 2, "The corporation created in the year one thousand seven hundred eighty-four, under the name of The Regents of the University of the State of New York, is hereby continued under the name of The University of the State of New York. It shall be governed and its corporate powers, which may be increased, modified or diminished by the legislature, shall be exercised by not less than nine regents."

4   1840년대가 시작되면서 당시 대부분이 사립학교였던 학교 제도를 무료 학교, 즉 부모가 자녀의 수업료를 학교에 직접 지불하는 대신에 세금에 의해 간접적으로 학교를 운영하는 제도로 바꾸려는 운동으로 발전했다(Friedman & Friedman, 1980).

5   Florida Statutes Sec 1003.27. Compulsory School Attendance and Related Enforcement Requirements, http://sss.usf.edu/resources/presentations/2008/fsca-doe–cd/FSCA_2008/Abuse_FC_Attend/Florida%20Statues.pdf.

6   우리나라에서는 킨더가든(Kindergarten)을 유치원으로 번역하는 경우가 많지만 미

국에서는 초등학교에서 배우는 기초 교과와 규율에 관한 준비 기간으로서 위치하는 경우가 많다. 우리나라의 유치원에서 이루어지는 교육은 주로 프리스쿨(Preschool), 프리킨더가든(Pre-Kindergarten)에서 이루어진다.

7   예를 들면 미국의 공립하이스쿨 상위 랭킹에 들어 있는 힌즈데일중앙하이스쿨(Hinsdale Central High School)의 경우 학생 수 2,450명에 교직원 수는 215명이다. 교직원 중 석사 학위 이상을 취득한 자는 197명이며 제공하는 커리큘럼은 대학 준비 과정에서 직업교육 과정에 이르기까지 다양하다(https://central.hinsdale86.org/our-school/school-profile).

8   2017-2018학기 차터스쿨 재학생 3,413,269명 중 초등학교 과정에는 1,601,350명, 중등학교 과정에는 539,890명, 초중등 병설학교 과정에는 1,001,788명이 재학하고 있다. 한편 마그넷스쿨은 재학생 2,665,820명 중 초등학교 과정에는 1,370,347명, 중등학교 과정에는 1,184,412명이 재학하고 있다.

9   각국의 학기는 1월부터 11월에 걸쳐 설정되어 있는데, 미국과 유럽의 학기가 주로 9월이나 10월인 것은 남반구와 북반구의 계절 차이, 과거 농경제 사회에서 아동 노동과 관계되는 것으로 수확의 종료 시점에 학교가 개학하는 관행에서 비롯된 것이며, 일본의 4월 학기는 국가 회계연도와 징병제도에 기인한 것이다.

10   미국의 홈스쿨링 참가 학생 통계는 통계 기관에 따라 다르다. Statistic Brain Research Institution의 자료(2015.10.01.)에 의하면 홈스쿨링 참가 학생은 1,508,000명이다(http://www.statisticbrain.com/home-school-statistics/). 한편 국립교육통계센터(NCES)는 2016년 기준 홈스쿨링 참가 학생을 1,690,000명으로 공표하고 있다(https://nces.ed.gov/fastfacts/display.asp?id=91). 또한 미국 전역에서 홈스쿨링에 참가하는 학생이 370만 명이라는 보고도 있다(https://realdiapers.org/homeschooling/).

11   Education Week의 2017년 9월 조사에 의하면 공통 중핵을 계속 유지하겠다고 밝힌 지역은 34개 주와 워싱턴 D.C.로 나타나고 있다. https://www.edweek.org/ew/section/multimedia/map-states-academic-standards-common-core-or.html.

12   1983년의 '위기에 선 국가'에서는 "교원을 목표로 하는 자는 고도의 교육 수준을 보유하여야 하며, 교원으로서 적성과 대학에서의 학업이 우수함을 증명하여야

한다. 교원 양성 프로그램을 실시하고 있는 단과대학이나 대학은 졸업생이 이러한 기준에 어느 정도 적합한지를 평가하여야 한다. 전문적 지도를 위하여 교원의 급여를 높이고 다른 직업에 뒤처지지 않고 시장에 민감하도록 하고 성과에 근거하여야 한다. 급여, 승진, 정년, 계약 보류 등의 결정은 효과적인 평가 시스템과 연계되어야 한다. 평가 시스템에는 동료의 평가도 포함하도록 하면 우수한 교사는 보상을 받고 평균적인 교원은 용기를 얻으며, 평가가 낮은 교사는 개선을 도모하던지 그만두는 길을 선택할 것이다"라고 적고 있다.

13 각 주의 교육 자격 취득에 관해서는 뉴욕주, https://www.teacher.org/state/new-york/; 뉴저지주, https://teach.com/become/teaching-credential/state-requirements/new-jersey/; 캘리포니아주, https://www.teachercertificationdegrees.com/certification/california/ 참조.

14 미국의 대학 시스템은 의사 결정 기관인 대학 평의원회 및 집행 기관인 총장(총괄) 아래에 복수의 캠퍼스(campus)가 설치되어 있으며 각 캠퍼스에는 총장을 두고 있다. 뉴욕주립대학(SUNY)은 뉴욕시를 제외한 주 전역에 4년제와 2년제를 포함한 64개 캠퍼스를 두고 있으며, 약 130만 명(이 중 단위 취득 과목 이수생은 약 60만 명)의 학생이 재학하고 있다. 뉴욕시에는 뉴욕시립대학(CUNY)이 있는데 4년제와 2년제를 합쳐 25개 캠퍼스에 약 55만 명(이 중 단위 취득 과목 이수생은 약 27만 명)의 학생이 있다.

15 학교 단계별 홈스쿨링 참여도는 유치원 3.5%, 1-3학년 2.4%, 4-5학년 3.4%, 6-8학년 3.3%, 9-12학년 3.8%이다. National Center for Education Statistics. FastFacts, Homeschooling, https://nces.ed.gov/fastfacts/display.asp?id=91.

16 U.S. Department of Education, Office of Non-Public Education(ONPE). Statistics About Nonpublic Education in the United States, https://www2.ed.gov/about/offices/list/oii/nonpublic/statistics.html.

17 Library Skills는 학생들이 여러 가지 정보원으로부터 정보를 찾아 리포트와 프레젠테이션에 활용하는 능력을 말한다(Carey, 1998).

18 학교 선택권을 확대하기 위하여 추진한 차터스쿨의 83%가 도시 및 도시 주변 지역에 설립되어 있다. 같은 지역에 전통적인 공립학교가 57%, 사립학교가 72%가

량 설립·운영되고 있는 것과 비교하면 그 비율이 상당히 높다.

19 White House, American Families Plan When American Families Do Well, Our Nation Thrives. 일반교서 연설은 미합중국헌법 제2장 제3조 '대통령의 의무'로 규정된 내용, 즉 "대통령은 수시로 연방의회에 대하여 연방의 상황에 관한 정보를 제공하고 스스로 필요하고 적절하다고 생각하는 시책에 관하여 심의하도록 권고하여야 한다"에 근거하고 있다.

20 Newsom's Plan to Transform Public Schools into Gateways of Opportunity. https://www.gov.ca.gov/wp-content/uploads/2021/05/tk-12-Education-Fact-Sheet.pdf. 4세아 교육 무상화는 3년에 걸쳐 달성되는데, 2022년 9월 2일부터 12월 2일까지의 기간에 5세가 되는 아이부터 시작하여 점진적으로 확대할 예정이다. 캘리포니아주지사는 격차 해소를 위해서는 조기교육에 중점을 두는 것이 중요하다고 밝히는 한편, Transitional Kindergarten 학급의 교사 1인당 원아 수를 24명에서 12명으로 줄이는 계획을 가지고 있다.

21 U.S. News. Best Online Bachelor's Programs, https://www.usnews.com/education/online-education/bachelors/rankings. 학사 학위 온라인 프로그램 평가 항목은 온라인 교육참가 35%, 서비스·테크놀로지 25%, 전문가 의견 20%, 교원 자격·연수 20%로 구성되어 있다.

22 University of Florida. https://ufonline.ufl.edu/degrees/undergraduate/computer-science/; Medical University of South Carolina. https://web.musc.edu/search#q=online%20degree&numberOfResults=25.; Arizona State University. https://asuonline.asu.edu/online-degree-programs/; John Hopkins University. https://www.jhu.edu/search/?c=site_search&q=online+degree#gsc.tab=0&gsc.q=online%20degree&gsc.page=1.

23 Connecticut State Department of Education. (February 2022). Standards for Remote Learning Grades 9-12; State of Connecticut Department of Education, Guidance on Remote Learning and Dual Instruction, https://portal.ct.gov/-/media/SDE/CSDE-Remote-Learning-Guidance-092722.pdf.

24 대학진학적성시험(SAT)은 칼리지보드(College Board)가 실시하는 전국적 표준 테스

트로 독해(65분), 언어(35분), 수학(전자계산기 사용 가능, 25분), 수학(전자계산기 사용 불가능, 55분), 네 부문으로 구성되어 있으며, 선택으로 소논문(50분)이 있다. 연간(학년도 단위) 7회 실시되며, 점수는 400점에서 최고 1,600점이다. 소논문은 최저 2에서 최고 8까지로 평가한다.

25 미국대학입시프로그램(ACT)은 전국적 표준 테스트로 영어(45분), 수학(60분), 독해(35분), 이과(35분), 네 부문으로 구성되며, 선택으로 소논문(40분)이 있다. 연간(학년도 단위) 7회 실시되며, 1에서 36까지로 점수화하고 있다. 소논문은 최저 2에서 최고 12까지로 평가한다.

26 Goucher College. https://catalog.goucher.edu/content.php?catoid= 13&navoid=920.

27 The California State University. Freshman: Admission Requirements, https:// www.calstate.edu/apply/freshman/getting_into_the_csu/pages/admission- requirements.aspx#:~:text=California%20residents%20and%20graduates%20 of,admission%20based%20upon%20supplemental%20factors.

28 Structure of the U.S. Education System: Credit Systems. https://view. officeapps.live.com/op/view.aspx?src=https%3A%2F%2Fwww2.ed.gov% 2Fa bout%2Foffices%2Flist%2Fous%2Finternational%2Fusnei%2Fus%2Fcredits. doc&wdOrigin=BROWSELINK.

29 미국 전역을 대상으로 하는 종교 관련 적격 인정 기관은 4개 기관이며, 직업 관련 적격 인정 기관은 5개 기관이다. 그리고 교육 기관에 개설되어 있는 법학, 의학, 공학, 보건학 등 교육 프로그램을 대상으로 하는 전문 적격 인정 기관은 68개이다. https://www.chea.org/chea-and-usde-recognized-accrediting- organizations.

30 1996년에 설립된 고등교육적격인정협의회(CHEA)는 Council on Postsecondary Accreditation(COPA)을 시작으로 발전한 기관이다. COPA는 후기 중등교육기관을 인증하는 단체로 설립되었으며, 미국 전역의 적격 인정 단체 간 연락·조정의 필요성에서 1993년에 National Policy Board on Institutional Accreditation(NPB)이 설립되었다. 그리고 NPB에서는 적격 인정 단체 간 상호 연락을 담당할 새로

운 조직의 설치를 입안하여 1996년에 CHEA가 출범하였다.

31 영국은 고등교육 재정의 100%가 중앙정부 부담이며, 일본은 중앙정부 부담 비율이 90%이지만 우리나라는 중앙정부 부담 비율이 일본보다 높은 95%이다. OECD. (2022). Education at a Glance 2022, Table C4.2. Distribution of sources of total public funds devoted to education, by level of government (2019).

32 National Institute of Health. Nobel Laureates, https://www.nih.gov/about-nih/what-we-do/nih-almanac/nobel-laureates#:~:text=To%20date%2C%20169%20scientists%20either,recipients%20of%20101%20Nobel%20Prizes.

33 미국 연구 대학이 강한 요인을 시장 지향의 행동 원리, 효율성 중시의 대학 운영으로 보는 견해도 있다(Vincent-Lancrin, 2007).

34 연방정부 차원의 고등교육 관련 법률로 1964년 제정된 고등교육법(Higher Education Act)이 있다. 그러나 이 법률은 고등교육기관의 교육 자원을 강화하고 학생에 대한 재정적 지원(장학금, 저금리 학생 대여금 등)을 제공하기 위한 것을 목적으로 하고 있으므로 연방정부 차원의 획일적인 고등교육 정책을 추진하거나 규제하기 위한 법률은 아니다.

35 OECD. (2022). Education at a Glance, Table C2.1. Total expenditure on educational institutions as a percentage of GDP (2019).

36 Education Data. Student Loan Debt Statistics, https://educationdata.org/student-loan-debt-statistics. 대여 학자금 채무 총액은 2011년 9598억 달러에서 2022년 2분기 1조 7453억 달러로 크게 증가하였다.

37 Institute of Education Science. (2022). Figure 12. Adjusted cohort graduation rate (ACGR) for public high school students, by race/ethnicity: 2018–19.

38 Institute of Education Science. (2019). Figure 3. Graduation rate within 150 percent of normal time (within 6 years) for degree completion from first institution attended for first-time, full-time bachelor's degree-seeking students at 4-year postsecondary institutions, by control of institution and sex: Cohort entry year 2011.

39 Forbes. Kentucky State University Is In Financial Peril, https://www.forbes.com/

sites/michaeltnietzel/2021/09/26/kentucky-state-university-is-in-financial-peril/.

40 U.S. Department of Education. Characteristics of Private Schools in the United States: Result From the 2015-16 Private School Universe Survey. 미국 교육부의 사립학교조사에 응답한 학교의 비율이 78.2%이므로 각 단체에서 발표하는 통계에 차이가 있다. 예를 들면 미국사학교육위원회(Council for American Private Education)가 발표한 통계에 의하면 2013-2014학년도의 사립학교는 33,619개교로 전체 학교의 25%이며, 재학생 수는 5,396,000명이다. 설립별로는 가톨릭계 41.3%, 비종교계 21.3%, 전통적 개신교 13.4%, 침례교 4.3%, 루터파 3.5%, 유대교 5.1% 등이다. http://www.capenet.org/facts.html.

41 미합중국수정헌법 제14조 제1항, "미합중국에서 태어나거나 귀화하여 재판 관할권에 속하는 모든 자는 미합중국의 시민이자 거주하는 주의 주민이다. 어느 주도 미합중국 시민의 특권 또는 면제를 단축하는 법을 제정하고 집행해서는 안 된다. 법률의 프로세스에 의하지 않고 생명, 자유 또는 재산을 박탈해서는 안 되며, 어느 주도 관할권 안의 누구에게라도 법의 평등한 보호를 부정해서는 아니 된다." FindLaw. https://constitution.findlaw.com/amend ments.html.

42 Legal Information Institute. Board of Education of Central School District No v. Allen, No. 660, https://www.law.cornell.edu/supremecourt/text/392/236.

43 Wisconsin v. Yoder, 406 U.S. 205, 213. (1972); Board of Ed. of Cent. Sch. Dist. No.1 v. Allen, 392 U.S. 236, 246-247. (1968).

44 The Good Schools Guide. Accreditation of American schools (in the US and abroad), https://www.goodschoolsguide.co.uk/international/accreditation/american-schools-in-the-us-and-abroad.

45 뉴욕주 교육국을 감독하는 뉴욕주립대학평의원회는 의회에서 선출된다. 평의원회는 교육국장을 임면하는 권한을 가진다. 그리고 주교육국은 평의원회가 결정하는 방침에 따라 공립학교의 감독 및 지도를 행한다. 교육국이 행사하여야 하는 책무의 일부는 지구 교육장이 통솔하는 감독구를 통하여 실시된다.

46 New York State Education Department. Guideline for Determining Equivalency

of Instruction in Nonpublic Schools, http://www.p12.nysed.gov/nonpub/
guidelinese quivofin struction.html.

47 이중 입학(Dual enrollment)에 대한 개념 정의는 주에 따라 차이가 있다. 예를 들면
    캘리포니아주의 경우 고등학교에서 코스를 수강하여 대학에서 단위를 취득하는
    것을 Dual enrollment, 고등학생이 커뮤니티칼리지에서 코스를 수강하여 대학의
    단위를 취득하는 것을 Concurrent enrollment라고 하여 구분하고 있다.

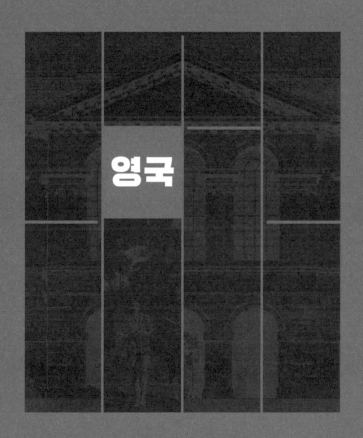

영국

제1장
초중등교육 제도

제1절 ____ 교육 제도의 발전

19세기 이전 영국에서 자녀의 교육은 부모의 사적인 것이었다. 아이들은 부모의 사회 계층에 맞게 다양한 학교교육을 받았다. 특히 노동자 계급의 자녀들은 거의 교육을 받지 못하거나 정규 학교가 아닌 곳에서 교육을 받았다. 만약 이들이 정규 교육을 받는다면 교회와 관련된 자선 학교 또는 데임스쿨Dame schools[1] 등에 의해서였다.

18세기에는 공업화와 도시화가 진전되어 보다 훈련된 노동력이 필요하였으므로 가난한 사람을 위한 학교가 점차 확장되었다. 19세기 초반에는 노동자 계급의 자녀를 위한 국가 교육 시스템 도입을 시도하였으나 성공하지 못하였다.

1870년 교육법은 공적 재정으로 기초학교를 설립·운영하는 원칙을 세웠다는 점에서 영국 의무교육사에서 중요한 위치를 차지하고 있다. 그러나 아동의 학업을 위하여 노동을 제한하는 공장법이 1833년에 제정되고 30년 이상이 경과했지만, 1870년 교육법이 어린 아동의 노동을 제한하는 의무교육 제도를 실현한 것은 아니었다.

1876년 교육법(Sandon's Act)에 의해 학교로부터 2마일 이내에 거주하는 10세까지 아동의 등교일에 취로가 금지되고, 1880년에 지방의 교육위원회에 의무취학 규정 제정 의무를 과함으로써 비로소 실질적인 의무교육 제도가 되었다. 즉, 1870년에 정부는 학교를 설립하여 운영하기 시작하였으며, 1880년에 초등교육은 모든 아동에 대한 의무교육이 되었다(Shaw, 2011).

의무교육 도입 후 1세기가 지난 20세기 후반 이후 영국은 복지 국가에서 작은 정부로의 전환을 통하여 민간 활력에 대한 기대와 함께 적극적인 민영화로 정부의 한계를 극복하고자 하는 정책 방향을 유지하고 있다. 이에 대하여 비판론자들은 신자유주의적 시장주의, 민영화로 인한 교육의 양극화, 빈익빈 부익부 신드롬이 초래되고 있다고 주장한다. 하지만 정치, 경제, 사회 부문 곳곳에서 긍정적인 효과도 많이 나타나고 있다는 주장도 적지 않다.

교육에서는 학교의 자주성, 지역에 뿌리를 내리는 학교 운영, 다양한 학교 유형의 창설, 학부모의 학교 선택권 확대, 설명 책임의 강화 등을 통하여 교육의 관료주의를 타파하고 수요자 중심의 교육을 중시하는 방향으로 정책의 좌표를 맞추고 있다.

1. 1870년 교육법

18세기 영국의 민중 교육에서 지배적인 것은 구빈적 · 자선적 교육이었다. 1833년 빈곤 계층 아동의 교육을 위하여 민간단체의 교사 건설을 장려하고자 국고 보조금을 지원하였으며, 1833년과 1864년의 공장법Factory Act 에서 아동의 노동 제한과 반노반학半勞半學제의 성립 등은 공교육의 성립에서 중요한 지표이다. 아울러 1851년 강령에서 처음으로 노동자 계급이 국민의 보편적 권리로서 무상제의 세속주의 교육을 요구한 것도 1870년 교육법의 성립에 영향을 주었다.

1870년 잉글랜드에서 도입된 초등 의무교육은 기본 능력을 갖춘 노동력의 제공, 공업 사회에서의 필요, 시민 불안의 방지 등이 배경이 되었다. 당시 교육 시스템은 자선적 종파 학교와 비종파 정부 학교의 이중 시스템이었는데 이전에 교회, 길드, 개인이나 단체 등이 운영하던 학교를 정부의 학교로 대체하기보다는 보완을 의도하였다.

1870년 교육법은 입법 심사 과정에서 양심 조항conscience clause을 전제로 아동의 신앙에 관한 친권의 우선 선택을 고려한 것을 토대로 공립학교에서의 종교교육을 금지했다. 결과적으로 교회의 교육 관여는 줄어들었지만 학교교육에서 종파성이 없어진 것은 아니었으며, 일정 기간 사립 종교계 학교에 보조금을 지급하는 등, 1890년대 전반까지 공립학교에서도 종교교육이 이루어졌다.

1870년 교육법으로 공립학교에서 종파적 교육을 금지하고, 기초교육을 실시하는 학교를 종전처럼 자선적 기부행위에 의지하지 않고 공적 재정으로 설립·유지하는 원칙이 세워져 자선으로서 교육과 결별하였으나 대부분의 학구는 유상제를 유지하였다.

공적 재정의 투입을 통하여 국가가 교육에 관여하는 것은 국가 관여 그 자체가 목적화되지 않고 국가의 관여로 교육의 대상 범위를 신분적·종파적 부분에서 국민적·보편적으로 개방하였다는 점에서 의의가 크다.

2. 스쿨보드 시대

영국 교육사에서 1870년부터 1902년의 사이를 스쿨보드School Boards(학교위원회) 시대라고 한다(Evans, 1978). 1870년의 교육법에 의해 탄생한 스쿨보드는 지방세 납세자에 의해 선출된 공선제의 특별 행정 기관이며, 주된 기능은 모든 아이에게 기초교육을 제공하는 것이었다. 1902년까지 영국의 약 3분의 2에 해당하는 약 3,000개 학구에 스쿨보드가 설치되었다.

이에 따라 교육이 충분하게 제공되지 않은 지역에 스쿨보드를 창설하고, 이 스쿨보드가 주도하여 학교를 설립하였다. 스쿨보드는 9세부터 13세까지 아동의 취학을 보증하고 각 지역의 재정 여건을 고려하여 9펜스를 초과하지 않는 범위에서 수업료를 부과하였다.

그러나 스쿨보드는 1902년에 폐지되고 그 기능과 역할이 지방교육당국(LEA)에 이전되었다. 1902년 교육법에서는 학교위원회와 기술교육위원회가 그때까지 담당했던 기능을 지방교육당국이 담당하도록 하였다. 그래서 지방교육당국이 교직원 급여를 포함한 유지 설립 학교의 운영에 책임을 가지게 되었다. 다만 이 경우에 약간의 조건이 부여되었는데 주된 조건으로는 학교의 관리자는 '공립초등학교로 사용하기 위하여 지방당국(LA)이 무료로 교사를 제공하고 지방당국의 자금에 의해 학교를 유지·관리'한다는 것이었다(Lawson & Silver, 1973).

민간 유지 단체에 의해 설립·운영된 중등학교는 1902년 교육법에 의해 지방교육당국과 교육원 쌍방으로부터 보조금을 교부받을 수 있었다. 그러나 1919년 이후는 보조금을 지방교육당국이나 교육원 중에서 선택하도록 하였다.

이 시기에 국가적 초등교육의 기반이 되는 1870년의 법, 자녀에게 학교교육을 받도록 하는 것을 부모의 의무로 하는 1876년의 법, 강제 취학 제도가 성립한 1880년의 법, 수업료 무상이 제도화된 1891년 교육법이 연이어 성립하였다. 즉, 1870년 교육법 이후에 영국 기초교육 제도의 근간이 만들어졌다.

1870년 교육법은 스쿨보드의 재정적 부족분을 지방세 과세 당국에 요구하는 것이 가능하도록 하였다. 그러나 지방세의 지출을 줄이는 데 열성적인 자들로부터 스쿨보드는 마치 적처럼 간주되었다.

스쿨보드는 사립학교를 옹호하는 영국국교회와 보수당으로부터는 사회주의의 온상이라는 미움을 받고 세속주의자와 사회주의자들로부터는 민중 통제의 확대를 실현하는 장치로서 강력하게 지지를 받는 제도였다. 스쿨보드의 최대 적대 세력은 사립학교와 이를 옹호하는 영국국교회와 보수당이었다.

당초 기초교육 확대 대상인 노동자 계급이 스쿨보드의 위원이 되는 길은 실질적으로 닫혀 있었다. 투표 시간이 노동 시간과 겹치고 명예직이며 무급일 뿐 아니라 회의가 주로 주간에 열렸기 때문이다. 그러나 1884년의 제3차 선거법 개정으로 투표 시간이 오전 8시부터 오후 8시까지로 변경되었으므로 이 문제는 해결되었다.

1870년 교육법에서 세속 교육과 종교교육을 분리함에 따라 교육에 절대적이었던 교회의 지배가 약화되었다. 그러나 일부 종교계 학교에 대해서는 종교교육을 지방의 선택 사항으로 했기 때문에 스쿨보드를 둘러싸고 종교적 갈등이 생겼다. 사립학교 옹호자는 스쿨보드를 장악하고 업무에 혼란이 생기게 하는 등 스쿨보드를 공격했다.

사립학교는 재정적 측면에서 스쿨보드 설립 학교에 비하여 불리했다. 우수한 교사를 모집하여 시설 설비 면에서 최첨단을 가는 스쿨보드 설립 학교에 고객(학생)을 빼앗기는 현상도 생겼다. 1870년의 법은 빈곤 가정 자녀들의 수업료는 부모의 학교 선택에 따라 스쿨보드가 지불하도록 규정하고 있었다. 사립학교 옹호자는 역으로 지방세가 사립학교에 수업료로 들어가야 한나고 반격했다. 1891년 교육법에 의해 스쿨보드 설립 학교는 수업료가 무상이었으므로 사립학교의 재정 위기는 한층 더 심각하게 되었다. 약 10년 후인 1902년 교육법에 의하여 사립학교에도 지방세에 의한 보조가 이루어져 대립은 약간 수습되었다.

스쿨보드 제도하에서 교육 내용은 보조금 정책과 밀접하게 연결되어 있었다. 1862년 개정 교육령에서 읽고 쓰고 셈하는 6단계의 교육 과정 기준이 설정되어 학생의 교육 성과에 따라 보조금이 지불되는 성과기반급여 payment by results 제도가 이용되었다. 구체적으로는 연간 400회 이상 출석한 학생에게 4실링, 읽고 쓰기 시험에 합격한 학생에게 8실링의 보조금이 지급되었다. 생산고에 대하여 지출한다는 비즈니스 논리가 공교육에 받아들여진 것이다.

여기에는 크림전쟁에 막대한 비용을 지출하였기 때문에 경비 절감이 불가피하였던 국가의 재정 사정이라는 배경이 있었다. 경비 절감의 목적은 달성하였지만 교사의 수입이 감소하고 그 결과 교사가 야간학교를 개설하게 되어 1866년에는 야간학교 취학자 수가 149,000명으로 증가하였다. 또한 3R's 이외의 학습 성과는 보조금 대상이 되지 않기 때문에 그 이외의 학습 내용은 무시되는 경향이 있었다. 그래서 시학관을 속이는 교묘한 속임수까지 사용되었으며 효과적인 교육에는 연결되지 않았다. 여러 번 수정 후 성과기반급여 제도는 1890년의 교육령에 의해 폐지되어 일괄 보조금 제도로 변경되었다.

3. 1920-1944년의 교육

20세기의 시작에는 영국에서 대부분의 아동이 13세 초등교육을 수료하는 정도였으며 중등학교에의 진학은 극소수였다. 1902년 교육법(Balfour Act)에 의해 지방교육당국이 창설되고 공적 자금으로 중등학교를 설립·운영할 수 있게 되었다.

지방교육당국은 우리나라의 교육청과는 달리 지방의회의 일부이며 우리나라 지방 교육 자치 개혁 논의에서 교육 행정을 일반 행정으로부터 독립하여 운영하는 논리로 주장하는 교육의 자주성이나 정치적 중립성이라는 이념은 존재하지 않는다. 지방교육당국의 변천은 따로 지면을 할애하겠지만 현재는 폐지되어 존재하지 않으며 그 기능은 지방당국이 담당하고 있다.

1918년 교육법(Fisher Act)에서는 학교교육 상한 연령을 12세에서 14세로 연장하였으며 해도우리포트Hadow Reports(1931)에서는 11세에 중등학교 진학에 있어 선별을 권고하였다(Fidler, 2015). 1938년에는 스펜스위원회Spens Committee가 더 많은 아동들이 중등교육을 받을 수 있도록 하는 제도로 학교선별제tripartite system를 제안하였다(Fidler, 2010, p.36). [2]

영국의 교육 개혁에 있어 매우 중요한 위치를 차지하고 있는 1944년 교육법(Butler Act)에서 가장 중요한 조항은 공교육을 초등교육, 중등교육, 계속교육의 세 단계로 구성한다는 것이었다. 이에 따라 의무교육 수료 연령이 1945년부터 15세로 1년 연장되고(계속하여 2년간 연장되어) 곧이어 16세로 상향 조정되었다. 교육원은 교육부로 개편되어 지방교육당국의 역할도 바뀌었다. 민간이 경영하는 모든 사립학교는 1944년 이후 등록을 하고 사찰을 받게 되었으며 재조직을 위한 비용을 부담할 수 없는 유지 단체 설립 학교에 대해서는 한 가지 타개책이 제안되었다.

1944년 교육법 이후 학교교육에서 여전히 중요한 역할을 하던 교회 학교를 유지 단체 설립 관리 학교Voluntary controlled school와 유지 단체 설립 보조 학교Voluntary aided school 등 두 카테고리로 구분하였다. 그리고 지방당국이 학교 경비 전액을 부담하는 관리 학교의 지위를 선택할지, 그렇지 않으면 지방당국으로부터 학교 운영을 위한 경비 외에 학교를 법률이 정한 목적에 적합하도록 하기 위한 자본 지출의 반액을 지원받는 보조 학교의 지위를 택할지 이 중 어느 것을 선택할 자유가 부여되었다. 보조 학교의 경우 공적 지원이 1959년 50%에서 75%로 상승하고 이 비율은 새로운 유지 설립 중등학교의 건축비에 대해서도 적용할 수 있었다.

1944년 교육법이 시행될 때 직접보조학교 제도는 약간의 수정을 거쳐 유지되었다. 현존하는 231개교 중 160개교는 직접보조학교의 지위를 유지했지만 36교는 거절당하고 35개교는 인디펜던트스쿨이 되었다. 지방교육당국이 설립한 그래머스쿨 4개교는 등록이 인정되었지만 직접보조학교는 지방교육당국 설립 초등학교 출신의 수업료 면제 아동을 위하여 사전에 입학 정원의 최저 4분의 1을 남겨 두어야 하였다. 이보다 많은 인원을 할당하는 학교도 있었다.

4. 모든 아동에게 중등교육을

영국 사회의 민주화와 교육의 평등에 가장 크게 기여한 것은 중등교육 개혁이다. 1960년대 후반부터 중등교육 개혁은 정치의 장에서 논의되었으며 노동당 정권에 의해 개혁이 가속화되었다. 1962년 이래 모든 아동에게 평등한 교육 기회를 제공하는 것이 과제가 되었다.

1944년 교육법 시행부터 1964년에 걸쳐 중등교육의 종합제가 논의되어

1965년 10월의 회람문서Circular에 의해 중등교육의 종합제화가 전국적으로 추진되었다. 1944년의 법은 보수당과 노동당 연립 정권에 의한 것으로 그때까지도 종교 단체의 영향이 크고 지방교육당국의 권한이 컸던 영국의 교육을 중앙정부의 통제하에 놓았다.

1944년 교육법의 효과로 학교 선별제가 시작되었는데, 11세 학생들은 학문적 학습을 주로 하는 그래머스쿨grammer schools, 상업 및 공업의 테크니컬스쿨technical high school, 고등교육을 목표로 하지 않는 모던스쿨secondary modern school의 세 종류 학교에 분류되었다. 전국적인 학교 선별제의 시작이었다.

이들 학교가 학생의 진로에 따라 세 개로 크게 구분된 것뿐만 아니라 교육이 사회 계급과 결합하는 결과로 이어졌다. 대학 진학을 목표로 하는 그래머스쿨에는 중산 계급 이상의 학생이 모이는 경향이 컸다. 1944년 법은 이러한 세 종류의 학교에 동등의 사회적 위신이 부여되어야 한다고 생각하였지만 영국 사회에서 오랜 기간 침투해 있던 계급 의식을 불식시킬 수는 없었다.

1945년에 노동당 정권이 취임할 당시에는 주로 지방교육당국에 의해 교육 개혁이 추진되었다. 1947년부터 1951년까지는 교육부 장관이던 톰린슨 하에서 런던과 코번트리와 같은 노동당 세력이 강한 지역에서 중등교육의 종합화가 추진되었다.

각 지방교육당국이 교육 개혁을 입안하였지만 이러한 계획이 교육부 장관에게 그대로 인가된 것은 아니며 양자의 관계에 종종 갈등이 생겼다. 또한 이 기간은 노동당 안에서도 종합제 추진을 지지하는 의원이 반수에도 미달하고 교육부 장관 자신도 적극적으로 종합제를 추진하면서도 학교 선별제 역시 수용하였다. 그리고 1951년 총선거에서 보수당이 승리한 후 2회의 총선거를 통하여 세력을 증대시켜 갔다. 보수당은 그래머스쿨의 종합화를 싫어하는 부모들을 배경으로 그래머스쿨을 온존시키면서 학교 선별

제도 유지했다.

5. 종합제 중등학교의 정착

1960년대에 이르자 선발 수단으로 지능 테스트를 사용하는 것과 조기에 진로를 정하는 11세 시험11 Plus에 대한 비판이 높아져 1963년에는 영국 북부의 리버풀과 맨체스터에서 종합제화가 추진되고, 1964년에는 브래드포드에서 영국에서 처음으로 11세 시험이 폐지되었다. 여기에는 의무교육 수료 후에도 학교에 남는 학생이 증가하였으며, 또한 기술혁명이 변화하는 사회에 대응할 수 있는 기술을 가진 인재를 요구하는 등의 배경이 있었다.

그리고 일부의 아동만이 교육을 받을 수 있는 엘리트 시스템에서는 사회 변화와 사회로부터의 요청에 대응할 수 없었다는 점도 이유가 되었다. 게다가 사회학자로부터 11세라는 너무 이른 시기에 아동의 진로가 분류되는 학교 선별제를 비판하는 여론이 높았다(Brown, 1990). 상당수의 노동자 계급 자녀들이 그들의 잠재력을 개발할 기회를 빼앗긴다는 이유였다. 사회학자들은 지능 테스트 결과에 사회 경제적 요인이 작용한다는 것을 확인하여 비판 여론을 뒷받침했다.

학교 선별제에 대한 비판이 높아지는 가운데 1959년까지 보수당도 종합제 중등학교에 대한 태도를 바꾸지 않으면 안 되는 상황이 되었다. 아동의 능력에 따라 복수의 유형의 학교에 강제로 분별한다는 사고방식을 신뢰하지 않는 등 교육의 평등에 관한 관점에 변화가 있었다. 11세 시험 결과에 따라 세 종류 학교로 선별하는 시스템이 모든 학생의 교육 기회를 균등하게 하는 것을 의도하였지만 부모의 사회 경제적 지위가 교육의 결과에 반영되는 것처럼 당초 의도와는 다른 방향으로 나타나고 있는 것도 원인이 되었다.

1965년 7월 12일에는 회람문서 10/65이 발표되었다. 이것은 부모의 자유 선택이 가져오는 불평등의 위험성을 지적하였다. 또한 6개 타입의 종합제 중등학교를 제시하고 그중에서 일관제 종합제 중등학교가 지역의 모든 아동을 받아들이기 쉽다고 하여 모든 지방교육당국에 이 타입의 종합제 중등학교를 채용하도록 권장하였다.

종합제 중등학교의 추진은 학생 선발을 하는 그래머스쿨을 없애는 것이 그래머스쿨과 동등한 학문적인 중등교육을 모든 아동에게 제공할 수 있다는 정책 관점이 배경이 된 것이다. 1976년 교육법에서는 학교 선별제가 금지되어 1978년에는 약 80%의 학생이 종합제 중등학교에 취학하게 되었다.

1970년 총선거에서 보수당이 승리하자 회람문서 10/65이 철회되고 1974년에는 노동당이 정권을 탈환하였지만 1979년, 1983년 정권을 잡은 보수당 마거릿 대처Margaret Thatcher는 1976년 교육법을 철회하였다(Machin et al, 2012). 대처는 평등주의의 종합제 중등학교는 능력 있는 아동의 기회를 뺏고 있다고 공격하였다.

6. 1988년 교육개혁법

영국 보수당 대처 정권은 1980년 교육법과 1988년 교육개혁법에서 연이어 부모의 학교 선택권을 폭넓게 인정하는 교육 개혁을 단행하였다. 1944년 교육법 이래로 유지하던 거주지 취학교 지정제는 자유 선택제로 바뀌었으며, 교육부의 권한 강화로 국가와 교육과의 관계에 변화가 생겼다. '학교 감사의 컨설팅 회사 위탁', '출산 휴가로 결원된 교사의 대체 교원을 교원 파견 회사에 위탁', '성적이 부진한 학교의 정상화를 민간 기업에 위탁' 등 학교 민영화 정책도 추진하였다.

1988년 교육개혁법에 의한 교육 개혁은 '국가교육과정의 제정', '학교이사회에 재정 운영에 관한 권한 부여', '부모의 학교 선택권 확대', '지방교육당국의 감독을 받지 않는 공립학교의 허용', '런던지방교육국의 폐지' 등이 대표적이다(Edwards, 1989).

5세부터 16세까지의 공통 교육 과정에 의해 교수 내용의 결정이 교사의 자율에서 중앙정부의 통제로 이행하였는데, 국가교육과정의 목적은 '모든 학생의 학습과 성취 기회 제공', '전국의 모든 학생에게는 폭넓은 교육 과정을 동일하게 제공', '교육 과정은 학생의 정신적, 도덕적, 사회적, 문화적 발달을 증진하고 모든 학생에게 생활의 기회와 책임, 경험을 제공'하는 것이었다.

1988년 교육개혁법은 예산, 인사, 운영에 관한 대부분의 권한을 지방교육당국에서 학교이사회로 이양하여 학생 수를 기준으로 예산을 배분함으로써 학교이사회의 자율성을 실질적으로 도모하였으며, 교육개혁법의 성립으로 각 교육 수료 단계인 7세, 11세, 14세에서 도달 목표를 측정하는 평가(SATS)가 도입되었다. 시험 결과는 연례적으로 리그테이블로 발행하여 학교 간 성취도를 비교하도록 하였다.

그리고 자주적 학교 경영(LMS)을 도입하였는데 이는 학교 예산의 운용과 교직원 인사는 기본적으로 학교의 재량으로 하는 등, 학교의 자주성을 확대하는 한편 전국 공통 테스트 결과를 성적 일람으로 공표하였다. 아울러 도입된 국고보조학교Grant Maintained Schools는 지방교육당국의 관리에서 벗어나 중앙정부로부터 직접 보조금을 지급받는 공립학교로 학생 정원의 10%까지는 학업 성적에 의한 선발을 허용하였다.[3]

7. 1990-2000년대 교육 개혁

존 메이저John Major 정권기인 1992년에는 학교의 성과를 인터넷상에 공개하는 리그테이블league table(학교 성적표)이 도입되었다. 또 1992년에는 학교 감사를 담당하는 교육수준국(Ofsted)을 창설하여 교육의 국가 관여를 강화하였다.

교육수준국은 학교를 대상으로 감사를 실시하고 그 결과를 공표하는 것을 주된 임무로 하고 있다. 1997년 취임한 토니 블레어Tony Blair 총리는 정책의 최우선 순위를 교육에 두고 영국을 가장 교육되고 능력을 갖춘 세계 속의 국가로 만드는 것을 강조하였다.

2004년 아동법Children's Act 제정 이후 2005년에는 지방교육당국이 개편되었는데, 전국의 152개 지방당국에 교육 행정 사무의 책임자로서 아동서비스국장Director of Children's Service을 설치하였다.

2001년에 정권 2기를 맞은 블레어는 민간 부문의 활용을 명확히 하고 아카데미를 도입하였는데 이는 민간 부문의 활용이 종전 교육 시설 건설 및 유지·관리라는 하드웨어 측면에서 인사와 교육 내용, 거버넌스라는 학교 경영의 중핵에 관련되는 영역으로 변화하였다는 점에서 중요한 개혁이다. 아카데미는 2002년 9월에 3개교가 개교한 이래 신설하거나 공립학교에서 전환하여 2021-2022학기에 9,836개교로 크게 증가하였다.

8. 2010년 이후 교육 개혁

2010년에는 아동학교가족부(DCSF)가 교육부(DfE)로 개편되었다. 교육부는 잉글랜드를 대상으로 하는 아동 복지 및 교육 사무를 담당하는 중앙행정기관이며 대학 업무는 소관하지 않는다.

2010년에 도입된 새로운 학교 유형인 프리스쿨free school도 급진적 학교 개혁이다. 이 학교는 스웨덴의 학교 유형이 모델이며[4] 학교 설립 권한이 정부나 지방에서 자선 단체, 대학, 사립학교, 종교 단체, 교사, 학부모, 기업 등에게 이양되는 것이 특징이다. 영국의 교육 과정에 해당되는 국가교육 과정National Curriculum에 구속되지 않고 선발 방식은 자유이며, 무자격 교원의 고용까지 허용하는 등, 학교의 폭넓은 자율성을 보장하고 있다.

특히 2010년 이후에는 취학전교육의 충실과 교육을 통한 사회 이동을 촉진, 학생에게 세계적 수준의 교육을 제공할 수 있는 교사 양성 등에 교육 개혁의 초점을 두고 있다. 구체적인 정책으로는 2017년 9월부터 직업에 종사하는 보호자를 대상으로 3-4세 아동에 대한 무상 교육 시간을 종전의 15시간에서 30시간(연간 1,140시간)으로 연장하였다. 30시간 무상 교육 대상자로 등록된 가정은 한 세대당 연간 약 5천 파운드의 부담이 경감될 것으로 기대하였다. 또한 저소득 가정의 2세 아동도 무상 교육을 받을 수 있도록 하고 있다(ChildCare.gov).

2017년 12월 14일 저스틴 그리닝Justine Greening 교육부 장관은 모든 청소년에 대하여 확실하게 교육 기회를 제공하는 '재능 개화·잠재력 발휘' 계획을 밝혔다.[5] 사회 유동성을 촉진하기 위해 보다 많은 고용을 창출하고 수익 능력을 높여 국가의 생산성을 높이고자 하는 정부의 산업 전략과도 연계성을 가지는데 '교육 수준의 향상'은 1980년대 이후 영국 교육 개혁의 키워드라 할 수 있다.

제2절 ____ 교육 행정 제도

[그림Ⅱ-1] 영국의 아동 서비스 체계

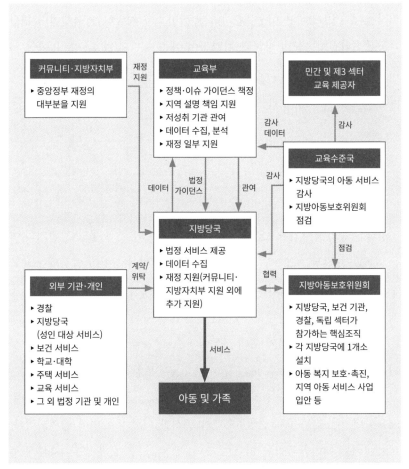

출처: National Audit Office.

주: 커뮤니티 · 지방자치부: Department for Communities and Local Government
교육부: Department for Education
지방당국: Local Authorities
교육수준국: Office for Standards in Education, Children's Services and Skills
지방아동보호위원회: Local Safeguarding Children Boards

영국은 아동 서비스를 위하여 중앙행정기관, 지방당국, NGO 등 제3 섹터, 민간 등으로 거버넌스가 구축되어 있다. 중앙행정기관으로서 교육부는 정책과 가이던스를 책정하며 커뮤니티·지방자치부는 재정 지원을 주된 임무로 하고 있다. 교육수준국은 아동 서비스에 대하여 감사와 점검을 실시한다. 지방당국은 아동 및 가족에 서비스를 제공하는 주체이며 지방아동보호위원회는 지방당국과 협력하여 아동 복지의 보호·촉진, 아동 서비스 사업을 주관한다. 그리고 아동 및 가족 서비스에 관한 많은 사업에는 NGO, 민간 그룹 등이 관여하고 있다.

1. 중앙교육행정기관

영국은 중앙행정기관으로 교육부가 설치되어 있다. 노동당 정권기의 아동·학교·가정부는 2010년 연립 정권이 시작되면서 명칭이 변경되어 교육부가 되었는데 여러 번의 개편이 있었다. 영국에서 국가적으로 교육을 통제하기 위한 최초의 기관은 1839년에 창설된 추밀원교육위원회Committee of the Privy Council on Education이며 초대 사무국장으로 '영국 공교육의 아버지'로 불리는 제임스 케이 셔틀워스James Kay-Shuttleworth가 부임하였다.

1900년에는 중앙교육행정기관으로 교육원Board of Education이 설립되었다. 교육원의 장으로는 1944년 이 체제가 종식할 때까지 22명이 임명되었다. 1922년에는 페비안주의의 리처드 토니Richard Henry Tawney가 '모든 자에게 중등교육을'Secondary Education for All을 발표하여 의무교육 제도의 개혁과 혁신의 필요성을 주장하였다.

1944년에는 교육법이 성립하여 11세 단계의 시험 결과에 따라 중등학교에 진학하는 학교 선별제가 시작되었다. 교육부도 이 법에 의해 설립되었다. 1964년에 교육부는 교육과학부(DfES)로 개편되었다. 교육과학부의 6대째 장관은 보수당 총리로 1988년 교육개혁법을 성립시킨 마거릿 대처(1970년부터 1974년까지 재임)였다.

메이저 정권기인 1992년 교육과학부는 교육부, 그리고 같은 정권에서 교육고용부(DfEE)로 재편되었다. 2001년에는 교육기술부(DfES)로 개조되었으며 고든 브라운Gordon Brown 정권기인 2007년에는 초중등교육 행정과 고등교육 행정을 분리하여 초중등교육은 아동·학교·가족부(DCSF), 고등교육 부문은 이노베이션·대학·기술부(DIUS)로 이전하였다.

아동·학교·가족부 설립에 따라 교육기술부에서 계속·고등교육 부문이 독립하여 무역산업부(DTI)와 통합하는 형식으로 이노베이션·대학·기술부가 설립된 것이다. 이와 같은 개편은 고등교육이 독립적인 부처를 가진다는 점에서 정부의 고등교육 중시 정책으로 볼 수 있지만 다른 시점에서는 초·중등교육과 고등교육의 분단으로 학제 간 연계성이 떨어진다는 지적도 있다.

2009년에는 비즈니스·이노베이션·기술부(DBIS)로 재개편되고, 2010년 연립 정권에서는 다시 교육부로 재편되었다. 영국의 교육부는 19세 이하의 교육에 관한 사무를 주관하며 과학, 기술, 고등교육 및 계속교육에 관한 사무는 비즈니스·이노베이션·기술부가 담당한다.

교육부에는 장관과 두 명의 부장관, 그리고 3명의 장관 정무관이 있다. 또한 교육 기관의 외부 평가를 담당하는 교육수준국(Ofsted), 교원양성연수국(TA) 등의 독립 기관 내지는 준정부기관이 설치되어 정책에 대한 조언 및 집행, 심판 등을 하고 있다. 종전의 자격·커리큘럼개발기구(QCDA)는 연립 정권에 의해 교육부에 통폐합되었다.

2. 교육수준국

1979년 5월부터 1990년 11월까지 11년 6개월에 이르는 대처 정권 시대, 연이어 1997년 5월까지 6년 반의 메이저 정권, 계 18년간에 걸친 보수당 정권의 청소년 관련 정책 가운데 가장 특징적인 하나는 학교교육에 대한 국가 개입이다.

당시 보수당 정권의 교육 정책은 교육의 시장 원리 도입과 국가교육과정, 국가 테스트 도입 등의 중앙 집권적 교육 정책을 통해 교육 수준의 향상을 목표로 하는 것이었다. 전통적으로 영국에서 교육 내용에 대한 책임은 지방교육당국이었으며, 이것조차도 대강적인 것만 정하고 있었으므로 구체적인 교육 내용은 각 학교의 재량에 맡겨져 있었다. 그러나 1970년대부터 계획된 영국 경제의 정체 요인이 학생 교육의 질 저하라는 지적 등을 배경으로 국가의 개입이 큰 폭으로 확대된 것이다.

이러한 정책을 바탕으로 국가의 역할은 도달해야 할 목표를 정하고 교육의 공급자가 그 목표를 달성했는지 아닌지를 평가하여 달성하지 못한 경우 시장으로부터 배제하는 것이었다. 이 정책은 1988년 교육개혁법에서 법제화되었으며 그 감시역으로서 중심적 역할을 한 것이 1992년에 창설된 교육수준국이다.

교육수준국은 학교의 감사를 담당하는 제3자 평가 기관으로서 사립학교도 포함한 교육 기관의 감사와 교육기술부에 대한 조언, 두 가지의 기능을 목적으로 설립되었다. 정부로부터 독립된 조직으로 영국 교육부의 하부 조직이 아니며, 실제 학교 수업을 시찰하고 학교에서 이루어지는 교육을 평가하고 있다. 2005년 교육법에 의해 학교의 자기 평가 중시, 감사 주기 단축(6년에서 3년), 2일 전의 사전 통지, 기간의 단축(1주에서 2일) 등의 변경이 있었다.[6]

우리나라의 경우 학교 감사는 관할청이 중심이 되어 주로 회계 관계에 대한 사후 확인이며 학교교육 운영에 관한 감사는 극히 제한적일 뿐만 아니라, 교육 내용에 대한 감사를 실시하는 조직 체계가 없는 것과 대조적이다.

교육수준국은 전국적으로 통일된 학교 감사 기준을 작성하고 일정한 수준을 유지하도록 하는 것이 주요 사명이다. 학교 설명 책임의 담보, 교육의 질 향상, 보호자의 학교 선택의 확대, 학교의 법적 책임 실현, 정부와 국회에 보고 등, 교육수준국의 역할은 다양한 분야에 걸쳐 있다. 그중에서도 교육적 이익의 수혜자인 보호자와 학생을 보호하는 것이 핵심이다. 따라서 감사는 학교에서의 교육의 질을 담보하고 개선으로 이어지도록 하는 것은 물론 그 정보를 외부에 공개함으로써 보호자와 학생의 학교 선택 등 이익으로 이어지도록 하고 있다.

교육수준국 감사의 특징은 감사의 공정성과 객관성을 철저히 관리한다는 점이다. 감사의 공정성 확보를 위해 감사일 전일 오후에 대상 학교에 다음 날 감사를 실시한다는 내용을 전달하는 것으로 시작된다. 예고 기간이 짧은 것은 학교가 감사를 특별히 준비하지 않도록 하여 학교의 교육 활동을 있는 그대로 평가하고자 의도하기 때문이다.

감사의 객관성 확보를 위해 감사 당일에는 감사관이 2일간에 걸쳐 수업 시찰을 하고 동시에 교장 등 학교 관계자에게 인터뷰를 실시한다. 감사 결과에 감사관의 주관적 평가가 들어가지 않도록 하기 위해 감사 방법의 표준화, 즉 홈페이지에 감사 전 준비 방법에서 당일 감사의 진행, 교과별 수업 평가 기준, 감사 시 국가교육과정 테스트 결과, 학생 출석률, 온라인 보호자 설문 조사, 학교에서 실시되는 자기 평가 등 데이터 이용 방법이 상세한 매뉴얼로 공개되어 있다(Ofsted, 2019).

즉, 평가의 객관성을 확보함으로써 학교로부터 평가 결과에 대한 반발이나 시시비비 등의 문제가 생기지 않도록 하고 있다. 아울러 감사관에게는 '비판적인 친구'의 역할이 기대되며 높은 식견과 능력이 요구된다. 평가 후 교육수준국은 평가 대상 학교의 감사 보고서Inspection Report를 작성하여 학생들의 학력 도달도, 지도의 질, 학생의 태도 및 안전관리, 교장의 리더십과 매니지먼트 각 항목에 대하여 ① 최우수Outstanding, ② 우수Good, ③ 개선 필요Requires Improvement, ④ 부적합Inadequate, 4단계로 평가한다.

이 보고서는 홈페이지에 공개되며, 동시에 학교 홈페이지에도 그 결과를 공개하여야 한다. 보고서에는 평가를 한 이유, 좋은 평가를 받기 위한 조언 등이 제시되며 학교 개선을 위한 구체적인 방향이 제시된다.

이 학교 감사는 학교교육의 질 향상을 위해 하지만 시찰 준비 및 수업 관찰 등으로 교사에게 과도한 부담이 생기고 교사의 사기 저하를 초래한다는 비판과 아울러 교사가 오직 성적을 올리는 데에만 관심을 가지게 되어 성적이 낮은 학생들이 문제 행동을 일으키는 결과를 초래한다는 비판도 있다.

교육수준국의 학교 평가가 학교 주변의 부동산 가격을 좌우하는 경우도 있을 정도이다. 학교는 교육수준국의 감사를 의식하지 않을 수 없으므로, 학교교육의 수준 향상에 큰 영향을 주고 있는 것으로 평가받고 있다.

3. 지방교육행정기관

영국(잉글랜드)의 지방에는 지방당국이 설치되어 있는데 2005년 이전의 지방교육당국은 아동법 제정(2004) 이후 개편되었으며 전국의 152개 지방청에는 교육 행정 사무의 책임자인 '아동서비스국장'Director of Children's Service이 있다. 아동서비스국장의 도입은 2003년 의회에 제출된 정책 문서 '모든 아동을 중요하게'Every Child Matters에서 제안하였는데 이 문서는 아동 학대 사건의 조사 보고서가 직접적인 발단이 되었다.

영국의 교육 행정 구조는 1988년 보수당 대처 정권의 교육개혁법 이후 자주적 학교 경영(LMS) 방침에 따라 정부 재정 지원을 받는 학교에는 학교이사회school governing body가 설치되어 학교 경영에 폭넓게 관여하는 등 단위 학교에 많은 권한이 배분되어 있다.

공립학교 거버넌스로서 책임과 권한을 가지는 학교이사회는 인사, 예산, 커리큘럼 방침의 결정 등 학교 경영 전반에서 주도적(스테이크홀더) 역할을 하고 있다. 부모, 지역 대표도 이사에 선임되며 교장은 당연직이다. 이사는 무보수로 임기는 4년이며 중임 제한은 없지만 교육수준국 등의 제3자 평가에서는 학교이사회의 운영도 점검한다.

4. 지방 교육 행정과 학교와의 관계

지방당국의 학교에 대한 책무는 입학 기준의 설정 및 사무 절차, 학교 재정의 배분 관리와 교원 관리, 특수교육 접근 기회의 조정, 학생의 문제 행동에 대한 관여, 교육적 문제 학교에 대한 개선 지원 등이다. 지방당국이란 우리나라의 지방자치단체에 해당하는데 2005년까지 존속하였던 지방교육당국은 지방의회의 문교위원회 사무국이었지만 2005년 이후 지방의회 개혁 및 복지 영역과의 통합 행정 실현을 위하여 지방당국으로 변경되었다. 현재에는 지자체에 따라 부서명이 다른데 아동서비스국, 교육서비스국 등의 명칭을 사용하고 있다.

영국에 다양한 타입의 학교가 혼재하는 것은 영국의 학교 성립의 역사에 기인한다. 19세기 초반까지 학교 관리 및 운영에 직접 관계하는 공적인 기관은 없었으며 학교는 유지 단체(주로 국민협회와 내외학교협회 등)에 의해 설립·운영되어 왔다. 교육을 포함한 모든 부문에서 국가 간섭보다는 자선주의 원칙이 우위에 선다는 영국의 정치적 판단이었다.

최초의 지방교육기관은 1870년 교육법에 의해 설립된 스쿨보드이다. 학교가 충분하게 설립되지 않은 지역에는 스쿨보드에 의해 지방세를 재원으로 하는 공립의 기초학교가 설치되어 기초교육의 보급에 공헌했다. 이후 1902년 교육법에 의해 스쿨보드가 폐지되고 지방교육당국이 설치되었다. 지방교육당국은 지방교육행정기관으로서 권한이 강화되어 기초교육 이상의 교육 등의 제공도 가능하게 되었다. 독립계의 전통적인 중등학교가 이미 상당수 존재하였지만, 1902년 교육법을 계기로 공립의 그래머스쿨과 기초교육 이후의 상급 학교가 증설되었다.

1922년 노동당 강령 '모든 자에게 중등교육을' 이후 3분기형의 중등학교가 확충되었으며 1944년 교육법에 의해 지방교육당국이 정비되고 권한이 강화되자 지방교육당국이 모든 교육 단계에서 학교의 설치 내지는 운영의 주체가 되었다. 이 시기에 학교 체계가 지방교육당국이 관할하는 학교(과거의 카운티스쿨)와 유지 단체에 의해 설립되어 공적 재정으로 유지되는 학교로 자리 잡게 되었으며 중앙정부와 지자체, 학교로 이어지는 기본적 구조가 구축되었다.

그런데 이 구조를 근본적으로 바꾼 것이 신보수주의와 신자유주의를 바탕으로 한 1988년 교육개혁법이다. 대처 정권은 선택과 다양성을 공교육 제도 안에 확보하기 위해 자주적 학교 경영 및 학교 선택제를 도입하고 학교에 권한을 이양함으로써 지방교육당국의 권한과 역할을 약화시켰다.

지방당국과 학교는 과거에 파트너십에 의해 탄탄한 관계가 구축되어 있던 시기가 있었지만 1980년대 이후 학교 재량권의 확대와 더불어 특히 준시장화의 물결 내지는 민영화 기법의 도입에 의해 학교 설치자와 학교 운영에 관련된 스테이크홀더가 다층화되었는데 그 상징이 아카데미이다.

아카데미는 지방당국 관리에 의한 학교가 지방당국에서 벗어나 국가로부터 직접 운영비를 수급하고 각 학교가 독자적으로 관리·운영하는 학교이다. 지방당국으로부터 독립한 학교를 장려하는 정책은 정권에 따라 다소 차이가 있지만 노동당이든 보수당이든 공통적으로 채택하고 있는 교육개혁의 전략이 되어 있다.

제3절 ___ 의무교육

1. 영국 사회의 민주화와 초중등교육

초등교육에서 취학 연령의 연장은 선거법 개정과 밀접하게 연결되어 있었다. 영국의 의회제는 왕권을 제한한 13세기의 마그나카르타(대헌장)를 근거로 한 신분제 의회, 17세기의 퓨리탄혁명, 명예혁명을 거쳐 그 원칙이 형성되어 왔다. 이후 산업혁명에 의해 도시에 공장 노동자가 증가하자 선거법의 개정에 의한 선거권의 확대를 도모하였다. 1833년 제1차 선거법 개정과 공장법 제정 이후 선거권의 확대와 함께 아동의 취학 확보와 취학 연령의 상향 조정이 이루어졌다.

노동자 계급에게 투표권이 부여되었던 제2차 선거법 개정(1867) 후인 1870년에는 5세에서 13세까지의 취학을 강제하는 국가적 교육 제도의 기초가 된 교육법이 성립한다. 1870년 교육법에서 의무취학을 강제하였지만 지역 간 격차 문제가 있었는데 영국에서 도시 지역과 농촌 지역 간에 취학률의 격차가 컸다. 예를 들면 1876년에 영국 전체 학령인구의 50%가 취학하였지만 도시 지역 아동의 취학률은 84%로 농촌 지역이나 도시 빈민 지역에 비해 훨씬 높았다.

20세기가 시작할 때만 해도 일부를 제외한 대부분의 아동들은 초등교육 종료 연령인 13세까지의 교육이 일반적이었다(Fidler, 2010). 이후 30세 이상의 여성에게도 참정권을 부여한 1918년의 제4차 선거법 개정이 있었던 해에는 의무교육을 5세에서 14세까지로 한 교육법이 공포되어 교육 기간이 다소 증가하였다.

인권법에서 정하는 교육을 받을 권리 외에 1996년 교육법은 아동이 자신들의 나이, 능력, 태도, 그들이 가지고 있는 특별한 교육 욕구를 고려하여 정규 교육을 보장하기 위해 의무교육 연령에 해당하는 5세에서 16세까지 아동의 부모와 후견인에게 법적 의무를 부과하였다. 1996년의 법에서는 학교의 허가 없이 학교에 취학하지 않는 부모와 후견인에 대하여 형법상의 벌칙을 부과했다.

미취학 아동의 부모에게는 벌칙으로 최고 3개월까지의 금고 또는 1,000파운드의 벌금에 처해지도록 하였다. 이러한 벌칙에 대해서는 학생의 질병, 학교에 의해 허가된 결석 혹은 홈에듀케이션 등과 같이 많은 법률적 항변 statutory defenses이 있었다.

2. 교육을 받을 권리

1998년 인권법(Human Rights Act Schedule 1, First Protocol) 제2조에서는 교육을 받을 권리를 규정하고 있다.

"누구도 교육을 받을 권리의 효력은 부정되지 않는다. 교육이나 교수

와 관련한 권력의 행사에서 국가는 부모의 종교적이고 철학적인 신념
에 따라 교육과 교수를 보장하는 부모의 권리를 존중하여야 한다."

영국은 성문 헌법을 가지지 않으므로 중요한 제정법이나 판례법, 불문
조약에 따르고 있다. 인권에 관한 유럽 조약European Convention on Human Rights의
영국 국내법 실체 규정인 1998년의 인권법은 성문 헌법에 포함되어 있는
많은 전형적인 권리를 체계화하고 있다.

부모의 자녀에 대한 교육의무는 1996년 교육법 제7조에서 규정하고
있다.

"의무교육 연령에 해당하는 모든 아동의 부모는 규칙적인 학교 출석
또는 기타 방법에 의해 연령, 능력 및 적성에 맞는 그리고 특별한 교육
욕구가 있는 경우에는 거기에 맞도록 효과적인 전일제 교육을 받도록
하여야 한다."

영국은 우리나라와는 달리 자녀를 가진 부모에게 취학의무를 부과하지
않고 교육의무를 부과하므로 학교에 취학하지 않고 재택 교육을 하는 홈
스쿨링에 참가하는 아동도 적지 않다. 지방당국은 홈스쿨링에 참가하는
경우, 부모가 적절한 교육을 실시하지 않는다고 판단하는 때에는 개입이
가능하며, 개선이 이루어지지 않는다고 인정되는 경우에는 학교 출석 명
령을 한다.

1870년에 의무교육 제도가 도입되었지만 그것은 국가가 모든 아동의 교
육에 개입하는 것을 의미했다. 그 이전에도 아동을 가혹한 노동에서 보호
하고 빈곤과 범죄에서 격리하기 위한 의도로 부분적인 강제 취학 제도가
있었다. 이는 보호자가 자녀에 대한 교육 의무를 태만하고 있거나 의무를

다하지 않는다고 판단되는 경우에는 국가가 친권에 개입하는 것이다.

모든 아동이 교육을 받을 수 있도록 하는 것은 1870년 이후 중요한 정치적인 과제가 되어 있었다. 아동에게 기초교육을 받도록 할 의무를 벌칙과 함께 규정한 것은 1876년 교육법이었다. 그러나 동법에서도 취학 추진의 방법은 지방의 조례에 의하도록 하였으므로 전국적으로 취학의 독려가 철저하게 이루어지지는 않았다. 드디어 1880년 법에서 지방의 조례로 취학을 독려하던 방식을 철폐하고 국가적으로 의무교육의 보급을 추진하였다.

의무교육은 아동의 5세 출생일에 시작되지만 부모에게는 5세에 달한 후 최초 학기의 개시까지는 의무가 발생하지 않는다. 입학은 통상 9월에 하지만 학교에 따라 1월 입학, 3월 또는 4월에 입학을 인정하는 경우도 있다. 다만 대다수의 아동이 의무교육 연령 5세에 달하는 해에는 입학 예정 학교의 리셉션클래스에 다닌다. 또한 전일제 의무교육은 16세 출생일에 종료되지만 2008년 교육기능법에 의해 교육 또는 훈련을 받을 의무는 18세까지로 변경되었다.

3. 의무교육 학교의 취학

영국의 의무교육은 5세부터 16세까지로 초등교육과 중등교육이 대상이 된다. 교육 단계는 0-5세까지는 취학전교육, 5-11세는 초등교육, 11-14세는 전기 중등교육, 14-18세는 후기 중등교육, 18세 이후가 고등교육이다.

취학 전의 아동 중 3-5세는 보육학교 등 어떤 형태로든 취원하여 교육을 받고 있다. 4세 생일을 지난 이후 9월부터는 초등학교의 리셉션클래스에 재적할 권리가 모든 아동에게 인정되며 대부분의 아동이 그렇게 하고 있다. 의무교육 단계의 공영학교에서는 5-11세는 초등학교에, 11-16세까지는 중등학교에 다닌다. 중등학교는 대부분이 입학자 선발을 실시하지 않는 종합제 중등학교이다.

한편 일부 지역에서는 유아학교(5-7세), 주니어스쿨(7-11세)로 구분하거나 퍼스트스쿨(5-8세), 미들스쿨(8-12세), 중등학교(12-16세)로 학교를 구분하고 있다. 학교에 입학 수속을 하여 등록한 학생의 부모는 2002년 교육법에 의거하여 규칙적으로 자녀를 출석시킬 의무를 가진다. 출결석은 담임 교사에 의해 오전과 오후 개시와 더불어 이루어진다. 우리나라는 주로 출석 일수로 계산하지만 영국에서는 출결석의 기준이 반일 단위이다.

결석은 출석으로 인정되는 정당한 결석과 출석으로 인정되지 않는 부당한 결석으로 구분된다. 정당한 결석은 질병, 관혼상제 외에 연간 10일 범위에서 학기 중 가족 여행을 인정하고 있다. 그리고 정학은 연간 최장 45일까지이며, 퇴학의 경우는 정식 결정이 인정되기까지의 기간은 정당한 결석으로 인정된다.

부모가 자녀의 교육의무를 이행하지 않아 제소되는 경우도 적지 않다. 한 예로 15세의 소녀가 3개월간 6일밖에 등교하지 않은 사건에 대하여 법원은 부모가 책임을 다하지 않았다는 이유로 학생의 아버지에게는 250파운드, 어머니에게는 150파운드의 벌금을 부과하였다. 학생의 아버지는 "자신은 아침 7시까지 일을 하러 가기 때문에 9시부터 시작하는 학교에 딸을 데려다줄 수 없었다"고 이의를 제기하였지만 받아들여지지 않았다.

앞서 말했듯 영국은 우리나라와 달리 교육의무를 부과하므로 자녀를 학교에 취학하게 할지 재택 교육인 홈스쿨링을 할지는 부모가 선택할 수 있다. 하지만 자녀를 학교에 취학시키고자 선택한 이상 취학의무의 이행을 엄격히 요구하고 있다.

2021-2022학기 기준 계통별 학교 수와 재적 학생 수는 보육학교 3,117개교 136,045명, 공영(정부 재정 지원) 초등학교 20,788개교 5,494,541명, 공영

중학교middle schools 23개교 22,516명, 공영 중등학교secondary schools 4,204개교 4,202,041명, 특별지원학교 1,550개교 173,435명, 사립학교 등 정부 재정 미지원 학교 2,487개교 592,177명, 정부 재정 미지원 특별지원학교 56개교 3,965명 등 총 32,226개교 10,624,720명이다.[7]

영국 초중등교육의 특징으로는 중등학교의 학생 수는 늘고 초등학교 학생 수는 감소하고 있다는 점인데 이러한 현상은 출산율과 관련이 깊다. 영국의 합계 출산율은 2002년 1.6명으로 저점에 도달한 후 10년간 증가하여 2012년에는 1.9명으로 정점에 도달하였으나 다시 감소하기 시작하여 2020년에는 1.6명이 되었다. 따라서 2012년 이후에 출생한 초등교육 단계의 학령인구는 줄고 2021년 전에 출생한 중등교육 단계의 학령인구는 출산율 감소의 영향을 적게 받고 있다.

4. 의무적 계속교육

2008년 교육기능법Education and Skills Act에 의해 의무교육 후의 2년간, 즉, 18세까지의 교육참가연령상향(RPA)이 결정되어(제1, 2조) 2013년부터 단계적으로 도입되었다. 다만 '의무'의 내용은 16세까지의 전일제 의무교육과는 달리 시간제도 인정된다. 중등학교(식스폼) 또는 계속교육 칼리지 등에서 전일제 교육을 받거나, 정규직으로 일하면서(자원봉사 활동도 포함) 시간제 교육 또는 훈련을 받는 것을 의무화하고 있다. 정부는 이 정책으로 10대 후반 청소년의 교육·훈련 참가를 확대하고 교육 및 기능의 수준 향상을 기대하고 있다.

교육·훈련의 계속이 의무화됨에 따라 지방당국에는 대상이 되는 청소년에 대하여 충분한 교육·훈련을 제공하여 지원하도록 의무가 부과되어

[표 II-1] 의무교육과 의무적 교육·훈련의 비교

구분	의무교육	의무적 교육·훈련
근거 법령	1996년 교육법	2008년 교육기능법
연령	5-16세 11년간	17-18세 2년간
교육 방법	• 전일제 교육(통상 학교교육이지만 홈 스쿨링도 인정)	• 전일제 또는 시간제 교육·훈련 • 취업자는 시간제의 교육·훈련 • 견습 훈련 프로그램
부모의 의무	• 부모의 교육의무. 위반자는 내용에 따라 벌금이나 금고	• 전일제 또는 시간제 교육 또는 훈련은 본인의 의무. 다만 위반자에 대한 벌칙은 없다.
교육비	무상	무상

출처: DFE Raising the participation age. (RPA).

있다. 아울러 해당되는 교육 기관은 대상자의 참가를 촉진할 책무가 있다.

5. 의무교육 학교 취학의 예외: 홈에듀케이션

의무교육 연령에 있는 자녀를 학교에 취학시키지 않고 가정 등에서 교육을 시키는 재택 교육을 미국에서는 홈스쿨링이라고 부르는 것이 일반적이지만 영국에서는 홈에듀케이션이라 부른다. 영국에서는 가정교육의 전통이 계승되어 현재에도 학교교육 이외의 기타 방법으로 교육의무를 이행하는 것이 1944년 교육법에서 정식으로 인정되었다.

홈스쿨링에 참가하는 미국의 청소년이 170만 명을 넘고 있는 것과 대조적으로 영국의 경우 대부분의 부모들은 자녀의 학교 취학을 선택하고 있다. 다만 학교 선택에 있어 사회 경제적 배경은 어느 정도 작용하고 있는데 사학의 전통이 뿌리 깊은 영국에서 중류 계급의 가정에서 자녀를 사립학교에 취학시키는 전통은 크게 변하지 않고 있다.

한편으로 법 제도상으로 '의무교육=취학의무'가 아니므로 자녀의 교육을 부모가 자체적으로 실시하는 방법이 정규의 교육의무로 확립되어 있다는 점에서 의의는 크다. 1988년 교육개혁법 성립 시 학교 선택제를 찬성하는 의견 중에는 '부모의 자녀 교육 선택권'은 법제도 이전의 권리라는 의견이 학교 선택제를 찬성하는 논리가 되었다.

미국과 비교하면 재택 교육에 참가하는 청소년은 많지 않지만 최근에는 증가 경향에 있다. 영국의 공영방송 BBC는 2016-2017학년도에 영국에서 홈에듀케이션에 참가하는 청소년은 4만 8천 명으로 2014-2015학년도의 3만 4천 명보다 크게 늘었다고 보도한 바 있다.[8] 홈에듀케이션 참가 청소년이 6만 명이라는 의견도 있다.

홈에듀케이션의 경우 국가교육과정을 준수할 필요는 없지만 부모에게는 자녀에게 적절한 교육을 제공할 것을 요구하고 있다. 법률상 지방당국은 당해 지역에 있는 아동의 교육에 대한 책임이 있으므로 일정한 관여를 할 수 있다. 따라서 지방당국의 담당자에 의한 가정 방문이 정기적으로 이루어지고 있다. 또한 지방당국과 홈에듀케이터 간에 교육에 관하여 의견에 차이가 생긴 경우에는 법원이 가정에서의 교육이 적절한지, 아동에게 있어 무엇이 최선인지를 판단한다.

제4절 ___ 학교 제도

1. 학교 제도의 개요

영국은 잉글랜드, 웨일스, 스코틀랜드, 그리고 북아일랜드, 네 지역으로 구성된 연합 왕국이다. 이 네 지역은 서로 공통성을 가지면서도 특색 있는 교육 제도를 형성하고 있다. 공적 자금에 의해 설립되거나 유지되는 공영학교의 경우 초중등교육 기간은 5세부터 13년간으로 초등학교 6년(5-10세), 중등학교 7년(11-17세)이 가장 기본적인 형태이다.

영국의 교육은 주로 초등교육(의무교육), 중등교육(의무교육+의무교육 후), 고등교육 세 단계로 구분되어 있다. 교육 단계별 취학 기간은 잉글랜드·웨일스 6-7(5+2)-3제, 스코틀랜드 7-6(4+2)-4제, 북아일랜드 7-7(5+2)-3제이다. 중등학교는 의무교육에 포함되는 최초 5년간과 의무교육 후의 2년간(sixth form)으로 구분된다. 일부 지방에서는 초중등교육이 퍼스트스쿨(주로 5-8세), 미들스쿨(주로 9-12세), 어퍼스쿨(15세 또는 17세까지)의 세 단계로 구분되어 있다.

공적 자금을 받지 않는 인디펜던트스쿨Independent schools(이하 "사립학교"로 통칭)은 2,394개교(2021-2022학기 기준)이다. 사립학교는 다양한 단계와 규모를 가지며 전통적인 중등학교인 퍼블릭스쿨(11세 또는 13-17세)과 이와 접속하는 프리패러토리스쿨(7-10세 또는 12세), 프리프리패러토리스쿨(5세 또는 그 이하)이 일반적인 형태이다.

영국의 학교는 공영학교와 사립학교로 대별할 수 있으며, 공립학교는 지방당국(LA)이 관리하는 공비公費유지학교와 지방당국 관리 외의 학교로 구분할 수 있다. 아울러 공비유지학교 대부분은 지방당국이 설치한 학교가 아니며 종교 단체 등 다양한 단체가 설립하였기 때문에 지방당국이 유지·관리하는 모든 학교를 공립이라고 부르는 것은 타당하지 않으며 공영학교로 부르는 것이 정확한 표현이다. 지방당국의 관여 정도도 학교 유형에 따라 다르다.

[그림 II-2] 영국의 학교 계통도(잉글랜드)

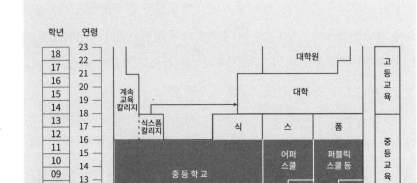

- 취학전교육: 보육학교 및 초등학교 부설 보육학급에서 이루어진다.
- 의무교육: 의무교육 기간은 5-16세의 11년이지만 18세까지 교육이 가능하다.
- 초등교육: 초등교육은 통상 6년제의 초등학교에서 이루어진다. 초등교육은 5-6세를 대상으로 하는 2년(유아부)과 7-10세(초급부)를 위한 후기 4년으로 구분된다. 양자는 한 개의 학교에 병설되어 있는 것이 일반적이지만 일부 지역에서는 인펀트스쿨과 주니어스쿨로 나뉘어 설치되어 있는

경우도 있다. 또한 일부 지역은 유아부와 초급부가 아닌 퍼스트스쿨(5-7세, 5-8세 등) 및 미들스쿨(8-11세, 9-12세 등)인 경우도 있다.

- 중등교육: 중등교육은 통상 11세부터 시작된다. 5년 또는 식스폼을 포함한 7년 과정이다. 의무교육 후 중등교육의 과정(기관)으로는 중등학교에 설치되어 있는 식스폼으로 불리는 과정 및 독립의 학교로서 운영되고 있는 식스폼칼리지가 있다. 식스폼에서는 주로 고등교육 준비 교육이 이루어진다. 초중등학교는 경비 부담을 기준으로 공영학교와 사립학교로 구분된다. 사립학교에는 퍼블릭스쿨(11세 또는 13-17세), 프리패러토리스쿨(7-10세, 12세) 등이 포함된다.
- 고등교육: 고등교육기관에는 대학 등이 있다. 대학에는 제1 학위(학사) 취득 과정(통상 수업 기간은 3년) 외에 각종 전문 자격 취득을 위한 단기과정이 있다. 1993년 이전은 폴리테크닉이 33개교 있었지만 모두 대학으로 전환되었다.
- 계속교육: 계속교육이란 의무교육 후 다양한 교육을 가리키는 것으로 일반적으로 계속교육 칼리지로 총칭되는 각종 기관에서 이루어진다. 청소년이나 성인에 대하여 전일제, 주·야간 시간제 등에 의해 직업교육을 중심으로 하는 다양한 교육 과정이 제공된다.

영국의 공영학교는 지방당국이 관리하는 학교로 커뮤니티스쿨, 지방보조학교, 유지 단체 설립 보조 학교, 유지 단체 설립 관리 학교가 있으며, 지방당국의 관리 범위 외의 학교는 아카데미, 프리스쿨, 시티테크놀로지칼리지가 있다. 그리고 국가 등 정부기관의 관여를 받지 않는 사립학교가 있다.

[그림Ⅱ-3] 영국의 학교 종류

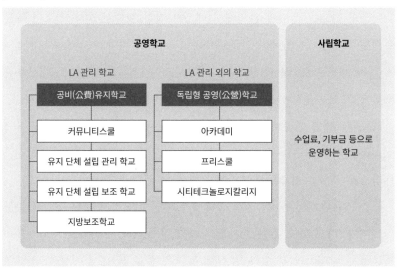

커뮤니티스쿨은 공적 재정으로 설립되어 운영되는 학교로 우리나라의 공립학교에 가깝다. 1998년 교육수준·체계법에 의해 지역 사회 내의 학교라는 것을 더 강조하기 위해 카운티스쿨에서 커뮤니티스쿨로 명칭이 변경되었다.

지방보조학교는 1988년 교육개혁법에서 국고보조학교(GM)로 불렸으며 지방당국의 관여 대상에서 이탈하여 국가로부터 직접 보조금을 받고 보다 많은 자율성을 가졌다. 그 후 1998년의 법률에 의해 지방보조학교로 명칭이 변경되어 국가로부터의 보조금 교부는 지방당국을 경유하도록 변경되었지만 다른 내용에는 변경이 없다.

유지 단체 설립 보조 학교 및 유지 단체 설립 관리 학교는 주로 종교계(영국국교회 및 가톨릭 등)의 유지 단체에 의해 설치된 교육 기관이지만 학교 시설의 유지·관리, 교직원의 채용, 학생의 입학 조건 등 학교 경영에 있어 지방당국이 부분적으로 권한을 행사하고 있다. 커뮤니티스쿨과 지방보조학교 중에는 특별한 교육적 필요를 가진 학생들을 위한 특별 학교가 포함되어 있다.

영국의 학교는 설립과 관리에서 매우 복잡한 형태로 되어 있으며 학교 유형도 복잡하다. 영국의 의무교육은 5세부터이지만(잉글랜드 5-18세, 웨일스·스코틀랜드 5-16세, 북아일랜드 4-16세) 초등교육 단계의 공영학교 대부분은 취학 전의 아동을 받아들이기 때문에 3세부터 11세까지 재학이 가능하다.

초등학교에는 프라이머리스쿨이라는 유아에서 6학년까지 일관 교육을 실시하는 유형과 유아와 1-2학년을 대상으로 한 인펀트스쿨과 3-6학년을 대상으로 한 주니어스쿨로 분리된 유형의 두 종류가 있다.

중등교육 단계의 공비유지학교 대부분은 선발을 하지 않는 종합제 중등학교이다. 다만 학교 수는 많지 않지만 모던스쿨(비선발제)과 그래머스쿨이 잔존하는 지역이 일부 있다. 또한 중등교육 수료 후 16세 이상 학생 대상

교육 기관인 식스폼을 중등학교에 부속하고 있는 경우도 있고 독립한 교육 기관으로 설치하는 경우도 있다.

2. 취학전교육

취학전교육은 0세 아동부터 5세 아동까지를 포함하고 교육·보육의 관점에서 취학전기초단계(EYFS)가 설정되어 있다. 수업 연한은 정해져 있지 않으며 주된 대상은 3-4세 아동이지만 최근에는 2세 아동에 대해서도 공적 지원이 강화되어 있다.

취학전교육·보육은 학교, 지방당국, 민간 그룹 및 단체, 개인 등 다양한 주체에 의해 제공되고 있다. 학교의 경우 공립 취학전교육기관으로 ① 2-5세 아동을 대상으로 하는 보육학교nursery school, ② 주로 3세, 4세 아동에게 취학전교육을 제공하는 초등학교 부설 보육학급nursery class, ③ 초등학교 입학 직

[표II-2] 취학전교육 제공 기관별 원아 수·비율(3-4세)

구분	제공 기관	2011년	2015년	2018년
공립 (공영)	보육학교	38,730(3%)	37,510(3%)	33,470(2%)
	초등학교 보육학급	296.550(23%)	294,640(21%)	272,280(20%)
	초등학교 유아학급	390,780(30%)	422,490(30%)	412,420(30%)
	중등학교	3,100(-)	7,390(-)	9,580(-)
사립	민간 시설	457,600(35%)	524,300(38%)	526,620(39%)
	사립학교	33,660(3%)	31,100(2%)	26,140(2%)
특수학교		4,040(-)	4,460(-)	4,110(-)
계		1,224,470	1,321,900	1,284,630

출처: Department for Education, Education provision: children under 5 years of age. (2018).

전의 유아를 조기에 받아들이는 리셉션클래스reception class가 있다. 그리고 사립의 취학전교육기관도 일부 있다.

영국에는 보육학교, 보육소 외에 3·4세 아동을 자택에서 유료로 보육하는 탁아원childminder 제도가 있다. 아동 보육 제공자는 교육수준국에 등록이 의무화되어 있으며 교육수준국의 감사를 받는다. 또한 복지 서비스를 병행하여 제공하는 아동센터에서도 보육이 제공되고 있다.

영국(잉글랜드)에서는 종전 3-4세 아동과 일부 경제적으로 곤란한 상황에 있는 가정의 2세 아동을 대상으로 연간 38주간, 주당 15시간의 취학전교육을 무상으로 제공하였다. 그리고 2017년 9월 1일부터 직업을 가진 보호자를 대상으로 3-4세 아동에 대한 무상 교육 시간이 15시간에서 30시간으로 연장되었다. 학교 종별 및 설치 형태를 불문하고 모든 교육 기관이 대상이 된다.

이전에는 의무교육이 5세부터 시작되었지만 3-4세 아동을 대상으로 하는 취학전교육은 주당 15시간, 연간 570시간을 상한으로 무상으로 받을 수 있었는데 이 상한이 2017년 9월부터 주당 30시간이 되어 연간 시간 수도 570시간에서 1,140시간으로 확대된 것이다. 무상 조건으로는 보호자가 ① 직업을 가지고 있거나 육아 휴업, 질병 요양, 연차 휴가 중에 있으며, ② 수입액을 기준으로 국가가 정하는 최저임금 또는 최저 생활임금을 받고 있어야 한다.

3. 초중등교육

1) 초등교육

영국은 우리나라보다 취학 연령이 1년 빠른 5세에 초등학교에 입학을 한다. 초등교육은 5-11세 6년간이며 전국 공통 커리큘럼에 설정되어 있는 교육 단계 중 키 스테이지 1 및 키 스테이지 2에 해당된다. 대부분 6년제 초등학교에서 교육이 이루어진다. 그리고 초등학교에는 취학 전 4세 또는 5세 아동을 대상으로 하는 리셉션클래스가 설치되어 있는 것이 일반적이며 학교에 따라 3-5세의 유아를 대상으로 하는 보육학급이 개설되어 있다.

초등학교는 2년간의 유아부infant department와 4년간의 주니어부junior department, 두 단계로 구분된다. 일부에서는 유아학교infant school 및 주니어스쿨junior school이라는 별도의 학교로 설치된 경우도 있다. 그리고 초등교육에서 중등교육으로의 원활한 접속을 기한다는 관점에서 퍼스트스쿨과 이에 접속하는 미들스쿨을 설치하는 경우도 있다.

2) 중등교육

중등교육은 11-18세 7년간으로 정규 교육에서의 의무교육은 16세에 종료한다. 영국에서 중등교육을 전기 중등교육, 후기 중등교육으로 구분하는 것은 일반적이지 않지만 의무교육 단계인 11-16세를 전기 중등교육, 의무교육 후의 단계인 16-18세를 후기 중등교육으로 나눌 수 있다.

공립이나 공영학교에서 이루어지는 중등교육의 대부분은 초등학교 졸업자를 무시험으로 받아들인 후, 학생의 능력·적성·진로 등에 맞춰 교육을 제공하는 종합제 중등학교이다. 예외적으로 공립이나 공영학교 중 학생을 선발하는 그래머스쿨이 있다. 중등학교에는 전기와 후기 일관제인 7년제 학교와 전기 중등교육만을 제공하는 학교가 있다.

4. 학교 유형

　영국의 초등학교와 중등학교는 크게 국가와 지방정부에 의해 유지·관리되는 학교인 정부유지학교maintain schools(이하 "공영학교")와 공적 자금의 지원을 받지 않는 사립학교independent schools로 구분된다. 그러나 지방정부에 의해 유지·관리되는 학교의 약 80%가 공영 사립학교이므로, 설립자라는 관점에서 보았을 때 다른 국가에 비교하면 사립학교의 비율이 매우 높은 수준이다.

[표II-3]　지방당국 관리 학교의 종류와 특징

구분	커뮤니티 스쿨	지방보조학교	유지 단체 설립 보조 학교	유지 단체 설립 관리 학교
설립자	LA	재단	유지 단체 (종교계)	유지 단체 (종교계)
부지 건물 소유	LA	재단	자선 임의 단체	자선 임의 단체
시설 유지 관리	LA	학교이사회 또는 자선 임의 단체	학교이사회 또는 자선 임의 단체	LA
재무 관리	LA	학교이사회	학교이사회	LA
운영 교부금 배분 결정	LA	LA	LA	LA
교직원 임명권	LA(선발은 학교이사회)	학교이사회	학교이사회	LA(선발은 학교이사회)
학생 입학 조건	LA가 설정	학교이사회가 설정	학교이사회가 설정	LA 결정
커리큘럼	국가교육과정에 준거	국가교육과정에 준거	국가교육과정이 기본/독자 종교교육	국가교육과정이 기본/독자 종교교육
초등학교 수	8,124	699	3,270	2,233
중등학교 수	654	302	301	43

주: 학교 수는 2015년 기준

[표II-4] 설립 형태별 학교 수[9]

연도		공적 비용에 의해 유지되는 학교						사립 학교
		공립 학교	공영학교			공영 사립	합계	
			유지 단체 관리 학교	유지 단체 보조 학교	지방 보조학교	아카데미		
2010	초등	10,318	2,516	3,706	431	–	20,304	2,376
	중등	3,333	102	540	779	203		
2018	초등	6,746	1,921	2,904	603	4,592	19,902	2,320
	중등	455	37	253	215	2,476		

주: 1. 공립학교(community school): 지방당국에 의해 설립·유지되는 학교
    2. 유지 단체 관리 학교 및 유지 단체 보조 학교: 종교 단체 등 민간단체가 설립·소유하는 학교
    3. 지방보조학교(foundation school): 지방당국에서 독립된 학교 설립 단체가 설립·소유하는 학교
    4. 아카데미: 공적 비용으로 유지되지만 운영 형태는 사립학교에 가까운 학교
    5. 2018년 아카데미 학교 수에는 프리스쿨, CTCs 3개교가 포함됨

1998년 교육수준·체계법 제20조에서는 지방정부의 공적 자금에 의해 관리·운영되는 학교를 다음과 같이 구분하고 있다.[10]

- 커뮤니티스쿨community schools
- 기금학교foundation schools
- 유치 단체 설립 학교voluntary schools
  - 유지 단체 보조 학교voluntary aided schools
  - 유지 단체 관리 학교voluntary controlled schools
- 공립특수학교community special schools
- 재단 설립 특수학교foundation special schools

1) 공립·공영학교

공립·공영학교Maintained school는 지방당국이 관리하는 학교로 우리나라의

공립학교에 해당된다. 다만 우리나라 공립학교는 정부의 재정으로 설립되어 운영되는 학교이지만 영국의 공립학교에는 지방정부가 설립한 학교 외에 종교 단체 등이 설립한 학교를 지방당국에서 공적 재정으로 운영하는 학교가 다수 포함되어 있으므로 엄밀히 말하면 공립학교가 아니라 공영학교이다.

정부에 의해 유지되는 학교이므로 지방정부와 강하게 연계되어 있으며 종종 보육과 성인 학습과 같은 서비스를 제공하며 국가교육과정에 따라 교육을 하여야 한다. 여기에는 네 개의 학교 유형이 있는데 커뮤니티스쿨, 기금·신탁학교, 유지 단체 보조 학교, 유지 단체 관리 학교이다. 공영학교는 입학, 퇴학, 특수교육(SEN) 제공 등에 관하여 정부의 가이드라인에 따라야 한다.

커뮤니티스쿨

커뮤니티스쿨Community school는 지방정부에 의해 관리·운영되며 교지와 학교 건물은 지방정부가 소유한다. 입학 일정Admission arrangements 등 학교 운영의 중요한 사항은 지방당국이 결정한다.

기금학교

기금학교Foundation school는 지방정부의 재정에 의해 운영되는 학교이지만 운영은 학교이사회School governing body가 담당한다. 학교이사회는 기금학교 교직원의 고용 권한과 입학에 관하여 일차적 책임을 가진다. 학교 부지와 건물은 학교이사회 또는 자선기금charitable foundation이 소유한다.

신탁학교

신탁학교Trust school는 기업체 또는 자선 단체 등 외부의 파트너를 가진 공익 신탁이 설립한 기금학교의 한 유형이다. 신탁학교의 결정은 발언권을 가진 학부모가 참가하는 학교이사회가 행한다. 유지 단체 보조 학교와 마찬가지로 학교 부지는 기업 조직을 포함된 신탁이 소유하며 운영은 학교이사회가 행한다.

유지 단체 보조 학교

유지 단체 보조 학교Voluntary aided school는 누구나 입학 지원을 할 수 있는 공영학교이지만 종교계가 설립한 학교이다. 지방정부와 로마가톨릭교회 지원 조직supporting body은 학교에 재정을 지원할 수 있다. 학교이사회는 교직원의 고용 조건과 입학 조건admission arrangements 등을 결정한다. 학교 부지와 건물은 보통 자선기금이 소유하며 학교이사회는 학교 건물과 유지 비용을 부담한다.

유지 단체 관리 학교

유지 단체 관리 학교Voluntary controlled school는 지방정부가 전적으로 비용을 부담하며 유치 단체 보조 학교와 유사하다. 입학 결정권자admission authority는 지방정부이지만 입학 정책의 수립에는 지원 조직이 자문을 행한다. 학교 부지와 건물은 일반적으로 자선기금이 소유하지만 지방당국이 교직원의 고용과 입학에 대한 책임을 가진다.

아카데미

2010년 아카데미법Academies Act 2010에 근거를 두고 있는 아카데미Academy는 중앙정부가 교육 재정을 부담하며 재학생의 수업료는 무상이다. 대부분의 아카데미는 공영학교와 마찬가지로 입학, 퇴학, 특별 교육 요구에 관한 동일한 규정을 따르지만 학교의 독자적인 커리큘럼을 가지는 등 다른 학교 유형에 비하여 폭넓은 자율성을 가진다.

아카데미는 기업체의 스폰서, 종교 또는 교육부와의 파트너십을 가지고 지역 사회에서 활동하는 자원봉사 그룹에 의해 설립된다. 학교 부지와 건물은 정부의 재정으로 충당한다. 커리큘럼, 학기 일정, 교직원의 고용에서 유연하게 운영할 수 있으며 경영은 교육부와 학교와의 개별적인 계약에 따른다. 아카데미의 도입 및 정책 내용에 대해서는 뒤에서 상술한다.

프리스쿨

2010년부터 설립되기 시작한 프리스쿨Free school은 아카데미의 한 형태로, 중앙정부로부터 재정 지원을 받으며, 지방정부의 통제는 받지 않는다. 교사, 부모, 기존 학교, 교육 자선 단체, 대학 또는 지역 사회의 그룹은 프리스쿨을 설립할 수 있다. 프리스쿨은 교육부와 자금 제공 계약을 체결하며, 커리큘럼, 학기 및 학사 일정, 교직원에 있어 자율성을 가진다. 학교 운영은 이사회가 행한다.

2011년 9월에 최초로 프리스쿨 24개교가 개교한 후 계속 증가하여 2019년에는 550개교 이상의 프리스쿨이 설립·운영되고 있다. 재학하는 학생 수는 10만 명에 이른다. 프리스쿨은 2022년 Ofsted 평가에서 최우수 outstanding를 받은 비율이 다른 중등학교보다 5%가 더 높은 것으로 나타났다 (NFER).

스페셜리스트스쿨

스페셜리스트스쿨Schools specialising in a particular subject은 국가교육과정을 따르지만 특별한 과목에 초점을 두고 운영할 수 있다. 잉글랜드의 중등학교는 테크놀로지, 언어, 스포츠, 예술 분야의 특수목적고가 될 수 있다. 이 학교는 민간 부문의 후원과 정부의 추가 지원을 받으며 학생의 10%까지 선발할 수 있다.

1997년에 총리가 된 토니 블레어는 그간 이어져 온 노동당의 사회민주주의적 정책에 신자유주의적 경제 정책을 부분적으로 도입한 '제3의 길'로 불리는 정치 노선을 채택한 것으로 잘 알려져 있다. 교육에서도 직전 보수당 정권의 교육 정책의 단절과 계승의 양면이 있다. 우선 단절로는 국고보조학교 폐지를 들 수 있다. 그럼으로써 시티테크놀로지칼리지를 제외한 모든 공영학교는 지방교육당국과 관계를 유지하면서 학교 경영이 이루어지도록 하였다.

한편 국가 테스트와 자주적 학교 경영 등은 존속시켜 전 보수당 정권이 창출한 경쟁적 환경은 유지하였다. 그리고 경쟁적 환경을 보다 활성화시키기 위하여 새로운 타입의 공영학교를 도입하였는데 스페셜리스트스쿨과 아카데미이다.[11]

스페셜리스트스쿨은 공영학교로 국가교육과정을 준수하면서도 전문 영역을 가진 중등학교이다. 전 보수당 정권부터 있었지만 당시 전문 영역은 테크놀로지와 어학 영역뿐으로 1996년 시점에 166개교가 있었다. 블레어 정권은 스포츠, 과학, 수학 및 컴퓨터 등도 추가하여 전문 영역을 10개 영역으로 확대한 결과, 2007년에는 중등학교의 약 85%에 해당하는 2,695개교가 스페셜리스트스쿨의 지위를 획득하였다.

그래머스쿨

1960년대의 종합중등학교 운동으로 영국의 많은 지역에서 그래머스쿨 Grammar School은 종합제 중등학교로 전환하였으며 현재는 일부 지역에 남아 있다. 학력 시험 등을 통하여 입학 능력을 갖춘 아동을 선별하는 학력 우수교로 지방정부로부터 재정 지원을 받지만 학교이사회가 입학자 선발 권한 admission authority을 가진다.

부모는 입학 지침(Local Authority-coordinated admissions scheme)에 따라 자녀의 학교를 신댁하여 지원하며, 아동이 지역의 그래머스쿨 컨소시엄이 실시하는 일레븐 플러스(11+) 시험에서 일정한 기준에 도달하지 못할 경우 입학하는 것이 불가능하다. 그래머스쿨의 입학 여부는 일레븐 플러스 시험 결과에 의해 결정된다.

특별한 교육 요구를 가진 아동을 위한 학교

특별한 교육적 요구를 가지거나 학습에 어려움이 있어 일반 학교에 입학할 수 없는 아동들을 위해 지방정부는 재정을 지원하고 있다. 장애를 가진 아동들에게 장애에도 불구하고 최대한의 교육을 보증하기 위하여 국가교육과정은 따라야 하지만 타당하다고 인정되는 경우에는 다르게 적용할 수 있다. 많은 특수학교는 사립학교로 운영되고 있으며 지방정부로부터 재정이 지원되지 않는다.

1996년 교육법(Section 316)에서는 학부모가 일반 학교에서 자녀의 특별교육을 원하지 않거나 다른 학생의 효과적인 교육 실시에 부적합하지 않는다면 일반 학교에서 교육을 받아야 한다고 규정하고 있다.

특수학교에 재학하는 대부분의 아동들은 특수교육판정서Statement of Special Educational Needs 또는 교육건강케어플랜Education Health and Care Plan을 가지고 있다.

시티테크놀로지칼리지

시티테크놀로지칼리지City technology colleges(CTC)는 기술·테크놀로지 교육의 진흥과 학교를 선택하는 학생과 보호자에 대한 새로운 선택지 제공을 목적으로 설립된 중등학교이다. 정부가 재정의 일부를 지원하고 일부는 독립된 조직에 의해 지원을 받는 학교로, 폭넓은 직업 자격을 제공하고 있다. 국가교육과정을 운영하지만 과학, 수학, 테크놀로지와 같은 직업 과목에 초점을 둔다.

이 학교의 최대 특징은 민간의 스폰서가 출자하여 설립된 학교이지만 국가로부터 경상 경비에 대한 보조금이 교부되므로 수업료는 무상이었다는 점이다. 도시 지역에 설치되어 지방교육당국으로부터 독립되고 운영은 스폰서를 중심으로 한 이사회가 교직원의 급여 및 근무 조건을 자유롭게 결정하고 통학 구역을 광역으로 설정하여 그 지역 안에서 학생을 선발할 수 있도록 하였다는 점에서 다른 공영학교와는 달랐다. 시티테크놀로지칼리지는 15개교밖에 존재하지 않지만 최초로 학교 운영에 민간의 자금을 활용한 새로운 타입의 공영학교라는 점에서 교육 제도사에서 중요한 의미를 가지고 있다(Bailey, 2016).

2) 종교계 학교

종교계 학교Faith school는 종교적 성격을 가진 학교이므로 일반적으로 유지 단체에서 관리한다. 유지 단체 보조 학교는 독자적인 입학 정책을 마련하며 종교교육을 실시한다. 신앙을 가진 학생들을 받아들이지만 신앙을 가지지 않은 아이들도 입학을 거부할 수 없다.

영국의 종교계 학교는 공적 재정에 의해 운영되는 학교(공영학교)와 사립학교에 속하는 학교로 구분되는데, 페이스스쿨Faith school은 전자에 속하는 학교를 말한다. 이러한 학교는 정부의 재정 지원을 받는 학교의 약 3분의 1을 차지하고 있다. 지방당국으로부터 유지·관리되거나 혹은 아카데미나 프리스쿨과 같이 지방당국의 통제로부터 자율성을 가질 수도 있다.

정부 재정을 받는 학교이건 사립학교이건 학생의 종교와 신념을 이유로 입학을 거부하는 것은 차별에 해당하여 불법이다. 종교계 학교는 공영학교에 속하므로 누구에게나 입학의 기회를 부과하여야 하지만 정원을 초과하는 때에 한하여 종교를 기준으로 학생을 선발할 수 있다(Department for

Education, 2014).

그리고 교원 인사, 종교교육, 학교 건물의 소유 등에도 영향을 미친다. 영국 교육부 홈페이지에는 종교계 학교가 국가교육과정을 따라야 하지만 종교교육을 선택할 수 있다고 안내하고 있다.

2017년 1월 기준 잉글랜드에서 정부 재정을 받는 종교계 학교는 6,814개 교이다. 대부분은 초등학교로 정부 재정 학교의 37%를 차지하고 있다. 그리고 중등학교는 637개교로 19%이다. 정부 재정을 지원받는 종교계 학교는 점차 증가하고 있는데 2000년의 경우 초등학교는 35%, 중등학교는 16%였다. 지역별로는 초등학교의 경우 북서부North West 및 남서부South West 지역이 각각 42%와 37%로 가장 높은 비율이었다. 그리고 중등학교는 북서부와 런던이 각각 31%와 26%로 높은 비율이다.

[표II-5] 학교의 종교적 특성(2017.01. 기준)

구분	초등학교			중등학교		
	종교	비종교	종교계 비율	종교	비종교	종교계 비율
커뮤니티스쿨	–	7,317	–	–	523	–
유지 단체 보조 학교	2,997	34	99%	249	18	93%
유지 단체 관리 학교	2,017	36	98%	22	20	52%
기금학교	25	612	4%	3	245	1%
아카데미(Sponsor led)	213	869	20%	98	521	16%
아카데미(converters)	887	1,643	35%	242	1,229	16%
프리스쿨	38	98	28%	23	215	10%
계	6,177	10,609	37%	637	2,771	19%

출처: Long & Bolron. (2018).

3) 사립학교

사립학교Independent school는 자녀의 부모에 의한 수업료, 지원 조직 및 투자가에 의한 기부금으로 운영되는 학교이다. 따라서 중앙정부나 지방정부에 의해 재정이 지원되지 않는다. 사립학교는 독자적인 커리큘럼을 가지지만 교육부에 등록되어야 하며 교육 수준을 확인하기 위해 사립학교감사기구(ISI) 등이 정기적으로 감사를 실시한다. 사립학교는 모든 아동에게 개방되어 있지만 일부 학교는 입학시험에 합격한 아동을 선발한다. 그리고 특별한 교육 요구를 가진 아동이나 장애가 있는 아동들에게도 교육을 제공한다.

사립학교는 입시 등 입학 정책에 관하여 정부의 규정에 구속되지 않는 자율성을 가진다. 다만 지방정부는 '특수교육판정서'나 '교육건강케어플랜'에 따라 학생을 받아들이도록 지시할 수 있다. 아울러 고유의 퇴학 정책과 절차를 가지며 퇴학에 관한 정부의 가이던스에 구속되지 않지만 장애가 있는 아동에 대한 차별은 허용되지 않는다. 만약 부모가 입학이나 퇴학, 다른 교육 활동에서 차별이라고 믿는다면 부모는 제1심 법원First Tier Tribunal에 고충 민원을 제기할 수 있다(SEN and Disability).

사립의 초등학교는 프리프리페러토리Pre-preparatory(2-7세), 프리패러토리Preparatory(11세 또는 12세까지)의 두 가지로 구분된다. 이러한 초등학교에서는 대부분의 사립의 중등학교에서 요구하는 시험(Common Entrance Examination)을 준비한다. 영국의 사립학교 제도는 '제3장 사립학교 제도'에서 후술한다.

[표II-6] 잉글랜드의 정부 재정 지원 학교(2017.01.기준)

구분		초등학교				중등학교			
		학교		학생		학교		학생	
		학교 수	비율 (%)	학생 수 (천 명)	비율 (%)	학교 수	비율 (%)	학생 수 (천 명)	비율 (%)
비종교 학교		10,609	63.2	3,360	71.7	2,771	81.3	2,623	81.4
종교 학교	영국국교회	4,377	26.1	860	18.3	209	6.1	198	6.1
	로마가톨릭	1,645	9.8	431	9.2	322	9.4	311	9.6
	감리교	25	0.1	4	0.1	0	0.0	0	0.0
	기타 종교	72	0.4	16	0.3	73	2.1	73	2.2
	유대교	36	0.2	11	0.2	12	0.4	9	0.3
	이슬람	13	0.1	4	0.1	14	0.4	6	0.2
	시크교	5	0.0	1	0.0	6	0.2	3	0.1
	힌두교	4	0.0	1	0.0	1	0.0	1	0.0
	종교 학교 계	6,177	36.8	1,328	28.3	637	18.7	601	18.6
계		16,786	100	4,690	100	3,408	100	3,223	100

출처: Long & Bolron. (2018).

5. 학교 조직

1) 학교 종사자

영국의 학교에는 다양한 직원이 근무하고 있다. 교원 자격을 가진 자는 물론이고 교원 자격 이외의 자격을 가진 자도 많은데 이들은 학습 지원 직원support staff이라고 부른다. 이들은 학생들의 교육을 돕는 것만이 아니라 학습의 과정, 학습 평가에 이르기까지 관여하며 정규 교원과 함께 학생의 성장을 지원하는 역할을 담당한다. 학교 내의 업무는 분업화되어 있으며 교원 이외의 지원 직원을 충분히 배치하고 있는 것이 특징이다.

2) 교원

영국의 교원은 교장, 부교장, 교장보좌, 상급 교원, 일반 교원이 있다. 교장은 전국교장자격프로그램(NPQH)에 의한 자격의 취득이 필요하며, 이 프로그램을 제공하는 단체는 전국 단위 10개 외에 각 권역별로 지정되어 있다.[12] 학교 전체 경영의 성과는 교장의 역량과 리더십에 달려 있다고 해도 과언이 아니다. 학교 내부 조직의 재무 관리, 인사 관리, 학교 파트너십 등의 사무는 교장의 책임에 속한다.

구체적으로 교장의 권한에는 커리큘럼 지침, 편성, 실시 계획의 책정, 과목의 선정, 수업 수준의 개선·유지, 교직원의 선발과 임명 결정, 교원의 업무 평가, 학생 징계 결정 등이 있다. 교장은 교육직으로 교원 경험자이며 교원의 수업을 일상적으로 관찰하고 경우에 따라서는 조언을 하는 교원의 지도자이기도 하다.

교원은 수업이 주된 업무이다. 교원이 수업에 집중하여 우수한 수업을 실천할 수 있도록 학습 지원 직원과 협동적인 관계를 형성하고 면밀한 계획하에서 정보를 공유하고 있다. 교내 연수가 상시 마련되어 상급 교원에 의한 조언과 중간 리더와 동료와의 상호 관찰을 통하여 수업 개선을 도모한다.

3) 학습 지원 직원

학습 지원 직원은 팀 티칭, 보충 지도 등을 주된 업무로 한다. 티칭 어시스턴트(TA)는 교원을 보조하는 것을 주된 업무로 하며 상급과 일반으로 구분되는데 최근 크게 증가하고 있다. 그리고 영어를 모국어로 하지 않는 마이너리티 학생을 위한 티칭 어시스턴트, 특별한 교육 지원이 필요한 학생을 위한 티칭 어시스턴트도 수업에서 활동하고 있다. 또한 보충 지도와 학교 외의 교육 활동을 지원하거나 시험 감독을 담당하는 직원과 사무, 기술,

복지 지원, 시설 관리 등을 담당하는 직원이 있다.

제5절 ___ 아카데미·프리스쿨 정책

1. 아카데미

1) 아카데미 정책의 도입

신자유주의의 이념은 국가 또는 시장이라는 이분법적 사상을 배경으로 선택·경쟁과 민영화라는 두 개의 전략을 가지고 있다. 1997년 취임한 노동당 블레어 총리는 국가와 시장 어디에도 치우치지 않은 국가 제도로서 공교육의 틀을 유지하는 범위 안에서 학력 향상 방안으로 선택·경쟁과 민영화를 적극적으로 활용하고자 하였다.

블레어는 교육 수준 향상에 관련된 '모든 사람'과 파트너십을 구축하겠다고 공언하였는데, '모든 사람'에는 학교 관계자, 보호자, 자선 단체, 대학, 민간 기업 등이 포함되고 그중에서 민간 기업의 관여가 특별히 기대되었다.

2000년에 시티아카데미City academies를 발표하고 정권 2기를 맞은 2001년에 블레어는 민간 부문이 공공 서비스의 제공을 효과적으로 담당할 수 있는 분야는 어디라도 민간을 활용하겠다는 것을 분명히 하였다. 이전에는 교육 영역에서 종래 볼 수 있었던 시설 건설 및 유지·관리 등 학교의 하드웨어 면에서 민간을 활용하였으나 인사와 교육 내용, 거버넌스라는 학교 경영의 중핵에 관련되는 영역까지 확대되었는데 그 중심에 위치하는 것이 아카데미이다.

아카데미는 빈곤 지역이나 성적이 떨어지는 지역에 교육 수준의 개선을 위하여 설립하는 학교로, 1997년에 고안된 중등학교 유형이다. 교육 수준이 낮은 학교를 폐교하고 새로운 명칭을 부여함으로써 일신시키고자 의도한 정책이었지만 제도 초기에는 당초 기대했던 의도와는 다르게 성과를 거두지 못하였다(Fidler, 2010).

새로운 정책은 시내 지역의 성적이 저조한 학교를 대체하여 학력 향상을 기하고자 하는 전략이었다. 시티아카데미를 개교하고자 하는 경우 스폰서가 학교 운영 자금으로 2백만 파운드를 출연하도록 하였으며, 커리큘럼 편성과 교직원 인사 등의 학교 경영에 관한 폭넓은 권한을 부여하였다. 나머지 교사 건축 비용, 개교 후의 운영 경비는 정부가 부담하고 수업료는 무상이었다. 정부와 민간 스폰서(기업, 실업가, 재단 등)와의 파트너십에 의해 설립되는 학교라는 점이 특징이다. 즉, 시티아카데미는 도심 지역 학교의 학력 향상과 부모가 자녀의 학교를 선택할 수 있도록 폭넓은 자유를 부여하는 두 가지의 목적을 가지고 있었다.

2) 아카데미 정책의 개혁

아카데미 정책은 노동당 정권에 의해 도입되었으나 2010년 보수당·자유민주당 연합 정권이 들어선 후 그 수가 대폭 증가하였다.[13] 그 이유는 2010년 이전에는 설립 자금을 기부한 스폰서에 의해 학교가 운영(privately-run state school)되었지만, 2010년 아카데미법에서 아카데미 설립·운영 경비를 공적 재정으로 충당하도록 제도가 개정되고 스폰서는 직접 아카데미를 설립·운영하지 않고 아카데미 트러스트Academy trust를 통해 투자하도록 하였기 때문이다. 스폰서는 개인, 종교 단체, 회사, 대학, 자선 단체 등 다양하다.

영국의 노동당과 보수당의 정치 철학은 우리나라 보수 정당과 진보 정당의 정치 철학의 차이보다 더 확연하게 구분되지만, 교육 정책에서는 특정 성치 이념의 정책이 아니라 영국이라는 국가를 생각하며 장기적 관점에서 추진하고 있다는 점에서 우리에게 많은 시사를 주고 있다.

영국 교육부는 아카데미를 '정부가 재정 지원을 하는 사립학교independent schools'로 정의하고 있다. 정부가 재정 지원을 하는 학교이지만, 국가교육과 정에 따를 필요는 없다. 하지만 '학생들이 자신의 인생의 기회와 책임, 경험을 준비하고 정신적, 도덕적, 문화적, 심리적·육체적 개발을 촉진하기 위한 폭넓고 균형 잡힌 커리큘럼'은 필요로 하고 있다. 이후 영어, 수학, 과학, ICT는 국가 중핵 교육 과정에 따르도록 변경되었다.

아카데미는 임용과 근무 조건을 자체적으로 정하여 교사를 채용한다. 교사는 영국의 정규교사자격(QTS)을 가지지 않는 자를 채용할 수 있지만, 학생 지도에 '적합한 자격'suitably qualified을 가져야 한다. 아울러 학교가 입학 정책을 결정할 권한을 가지고 있지만 모든 입학생을 학업 성적에 따라 선발하는 것은 제한하고 있다.

3) 아카데미 현황

아카데미는 학생의 적성에 따라 10%까지 선발이 가능하지만 원칙적으로는 비선발 학교이며 수업료는 무상이다. 키 스테이지에서의 평가와 교육수준국에 의한 학교 감사를 받는다.

2002년 9월에 아카데미 3개교가 개교한 이래 2019-2020학기에 8,620개교가 아카데미로 전환되거나 개교하였다. 2010-2011학기 전에는 스폰서에 의해 설립된 학교뿐이었으나 2010-2011학기부터 크게 증가하여 2010-2011학기부터 2019-2020학기까지 10년간 10배 이상 성장하였다.

스폰서에 의해 설립된 학교는 10년간 275개교에서 2,402개교(초등 1,555개교, 중등 752개교, 특별지원학교 68개교, 대체교육기관 27개교), 아카데미로 전환은

528개교에서 6,218개교(초등 4,239개교, 중등 1,635개교, 특별지원학교 272개교, 대체교육기관 72개교), 프리스쿨은 3개교에서 580개교(초등 198개교, 중등 291개교, 특별지원학교 44개교, 대체교육기관 47개교)로 증가하였다. 2020년 7월 30일까지 한 해에 개교한 학교도 495개교에 이르며, 대부분이 공립학교에서 아카데미로 전환한 학교이다(Department for Education, 2020).

4) 아카데미의 급증과 과제

전술하였지만 2010년 출범한 보수당·자유민주당 연립 정권은 모든 공영학교가 아카데미로 전환이 가능하도록 아카데미법을 정비했다. 2010년의 아카데미법Academies Act 제1A장에서는 프리스쿨을 포함한 아카데미를 교육부 장관이 아카데미 계약을 체결한 사립학교로 간주하고 있다.

다만 아카데미는 수업료를 부과할 수 없다는 점에서 전통적인 사립학교와는 구분되는 학교 유형이다. 아카데미를 늘리기 위하여 정책적으로 지원한 결과 2010년 이후 아카데미가 크게 증가하였다. 아카데미는 노동당 블레어 정권에서 시작된 학교 정책이지만 보수당·자유민주당 연합 정권에서 확대되었는데, 이 확대 정책에 대해서는 당초부터 다양한 비판이 제기되었다.

예를 들면 자율성이 높은 학교의 확대가 교육 수준의 향상과 필연적으로 관련이 있다는 주장에 대한 반론, 아카데미에서 근무하는 교직원의 급여 및 근로 조건이 불안정하게 될 것이라는 우려, 아카데미로 전환함으로써 지방당국의 재정 지출이나 지원이 감소하는 폐해 등이 지적되었다. 아울러 아카데미가 가지는 과도한 자유, 국가교육과정을 준수하지 않아도 되는 점, 무자격 교원의 채용 허용 등의 비판도 있다.

2. 프리스쿨

2010년 아카데미법에서는 아카데미와 동일한 자유와 자율성을 가진 프리스쿨Free school을 교사, 자선 단체, 학부모 그룹, 종교 단체 등이 설립할 수 있는 권한을 부여하였다. 새로운 학교 유형으로 도입된 프리스쿨은 스웨덴의 학교 유형을 모델로 하고 있다. 스웨덴의 프리스쿨에는 약 20%의 학생이 재학하고 있는데 경영 주체는 기업체와 유사한 단체이다.

프리스쿨은 학교 설립 권한이 정부나 지방교육청에서 자선 단체, 대학, 사립학교, 종교 단체, 교사, 학부모, 기업 등에게 이양되는 것이 특징이다. 영국의 교육 과정에 해당되는 국가교육과정에 구속되지 않고 선발 방식은 자유이며, 무자격 교원의 채용을 허용하는 등 학교의 폭넓은 자율성을 보장하고 있다.

즉 교육 정책을 관료 통제에서 자유 시장 원리로 전환하였다는 점이 특징인데 공교육의 틀 안에서 경쟁 원리를 도입하여 교육 수준의 향상을 기하기 위한 정책이므로 신자유주의의 전략인 민영화로 분류하여 비판하는 것은 문제가 있다. 2010년 이후 프리스쿨은 증가 추세에 있으며 앞으로도 증가가 예상되지만 아카데미 증가 추세보다는 완만한 것이 특징이다.

제6절 ____ 학교 제도 기준

1. 학기·수업 일수

규칙에서는 영국의 학기를 8월 1일부터 7월 31일까지로 하고 있다.[14] 그러나 구체적인 학기, 수업 일정은 지방당국 또는 학교가 결정한다. 대부분의 학교는 통상 9월부터 신학년을 시작한다. 학년도는 9월부터 시작하는 3학기제가 기본(2학기제를 채택하는 학교도 있다)으로 가을 학기, 봄 학기, 여름 학기로 구분된다. 학기와 학기 중간에는 우리나라의 방학에 해당하는 장기 휴업일이 들어 있다. 토요일과 일요일을 휴업일로 하는 주 5일제 수업이다.

2. 교육 과정 · 교과서

1) 국가교육과정

영국의 교육 행정에서는 방임주의laissez-faire라는 용어가 상징하듯이 지방분권주의와 정부·지방교육당국·학교, 삼자 간의 파트너십을 중시해 왔다. 그러나 대처 정권이 추진했던 시장주의적 정책 가운데 1988년 법에 의해 모든 아동에게 일정한 교육 내용을 보장하도록 하는 국가교육과정과 국가 표준 테스트가 도입되어 교육에서 정부의 권한이 강화되었다. 다만 영국의 국가교육과정은 우리나라의 교육부가 고시하는 교육 과정과는 다음과 같은 차이가 있다.

첫째, 영국의 전국 공통 교육 과정은 중핵 교과 이외의 교과에 대한 수업시간 수 제한을 두지 않고, 둘째, 전국 공통 교육 과정은 국가 학력 테스트에 의해서만 체크되며 교육 과정의 구체화나 교과서 사용은 각 학교의 권한으로 되어 있으므로 영국에는 검인정 교과서가 없다.

영국의 교육사에서 새로운 물결로 평가를 받는 1988년 교육개혁법은 제1조에서 학교가 아동에게 정신적, 도덕적, 문화적, 지적, 신체적인 발달을 촉진하고 성인이 된 이후 생활의 기회, 책임, 그리고 경험을 준비하는 균형 있고 폭넓은 커리큘럼을 제공하도록 하고 있다.

그러나 한편으로 이 법은 학문적인 교과에 의한 구속력 있는 국가교육과정을 도입했다. 핵심 교과와 기초 교과는 영어, 수학, 이과, 기술, 역사, 지리, 현대 외국어, 음악, 예술, 체육이다. 그리고 필수는 아니지만 다섯 개의 커리큘럼 횡단형 테마를 지도하도록 학교에 권고하고 있다. 여기에는 건강 교육, 시민성, 커리어 교육·가이던스, 경제 이해, 환경 교육이 있다.

당시 국가교육과정심의회에 의하면 이러한 테마는 다양한 방법으로 지도하는 것이 가능하며 개별 준비가 각각의 요소에는 필요하지만 테마의 대부분의 측면을 핵심 교과와 기초 교과 또는 종교교육을 통하여 지도할 수 있다고 하고 있다.

2) 키 스테이지와 국가교육과정

영국에서는 1학년, 2학년 등의 학년을 사용하고 있지만 몇 개의 학년을 한 개의 그룹으로 묶은 키 스테이지Key stage라고 불리는 구분이 사용되고 있다. 구체적으로 제1, 2학년이 키 스테이지 1, 제3-6학년이 키 스테이지 2, 제7-9학년이 키 스테이지 3, 제10, 11학년이 키 스테이지 4로 되어 있다. 이러한 구분을 도입한 이유는 국가교육과정과 관련이 있다.

국가교육과정National Curriculum은 1988년 교육개혁법에 의해 도입되어 공립·공영 초등학교 및 중등학교는 국가교육과정을 준수할 의무를 가지고 있다. 국가교육과정에는 지도하여야 할 교과와 각 교과의 도달 기준이 제시되어 있다. 예를 들면 키 스테이지 1, 2에서 필수 교과는 영어, 수학, 이과, 기술, 역사, 지리, 미술, 음악, 체육, 컴퓨터, 외국어(키 스테이지 2만 해당)이다. 그리고 각 단계의 최종 학년 등에서 학생이 어느 정도의 학력을 달성했는지를 평가하는 구조가 마련되어 있다. 예를 들면 키 스테이지 2의 최종 학년에서는 영어, 수학, 이과의 국가 표준 테스트와 교원에 의한 학생

교육 평가를 실시하도록 하고 있다.

[표 II-7] 영국의 교육 단계(Key Stage)

교육 단계	연령	학년	키 스테이지	학교 명칭		
고등교육	18-			대학 등		계속교육 칼리지
후기 중등교육	17-18			식스폼	식스폼칼리지	
	16-17					
	15-16	11	KS 4	중등학교		
	14-15	10				
전기 중등교육	13-14	9	KS 3			
	12-13	8				
	11-12	7				
초등교육	10-11	6	KS 2	초등학교		
	9-10	5				
	8-9	4				
	7-8	3				
	6-7	2	KS 1			
	5-6	1				
취학전교육	4-5	R	Early Years Foundation Stage	리셉션클래스		
	0-5			어린이집 등		

3) 교과서

영국에는 교과서에 관한 규정이 없으므로 교과서 검정 제도도 존재하지 않는다. 교과서는 민간의 교육 출판사가 편집·발행하고 있으며 채택은 학교 단위에서 이루어진다. 초등학교에서는 담임이 교장과 교과부장subject coordinator 등과 상담하여 결정한다. 교과서는 학교의 비품으로 관리하며 학생에 대하여 무상 대여를 기본으로 하고 있다.

중등학교에서는 교재 선택이 담당 교원의 책임이지만 초등학교와 동일한 구조로 채택이 이루어진다. 그리고 중등학교는 취득 자격에 따라 당해 자격을 수여하는 단체에 의해 교과서가 지정되는 경우가 있다.

3. 입학 및 진급 제도

1) 공립학교에의 입학

앞서 언급했듯이 영국(잉글랜드)은 1988년 교육개혁법에서 부모의 자녀 학교 선택권을 전면 허용하였으므로 공립 초중등교육기관의 통학 구역에 관하여 명확히 규정한 법령은 존재하지 않는다. 그러나 보통 각 학교에는 통학권이라고 불리는 지리적으로 합리적인 범위가 지방교육당국에 의해 설정되어 있다. 그러므로 학부모는 통학권에 있는 학교에 자녀를 취학시키는 것이 일반적이다.

그 이유는 자택에서 먼 곳에 좋은 학교가 있어도 가난한 가정의 자녀는 통학 비용을 부담할 정도로 경제적 여유가 없어 학교 선택이 어렵기 때문이다. 실제 통학권을 벗어나 학교를 선택하는 비율은 초등학교 1%, 중등학교 3% 정도에 머물고 있다(Allen et al, 2014).[15]

1980년대부터 부모의 자녀 학교 선택권이 강화된 이후, 학교는 정원을 넘긴 경우 이외에는 입학을 희망하는 보호자의 입학을 거부할 수 없다. 공립학교와 공영학교에서 입학 희망자가 정원을 초과한 경우 지방교육당국이나 학교의 입학 방침에 표시된 기준에 의해 보호자가 당해 학교를 희망하더라도 입학이 인정되지 않는 경우가 있다.

입학의 가부를 결정하는 기준으로는 ① 입학을 희망하는 학교에 다른 자녀가 재학하는 경우, ② 학교와 집의 거리가 가까운 경우, ③ 특별한 신앙을 가진 경우(faith schools), ④ 입학시험 성적이 우수한 경우(그래머스쿨과 같은 선택제 학교) 등이 있다.

한편 학교는 정원의 최대한까지 입학 희망자를 받아들여야 하지만 종교 계 학교와 그래머스쿨은 지원자가 입학 기준을 충족하지 못하는 경우 공석도 인정된다. 정원 초과나 입학 방침에 표시된 기준에 의해 희망하는 학교에 입학이 인정되지 않은 경우 보호자는 지방교육당국(공영학교의 경우는 학교이사회)의 심사위원회를 상대로 이의 신청을 할 수 있다. 다만 이의 신청을 하더라도 구제되는 사례가 많지 않다는 지적도 있다.

미국에서 도심에 집중하는 흑인을 피해 도심을 벗어난 근교에 백인만의 교육 거점을 형성하였던 화이트 플라이트와 마찬가지로 영국에서도 학교 선택을 위하여 좋은 학교가 있는 지역으로 이사를 하거나 '지역과 학교와의 거리' 기준에 맞추고자 조부모의 직장을 주소에 기재하는 사례도 있다.

영국 교육부의 2017년 설문 조사에 의하면 부모가 자녀의 중등학교를 선택하는 때에 중시하는 것은 '교육의 질'(31%), '통학 거리'(19%), '다른 자녀의 재학'(13%) 등의 순으로 나타나고 있으며 학교를 선택할 때 가장 영향을 많이 미친 것은 학교 방문이라고 응답하고 있다(Department for Education, 2017).

2) 초등학교에서 중등학교로의 진학

초등학교는 5-7세까지의 유아infant부, 7-11세까지의 주니어부 두 단계로 나뉜다. 이 두 단계가 독립되어 있는 경우도 있지만 대부분 동일한 교사를 사용하고 있다. 초등학교를 졸업하면 대부분의 학생은 종합제 중등학교 comprehensive schools에 입학한다. 중등교육은 18세까지이지만 의무교육을 수료하는 16세가 되면 중등교육수료일반자격시험(GSCE) 성적 등을 바탕으로 식스폼 또는 식스폼칼리지에 진학하여 주로 일반교육수료상급레벨(GCE A Level) 시험을 준비한다.

중등학교의 진학은 원칙적으로 시험에 의하여 선발하지 않지만, 최근에는 학력 시험에 의한 선발도 허용되었다. 종합제 중등학교에는 몇 개의 형태가 있지만 가장 일반적인 유형은 11세부터 18세까지의 학생을 수용하는 7년제 중등학교이다. 7년간의 교육 과정은 저학년부터 키 스테이지 3(11-14세), 키 스테이지 4(14-16세), 식스폼(17-18세) 3단계로 구분되어 있다.

최초 3년간은 국가교육과정에 따라 거의 공통적인 교육 과정을 이수한다. 14세가 되면 영어, 수학, 과학, 체육, 시민과, 진로 교육 외에 선택 과목 4교과를 이수하도록 하고 있다. 의무교육 수료 연령인 16세가 되면 중등교육수료일반자격시험이라는 어려운 시험을 치러야 하는데, 대부분의 학생은 다섯 개 이상의 교과를 수험하고 있다. 성적은 A-G 등급으로 나뉘며 대학 진학 희망자는 보통 8-10개의 교과를 수험한다. 이 시험에서 좋은 성적을 거두면 식스폼에 진학한다.

의무교육 수료 후의 진학률은 최근 증가하는 경향이다. 전일제 학교에 재적하는 비율은 2006년 73.7%였지만 2009년에는 85.9%로 증가하였으며 진학을 하지 않는 자 중 정부가 지원하는 훈련에 참가하는 자는 9.3%, 바로 취업을 하는 경우는 2.8%에 불과하다. 의무교육 수료 연령은 2013년에는 17세, 2015년도부터는 18세로 상향 조정되었지만 취업자인 경우 시간제로 교육을 받거나 직업과 학업을 병행할 수 있는 칼리지에 통학하는 것도 가능하다.

종합제 중등학교의 교과 지도는 능력별 학급 편성이 일반적이다. 1960년대 이후 공립학교가 연달아 교복을 폐지하였지만 요즈음은 대다수의 학교가 다시 교복을 착용하고 있다.

3) 중등교육수료일반자격시험

중등교육수료일반자격시험은 의무교육이 종료되는 16세 시점에 치르는 과목별 시험으로 대부분의 학생이 수험한다. 대략 50개 정도의 과목이 있는데 학교에 따라 개설되어 있는 과목은 동일하지 않다. 중등교육수료일반자격시험은 외부 기관에 의해 실시되고 학생들은 교과별로 시험에 응시하여 합격하면 수료증이 부여되는 구조이다.

중등교육수료일반자격시험은 영어, 수학 등을 비롯한 상당수의 다양한 과목으로 되어 있으며, 학생들은 자신의 흥미와 진로에 맞춰 과목을 선택하여 수험한다. 수험할 과목 수가 정해져 있지는 않지만 8과목 이상을 수험하는 것이 일반적이다. 인기 교과는 종합 과학, 수학, 영어, 영문학, 종교교육, 역사, 지리, 조형 예술, 생물 순이다.

중등교육수료일반자격시험을 수험하면 교과마다 A*, A, B, C, D, E, F, G의 8단계 성적으로 평가된다. A*-C가 우수하다는 평가를 받으며, G는 수료증이 주어지지 않는다. 이 시험에는 시험 결과만이 아니라 교원 평가의 결과도 반영된다.

중등교육수료일반자격시험의 결과는 학생의 대학 진학이나 직업 선택에 영향을 준다. 또한 정부는 학교에 대하여 키 스테이지 4 종료 단계 학생의 최소한 40% 이상이 영어, 수학을 포함한 5과목 이상에서 A*-C에 해당하는 성적을 거두도록 하고 있다. 5과목 이상에서 A*-C를 취득한 학생 비율 등을 포함한 학교마다의 성적은 퍼포먼스 테이블로서 교육부 홈페이지에 공개한다.

4) 식스폼

식스폼Sixth Form은 대학 진학을 목표로 하는 16-18세의 학생들이 일반교육수료상급레벨 자격 취득을 위하여 준비하는 2년간의 대학 진학 준비 교육 과정이다. 1년 차에는 4-5교과, 2년 차에는 3교과를 선택 이수한다. 교과 수는 적지만 시험 내용의 수준이 높다. 시험은 AS 레벨과 A2 레벨 두 단계로 나누어진다. 식스폼 1년째에 수험하는 AS 레벨(Advanced Subsidiary) 시험에서는 4-5과목 정도를 수험하고, 2년째에 수험하는 A2 레벨에서는 대학의 전공 지망과 관련되는 3과목 정도로 압축하여 수험한다.

식스폼 수료 단계에서는 성적을 A-E로 분류하는 대학 입시에 해당하는 일반교육수료상급레벨 시험을 수험한다(Sixth Form.com). 또한 일반교육수료상급레벨 자격을 준비하는 학교로 식스폼칼리지sixth form college가 있다. 식스폼은 중등학교에 부설되어 있는 과정이지만 식스폼칼리지는 독립한 학교로서 설치되어 있다는 점에서 차이가 있다.

5) 일반교육수료상급레벨 시험

일반교육수료상급레벨(GCE A Level) 자격시험은 중등교육의 최종 단계(제13학년, 18세)에서 실시되는 시험으로 '중등교육증서 상급'이자 대학 입학의 중요한 입학 자격이 되고 있다. 일반교육수료상급레벨도 중등교육수료일반자격시험과 비슷하게 다양한 과목으로 구성되어 있으며 학생은 그중에서 교과를 선택하여 수험하는 구조로 되어 있다.

평가는 과목별로 최고인 A*(A 스타)에서 E까지의 6단계가 합격이며 그 이하는 불합격이다. 특히 A*-C는 성적 우수로 인정받으며 대학은 통상 3과목에서 우수 성적을 요구하고 있다.

제7절 ____ 교원 양성 및 자격 제도

1. 교원 자격 요건

영국의 교원 양성 초창기인 19세기에는 도제 성격이 강했지만 19세기 말이 되어서는 대학이 교원 양성에 관계하게 되었다. 즉, 크로스위원회의 제안에 의해 1890년에 대학 및 유니버시티 칼리지에 통학제 교원 양성 칼리지의 부설이 인정되었다.

영국의 공립학교 교원이 되기 위해서는 정규교사자격(QTS)이 필요하다. 그러나 공립학교이면서 민간에게 위탁·운영하는 아카데미는 정규교사자격이 없어도 된다. 교원 양성은 대학 주도의 양성과 학교 주도의 양성으로 구분된다. 1990년대에 대학졸업후교직과정(PGCE, 대학 졸업 후 1년간의 교직 과정)이 크게 확대되었는데, 현재 영국에서 초등·중등 교원 양성 경로는 다음 세 가지이다.

- 고등교육기관에서 교육학 학사를 수료할 것
- 대학에서 교육학 이외의 학위를 취득하고 그 후 1년간의 교직 과정을 거쳐 PGCE를 취득할 것
- 학위나 QTS를 가지지 않는 자가 교원으로서 근무하면서 자격을 취득하는 방법: Teach First, School Direct[16]

영국의 교원 자격은 국가 자격인 정규교사자격의 한 종류이며, 초등학교, 중학교 등 학교 종별이나 교과에 관계없이 단일 자격이다. 교원 자격 갱신 제도는 없다. 그러므로 정규교사자격이 있으면 어느 학교 어느 교과라도 지도가 가능하지만, 실제로는 교원 양성 단계에서 전문 분야가 나누어져 있다.

1980년대 대처 정권에서 추진한 교육의 중앙 집권화와 선택·경쟁의 강화로 인하여 교원 자격에 대한 국가의 통제가 강화되었으며, 1984년부터는 교원에게 학사 수준의 학위를 요구하고 있다. 영국의 교사에게 기대되는 전문적인 실천을 위한 최저한의 기준으로 교직 기준Teachers' Standards이 2011년에 제정되었다(Department for Education, Teachers' Standards).

교직 기준은 '교육에 대한 책무'와 '개인적·전문적 행동' 두 개 분야로 구분되어 있으며, 학교장이 학교의 교육 수준을 개선하기 위한 자료, 교사 스스로가 직능을 개발하여 성장하는 자료, 교원 양성 기관의 실습생의 정규 교사자격 취득 여부 평가 등을 위한 자료로 활용되고 있다.

교직 기준(Teachers' Standards, 일부 발췌)

Part 1: 교수(Teaching) – 교사가 해야 할 기본적 사항
 1. 학생이 의욕과 동기를 가지고 도전하도록 높은 기대를 설정한다.
 2. 학생의 진전과 성과의 향상을 촉진한다.
 3. 교과목과 커리큘럼 지식의 향상을 증명한다.
 4. 잘 구조화된 수업을 계획하고 지도한다.
 5. 모든 학생의 강점과 욕구에 맞는 지도법을 적용한다.
 6. 정확하고 생산적인 평가를 한다.
 7. 적절하고 안전한 학습 환경을 보증하기 위해 행동을 효과적으로 관리한다.
 8. 폭넓은 직업상의 책임을 완수한다.

Part 2: 개인적·직업적 행동
 교사는 항상 높은 수준의 개인적·직업적 행동이 기대되어야 한다.

이하에서는 잉글랜드를 중심으로 교원 양성 제도의 특징을 살펴보고자 한다.

2. 교원 양성의 다양성

영국의 교원 양성 방식은 크게 전통적인 대학 주도형과 1990년대부터 시작된 학교 주도형 2개 방식이 있다. 정부는 교사 부족을 해소하기 위해 양성 기관을 대학에서 학교 현장으로 확대하는 정책을 추진하여 현재는 학교 주도형이 주류이다.

전통적인 교원 양성이라고 할 수 있는 대학 주도 양성은 대학졸업후교직과정(PGCE)과 교육 학사(B.Ed)가 있으며, 학교 현장 주도 교원 양성에는 학교주도교원양성(SCITT), 티치 퍼스트Teach First, 스쿨 디렉트School Direct 등이 있다. 가장 일반적인 교원 양성은 여러 대학에서 운영하는 대학졸업후교직과정이며 학사 과정(영국의 학사 과정은 3년) 후에 입학하는 수업 기간 1년을 기본으로 하는 코스이다. 이 1년의 과정은 석사 과정이 아니며, 초등 대학졸업후교직과정과 과목별로 나뉘어 있는 중등 대학졸업후교직과정이 있다. 교육 학사는 4년간의 학사 과정 코스로 잉글랜드의 다른 학사 과정보다 1년이 길다.

한편 학교 현장 주도 교원 양성인 학교주도교원양성은 복수의 학교가 컨소시엄을 구축하고 프로그램을 제공하는 것으로, 이 프로그램을 이수하면 정규교사자격을 취득할 수 있고 대다수가 대학졸업후교직과정도 취득한다. 티치 퍼스트는 기업이나 정부가 지원하는 제3 섹터의 조직에 의해 운영되는 교원 양성이다. 대학의 학업 성적이 상위인 학생을 대상으로 교육 문제를 많이 안고 있는 학교에 파견하는 것으로, 미국의 티치 포 아메리카Teach for America와 파견 기간 및 프로그램에서 공통점이 많다. 통상 2년간 여름에 대학에서 6주간 훈련을 받은 후에 유급 훈련생으로 학교에 배치된다.

2012년부터는 새로운 교원 양성 제도로 스쿨 디렉트가 도입되었는데 학교 현장에서의 교원 양성을 강화하기 위한 목적이었다. 이 제도는 교원 양성 정책 중에서 가장 급진적인 개혁으로 평가받고 있으며(Furlong, 2013), 학교 현상이 교원 훈련의 상이 되어 훈련생을 선발하는 등 학교에 큰 재량을 부여한 정책으로 도입 이후 신청자가 크게 늘어나고 있다.

스쿨 디렉트에는 수업료를 지원하는 방식(tuition fee routes)과 급료를 지급하는 방식(salaried routes)이 있는데 수업료 지급 방식은 2013-2014학기 6,173명에서 2017-2018학기 18,884명으로 세 배 가까이 늘어나고 급료 지급형은 같은 기간 중 두 배 가까이 늘어났다(2013-2014학기 6,335명 → 2017-2018학기 6,335명).

3. 교원의 채용 및 평가

사립학교나 아카데미의 경우 정규교사자격을 필수적으로 가질 필요는 없다. 전술한 바와 같이 아카데미는 2002년 노동당 정권에서 도입한 제도인데, 2010년 아카데미법 성립 이후 지방당국으로부터 독립하고, 영어·수학·과학 외 과목의 국가교육과정 적용 제외, 무자격 교원의 임용 등 자율성을 가지고 있다. 특히 학교교육을 담당하는 교원 자격을 완화한 의도는 2012년 교육부 대변인의 코멘트에도 잘 나타나 있다.

"사립학교 및 프리스쿨은 정규교사자격을 보유하지 않은 우수한 인물을 고용할 수 있다. 우리는 모든 아카데미가 전에 학교에서 일한 적이 없는 뛰어난 언어학자, 컴퓨터 과학자, 엔지니어 등 다양한 분야의 전문가들을 고용할 수 있는 유연성을 기대한다. 그리고 대부분의 교사가 정규교사자격을 가질 것을 기대한다. 이러한 부가적인 유연성은 학교가 더 빠르게 개선되도록 도울 것이다. 기존의 교사 계약은 이러한 작은 변화에 영향을 받지 않는다."[17]

　종전에는 교원 양성의 60%를 차지하였던 대학졸업후교직과정의 1년 과정 중에서 중등은 120일, 초등은 90일 교육 실습을 하도록 되어 있었다. 교원 양성의 20%를 차지하고 있는 교육학부에서도 교육 실습은 전 교육 기간의 4분의 1로 교원 양성의 현장주의를 철저히 관철하고 있다. 영국의 교육 싱크탱크인 LKMco에 의하면 교사가 되고자 하는 많은 사람은 국가의 발전이니 사회에의 공헌이니 하는 사명감보다는 아이들의 장래를 위하여 힘이 되고 싶다는 동기에서 교직에 들어온다고 한다(Menzies & Parameshwaran, 2015).

　영국은 교사들의 근무 평정을 실시하여 1-4단계로 나누어 평가하고 있다. 1단계는 우수, 4단계는 불합격이다. 이 평가가 급여와 제제 수단에 어떻게 작용하는지는 학교마다 동일하지 않지만 교사들은 근무 평정을 잘 받아야 한다는 압력이 가해진다고 느낀다. 좋은 수업이나 학생 지도를 잘하는 교사에서 그렇지 못한 교사에 이르기까지 평가의 압력은 미치고 있다.

　2021년을 기준으로 잉글랜드 공립학교 교직원은 968,000명으로 교원이 465,000명, 보조 교사(티칭 어시스턴트) 275,000명, 학습 지원 직원 등 226,000명이다. 교원은 전년도보다 4,400명이 증가하였다. 공립학교 교직원은 2012-2013학기에서 2021-2022학기까지 9.7%가 증가하였다. 같은 기간 전임 교원은 5.5%가 증가한 반면 보조 교사는 24.5%가 증가하였다. 교원 1인당 학생 비율은 17.9명이다.[18]

4. 교원의 급여와 직무

영국의 교원은 기본적으로 각 학교에 의해 결원 보충의 형태로 채용된다. 교원 모집은 타임지의 교육판, 지방당국의 웹사이트, 지역 신문 등에 급여, 직무 내용, 학교가 응모자에게 요구하는 조건을 제시하는 광고를 통하여 실시한다. 광고는 연중 실리지만 학년도가 바뀌기 전인 4월 중순에서 7월 하순에 특별히 많다.

교원으로 취업을 희망하는 자는 광고로부터 정보를 얻어 각 학교에 응모하지만 지방당국의 교원 인력풀이나 민간 리크루트에 등록하는 경우도 있다. 채용이 결정된 교원은 학교와 고용 계약을 체결하고 근무를 개시한다. 영국의 학교는 교원 채용, 급여 및 승급을 자율적으로 결정하므로 동일 지역의 공영학교인 경우에도 급여에 차이가 있다.

다만 학교는 교원의 급여와 직무에 관하여 매년 국가가 정하는 기준(School Teachers Pay and Conditions Document)을 준수하여야 한다. 국가의 기준은 교원의 근무 시간(정규직 교원의 경우 연간 195일, 1,265시간), 교원이 수업 계획 및 준비, 평가를 하기 위한 시간(planning, preparation and assessment)으로 근무 시간 1,265시간의 10% 이상을 보증하도록 하고 있다(Department for Education, 2022).

5. 티칭스쿨

2010년 보수당·자유민주당 연립 정권이 교육 개혁의 주요 시책으로 도입한 정책으로 학교교육 리더 연수 및 역량 강화를 선도하는 역할을 우수한 학교에 부여하는 티칭스쿨teaching school이 있다. 2011년에는 100개교를 티칭스쿨로 인정하였는데 인정받은 학교는 독자적인 연수를 개발·실시하며 학교 간 지원을 통하여 교육 수준의 향상을 기하고 있다. 티칭스쿨이 되기 위해서는 학교 감사에서 높은 평가를 받아야 한다.

티칭스쿨로 인정이 되면 ① 학교 주도에 의한 초임 교사 연수, ② 계속적 역량 강화 지원, ③ 타교 지원, ④ 차세대 리더 발굴·육성, ⑤ 특정영역 교육리더Specialist Leaders of Education(SLE) 선발, ⑥ 연구·개발이라는 주요 책임이 부과된다. 2018년 6월 기준으로 잉글랜드에 668개 티칭스쿨 연맹이 있으며 835개교의 티칭스쿨이 지정되어 있다.[19]

제8절 ____ 학교·가정·지역과의 연계

1. 확대학교

학교가 가정 및 지역과 연계하여 아동의 보육, 교과 외의 다양한 방과 후 활동, 가정 지원 서비스, 성인 교육 프로그램을 제공하는 학교를 확대학교 extended school/services라고 한다. 우리나라의 돌봄 학교, 방과 후 학교 등과 유사한 형태이며 서비스 내용은 [표 II -8]과 같이 정리할 수 있다.

확대학교는 학교 단계 및 지역에 따라 내용이 다르지만 통상 학교 관리·운영 업무와는 분리되어 실시되며 실시 학교는 지방당국 및 관련되는 공공 서비스 부문, 민간 조직 및 지역 자원봉사 조직 등과 연계 협력하여 실시한다.

프로그램 실시에 관해서는 ① 학교가 주체가 되는 경우, ② 지역의 민간 조직 및 자원봉사 단체 등 제3자와 함께 실시하는 경우, ③ 다른 학교와 협

[표 II-8] 확대학교의 서비스 영역

업무 영역	서비스 내용
보육 서비스 및 학습 · 클럽 활동 지원	수업 전 및 방과 후의 보육 서비스 및 학습 · 클럽 활동의 지원, 아침밥의 제공, 보충 학습 및 숙제, 교과 외의 예술 · 스포츠 활동 등
가정 · 부모 지원	자녀 양육 프로그램, 가족이 함께 배우는 세션, 관련 정보의 제공 등
지역 서비스	스포츠 시설, ICT 설비 및 예술 시설, 강당 등의 지역 주민에게 개방, 성인 교육 프로그램 실시 등
건강 · 복지 서비스	학생의 건강 · 복지에 관한 서비스 제공, 언어 교정 및 정신건강, 약물 오남용 방지 조언 등 보건 서비스, 특수교육 서비스, 문제 행동 지원 등

출처: Department for Education and Skills. (2005).

력하여 실시하는 경우 등이 있다. 프로그램 운영은 교직원의 통상 업무와는 별개로 운영되며 확대학교를 담당하는 직원(그룹 책임자, 코디네이터, 보호자 지원, 상담)을 두고 있다. 서비스 이용자에 대해서는 비용을 받는 경우도 있다.

2. 학교이사회

1) 학교이사회의 도입

1988년 교육개혁법에 의해 제도화된 학교이사회School governing body는 이미 1902년부터 각 학교에 설치하도록 되어 있는 제도였다. 그리고 1944년 교육법에도 설치 근거가 있었지만 실제 운영은 형식화되어 있었다. 그런데 1977년 노동당의 캘러헌James Callaghan 정권에서 발표한 '학교를 위한 새로운 파트너십'A New Partnership for Our Schools(통칭 테일러보고서)에서 학부모, 교직원, 지역, 학생 등의 대표가 참가하고 학교 운영에 권한을 가지도록 학교이사회의 구성과 운영을 권고하였다. 테일러보고서는 학부모, 학생, 지역 대표 등을 학교 관리·경영의 새로운 파트너로서 학교이사회에 참가하도록 하였는데 그 배경에는 교사의 과도한 자유를 제한하여 교육 개혁을 이루고자 하는 의도가 있었다.

그 후 대처 정권이 들어선 후 테일러보고서가 경시되어 1980년 교육법에서는 빛을 발하지 못하였지만 1986년 교육법에서 제도화하였다. 그리고 1988년 교육개혁법은 예산, 인사, 운영에 관한 대부분의 권한을 지방교육당국으로부터 이양하여 학생 수를 기준으로 예산을 배분함으로써 학교이사회의 자율성을 실질적으로 도모하였다.

학교이사회의 도입은 교사의 전문성에 맡겨져 있던 교육 활동에 대하여 학부모, 지역 사회 등 관계자의 적극적 관여를 의도한 정치적 배경과 함께

[표II-9] 영국의 학교이사회 이사 구성의 변화(maintain schools)

구분	1996년 교육법				1998년 교육규칙				2003년 규칙	2012년 규칙
	초중등학교				초등학교		중등학교		초중등학교	초중등학교
학생 수	100 미만	100-299	300-599	600 이상	100 미만	100 이상	600 미만	600 이상	학교 규모 폐지	
학부모 대표	2	3	4	5	3	4-5	5	6	전체의 1/3 이상	최소 2
지방정부 대표	2	3	4	5	2	3-4	4	5	전체의 1/5	1
교원 대표	1	1	2	2	1	1-2	2	2	교직원 대표 최저 2 전체 1/3 이내	
직원 대표	없음				0-1	1	1	1		1
지역 대표	3	4	5	6	2	3-4	4	5	전체의 1/5 이상	
교장	○	○	○	○	○	○	○	○	○	○
후원 이사	없음				없음				2명까지	
선출 이사										전체 1/3 이내
총 이사 수									9-20명	7명 이상

출처: legislation.gov.uk, School Governance(Constitution)(England) Regulations 2007, 2012 등을 참고하여 작성
주: 교장위원은 교원 대표에 포함됨

학교의 설명 책임과 교육 전문직의 재량에 맡겨져 있던 학교교육을 공적 비용을 가지고 운영하는 학교로서 시장 원리히에서 보다 넓게 보호자와 지역 사회의 기대 및 의향에 따라 운영되도록 하는 의미가 강했다.

1988년 교육개혁법은 중앙정부의 커리큘럼에 대한 통제를 강화하고, 지방교육당국의 권한을 약화시키는 등 중앙정부와 지방정부의 관계를 재정의한 것으로 평가할 수 있다. 공립학교의 경우 학교이사회 구성이 순차적으로 개정되었다.

2) 학교이사회의 구성

영국의 학교이사회는 공영학교maintained schools, 유지 단체 설립 학교voluntary schools(교회 등의 민간 조직이 설립·소유하지만 공적 비용으로 운영되는 학교), 기금학교 foundation schools의 구성 방법에 다소 차이가 있는데 주로 다음의 이사로 구성되고 있다.

- 부모 이사Parent governor: 자녀가 재학하는 학교 학부모에 의해 선출된 위원
- 교직원 이사staff governor: 학교이사회나 지방정부에 고용된 직원들에 의해 선출된 위원
- 지방정부 이사Local authority governor: 지방당국에 의해 지명된 위원
- 기금 이사Foundation governor: 종파가 운영하는 학교인 경우 종교적인 특징을 유지·발전시킬 수 있도록 하는 것을 목적으로, 기금을 가진 학교인 경우 기금 운영 등을 목적으로 지방당국 이외의 인사로 임명한 위원
- 파트너십 이사Partnership governor: 종교적인 학교의 경우 종교적 특징을 유지하고 발전시킬 목적으로 임명된 위원
- 이사회 선출 이사Co-opted governor: 효과적인 거버넌스와 학교의 성공에 공헌할 능력을 가진 자로서 학교이사회가 임명한 위원[20]

3) 학교이사회에 기대되는 역할

영국 교육부가 기대하는 학교이사회의 역할로는 ① 비전, 기풍, 전략적 방향의 명료화, ② 교육 조직 및 학생의 교육적 성취, 직원의 성과 관리에 대해 설명 책임이 있는 경영 간부의 확보, ③ 조직의 재무 성과 감시 및 학교 재정의 지출 확인 등을 들고 있다.[21]

스튜어트 랜슨Stewart Ranson은 학교이사회의 기능을 '보고', '조언', '역할 분담·감시', '통치'의 네 가지로 구분하여 72개교를 대상으로 실제 학교에서의 역할을 조사하였다(Ranson et al, 2005). 조사 결과에 의하면 보고, 조언, 역할 분담·감시 기능이 많고 통치 기능은 적은 것으로 나타났다. 그리고 지역에 따라 학교이사회의 기능에도 차이점이 많은데 지방의 경우 보고, 조언 경향이 강한 반면 도시 지역에서는 역할 분담·감시 기능이 강한 것으로 확인하였다.

이러한 경향은 우리나라 학교운영위원회의 운영 실태와도 유사점이 많은데, 지방의 소규모 학교의 경우 학교운영위원회에서 활동을 하기에 적합한 인물을 찾기도 어렵고 교원이 다수인 학교운영위원회에서 교육의 아마추어인 학부모나 지역의 인사가 감시나 통치적 활동을 하는 것은 구조상 가능하지 않다.

랜슨 등의 연구에서는 조사 대상 학교 중 초등학교 22개교의 5년간 학업 성적과 학교이사회 역할과의 관계에 관해서도 조사했는데 학교이사회가 통치 기능에 가까운 역할을 하는 경우에 학업 성적에 순효과를 주는 것으로 나타나고 있다. 다만 가정 요인, 지역 요인, 학교 요인이 교육 생산 함수를 통하여 학력으로 나타난다고 가정할 때 랜슨 등의 지적처럼 학교이사회의 통치 기능만으로 학력이 향상된다는 전제에는 문제가 있다.

제9절 ____ 교육 개혁 동향

1. 교육 개혁의 계보

영국에서 교육 개혁의 이념은 크게 교육 기회의 평등에서 능력주의로, 능력주의에서 평등주의로, 평등주의에서 학부모주의로 전개되었다. 1870년 교육법에서 의무교육 제도를 도입하고, 1902년 교육법에 의해 지방 교육 행정의 권한과 책임을 가지는 지방교육당국이 설립되었다. 20세기 중반까지 영국의 교육은 부모의 사회 경제적 배경이 교육을 결정하는 복선형 학교 시스템이었다. 그러나 1944년 교육법의 성립으로 복선형 학교 시스템은 폐지되고 11세 단계에서의 시험 결과에 따라 세 개 타입의 중등학교로 진학하는 학교 선별제를 도입하였다.

이 학교 선별제는 교육 기회의 확대를 의도했지만 노동당 정권기의 1960년대 이후 오히려 교육의 평등 이념에 위반한다는 비판이 대두되었다. 1967년 중앙교육자문위원회의 보고서(프라우덴보고서[22])를 계기로 대다수 지방교육당국에서는 학교 선별제를 폐지하여 종합제 중등학교로 전환했다.

프라우덴보고서는 '제11장 중등학교 입학자의 선별'에서 11세 단계의 시험에서는 일련의 표준 언어 능력 및 달성도 평가, 교원에 의한 언어 추리 테스트와 중등학교 피드백 정보 등이 일반적이지만 11세 단계에서 아동들을 정확하게 평가하는 것이 곤란할 뿐만 아니라 초등학교 교육에 나쁜 영향을 미치고 있으므로 이러한 평가는 폐지해야 할 것이라고 결론지었다.

하지만 1970년 선거에서 노동당이 보수당에게 참패함으로써 11세 시험을 영국 전역에서 폐지하여 종합제 중등학교로 전환하는 데에는 실패하였다. 지금도 잉글랜드와 북아일랜드 일부 지방에는 11세 단계의 시험을 치러 우수한 학생은 그래머스쿨에 진학을 하는 구시스템이 남아 있다.

이후 영국 보수당 대처 정권은 1980년 교육법, 1988년 교육개혁법에서 연이어 부모의 학교 선택권을 폭넓게 인정하는 교육 개혁을 단행하였는데 이를 신자유주의 교육 개혁이라고 한다. 영국의 사회학자 필립 브라운Phillip Brown은 아동의 능력과 노력보다도 부모의 부와 열망에 의해 교육이 좌우되는 것을 학부모주의라고 규정하여 이러한 변화를 제3의 물결이라고 하였다(Brown, 1990).

브라운에 의하면 제1의 물결은 19세기 후반 노동자 계급을 대상으로 교육을 대중화한 시기이며, 제2의 물결은 개개인의 능력을 기반으로 교육을 조직화한 것이다. 그리고 부모의 교육권을 보장한 1988년 교육개혁법 이후를 제3의 물결이라고 부르고 이 시기의 특징을 '교육에서 불평등의 강화'라고 규정짓고 있다.

신자유주의 교육 개혁에 의해 1944년 교육법 이래로 유지하던 거주지 취학교 지정제는 자유 선택제로 바뀌었다. 또한 중앙정부와 지방정부 간의 파트너십으로서 구상한 국가와 교육과의 관계도 변해 지방교육당국의 권한이 약화되고 중앙정부의 권한은 한층 강화되었다.

20세기 이후 영국의 교육 개혁은 정치의 강력한 이니셔티브에 의해 주도되었다고 정리할 수 있다. 그중 대표적인 교육 개혁은 1988년 보수당 대처 정부의 교육개혁법이다. 1980년대 영국은 심각한 경제적 위기를 겪고 있었다. 이러한 국내 문제에 대하여 대처 총리는 "영국의 최대 과제는 교육의 질 향상이다. 미국, 독일, 일본과의 경제 경쟁에서 패배하지 않기 위해서는 보다 좋은 교육을 받은 젊은이가 필요하다. 영국의 미래를 걸고 교육 개혁을 하지 않으면 안 된다"고 강조하고 1988년에 교육개혁법을 성립시켰다. 이 법률은 대처 총리의 '영국의 미래는 교육의 경쟁력에서 나온다'는 신념

아래에서 교육 수준 향상에 대한 강한 의지의 결실이라고 말할 수 있다.

1988년 교육개혁법에 의해 전국 공통 교육 과정core curriculum이 도입되고, 학교이사회에 재정 운영에 관한 권한을 부여하여 단위 학교의 자율성을 높였으며, 부모의 학교 선택권을 크게 확대하였다. 아울러 공립학교가 지방교육당국의 감독을 받지 않는 것을 허용하고, 런던지방교육당국을 폐지하였다(Edwards, 1989).

대처 정권이 추진한 교육 개혁 노선은 메이저 정권기에도 이어져 1992년에 학교의 성과를 인터넷상에 공개하는 학교 성적표를 도입하였고 학교 감사를 주관하는 교육수준국을 창설하는 등의 개혁으로 교육의 국가 표준을 강화했다.

이어서 1997년에 취임한 블레어 총리는 취임 일성으로 "중요 정책은 세 개가 있다. 교육, 교육, 교육이다"라는 유명한 연설을 한 것으로 유명하다.[23] 그는 보수당이 수립한 교육 정책의 골격을 계승하면서 "국제 경쟁력을 높이기 위하여 모든 국민이 일을 하기 위한 기본적인 기능을 몸에 익힐 필요가 있다"고 강조하고 이를 위한 학교 개혁의 방향성을 제시하였다.

학교의 설명 책임을 강화하는 정책도 추진하였는데 대표적으로 학생들의 교육 달성 진척도인 학교 성적표(school performance tables)의 공표이다. 지방교육당국에 의해 실패한 학교로 평가되어 2년 안에 향상을 보이지 못하는 경우 문을 닫거나 학교 운영을 민간에게 강제로 이전하는 조치를 할 수 있도록 하였다. 한편 사회적으로 불리한 상황에 있는 많은 지역을 교육개선지구(EAZ)로 지정하여 교육 예산을 집중적으로 배분하였다. 노동당 정권에서의 교육 정책은 수월성과 평등성 양면을 중시하는 정책으로 평가할 수 있다.

교육에 대한 집념이 강했던 노동당 블레어 정권은 2006년 교육·감사법 Education and Inspections Act을 제정하여 학부모에게 학교 선택에 관한 정보를 제공하는 선택 어드바이스를 설치하는 등 학교 선택을 강화하였다.

2010년 성립한 보수당·자유민주당 연립 정권의 교육 정책 기본 방침은 교수의 중요성The Importance of Teaching에 잘 나타나 있다. 여기에는 초등학교에서 국어와 산수를 중시하고 미취학 아동(3-4세) 교육의 충실, ICT 교육의 강화 등이 강조되고 있다.

대처에 이어 영국 역사상 두 번째 여성 총리로 2016년 7월에 취임한 테레사 메이Theresa May도 그래머스쿨 억제 정책의 포기를 발표하는 등 선택과 경쟁, 능력주의 교육 정책을 더 강조했다. 대처 정권이 1988년에 교육개혁법을 제정하여 신자유주의 정책을 도입한 후 보수당과 노동당 정권이 교대로 영국의 교육 정책을 입안하고 집행하였지만 신자유주의 교육 개혁의 물결은 역류하지 않고 교육에서 선택과 경쟁, 교육 기관의 설명 책임 강화라는 경로는 궤도에서 이탈하지 않고 있다.

2. 학교 민영화 정책

영국에서 학교 민영화 정책은 몇 가지 형태가 있는데 가장 일찍 추진된 것은 학교 감사를 컨설팅 회사에 위탁하거나 출산 휴가로 결원된 교사의 대체 교원을 교원 파견 회사에 위탁하는 것 등이었다. 다음으로 생긴 민영화 정책은 성적이 부진한 학교의 정상화를 민간 기업에 위탁하는 방법인데 최초로 킹스매너스쿨Kings' Manor School이 민간 운영에 넘겨진 사례가 있다.

성적 부진을 개선하기 위한 방책으로 도입된 아카데미 정책은 영국의 교육 개혁에서 가장 일반적인 학교 제도가 되어 있다. 아카데미는 설치 자금의 일부를 민간 기업이나 개인, 자선 단체 등으로부터의 기부에 의하면서 운영을 위한 경비는 공적 비용에 의해 지출되는 학교이다. 현대적 행정

수단으로 설명한다면 민관 협력에 의한 학교 운영(PPPs)에 해당된다(Kim, 2017).

종전 공립학교에서의 민영화 정책은 학교의 설립, 유지·관리, 운영 등을 민간의 자금, 경영 능력 및 기술적 능력을 활용하는 새로운 행정 수단으로서 민간투자개발사업(PFI)을 주로 활용하였으므로 민영화 정책으로 공립학교의 지위가 변하는 일은 없었다. 그러나 2002년부터 도입한 아카데미는 공적 재정으로 설립한 학교임에도 불구하고 정부 외의 단체가 관리·운영을 하는 학교이므로 공립학교의 지위 유지에 영향을 주고 있다. 현재 영국의 공식 통계에서는 사립학교로 분류되고 있다.

아카데미는 학력 향상을 최우선시한 블레어 정권에서 도입한 제도이다. 다른 전문중등학교와 같이 학생의 적성에 따라 10%까지 선발이 가능하지만 기본적으로는 선발에 의한 학교가 아니며 수업료는 징수하지 않는다. 키 스테이지에서의 평가와 교육수준국에 의한 학교 감사를 받는다. 본래는 국가 중핵 교육 과정에 따를 필요가 없었지만, 지금은 영어, 수학, 과학, ICT는 국가 중핵 교육 과정에 따르도록 변경되었다.

아카데미 정책은 보수당 정권이 만들었지만 2010년 연합 정권이 들어선 후 그 수가 대폭 늘었다. 영국의 노동당과 보수당의 정치 철학은 우리나라 정당보다 더 확연하게 구분된다. 그렇지만 교육 정책에 있어서는 특정 정권 차원의 이슈가 아니라 영국이라는 국가를 생각하며 장기적 관점에서 추진하고 있다는 점은 우리에게 시사를 준다.

1997년의 백서(Excellence in Schools)에서는 기본 지식의 중요성과 2002년까지 11세 단계의 학생 80%가 읽기, 쓰기 기준에 도달하고 75%의 학생이 산술 능력 기준에 도달한다는 목표를 설정하였다. 그리고 5-7세의 학급 규모를 30명 미만으로 할 것을 제안하였는데 1998년 교육수준·체계법의 제정으로 실행되었다.

블레어는 교육 수준 향상에 관련된 '모든 사람'과 파트너십을 구축하겠다고 공언하였는데, '모든 사람'에는 학교 관계자, 보호자, 자선 단체, 대학, 민간 기업 등이 포함되고 그중에서 민간 기업의 관여가 특별히 기대되었다.

신자유주의의 전략은 국가 또는 시장이라는 이분법적 사상을 배경으로 한 선택·경쟁과 민영화라는 두 개의 방향인데 블레어는 국가나 시장 어디에도 치우치지 않은 국가 제도로서 공교육의 틀을 유지하면서 범위 안에서 학력 향상의 방법으로 선택·경쟁과 민영화를 적극적으로 활용하고자 한 것이다.

2001년에 정권 2기를 맞은 블레어는 민간 부문이 공공 서비스의 제공을 효과적으로 담당할 수 있는 분야는 어디라도 민간을 활용한다는 것을 분명히 했다. 그 이후로 교육 영역에서 종래 볼 수 있었던 시설 건설 및 유지·관리라는 학교의 하드웨어 면에서의 민간 활용에서부터 인사와 교육 내용, 거버넌스라는 학교 경영의 중핵에 관련되는 영역으로 확대되고 있다. 현재 영국에서는 학교 커리큘럼에서 다양한 분야의 직업에 종사하는 자가 외부 강사를 담당하거나 현장 견학 등을 통하여 학교와 산업계의 연계가 이루어지고 있다. 그 외에도 지방교육당국의 업무를 민간 컨설턴트 회사에 위탁하는 경우도 있다.

영국의 21세기 학교교육의 목표는 명확한데 국민의 교육 수준을 향상시키는 것으로 정리할 수 있다. 21세기의 학교상으로는 글로벌 경제 경쟁을 전개하고 급격히 변화하는 포스트 공업 사회에서 학생들이 전문성이 높은 교사에게서 기초 학력을 충실하게 습득하고 다른 사람을 배려하는 정신과 자존감, 건전한 도덕심, 관용, 책임감 등 시민성을 몸에 익히는 수준 높은 학교를 지향하고 있다고 정리할 수 있다.

3. 최근 교육 개혁 동향

1) 조기 교육 격차 해소 정책

최근 영국 정부의 육아, 보육 정책 중에 유아 단계부터 교육 등 격차 해소를 목표로 추진하는 정책으로 패밀리 허브 프로그램이 있다. 패밀리 허브는 2016년 7월 초당파 의원 그룹이 기존 운영 중인 아동 센터의 기능을 발전적으로 승계하는 것을 목적으로 구상한 정책으로 비공식 보고서 '패밀리 허브: 아동 센터의 미래'Family Hubs: The Future of Children's Centres에서 출발한 프로그램이다. 같은 해 7월 아동위원회Children's Commissioner가 이 구상을 구체화한 '패밀리 허브: 논의를 위한 문서'를 발표함으로써 구체화되었다.

영국(잉글랜드)에서는 빈곤 지역의 취학 전 4세까지의 아동과 가족을 대상으로 교육·복지·보건 등을 효과적이고 합리적인 서비스의 제공을 목적으로 시작된 '슈어 스타트'Sure Start 사업을 통해 전국 각지에서 아동 센터를 운영하였는데, 이 아동 센터를 패밀리 허브로 대체하는 것이었다. 2018년부터 지방당국 여러 곳에서 패밀리 허브 프로그램을 구축하여 운영을 시작하였다.

본래 패밀리 허브는 사회적 공정을 목표로 한 거점으로, 일부 지역을 중심으로 2014년부터 아동 센터를 대신하여 사용되었던 명칭이다. 패밀리 허브란 가족과 아동, 청년이 취학전교육 및 육아, 정신건강 지원, 헬스 비지터health visitor(특별한 훈련을 받은 유자격의 간호사·조산사)와의 미팅, 육아 클래스의 참가, 가정 내 학대 피해자에 대한 카운슬링과 어드바이스 등 가정과 관련한 다양한 지원을 받을 수 있도록 하는 서비스이다(Family Hubs Network).

패밀리 허브는 자치단체 단위로 실시되고 있으며, 서비스 내용과 대상이 되는 아동의 연령 제한 등은 지역별로 다르다. 현재 패밀리 허브를 설치하고 있는 지방은 관할 구역 내의 학교 및 교육 시설, 커뮤니티 센터, 자원봉사 단체, 경찰서 등과도 긴밀한 연계 체제를 구축하고 있다. 그리고 지방에 따라서는 패밀리 허브 전용 시설을 가지고 있거나 학교 내 또는 커뮤니티 센터 내에 서비스 창구를 설치하는 등 형태를 다르지만, 어느 곳이라도 이용자는 다양한 서비스를 받을 수 있다.

2022년 8월 공표된 자료에 의하면 영국 정부는 75개 지방당국(교육 사무의 권한을 가진 152개의 절반 정도)에 2022년부터 2025년까지 301,750,000파운드를 지원할 계획이다. 여기에다 추가로 코로나 19로 인한 학습 격차를 줄이기 위해 유아 가정 학습 환경 개선 비용으로 28,700,000파운드를 지원한다(HM Government).

2) 초중등교육

영국 교육 개혁의 키워드는 수월성excellence과 세계 수준world class이다. 그리고 학교 유형과 학교 운영의 다양화를 통하여 이 목적 달성을 기대하고 있다.

영국은 국가 간 학력 비교 평가인 경제협력개발기구(OECD)의 국제학업성취도평가(PISA)에서 좋은 성적을 거두고 있지 못하는 것이 현실이다. 국제학업성취도평가에서 영국의 성적은 2012년 평가에서는 과학 21위, 독해력 23위, 수학 26위였으며, 2015년 평가에서도 과학 15위, 독해력 22위, 수학 27위로 낮게 나타났다(OECD, 2014). 이러한 학력 저하 문제를 개선하기 위하여 고강도의 학교 개혁을 추진하여 기초 학력을 향상시키는 것을 최우선으로 생각해 왔다.

1997년 정권 교체를 이룬 노동당 정권은 초등학교 교육의 충실을 가장 중요한 과제로 하였다. 같은 해 블레어 총리가 국제학업성취도평가에 참가를 결정하였으며 1999년도 국가교육과정에는 국제학업성취도평가의 핵심 역량key competence을 의식하여 학교교육에서 습득할 키 스테이지가 등장하였다. 2001년에 2기째를 맞은 블레어 정권은 개혁의 역점을 중등교육으로 상향시켰다. 이미 보수당 정권에서 과학, 이학 등에 역점을 둔 스페셜리스트스쿨이 창설되었는데 여기에 대해서는 '종합제'에 반한다는 비판도 있었다. 이러한 비판은 현재 우리나라에서 고교 평준화에 반한다는 이유로 특수목적고등학교를 폐지하자는 주장과 유사하다.

블레어 정권은 '모든 공립중등학교를 스페셜리스트스쿨'로 한다는 목표를 내걸고 그 보급을 강력히 추진하였다. 2007년 2월에는 2,695개교로 전체 공립중등학교의 84%를 차지할 정도로 증가하였다(The Guardian). 그리고 2008년까지 공립중등학교의 90%가 스페셜리스트스쿨이 되었다. 아울러 선택제의 공립그래머스쿨은 이전 노동당 정권에서 폐지 대상이었지만 블레어 정권은 부모의 학교 선택을 보장한다는 관점에서 인정하였다.

또한 블레어 정권의 중요한 학교 개혁으로 아카데미 정책을 들 수 있다. 아카데미는 중등교육 다양화 정책이라 할 수 있는데 여기에 대해서는 전술하였다. 2010년에는 3회째의 국제학업성취도평가 결과가 발표되자 데이비드 캐머런David Cameron 연립 정권은 보다 높은 교육 수준의 달성을 위하여 가장 성공한 국가에서 배울 필요성을 강조했다. 그는 모범이 되는 국가(지역)로 캐나다의 앨버타, 싱가포르, 핀란드, 홍콩, 미국의 할렘, 한국을 들었다.

최근 초중등교육 정책의 변화로는 코로나 19의 영향으로 2019년과 2020년, 2년에 걸쳐 중지하였던 중등교육수료일반자격시험(GCSE)과 일반교육수료상급레벨(GCE A Level) 시험의 재개가 있다.[24] 영국에서는 이들 시험의 대체 조치로 2019년에는 모의고사 성적과 학습 성과물에 의한 교사 평가를 바탕으로 인공지능(AI)의 통계와 알고리즘에 의한 수정을 거쳐 최종 성적이 산출되었지만 이러한 방식이 불평등한 결과로 이어져 혼란을 초래하였다.

2020년부터는 전년도에 실시했던 인공지능에 의한 수정은 하지 않고 공평성을 최대한 중시하여 각 학교의 교사 평가에 의한 성적(teacher assessed grades)을 최종 평가로 하기로 방침을 세웠다. 시험 실시 기관은 모든 학교가 제출하는 학생의 과제 성취 수준(centre assessment grades)을 자격·시험규제기구(Ofqual)가 개발한 모델을 적용하여 표준화하고 각 학생의 최종 성적을 확정하도록 하는 등 최대한 공평하게 평가하도록 하였다.[25]

성적 발표 시기는 통상적으로 시험 결과를 발표하는 8월로 하며 시험 실시 기관은 ① 각 학교가 작성한 학생의 순위는 변경하지 않고, ② 어느 학교의 성적 평가가 다른 학교와 비교하여 엄격하거나 후한 경우에는 시험 실시 기관은 당해 학교의 학생 성적을 상향 또는 하향 조정할 수 있으며, ③ 학교는 어떠한 상황에서라도 최종 결과가 학생에게 통지되기 전에 학교의 담당 교원 등이 학생의 학습 기록 등을 토대로 산출한 성적(centre assessment grades)을 학생이나 보호자에게 통지할 수 없도록 하는 방침을 마련했다.

그리고 2021년도에는 시험을 중지한 지 3년 만인 2022년 5월부터 재실시하기로 결정하고 교육부와 자격·시험규제기구는 코로나에 의해 시험이 실시되지 못하는 경우를 대비하여 긴급 대책 등을 협의했다.[26]

3) 교원 정책

영국의 교원 양성 제도는 우리나라처럼 일관된 제도에 의하지 않고 다양하므로 교원이 되고자 하는 자도 선택지가 많다. 많은 국가가 대학에서의 양성을 원칙으로 하고 있지만 영국은 대학에서의 교원 양성과 학교 현장에서의 교원 양성으로 나뉘는데 여기에 대해서는 전술하였다.

2018년 3월 10일에 교육부 장관은 전국의 중등학교·고등학교 교장을 중심으로 한 전문직연합회(ASCL) 연차 총회에서 교사 업무 중 학생 지도에 직접 관계가 없는 업무를 양적으로 경감하여 교육 활동에 집중하는 시간을 확보하겠다는 방침을 명확히 하였다(Association of School and College Leaders). 현재 영국은 우리나라와 달리 취학 인구가 증가하고 있는데 교사 부족이 심각한 문제가 되어 있기 때문에 교육부는 교사의 고용에 적극적인 대책을 강구하고 있다.[27]

최근 교사 수가 증가 경향에 있다고는 하지만 수학, 물리 등의 과목에서는 교사 부족이 문제가 되어 있다. 교육부는 2018년 3월에 이에 대한 대책의 하나로 퇴역 군인을 교사로 재교육하는 방안을 마련하였다. 이는 미국에서 1993년부터 퇴역 군인을 대상으로 교원 자격 취득 프로그램을 지원한 정책을 답습한 것이다(Troops to Teachers).

영국 정부는 2018년 9월부터 전국의 대학에서 연수생 한 사람당 4만 파운드의 장학금을 지급한다고 밝혔다.[28] 대상은 과거 5년 사이에 영국의 육해공군에서 군인으로 종사하고 퇴역한 자 중에서 학사 과정 교원 양성 프로그램에 입학한 자이다. 이과 과목과 현대 외국어를 전공하는 자가 우선적으로 대상이 된다. 이 정책은 구체적으로 퇴역 군인을 대상으로 2년간 학교에서 배우고 정규교사자격(QTS)을 취득하도록 하는 기존의 군인교사 프로그램Troops to Teachers Programme의 개정판이다.[29]

2018년 발표한 정책은 정규교사자격을 확실히 취득하도록 재정 지원 규모는 줄이지 않고 초기교사연수(ITT)를 담당하는 프로바이더의 협력을 얻어 종전보다 보다 유연한 대응을 할 것이라고 하고 있다. 3년간의 교사 양성 프로그램 중 2년째 이후 2년간 보조금이 지급된다. 장학생 응모 요건은 ① 학위 취득 전의 학부생일 것, ② 과거 5년간 영국 육해공군에 전임으로 소속되었을 것, ③ 중학교 수학, 생물학, 화학, 물리, 컴퓨터, 현대 외국어에 흥미가 있고 이러한 과목의 정규교사자격 취득을 준비하고 있을 것이다.

영국 정부는 이 정책에 대하여 우수한 교사에게 필요한 규율 및 동기, 전문 능력을 닦아 온 군인 출신이 교사로 재출발하여 교실에서 전문 지식을 공유해 가는 데에 도움이 된다는 견해를 밝히고 있다. 영국 국방부 장관을 포함한 정책 옹호자들은 리더십, 팀워크, 문제 해결 능력이라는 관점만이 아니라 경험과 기능의 관점에서도 퇴역 군인이 교편을 잡는 것은 학생의 동기를 부여하고 의욕을 높이는 데 플러스가 된다고 주장하고 있다.

2021년 7월 5일 교육부는 전문위원회가 주도하는 교사 양성 마켓에 관한 리뷰 보고서를 공표하였다. 교육부가 교사 양성에서 현직 연수까지 질 높은 프로그램을 일관하여 제공할 수 있도록 하기 위해 교사 양성 현황과 현행 제도에 대한 검토를 저명한 교육학자를 중심으로 구성된 전문가위원회에 위탁하여 연구한 결과가 공표된 것이다.[30] 여기에는 교사 양성 수준을 높여 모든 청소년이 우수한 교사로부터 질 높은 교육을 받을 수 있도록 하고 교사 실습생이 질 높은 연수에 참가할 수 있도록 하는 교사 개혁의 방향성이 포함되어 있다.

이 보고서에서는 교사의 질 향상을 위해 교사 양성 기준을 상향 조정하는 내용을 권고하였다. 권장 사항은 ① 증거에 기반한 교사 연수 커리큘럼 개발, ② 교사 양성 프로그램 제공 기관은 인정 조건으로 코스 기간 중 1년 간의 코스에서는 적어도 4주간(20일), 대학 학부 코스에서는 6주간(30일)의 집중적인 배치 체험을 설계하여 제공할 것, ③ 1년간의 정규교사자격 취득 코스 인정 조건으로 38주, 그중 최소 28주는 학교에서 보낼 것, ④ 후보 인정 기관은 질적 여건을 완전하게 충족하도록 새롭게 설정된 엄격한 인정 프로세스를 통과할 것 등 14개 항목이다.

그리고 2021년 12월 20일 교육부는 스킬과 시간이 있는 교육 경험자에게 현장으로 돌아오도록 요청하였다.[31] 최근 퇴직한 전직 교사 외에 교사 훈련을 받았지만 교직을 선택하지 않은 자를 대상으로 대면 수업을 위해 봄 학기(8월 1일-7월 31일)에 주당 하루라도 근무가 가능한 인재를 확보하려는 의도였다.[32] 오미크론 변이종의 만연에 의해 교사의 결근율이 높아질 것이 예상되므로 봄 학기에 대체할 임시 교원supply teachers을 충분하게 확보하지 않을 경우 지역에 따라서는 교사의 결원이 생길 것을 우려하기 때문이다.

제2장
고등교육 제도

제1절 ____ 고등교육의 개요

1. 고등교육의 발전 과정

영국을 구성하는 잉글랜드, 스코틀랜드, 웨일스, 북아일랜드 중 잉글랜드를 제외한 세 지역은 영국 정부로부터 권한이 이양되어 각 지역에 교육부(DfE)를 포함한 행정 기관이 설치되어 있다.

영국 고등교육의 역사는 12, 13세기 중세 대학의 설립으로 거슬러 올라가는데, 당시에는 철학과 신학을 중심으로 하는 교원과 학생의 공동체였으며 성직자 양성과 특권 계급을 위한 교육이었다. 영국에서 대학이 근대적 교육 기관으로 정립된 시기는 산업혁명을 거치고 근대적 국민국가 체제가 확립되면서였다. 그리고 사회 경제에서 요구되는 전문직, 행정 관료 등을 양성하는 국가적 교육 기관으로서 성격을 가지게 된 것은 19세기부터 20세기 사이로, 학생들의 출신 배경에 의한 차별이 서서히 사라져 여성, 노동사 계급에도 고등교육을 받을 기회기 열리게 되었다.

제2차 세계대전 이후 고등교육은 새로운 확대·발전기를 맞이하는데, 1963년 산업사회의 고도화에 맞춰 고등교육의 질적·양적 측면을 개혁하여 적극적으로 확대할 것을 제언한 로빈슨보고서(Higher Education: Report of the Committee Appointed by the Prime Minister under the Chairman of the Lord Robbins 1961-63)를 계기로 대학이 신설되고 정규 대학 외에 비정규 고등교육기관인 폴리테크닉이 설립됨으로써 이원화된 고등교육 제도를 바탕으로 발전하였다. 로빈슨보고서는 고등교육을 국가적 시스템으로서 인지하도록 하는 계기가 되었다.

1980년대 후반에도 고등교육이 확대되었는데, 폴리테크닉 등 비정규 고등교육기관의 법인화와 대학 승격으로 고등교육기관이 일원화되면서이다. 정부 고등교육 정책의 영향으로 고등교육 진학률이 1960년대 중반에 10%를 넘었으며, 1970년대 초반경에는 15%에 달하여 엘리트 단계에서 대중화 단계로 이행하는 전기를 맞이하였다.

1980년대 보수당 대처 정권에서는 고등교육백서 'Higher Education: A New Framework'와 'Higher Education: Meeting the Challenge' 등에서 고등교육에 관한 개혁안이 제기되었으며, 1988년에 교육개혁법이 성립하였다. 교육개혁법 성립 전년도인 1987년 'Higher Education: Meeting the Challenge'에서는 고등교육의 목적으로 ① 보다 효과적으로 경제에 도움을 줄 것, ② 기초 과학 연구 및 인문과학에서 학문을 추구할 것, ③ 산업·상업과 보다 긴밀하게 연계하여 사업을 추진할 것, 세 가지가 제기되었다.[33] 이러한 일련의 과정을 거쳐 교육의 질적 평가, 교육에 시장 원리의 도입, 교육 기관의 정보 공개, 자기 책임의 의무화 등 근본적인 교육 개혁이 시작되었다.

1988년 교육개혁법을 성립시킨 보수당 대처 정권 이전에, 대학은 엘리트 교육기관으로 진학률이 매우 낮았다. 따라서 어느 대학을 졸업했는가보다는 대학 졸업 자체가 가치가 있었다. 더 중요한 것은 취득한 학사의 등급이었다. 그러나 교육개혁법은 고등교육을 대개혁하는 계기를 만들어 고등교육의 대중화에 기여하였다.

2. 고등교육 제도 개혁 내용

영국의 고등교육 제도에 큰 변화를 만든 보수당 대처 정권 이후의 제도 개혁을 개관하면 다음과 같다.

영국에는 대학과 고등교육 칼리지를 합하여 163개의 고등교육기관이 있으며(2017-2018학기), 2,873,00명의 학생이 재학하고 있다(2020-2021학기). 학부생이 2,128,000명, 대학원생이 745,000명이며 자국 학생은 2,267,000명, 유럽연합을 포함한 외국인 학생 606,000명이다.[34] 우리나라의 대학 1학년에는 교양 과정이 설치되어 있으나 영국의 대학에는 교양 과정이 없으므로 입학과 동시에 전문교육을 실시한다. 의학과 약학은 5년제, 외국어 등의 학과는 4년제, 나머지 학과는 통상 3년간 교육이 이루어진다(스코틀랜드만이 4년).

영국의 고등교육이 우리나라와 다른 점은 학위에 등급이 있다는 것인데 졸업 시의 성적에 따라 제1급 우등(1st), 제2급 상우등(2:1), 제2급 하우등(2:2), 제3급 우등(3rd), 보통(pass)의 학사 학위가 부여된다. 석사 과정은 통상 1년간의 수업 중심의 석사 학위와 2년간의 연구 중심의 석사 학위가 있다. 박사 과정은 수업 기간을 3년 정도로 정하고 있는 경우가 많다. 기존의 PhD 코스 외에 교육 분야의 EdD 등 전문 박사 학위를 취득하기 위한 코스도 다수 존재한다.

전문 박사 학위 코스에는 강의 등이 필수로 포함되어 있다. 또한 영국의 고등교육에는 시간제 코스가 개설되어 있는 경우가 많으며 성인 등 다양한 학생이 배우기 쉬운 유연한 제도를 갖추고 있다.

보수당 대처 정부의 교육 개혁으로 대학이 크게 증가하고 대학 진학률이 상승하기 이전의 대학은 엘리트교육기관이었으므로 진학률이 매우 한정적이었다. 그 때문에 어느 대학을 졸업했는가보다도 대학 졸업 자체가 그 사람을 평가하는 가치가 되었다. 그리고 앞서 언급했듯이 더 중요하게 작용한 것은 취득한 학사 학위의 등급이었다.

영국의 고등교육은 1960년대 중반 이후 대학 부문과 대학 이외의 고등교육기관으로 이원제가 채용되었다. 대학은 대학보조금위원회(UGC)를 통하여 국고 보조금을 받으면서도 높은 자율성을 가지고 자유롭게 운영하며 학문 지향이 강한 특징을 가졌다. 한편 대학 이외의 고등교육기관은 독자적으로 학위 수여권을 가지지 못하였으며, 학위 수여권은 전국학위수여위원회(CNAA)가 가지고 있었다. 지방교육당국에 의해 교육 내용과 재정 면에서 엄격하게 관리·통제되었으며 교육 내용도 실학 지향의 경향이 강했다.

1980년대 대처 정부는 교육이 영국 국민의 복지와 국제 경쟁력의 향상에 이바지하도록 '정보 공개·시장 원리·자기 책임'을 바탕으로 교육의 효율성, 대중화와 교육의 질 향상을 도모하였다. 교육의 질적 평가를 실시하고 교육에 시장 원리를 도입하며, 교육 기관에 정보 공개, 자기 책임을 의무화하는 등 교육 제도의 근본을 바꾸는 개혁을 하였다. 이 개혁으로 교육에 시장 원리를 도입하면서 정부에 의한 교육 자원은 축소되었는데 이는 신자유주의 교육 개혁으로서 많은 비판을 받았다.

1987년의 고등교육백서 Higher Education: A New Framework에 이어

이듬해인 1988년의 교육개혁법은 고등교육의 역할과 기능에 큰 변화를 이루는 계기를 만들었다. 정부와 대학의 완충 장치로서 역할을 하였던 대학보조금위원회가 폐지되고 대신에 대학재정심의회(UFC)가 설치되었다. 대학보조금위원회의 폐지는 정부의 대학에 대한 직접 통제를 초래할 것이라는 이유로 강한 반발을 불러일으켰다.

한편 대학 이외의 교육 기관인 폴리테크닉 대부분은 법인화가 되고 보조금 교부 기관으로 폴리테크닉·칼리지재정심의회(PCFC)가 설립되어 경쟁 원리에 의한 보조금 관리 체제가 도입되었다. 그 결과 지방교육당국의 권한이 약해지고 정부의 권한이 강해지게 되었다.

1992년 메이저 정권하에서 제정된 계속·고등교육법에서는 폴리테크닉이 대학으로 승격하였다. 영국 고등교육 제도의 특징이었던 이원 구조는 이 시기에 일원화되어 대학이 47개에서 88개로 늘어났다. 이에 따라 1988년 교육개혁법에서 설치된 폴리테크닉·칼리지재정심의회와 대학재정심의회를 재편하여 고등교육재정심의회(HEFCs)와 계속교육재정심의회(FEFCs)를 설립하였다.

고등교육의 질이나 수준의 보증도 더 강화되었다. 영국의 대학에서는 전통적으로 시험 채점을 학외 시험 위원에게도 의뢰하여 학위의 질을 유지하였지만 현재는 고등교육질보증기구(QAA)에서 고등교육의 질 보증을 강화하는 역할을 하고 있다. 1988년과 1992년의 연속된 개혁으로 고등교육에 대한 정부의 행정·재정에서 영향력이 강화되고 경쟁 원리의 도입으로 정부 재정을 획득하기 위한 고등교육기관 간의 경쟁이 가열되었다고 할 수 있다.

제2절 ___ 주요 고등교육기관

영국의 대학은 일반적으로 1922년 이전에 설립되어 있는 대학을 구舊대학, 1992년 이후 대학으로 승격한 대학을 신新대학으로 분류하고 있다. 그리고 구대학 중 영국 내의 주요 연구 대학을 러셀그룹Russell Group,[35] 서튼트러스트Sutton Trust에 의해 선발된 영국 국내 상위 13개 대학을 서튼Sutton 13으로 부르고 있다. 그리고 러셀그룹에 대항하여 설립된 연구 중심 대학 18개교 그룹을 1994 그룹이라고 하는데 학생 수가 적고 소도시에 설립된 역사가 짧은 대학이 많다.

러셀그룹 안에서도 영국의 남동부에 위치하며 학생들의 성취 수준이 높고 연구 업적 등에서 다른 대학들과 비교되며 세계대학랭킹에서 상위에 올라 있고 국제적으로 지명도가 높은 옥스퍼드대학, 케임브리지대학과 런던대학의 네 개 칼리지(Imperial College, Kings College, London School of Economics, University College)를 골든 트라이앵글golden triangle이라고 한다. 이 대학들이 고등교육재정심의회 연구 기금의 3분의 1 이상을 가져간다(Williams, 2015).[36]

그 외에 옥스퍼드대학과 케임브리지대학으로 대표되는 석조 고딕 양식을 가진 고대 대학과 대비하여 19세기 말부터 20세기 초반에 주요 도시에 탄생한 시민대학 교사 건물의 건축 자재에서 따와 적벽돌 대학군redbrick university, 1960년대에 설립된 대학을 판유리 대학군plateglass university으로 호칭하기도 한다.

[표 II-10] 영국의 대학 그룹별 학생 및 세입 구성 비율

대학 그룹별	기관 수	HEFCE 보조 학생	기타 EU 학생	해외 학생	HEFCE 교육비	HEFCE 연구비
골든 트라이앵글 (Golden triangle)	6	5.0	6.9	12.5	7.9	34.7
기타 러셀그룹 (Other Russell Group)	18	17.7	14.2	29.5	20.6	37.8
1994 그룹 (1994 Group)	14	7.0	4.8	9.8	6.5	15.4
유니버시티 얼라이언스 (University Alliance)	19	22.3	19.0	17.5	20.4	4.8
밀리언 플러스 그룹 (Million + Group)	17	14.0	17.0	10.4	12.3	1.8
고등교육 칼리지연합 (Guild HE)	25	6.5	4.0	1.9	4.1	0.2
오픈 유니버시티 (Open University)	1	7.3	14.1	0.1	4.4	0.6
기타 대학 (Other universities)	29	15.7	15.0	15.8	19.9	4.7
계속교육 칼리지 (FE colleges)	186	3.9	1.0	0.6	3.9	0

출처: Williams. (2015).

주: 1. Guild HE는 대학의 지위를 가지지만 정식으로 대학으로 지정되지 않은 교육 기관

2. Other universities는 대학 그룹에 가입하지 않은 대학, 연구 센터, 대학과 동등한 자격을 가진 일부 기관

1. 옥스퍼드대학과 케임브리지대학

영어권에서 가장 오래된 대학인 옥스퍼드대학의 설립 연도는 확실하지 않지만 1096년에 강의가 이루어졌다는 기록이 남아 있다. 옥스퍼드대학은 잉글랜드 학생이 파리대학에서 배우는 것이 헨리 2세에 의해 금지된 1167년에 대학으로서 공적으로 인정되었다. 1209년에는 시민과의 대립으로 옥스퍼드대학을 떠난 교원들에 의해 케임브리지대학이 설립되었다.

두 대학에서 학생이 거주하는 숙사는 교육 기능을 가진 기숙제의 기숙

사(학료)로 발전해 갔으며, 결과적으로 개개의 칼리지로서 대학으로부터 관리·운영 면에서 독립하게 되었다. 학생과 교원이 칼리지에 소속되어 숙식을 함께하는 것뿐만 아니라 작은 학습 집단의 교육 활동을 하는 칼리지 시스템이 정비된 것이다. 아울러 교원이 학생의 개인 지도를 담당하는 튜토리얼 시스템tutorial system도 정착하였다.

두 대학은 기숙제 칼리지가 모델이지만 19세기 중반 이후의 대학 개혁에 의해 자연과학·응용과학 등 근대적 학문 영역의 확충, 여자 기숙사 설치 등의 변화와 함께 행정 관료와 고급 전문직 등 근대적 국가 엘리트 양성기관이 되었다. 19세기에 런던대학과 더럼대학이 설립할 때까지 잉글랜드 고등교육을 독점하는 위치에 있었으며, 현재에도 학술적 평가뿐만 아니라 시설 및 재정, 재산에서 타 대학과는 비교할 수 없을 정도의 지위를 가진 영국을 대표하는 고등교육기관이다.

2022년에 발표한 THE(Times Higher Education) 세계대학랭킹(World University Rankings 2023)에서 옥스퍼드대학과 케임브리지대학은 각각 1위, 3위를 차지하였으며, QS(Quacquarelli Symonds) 세계대학랭킹(QS World University Rankings 2023)에서는 케임브리지대학 2위, 옥스퍼드대학 3위에 올랐다. 다만 이들 평가 단체가 영국을 본거지로 하는 상업적 평가 단체이며, 세계대학랭킹의 시작이 영국 정부의 대학 국제화 전략과 외화 획득을 위한 산업 정책이었다는 것을 이해할 필요가 있다(김상규, 2022b).

2. 런던대학

1826년에는 영국국교회의 비호하에서 폐쇄적이고 특권적 지위를 향유하였던 옥스퍼드대학과 케임브리지대학에 대한 비판에서 런던에 유니버시티칼리지가 설립되었다. 유니버시티칼리지는 소수의 자산가에 의해 설립된 최초의 비종교적 고등교육기관(교육 과정에서 신학을 제외)으로 기숙사제가 아닌 통학제를 채용하였다. 한편 1829년에는 영국국교회파도 런던에 킹스칼리지를 설립했다.

그러나 이 두 대학은 모두 학위 수여권을 부여받지 못하였으므로 1836년 런던대학이 칙허장을 받아 학위 수여 기관으로 설립되었다. 런던대학은 그 후 의학, 약학, 법학 등 런던에 소재하는 다양한 분야의 전문가 양성 기관을 심사하여 학위를 수여하게 되었으며, 최종적으로 연합형의 대학을 형성하였다.

현재 런던대학은 17개의 독립된 교육 기관으로 이루어진 연합 대학이며 학생 수는 런던에 12만 명이 재학하고 있다. 그리고 1858년 원격교육long distance learning을 시작하여 런던에서 멀리 떨어진 지역의 학생에게도 학위를 수여하며 외국에 있더라도 학위 시험에 합격하는 경우 대학 졸업 자격을 받을 수 있다. 2019년 기준으로 세계 180개국에 5만 명이 재학하는 등 영국 최대 규모의 대학이다.

3. 시민대학

지방의 산업 도시에서도 지역 산업의 요구, 독일, 프랑스, 미국 사업의 성장 위협을 배경으로 19세기 후반에서 20세기 초반에 걸쳐 과학·기술교육을 중심으로 하는 대학이 지방의 독지가 및 시 당국의 지원에 의해 설립되었다. 이러한 대학으로 맨체스터대학(1851년 개교, 1880년 칙허장 획득), 버밍엄대학(1880년 개교, 1990년 칙허장 획득), 리버풀대학(1881년 개교, 1903년 칙허장 획득) 등이 있다.

이들 대학은 이전부터 직업 전문교육을 실시해 온 각종 전문 칼리지와 유니버시티 킬리지가 발전한 학교로 비종교적 통학제 대학이며, 과학기술과 관련한 학과 외에 의학 및 인문과학 학과도 설치되었다(Goddard, Hazelkorn, Kempton & Vallance, 2016).

영국에서는 19세기 후반에서 20세기 초반에 걸쳐 세 그룹의 대학이 병립하게 되었는데, ① 근대적 엘리트 양성 기관으로 탈바꿈한 옥스퍼드대학과 케임브리지대학, ② 개개의 칼리지 내지는 스쿨의 연합체로 설립된 전문교육 중심인 런던대학, ③ 단일 조직으로 설립되었다는 점에서는 런던대학과 다르지만 성격이나 기능 면에서는 런던대학의 지방판이라 할 수 있는 맨체스터대학 등 구시민대학이다.

그리고 설립 경위나 성격이 구시민대학과 유사하지만 제2차 세계대전 이후 종래 런던대학으로부터 학위가 수여된 칼리지에서 대학으로 승격한 대학을 신시민대학이라 일컫는다.

제3절 ___ 고등교육기관의 종류

영국에서 고등교육 프로그램을 제공하는 기관에는 대학, 고등교육 칼리지·유니버시티 칼리지, 계속교육 칼리지(고등교육 과정 개설교), 대체교육 프로바이더가 있다. 공적 자금이 교부되는 기관은 고등교육기관(HEIs)으로 불리며, 경상비 교부금을 받지 않는 기관은 대체교육 프로바이더Alternative providers이다.

구분	고등교육기관			계속교육 칼리지
	대학	대학 이외 기관	계	
잉글랜드	118	15	133	290
웨일스	8	0	8	13
스코틀랜드	15	3	18	27
북아일랜드	2	2	4	6
계	143	20	163	336

출처: Department for Education. (2019). Education and training statistics for the UK.

1. 대학

대학은 준학사에서 박사 학위에 이르기까지 폭넓게 고등교육 학위 및 자격을 수여하는 독립된 기관으로 1992년을 경계로 구대학과 신대학으로 구분한다. 1992년에는 계속·고등교육법의 성립으로 구 폴리테크닉이 대학으로 승격하여 고등교육이 일원화되어, 대학이 47개교에서 88개교로 증가하였다(Anderson, 2006). 전통적으로 구대학은 학술적 프로그램을 제공하고 신대학은 보다 실무적이고 실천적인 프로그램의 제공을 특징으로 하고있다.

2. 대학 이외의 고등교육기관

종전 교원 양성 기관 등이 전신인 고등교육 칼리지, 유니버시티 칼리지로불리는 교육 기관(대학 교육 기관이 아니며 고등교육 칼리지라고 한다)이 있다. 최근

그 숫자는 감소하고 있지만 국가로부터 기관 보조recurrent funding를 받는 고등
교육 칼리지는 20개교가 있다(2017년 기준). 학위 수여권을 가진 기관도 있지
만 학위 수여권이 없는 기관은 가까운 곳의 대학이나 공개 대학과 제휴하
여 학위 수여권이 있는 고등교육기관의 과정 인정을 받아 학위 프로그램을
운영한다.

3. 계속교육 칼리지

의무교육 후 각종 교육·직업 프로그램을 제공하는 기관을 계속교육 칼
리지further education college로 총칭한다. 넓은 의미의 계속교육 칼리지에는 후기
중등 보통교육을 제공하는 식스폼칼리지를 포함한다. 많은 식스폼칼리지
는 고등교육 과정advanced course을 마련하여 준학사 수준의 학위diploma나 자격
을 수여한다. 잉글랜드에는 336개교의 계속교육 칼리지가 있으며 그중에
서 75개교가 식스폼칼리지이다. 한편 계속교육 칼리지는 매년 감소 경향
에 있으며, 정부로부터 직접 보조금이 교부되는 기관도 있다.

4. 대체교육 프로바이더

고등교육을 제공하는 기관 중 대체교육 프로바이더는 국가로부터 기관
보조를 받는 고등교육기관과는 대조적으로 공적 기관으로부터 경상비에
해당하는 기관 보조가 교부되지 않는다. 여기에는 계속교육기관이 포함되
지 않지만 버킹엄대학처럼 학위 수여권 및 대학 명칭 사용권을 가진 기관
도 일부 포함되어 있다. 아울러 별도 고등교육기관의 과정 인정을 받아 학

위 프로그램을 운영하는 기관도 있다.

5. 사립대학

영국의 대학은 설령 설립 주체가 사법인인 경우에도 공적 보조금을 받는 기관은 사립대학이 아니라 '공적인 보조금을 받는 대학'publicly funded institutions 이라고 한다. 바꾸어 말하면 영국에서 사립대학은 공적인 보조금을 받지 않는 기관을 의미한다.

영국에서 가장 오래된 사립대학은 1976년에 칼리지로 개교하여 1983년 학위 수여권과 대학 명칭 사용권을 얻은 버킹엄대학University of Buckingham이다. 이 대학은 인문·사회과학을 중심으로 한 소규모 고등교육기관으로 옥스퍼드 등 전통 대학처럼 튜토리얼 교육에 역점을 두고 있다.

2000년 중반부터 점차적으로 사립대학이 설립되기 이전까지 버킹엄대학은 오랜 기간 영국 유일의 사립대학이었다. 버킹엄대학처럼 비영리 단체가 설립한 사립대학으로는 2013년에 대학 명칭을 부여받은 리젠츠대학런던Regent's University London 등이 있다. 또한 영리 단체가 설립한 사립대학에는 BPP 홀딩스가 2007년에 개교한 BPP대학 등이 있다. 영리를 목적으로 하는 사립대학 중에는 아든대학Arden University처럼 온라인만으로 학위를 취득하는 대학도 등장했다.

사립대학의 특징은 ① 소규모, ② 교육이 인문·사회과학 계열에 치중, ③ 전문직(법조 및 MBA 등) 학위 과정 중심 등이다. 다만 최근에는 버킹엄대학이 의학부를 개설하는 등 종합대학화가 추진되고 있다. 정부 정책의 영향으로 영국에서 사립대학 설립은 앞으로도 계속될 것으로 예상되고 있다 (Hunt & Boliver, 2019).

사립대학의 증가는 국가에 의한 대학 규제 체제에도 변화를 주었다. 정부의 보조금을 받지 않는 사립대학에 대하여 '고등교육재정심의회'(HEFCs)에 의한 보조금 배분을 통하여 규제하는 데에는 한계가 있으므로 HEFCs가 폐지되고 그 대신에 학위 수여권을 가지는 모든 대학을 규제하는 기관으로 학생국(OfS)이 2018년에 설립되었다.

제4절 ___ 설립 인가 제도

영국의 모든 대학은 독립 법인corporation으로 설립되어 법인으로서 법적 지위를 가지지만 설립 인가 절차와 명칭은 설립 시기에 따라 다르다. 1992년 이전에 설립한 대학은 추밀원Privy Council의 조언을 바탕으로 국왕의 설립 칙허장 및 칙허장에 부속하는 대학 규정을 바탕으로 운영되고 있다. 그리고 1992년 이후 설립된 고등교육기관은 1988년 교육개혁법 및 1992년 계속·고등교육법을 설치 근거로 하여 정부의 규정에 의거 운영되고 있다. 2017년 이후는 같은 해에 제정된 고등교육·연구법에 따라 설립 칙허장 및 대학 규정의 내용 변경에 대해 잉글랜드에서는 교육부 산하 준정부기관(NDPD)인 학생국이 인가를 하며, 그 외 지역에서는 추밀원의 인가를 필요로 한다.

잉글랜드에서는 학생국이 관리하는 고등교육기관 등록 제도에 대한 등록이 공적 자금의 교부 요건이 된다. 학생국은 2017년 고등교육·연구법에 의거 2018년에 설립된 후 2018년 4월부터 고등교육기관 등록 제도가 시작되었다. 그 이전은 잉글랜드고등교육재정위원회(HEFCE)가 관리하였다.

이 제도에서는 등록 요건을 심사할 때에 학생국이 자체적으로 수집한

데이터 외에 고등교육질보증기구가 각 고등교육기관을 대상으로 실시한 질·기준 심사 결과가 참고가 된다. 그리고 이 제도는 종전 잉글랜드 기관 등록 제도나 타 지역의 제도와는 달리 공적 자금의 교부 희망 여부와 관계없이 ① 정부로부터 교육·연구 조성 등의 공적 자금 교부, ② 학생 지원금의 수급,[37] ③ 내무부에 대한 Tier 4를 사용한 해외 유학생 유치 신청, ④ 학위 수여권의 취득 신청, ⑤ 대학 또는 유니버시티 칼리지 명칭 사용권(title) 취득 신청 중에 하나라도 희망하는 경우에는 등록이 필요하며, 하나의 등록 제도로 통일적으로 관리·감독이 이루어진다.

아울러 이 제도의 등록이 임의 사항이므로 공적 자금의 교부를 희망하지 않는 등의 이유로 미등록을 한 기관도 고등교육을 제공할 수 있다. 등록 기관 수는 2020년 2월 기준 394개 기관이다.

1. 1992년 이전에 설립된 대학

1) 칙허 법인

1992년에 성립된 계속·고등교육법 이전부터 존속한 영국의 대학은 각 기관마다 국왕이 수여한 설립 칙허장Royal Charter에 의해 칙허 법인chartered corporation으로서의 법적 지위와 학위 수여권이 부여되는 것이 일반적이다. 설립 칙허장 및 칙허장에 부속된 대학 규정statutes에는 대학 관리·운영 기관의 조직·권한, 대학 보직자의 직무 권한·임명 방법, 교원의 채용·해고, 재무 등에 관한 기본적인 사항이 규정되어 있다. 이러한 대학의 설립 인가에 대해서는 법령상 기준이 마련되어 있지 않으며, 인가 시마다 심사가 이루어져 칙허장이 교부된다.

대학은 설립 칙허장 및 대학 규정에서 명기한 기본적인 사항을 바탕으

로 학부·학과 편성, 학위·자격의 종류, 입학 요건, 인사, 규정 등 일상적인
운영에 필요한 규칙을 학칙(ordinances, regulations, codes of practice)에서 정하고
있다.

2) 개별법에 의한 법인, 회사 법인 등

구대학 중에서 설립 근거를 설립 칙허장에 의하지 않는 예외적인 기관이
있다. 더럼대학과 뉴캐슬어폰타인대학은 한 개의 대학이었지만 1963년 분
리할 때에 칙허장이 아닌 개별법(더럼대학 및 뉴캐슬어폰타인대학법)에 의거 설
립되었다.

또한 런던대학에 속하는 런던경제대학(LSE)은 1901년 설립 당시 보증유
한책임회사로 법인 인정을 받은 후 지금도 이어지고 있다. 아울러 옥스퍼
드와 케임브리지 두 대학은 법률이나 칙허장에 의하지 않고 대학 규정에
설립 근거와 관리·운영 기준이 규정되어 있다. 대학 규정의 중요한 부분
을 수정하는 때에는 학생국의 승인이 필요하다.

2. 1992년 이후 폴리테크닉 등에서 승격한 대학

1) 고등교육 법인

1992년 계속·고등교육법에 의해 새롭게 대학으로 승격한 대학에 대해
서는 종전의 대학 설립 인가와는 다른 과정을 거친다. 1988년 교육개혁법
제121조 내지 제123조에 의해 그 이전까지 지방당국이 설립·운영해 온 폴
리테크닉 등 교육 기관 중 일정 요건을 충족한 기관이 고등교육 법인higher
education corporation으로 법인화되어 지방당국으로부터 독립하였다.

이 조치는 각 지방당국이나 각 기관이 법인화를 신청하여 교육부 장관

이 인가하는 임의의 신청 방식에 의하지 않고 법률로서 한 법인화 조치였다. 법인화한 각 기관은 교육부 장관의 승인을 얻어 관리·운영 규칙Articles of Government을 제정하고 이 규칙에 따라 운영하도록 하였다.

2) 학위 수여권·대학 명칭 사용권

1992년 이전에는 학위를 수여하는 권한이 설립 칙허장에 의해 부여되었지만 1992년 계속·고등교육법에서는 법인화된 고등교육기관 중 일정 조건을 충족한 기관에 대하여 학위 수여권을 부여하고 대학의 명칭을 사용하도록 인정하였다. 이 법에서는 고등교육기관에 대하여 학위 수여권을 부여하는 권한을 추밀원에 주고, 대학의 명칭을 사용하는 경우에는 추밀원의 동의를 받도록 하고 있다.

그 후 고등교육기관의 대학 명칭 사용권은 1998년 교육·고등교육법에서 추밀원의 승인을 얻어 사용하도록 규정하였으며, 2017년 고등교육·연구법에 의거 학생국이 학위 수여권의 관리와 명칭 사용에 관한 승인권을 가지게 되었다.

학위 수여권에는 박사 학위까지 학위를 수여할 수 있는 연구 학위 수여권 외에 과정 석사Taught master's degree까지 수여할 수 있는 과정 학위 수여권, 학사 학위는 수여할 수 없으며 준학사Foundation degree 학위에 한정된 준학사 학위 수여권 세 종류가 있다. 이러한 학위를 수여할 수 있는 고등교육기관과는 달리 자체적으로는 학위 수여권을 가지지 않고 학위 수여권을 가진 고등교육기관으로부터 승인된 고등교육 과정을 제공하는 기관(Listed body)이 있다.

3) 고등교육 칼리지·계속교육 칼리지

1992년 계속·고등교육법은 모든 고등교육기관에 대하여 학위 수여권 및 명칭을 부여하지 않고 종전대로 학위 수여권이 없는 고등교육기관으로서 남아 있는 기관도 적지 않았다. 이들 기관을 고등교육 칼리지higher education college, 유니버시티 칼리지 등이라고 하며 1988년 교육개혁법에 따라 고등교육 법인으로 모두 법인화되었다.

그리고 계속교육 칼리지의 대부분은 교육 과정 중에 고등교육 과정을 제공하지만 종전 지방당국에 의해 설립·운영된 계속교육 칼리지도 1992년 계속·고등교육법에 의해 계속교육 법인further education corporation으로 법인화되었다.

[표II-12] 고등교육을 제공하는 기관의 종류 및 성격

구분	주된 교육 과정	설립 형태	설립 근거
구대학	학위 취득 과정	칙허 법인, 비영리 회사 등	국왕 설립 칙허장, 개별법, 회사법 등
신대학	학위 취득 과정	고등교육 법인, 비영리 회사	1988년 교육개혁법, 1992년 계속·고등교육법
고등교육 칼리지 (대학 이외 고등교육기관)	비학위 취득 과정	고등교육 법인	1988년 교육개혁법
계속교육 칼리지 (고등교육 과정)	비학위 취득 과정	계속교육 법인	주로 1992년 계속·고등교육법
대체교육 프로바이더	학위 취득 과정 비학위 취득 과정	칙허 법인, 고등교육 법인, 영리 회사, 비영리 회사	주로 국왕 설립 칙허장, 회사법

제5절 ___ 학위·자격 제도

학생의 학위는 학위 수여권을 가진 기관이 수여한다. 종전에는 학위 수여권이 없는 고등교육기관이 전국학위수여위원회(CNAA)로부터 과정 인정을 받아 전국학위수여위원회의 학위를 수여하였지만, 폴리테크닉 등의 대학 승격으로 이 기관은 1991년에 폐지되었다. 학위의 종류는 학사 학위first degree와 대학원 단계에서 수여하는 석박사 학위인 상급 학위higher degree 두 종류로 구분된다.

1. 학사 학위

학사 학위는 통상 bachlor's degree로 칭하며, Bachelor of Science(BS), Bachelor of Arts(BA), Bachelor of Engineering(BE) 등과 같이 학부명이나 학문 분야를 붙이는 것이 일반적이다. 스코틀랜드의 학사 과정(우등 학위 과정)은 4년이지만(대학에 따라 인문 계열에 3년간의 보통 학위 취득 과정이 설치됨), 잉글랜드는 학사 과정의 수업 연한이 3년이다. 외국어학부, 교육학부 등과 같이 1년간의 실습이 포함되어 있는 경우에는 4년간이며 의치학 계열은 통상 5년 또는 6년으로 대학이나 전공에 따라 수업 연한에 차이가 있다

학사 과정 학생은 통상적으로 우등 학위honours degrees 과정에 등록하지만 대학에 따라서는 1학년 기말시험에서 충분한 성적을 거두지 못한 경우 등, 성취 수준이 우등 학위 요구에 달하지 않는 것으로 판단되면 중도에 보통 학위pass degree로 옮겨 최종적으로 보통 학위가 된다. 다만 보통 학위 과정으로 된 후에도 우등 학위 과정으로 이동할 수 있다. 우등 학위는 이수 성적

에 따라 우등 학위와 보통 학위로 구분되고 우등 학위는 성적에 따라 1급 상first class, 2급second class의 상급upper과 하급lower, 3급third class 등 4개 수준으로 분류된다.

[표II-13] 성적에 의한 학위 종류

구분	학위 종류	표기 방법
우등 학위	1급 상(First class honours)	I /1st
	2급 상[Second-class honours (Upper division)]	II /2:1
	2급 하[Second-class honours (Lower division)]	II /2:2
	3급(Third-class honours)	III /3rd
보통 학위	합격(Pass)	Pass

최근에는 가장 성적이 우수한 1급 상 취득 비율이 증가하고 있다. 2020-2021학기의 1급 상 학위 취득 비율은 34.7%로 2014-2015학기 취득 비율 20.5%와 비교하면 14.2%가 증가하였다.[38] 이를 두고 '1급 상 학위 인플레이션'이라는 지적이 있다.

2. 상급 학위

상급 학위는 석사와 박사 2단계로 구분된다. 석사 과정 수업 연한은 분야에 따라 다르지만 대략 강의 주체 석사 과정taught course은 1년, 연구 주체 석사 과정research course은 2년이다. 강의 주체 석사 과정은 학위명에 분야가 붙는 것이 일반적이다. 석사 과정에는 석사 논문을 제출하지 않는 비학위 코스가 있다. 이러한 학문적인 석사 과정 외에 경영학(MBA), 소셜워크

(MSW), 엔지니어링(MEng) 등 직업상 실천적인 기능을 습득하는 전문직 석사 과정이 있으며, 이들 과정의 수업 연한은 1-2년간이다.

박사 수준의 학위는 철학박사Doctor of Philosophy(PhD 또는 DPhil)로 표기되며 각 대학에 공통되어 있다. 박사 학위를 취득하기 위해서는 학사 학위 취득 후 박사 과정에 3-4년간 재학하고 박사 논문 심사에 합격하여야 한다. 대학에 따라서는 석사 취득을 박사 과정 신청 조건으로 하는 경우도 있다. 박사에는 학술박사 외에 교육박사(EdD), 의학박사(MD), 경영학박사(DBA) 등 전문직 박사 과정을 개설하는 대학도 있다. 수업 연한은 4-5년이 일반적이다.

이 외에 상급 박사 학위higher doctorate라고 하는 명예 학위의 성격을 가지는 상급 학위가 있다. 우리나라 명예박사와 유사한 제도로 저작, 기타 출판물에 의해 각 학문 분야에서 큰 공헌을 한 자에 대하여 수여하며 석사나 박사 학위 취득을 전제로 하지 않는다.

3. 준학위 및 자격

대학 등 고등교육을 제공하는 기관은 학위 취득 과정 외에 diploma, certificate로 불리는 각종 자격을 취득하는 과정도 제공한다. 이러한 자격은 학사 학위 과정보다 수업 연한이 짧은 과정의 수료자에게 수여되는 것과 학사 학위 취득자를 대상으로 통상 1년 정도 과정을 수료하면 수여되는 것이 있다.

학사 학위 과정보다 수업 연한이 짧은 과정으로 Higher National Diploma (HND), Higher National Certificate(HNC), Diploma in Higher Education (DipHe) 취득 과정이 있으며, 수업 연한은 1-2년이다. 또한 석사 학위 취득을 조건으로 하는 자격으로는 대학졸업후교직과정(PGCE) 등이 있다. 2001년부터는 실무적인 내용을 대상으로 하는 2년간의 준학위foundation degree 과정도 개설되어 있으며, 준학위 취득자는 학사 학위 과정에 편입이 가능하다.

[표II-14] 고등교육의 학위 및 자격

학위 및 자격 구분		수업 연한	제공 기관
상급 학위	• 박사(PhD / DPhil) • 전문직 박사(EdD, DBA 등)	3-4 4-5	대학, 고등교육 칼리지
	• 석사 –연구 주체(MPhil, MRes) • 석사 –강의 주체(MA, MSC 등) • 전문직 석사(MBA, MSW, MEng 등)	2 1 1-2	대학, 고등교육 칼리지
학사 과정 졸업자 자격 PGCE, PGDip		1	대학, 고등교육 칼리지
학사 학위 BA, BSc, BEd, BEng, LLB, MB 등		3-5	대학, 고등교육 칼리지, 계속교육 칼리지
준학위 • foundation degree(준학사) • HND, DipHe • HNC		2 2 1	대학, 고등교육 칼리지, 계속교육 칼리지

제6절 ____ 입학 제도

1. 입학 제도 개요

영국은 통일된 대학 입시 자격 요건은 없고 입학자 선발은 기본적으로 각 대학의 학과나 코스별로 이루어지고 있다. 이 선발에 전통적·일반적으로 이용되는 것이 일반교육수료상급레벨(GCE A Level)과 일반교육수료준상급레벨(GCE AS Level, 주로 16세 대상), 그리고 중등교육수료일반자격시험

(GCSE, 주로 16세 대상) 등의 과목별 자격시험(학력 인정 시험)이다. 학교 외부의 단체가 실시 주체이므로 교외 시험external examination이라고도 불린다. 대학 진학을 희망하는 학생은 16세 이후 일반교육수료준상급레벨과 일반교육수료상급레벨 취득을 목표로 한다. 이러한 시험은 대학이나 정부에서 재정적으로 독립한 자격 수여 단체에 의해 운영된다.

일반교육수료상급레벨은 과목별 자격시험이기도 하며 수학, 물리, 영문법, 역사 등의 전통적 과목 이외에 회계학, 연극 등 상당수의 과목이 마련되어 있다. 그리고 각 과목에 관하여 목적, 평가할 능력, 배점 등이 시험 실시 단체에 의해 공개되고 있다. 평가 방식은 외부 평가 외에 과목에 따라서는 내부 평가(학교에 의한 평가)를 이용하며 지필 시험은 논술식 중심이다. 성적 평가는 A*, A, B, C, D, E(E에 도달하지 않으면 불합격)로 부여되며 성적은 평생 통용한다. 시험은 매년 1회 실시하며 시기는 5-6월이다.

대학의 지원은 각 대학이 아니라 대학·칼리지입학서비스기구(UCAS)라는 입학 중개 기관을 통하여 이루어진다. 대학 지원 접수는 입학 전년도 9월에 개시되며 다음 해 1월 접수가 마감된다. 옥스퍼드대학, 케임브리지대학, 의학과, 수의학과의 경우는 입학 전년도 10월 15일에 접수가 마감된다. 지원은 보통 다섯 개의 코스까지 가능하지만 옥스퍼드대학, 케임브리지대학은 양 대학 중 한 개 코스밖에 지원할 수 없다. 의학과, 치학과, 수의학과의 경우 네 개까지 지원이 가능하다. 그리고 지원은 대학·칼리지입학서비스기구 웹사이트를 통하여 전자적으로 이루어지며 지원 시에 지망 순위는 필요하지 않다.

각 대학과 코스는 지원 시에 입학 요건을 설정하고 있다. 예를 들면 옥스퍼드대학 화학 코스의 경우 일반교육수료상급레벨 세 개까지로, 그중 두 개는 화학과 수학을 요구한다. 대학에 따라서는 입학 요건과 코스 요건을 나누어 제시하기도 한다. 예를 들면 요크대학에서는 일반 입학 요건으로 일반교육수료상급레벨을 세 개를 취득할 것과 아울러 물리 코스에서는 수학과 물리에 대하여 일반교육수료상급레벨 A 등급을 요구하고 있다.

각 대학에서는 지원서를 토대로 선발을 하며 면접을 보는 경우도 있다. 또한 일부 대학이나 코스에서는 개별 시험이 실시된다. 영국에서는 일반교육수료상급레벨에 의한 지원이 가장 일반적이지만 기타 자격에 의한 지원도 인정되고 있는데 스코틀랜드에서 독자적으로 발전해 온 자격(Scottish Advanced Higher & Scottish Advanced), 국제바칼로레아(IB), 직업 자격인 비즈니스·테크놀로지교육협의회(BTEC) 등이 있다.

2. 입학 요건

영국에는 입학 최소 연령, 최저 학력 등 대학 입학에 관한 국가의 일률적인 법령상의 규정은 없으며, 각 기관이 정한 입학 요건 및 기준을 준수하여 입학자를 선발하고 있다. 그러나 각 대학이 독자적으로 입학시험을 실시하는 것은 일반적이지 않으며 입학자 선발에 외부의 시험 기관이 실시하는 시험 성적을 주된 선발 자료로 하는 등의 기본적인 체제는 각 대학에 공통적이다.

2015년 이후부터는 대학이 입학 정원을 자유롭게 설정할 수 있도록 하고 있다. 입학 요건은 각 대학이 정하고 있지만 입학 최저 연령은 17세 또는 18세로 하고 있는 것이 일반적이다. 그러나 영재아의 경우 이 연령에 미달하더라도 입학을 인정하는 대학이 있다. 또한 21세 이상의 성인 학생mature students 지원자에게는 별도의 입학 요건을 제시하는 것이 일반적이다.

영국의 초중등교육에서는 각 학교가 개별 학생의 졸업을 인정하는 제도가 없으므로 학력 요건은 없으며 외부 시험에 합격할 것을 요구하고 있다.

외부 시험에서 가장 기본이 되는 것은 의무교육 수료 시(주로 16세 대상)에 수험하는 중등교육수료일반자격시험과 일반교육수료준상급레벨, 일반교육수료상급레벨 시험이다.

각 대학은 외부 시험 성적에 대하여 지원자가 어떤 코스를 지원하는 경우에도 공통적으로 요구되는 일반 입학 요건general entry requirement과 지원하는 코스별로 요구되는 코스 선택 요건course entry requirement을 설정하고 있다.

위 요건은 대학에 따라 다르지만 일반 입학 요건으로는 주로 중등교육수료일반자격시험의 영어, 수학, 과학을 포함하여 5과목 이상에서 4-5 이상의 성적 및 일반교육수료상급레벨에서 2-3과목 정도의 합격이 요구된다. 또한 코스 선택 요건으로 각 대학의 코스별로 일반교육수료상급레벨의 과목 내용 및 성적, 중등교육수료일반자격시험 관련 과목 및 성적을 제시하고 있다.

3. 일반교육수료상급레벨을 대체하는 시험

대학의 입학자 선발은 일반교육수료상급레벨 시험 결과에 따라 합격에 영향을 크게 미치는 것이 일반적이지만 최근에는 일반교육수료상급레벨 시험을 대신하는 외부 시험도 정비되어 있다. 또한 대학 진학 시에 일반교육수료상급레벨을 대신하는 자격을 취득하는 지원자도 증가하고 있다. 일반교육수료상급레벨 시험을 대신하는 자격은 직업 관련 자격과 국제적인 입학 자격으로 크게 구분되며, 대표적인 직업 관련 자격은 BTEC Nationals가 있다.

또한 국제적 자격으로 국제바칼로레아, 유럽바칼로레아는 일반교육수료상급레벨을 대신하는 자격으로 인정된다. 그 외에 다양한 외국의 자격을 일반교육수료상급레벨 자격으로 환산하여 인증하는 고등교육기관도 있다. 그리고 21세 이상으로 대학에 처음 입학하는 성인은 심사 시 지원자의 실제 사회에서의 경험 등을 고려하거나 일반 입학 요건과 코스 입학 요건을 완화 또는 적용하지 않는 등 특별히 배려하는 경우가 많다.

4. 입학자 결정 방법

입학자 선발에서 가장 중요한 자료는 일반교육수료상급레벨 성적이다. 그 외에 중등학교 교장의 추천서와 면접 결과도 합격 판정의 자료가 된다. 대학 입학을 희망하는 자는 대학·칼리지입학서비스기구 웹사이트를 통해 입학 원서를 제출한다. 지원에 필요한 학력 등 개인 정보 외에 지원 동기, 대학 입학 후의 계획 등을 정리한 자기소개서를 웹상에서 입력하여 작성한다.

합격 여부 판정까지의 과정은 다음과 같다.

먼저 입학 사무를 일괄 처리하는 대학·칼리지입학서비스기구를 통하여 입학 원서를 제출한다. 대학 입학은 일반적으로 9월 하순부터 10월 상순이지만 원서는 1월 중순에 마감한다. 최대 5개 코스까지 지원이 가능하며, 원서에는 중등학교 교장의 보고 공란이 있는데 그곳에는 중등학교에서의 학습 상황, 일반교육수료상급레벨 시험 등의 시험 예상 성적, 지원 코스 등에 관한 사항을 기입한다.

다음으로 대학·칼리지입학서비스기구는 원서를 정리하여 복사본을 지원하는 대학에 송부하고 각 대학은 원서를 중심으로 심사를 실시한다. 대학은 지원자의 재적 학교 및 거주 지역을 확인하여 사회 경제적으로 불리한 입장에 있는 자인지 아닌지를 고려한다. 한편 대부분의 학생은 일반교육수료상급레벨 시험을 6월에 치르므로 원서 접수 단계에서는 이미 시험을 치른 학생 이외에는 시험 결과를 고려하지 않는다. 다만 원서에는 학생이 모의시험 결과 등을 토대로 일반교육수료상급레벨 시험의 수험 예정 교과에 관한 예상 성적도 기재하도록 되어 있다.

이러한 절차를 거친 후 필요한 경우 지원자의 면접을 실시한다. 면접은 서류 심사 결과 필요하다고 인정하는 자를 대상으로 하지만 의학 계열과 교원 양성 계열 지원자는 면접이 실시되는 것이 일반적이다. 또한 옥스퍼드대학과 케임브리지대학의 경우 지원자 전원을 대상으로 면접을 실시한다.

통상 4월까지 서류 심사와 면접 결과가 각 지원자에게 통지된다. 이 통지 내용에는 불합격을 제외하고 무조건 합격unconditional offer, 조건이 있는 무조건 합격conditional unconditional offer, 조건부 합격conditional offer의 세 종류가 있지만 가장 많은 것이 조건부 합격이다. 조건부 합격으로 하는 이유는 일반교육수료상급레벨의 수험 전에 결과가 통지되며 이후 시험 성적에 따라 정식으로 합격을 시키기 때문이다. 최근 경향으로는 당해 대학을 제1지망으로 하여 입학하는 것을 필수 조건으로 합격을 확정하는 무조건 합격이 증가하고 있다.

최종적으로 여러 학교에 합격한 자는 스스로 진학할 대학을 결정하고 그 결과를 대학에 통지한다. 결원이 생긴 코스에 대해서는 8-9월에 대학·칼리지입학서비스기구를 통해 추가 모집(clearing procedure)이 이루어진다.

한편 2002년부터 대학·칼리지입학서비스기구는 UCAS Tariff로 불리는 전국통일능력인정기준을 도입했다. 이는 종류가 많고 복잡한 자격이나 성적을 통일하여 득점(Tariff points)으로 표시하는 시스템이다. 예를 들면 일반교육수료상급레벨 시험에서 최고 평가인 A* Tariff 포인트는 56으로 환산하므로 대학에서 통상 요구하는 일반교육수료상급레벨 시험 세 과목 성적이 A*인 경우 Tariff 포인트는 168이 된다.[39] 지원자의 입학 허가는 대학·칼리지입학서비스기구가 아니라 각 대학이 결정한다.

5. 입학 연기 제도

영국 대학 입학 제도의 특징으로 갭이어$_{gap\ year}$(defer entry)로 불리는 입학 연기 제도가 있다. 이 제도는 대학에 합격한 후에 입학 연도를 1년 늦추고 그사이에 자원봉사 활동, 노동 체험, 특정 기능 습득을 위한 집중 학습, 장기 해외여행을 통해 견문을 넓히는 등 여러 가지 활동을 한다.

갭이어 희망자는 참가 의향을 대학·칼리지입학서비스기구의 입학 원서에 기입한다. 대학 측은 합격 여부를 결정할 때에 이를 참고한다. 갭이어가 인정된 학생은 다음 학년도에 입학하므로 합격 이후 입학할 때까지는 수업료 등 납부금을 지불할 의무가 없다. 2014년도에 영국의 고등교육기관 합격자 512,370명 중에서 대학 입학 전에 갭이어를 받은 학생은 합격자의 5.3%에 해당하는 27,355명이었다(Gregory Walton, 2015). 갭이어를 이용하는 학생의 활동은 다양하지만, ① 직업·자원봉사 체험, ② 특정 기능 습득, ③ 여행·외국 체험 세 가지가 많은 편이다.

제7절 ____ 교육 과정의 운영

1. 교육 과정의 편성

영국의 대학에는 각 학과에 1개 이상의 코스가 설치되어 있으며 학생들

은 여러 개 코스 중에서 한 개를 이수한다. 이처럼 단독 코스single honours degree
가 전통적인 이수 방법이었지만 최근에는 관련 영역, 다른 학문 영역을 폭
넓게 이수하는 복수 학위 코스(두 개 분야는 joint honours degree, 세 개 분야 이상은
combined honours degree)가 늘고 있다.

학부는 통상 3년간의 전일제 과정이며 우리나라나 미국처럼 교양 과정
은 없고 1학년부터 전공을 이수한다. 3년간의 전일제 코스를 선택하지 않
고 이수 기간을 늘려 시간 이수제part time로 과정을 이수하는 학생도 있다.
또한 1년 정도의 전공에 관련되는 기업이나 단체에서의 실무 경험이 프로
그램에 포함되어 있는 4년간 과정(샌드위치 코스)도 있다. 복수 학위 코스의
경우 학위 취득에 4년간을 필요로 하는 경우가 있다.

2. 학기제

학년은 3학기제(신대학 등은 2학기제 채택)가 일반적이며 9월 하순에 시작하
여 6월 하순에 마치는 고등교육기관이 많다. 1학기당 12주간이 일반적이
지만 기관에 따라 다르다. 옥스퍼드대학과 케임브리지대학은 10월 상순에
시작하고 1학기당 8주간으로 짧다. 런던대학 UCL은 9월 하순에 시작하여
연간 30주, 주당 수업 시간은 40시간으로 규정되어 있다.

3. 단위제

종전에는 3학년 3학기제가 일반적이었지만 현재는 단위호환제도(CATS)
가 확대되고 있다. 단위호환제도는 기간을 두고 이수한 내용 및 직업 경험

등도 단위로 인정하거나 지역 단위에서 공통화한 한 개의 기관에서 학습한 결과를 다른 기관에서 인정히는 단위 호환 시스템이다. 복수 고등교육기관에서 취득한 단위를 합산하는 것도 가능하다.

각 학위 단계에서 표준이 되는 단위 수는 학사 상당의 제1 학위는 360단위로, 3년간의 전일제 과정인 경우 1학년 120단위, 2학년 120단위, 3학년 120단위가 설정되며 이 단위를 취득하면 최종적으로 우등honour's degree 제1 학위가 수여된다. 한편 보통 학위ordinary/pass degree는 300단위이다.[40] 교육과정 및 졸업 요건에 관한 기준은 법령에 규정되어 있지 않으며 채용하는 단위 제도의 종류 및 단위제 도입은 각 고등교육기관이 자체적으로 결정하고 있다.

4. 평가 · 진급 · 졸업

학년제로 운영하는 많은 대학에서는 1년 차 또는 1년 차와 2년 차 학년 말에 이수 과목에 대한 진급 시험을 실시하여 그 성적에 의해 진급이 결정되며 리포트나 세미나 등의 발표도 고려된다. 진급 시험의 몇 개 과목에서 불합격이 된 경우에는 재시험, 불합격 과목의 재이수 또는 드물지만 전 과목의 재이수 조치를 한다. 대학에 따라서는 성적에 따라 우등 학위 과정에서 보통 학위 과정으로 바뀌는 경우도 있다.

졸업 시에는 졸업 시험final examination을 실시하여 일정한 성적을 얻은 자에 대하여 우등 학위가 수여되며 수준에 미달한 자는 보통 학위를 수여한다. 우등 학위는 Bachelor's Degrees with Honours로 불리며 성적에 따라 First Class Honours(1st), Upper Second Class Honours(2:1), Lower Second Class Honours(2:2), Third Class Honours(3rd)로 구분된다.[41]

제8절 ___ 고등교육 평가 및 질 보증 제도

1. 내부 질 보증

고등교육기관에서 수여하는 학위 및 자격 기준과 질을 유지하기 위해 각 기관에서 자율적으로 감사 활동이 이루어지고 있으며, 여기에는 고등교육 기관의 기준과 질 유지를 준수하기 위한 원칙으로 고등교육 기준Quality Code 이 적용된다.

이 기준은 질 평가를 실시하는 기본적 요건으로 질 보증을 위한 영국상 설위원회(UKSCQA)의 위탁에 의해 고등교육질보증기구(QAA)가 책정하여 영국 전역에 적용되고 있다. 1997년에 설립된 고등교육질보증기구는 유한 회사의 법인격을 가진 독립 기관으로 세제상의 우대 조치를 받는 자선 단체로서 성격을 가진다.

[표 II-15] 영국의 고등교육 질 보증 제도 개요

구분	잉글랜드	스코틀랜드	웨일스	북아일랜드
질 보증 제도	Regulatory framework	Quality enhancement framework	Quality assessment framework	Revised operating model for quality assessment
고등교육 질 보증 법정 책임 기관	Office for Students (OfS)	Scottish Funding Council	Higher Education Funding Council for Wales	Department for the Economy
근거 법령	Higher Education and Research Act 2017	Further and Higher Education (Scotland) Act 2005	Higher Education (Wales) Act 2015	Education and Libraries (NI) Order 1986
대표적 평가 제도	Quality and Standard Review	Enhancement-led Institutional Review	Gateway Quality Review Wales	Annual Provider Review
심사 실시 주체	QAA	QAA	QAA	QAA(조언, 지원)

2. 외부 질 보증

1) 학생국에 의한 고등교육기관 규제·감독

2017년 고등교육·연구법에 의거하여 교육부 산하 학생국(OfS)이 잉글랜드의 고등교육기관에 대한 규제·감독을 실시하고 있다. 운영비 교부금의 분배, 학생 대여 자금의 수급, 해외 학생의 수용, 학위 수여권·대학 명칭 사용권의 부여를 희망하는 고등교육기관은 학생국의 고등교육기관 등록 제도에 등록이 필요하며, 잉글랜드 질 보증에 관한 법정 책임은 학생국이 담당한다.

2) 고등교육질보증기구에 의한 질 보증

고등교육질보증기구(QAA)는 영국의 고등교육(국외에서 제공되는 '국경을 넘는 교육' 포함)의 기준을 유지하고 질 개선을 사명으로 하는 기관이다.[42] 잉글랜드 질 보증의 법정 책임 기관인 학생국으로부터 위탁을 받은 고등교육질보증기구는 영국의 대표적인 질 보증 기관으로 고등교육기관의 등록 요건 심사 일부를 실시한다. 평가·질 보증 제도는 영국 4개 지역이 가지고 있지만 주된 업무는 고등교육질보증기구가 담당한다.

고등교육질보증기구는 고등교육 자격의 적정한 수준에 관한 공공의 이익 보호, 고등교육의 질 관리에 대한 계속적 개선 촉진을 목적으로 하는 기관으로 잉글랜드 대학 등을 대상으로 한 방문 조사, 영국 전역의 고등교육 평가 활동, 고등교육 자격에 관한 정보 제공, 교육의 수준과 질 관리에 관한 우수 사례의 보급, 국제적 연계 활동을 적극적으로 전개하고 있다. 주요 사업은 다음과 같다.

- 영국 고등교육 기준Quality Code의 책정·관리, 개발 등

- 고등교육 진학 준비 과정 디플로마 기준의 책정·관리
- 질과 기준에 관한 대학, 칼리지, 고등교육 관련 기관, 정부에 대한 조언·지원
- 학위 수여권, 대학 명칭 사용권 신청 관련 정부에 대한 조언
- 영국 고등교육(국외에서 제공되는 영국 고등교육기관 포함)의 심사 및 보고서 공표
- 고등교육 학술 기준과 질에 관한 이의 신청 등 조사
- 고등교육기관 내부 질 보증 활동 지원을 위한 연수, 가이던스 등
- 영국 및 국제적인 고등교육 질 보증 발전을 위한 컨설팅, 연수, 국제적 서비스 활동

고등교육질보증기구는 영국 고등교육기관에 의한 국경을 넘는 교육(TNE)의 질 보증 심사를 실시하고 있다.[43] 국경을 넘는 교육 심사란 해외의 분교, 협정 대학, 원격교육 등을 통하여 제공되는 영국의 고등교육에 대한 학술적인 질과 기준을 보증하고 보다 나은 교육이 될 수 있도록 촉진하기 위한 평가 프로세스이다. 주된 목적은 정부, 관계 단체, 학생에 대하여 영국 고등교육의 질을 보증하고 상호 이해 및 신뢰를 높이는 기회를 제공하는 것이다.

2020년에는 영국의 대학이 국내외의 학위 수여 기관과 공동으로 제공하는 교육의 종류·특징과 질 보증의 전형적인 방법을 정리한 'Characteristics Statement: Qualifications involving more than one degree-awarding body'를 책정하였다(QAA, 2020). 이 문서는 고등교육질보증기구가 제3자 평가를 실시하는 때에 참조할 고등교육 기준에 관한 보충 자료이며, 복수의 학위 수여 기관에 관련되는 학위에 대하여 정리한 것이다. 영국 안이든지 영국 밖이든지 고등교육을 제공하는 장소에 관계없이 준수하여야 할 영국 대학

의 기준과 질에 관한 고등교육질보증기구의 가이드라인인 것이다.

3) 교육수월성·학습성과체제 평가

교육수월성·학습성과체제(TEF)는 교육부가 2016년에 시작한 고등교육기관의 질을 평가하는 제도로 학생국이 실시하고 있다. 고등교육기관 등록 시에 등록 요건의 일부로 실시되었지만 2019년 8월 이후 500명 이상 등록하는 과정을 가지고 있는 잉글랜드 고등교육기관은 교육수월성·학습성과체제에 의한 평가가 필수 요건으로 되었다.

평가는 교육의 질, 학습 성과, 학생 성적과 학습 효과의 관점에서 학생 만족도 및 취업·진학 상황 등의 지표를 토대로 평가하며, 평가 결과는 금, 은, 동으로 등급화하고 있다. 금, 은, 동 등급의 유효 기간은 1-3년이며, 이 등급은 대학 입학을 준비하는 식스폼 학생에게 진학에 유용한 정보를 제공한다.

3. 고등교육 기준

고등교육 기준Quality Code은 공익 및 학생의 이익을 보호하고 고등교육의 질에 대한 신뢰를 지키기 위해 교육을 제공하는 장소가 국내이든 해외이든 관계없이 영국의 모든 고등교육기관(고등교육기관, 대체교육 프로바이더, 계속교육 칼리지 등 포함)이 준수하여야 하는 교육의 기준과 질에 관한 원칙이다.

질 보증을 위한 영국상설위원회의 위탁을 받아 고등교육질보증기구가 책정하여 2012-2013학기부터 도입되었다(최종 개정은 2018년). 고등교육 기준은 고등교육기관의 질을 평가하는 때에 기본적 요건으로서 영국 각 지역에서 공통적으로 이용되고 있다.

[표 II-16] 고등교육 기준(Quality Code)의 내용

기준에 관한 기대 사항		질에 관한 기대 사항	
• 코스의 학술 기준이 관련하는 국가의 자격 체제의 필수 요건을 충족한다. • 학생에게 수여되는 자격의 가치가 자격 수여 시 및 후에도 계속적으로 고등교육계에서 인정되는 기준에 대응하고 있다.		• 코스는 잘 디자인되어 있으며, 모든 학생에게 질 높은 학술 체험을 제공하며, 학생의 성과를 신뢰할 수 있는 방법에 의해 측정되도록 하고 있다. • 입학에서 졸업·수료까지 모든 학생이 고등교육에서 성공하고 고등교육의 혜택을 위하여 필요한 지원이 제공된다.	
핵심 실천 사항 (Core Practices)	일반 실천 사항 (Common Practices)	핵심 실천 사항 (Core Practices)	일반 실천 사항 (Common Practices)
• 고등교육기관(provider)은 자격의 최저 요건이 관련하는 국가의 자격 체제에 합치하도록 보증한다. • 고등교육기관은 자격을 수여받은 학생에 대하여 다른 영국 교육 기관에서 달성할 수 있는 수준에 맞먹는 최저 기준을 넘어 달성할 수 있는 기회를 보증한다. • 고등교육기관이 다른 기관과 연계하는 경우 코스를 제공하는 장소, 방법, 제공자를 불문하고 성취 기준을 신뢰하고 보증할 수 있는 체제를 갖춘다. • 고등교육기관은 신뢰할 수 있고 공정하며 투명성 있는 외부의 전문가 의견, 성적 평가 및 성적 분류를 이용한다.	• 고등교육기관은 기준에 관한 핵심 실천 사항을 정기적으로 리뷰하고 그 결과에 따라 개선·향상을 도모한다.	• 고등교육기관은 신뢰할 수 있고 공정하며 포괄적인 입학자 선발 시스템을 가진다. • 고등교육기관은 질 높은 코스를 설계하여 제공한다. • 고등교육기관은 질 높은 학술 체험을 제공하기 위하여 적절한 자격 및 기능을 가진 교원을 충분하게 보유한다. • 고등교육기관은 질 높은 학술 체험을 제공하기 위하여 적절하고 충분한 시설, 학습 교재 및 학생 지원 서비스를 가진다. • 고등교육기관은 학생 교육 체험의 질에 관하여 개별 또는 집합적으로 학생의 관여를 적극적으로 관여한다. • 고등교육기관은 불평 및 고충 처리에 대처하기 위하여 공정하고 투명한 절차를 가지고 모든 학생이 이용할 수 있도록 한다. • 연구 학위를 수여하는 경우 고등교육기관은 적절한 지원적 연구 환경을 제공한다. • 고등교육기관이 타 기관과 연계하는 경우 코스를 제공하는 장소, 방법, 제공자를 불문하고 질 높은 학술 체험을 제공하기 위한 체제를 갖춘다. • 고등교육기관은 학술적이고 전문적인 성과를 달성할 수 있도록 모든 학생을 지원한다.	• 고등교육기관은 질에 관한 핵심 실천 사항을 정기적으로 리뷰하고 그 결과를 바탕으로 개선·향상을 도모한다. • 고등교육기관의 질 관리 방법은 외부의 전문적인 의견을 고려한다. • 고등교육기관은 학생 교육 체험의 질의 발전, 보증 및 향상함에 있어 개별 또는 집합적으로 학생 참가를 촉진한다.

출처: UK Standing Committee for Quality Assessment. (2018).

고등교육 기준은 '기대 사항'Expections과 '실천 사항'Practices으로 구성된다, 전자는 '학위 및 자격 기준의 설계·유지, 제공하는 고등교육기관의 질 관리를 위하여 고등교육기관이 달성해야 하는 성과'에 관한 사항이며, 후자는 '기대 사항을 실현하기 위한 뒷받침으로 학생에게 유익한 성과를 제공하기 위한 효과적인 업무 실시 방법'에 관한 사항이다.

아울러 고등교육 기준은 ① 영국의 모든 고등교육기관이 그 기준과 질을 보증하는 가운데 실시하여야 하는 핵심 실천 사항Core Practices(영국 모든 지역의 고등교육기관에 적용)과, ② 각 고등교육기관의 사명, 규제의 문맥, 학생의 요망에 맞게 실시하여야 하는 일반 실천 사항Common Practices(잉글랜드를 제외한 나머지 세 지역의 고등교육기관에 적용), 두 개로 구분된다.

제9절 ___ 대학의 관리·운영

1. 대학의 법적 지위

영국의 대학은 설립 시기와 기관의 성격에 따라 설립 인가 절차 및 설립 형태가 다르다. 그러나 모든 대학은 독립 법인independent corporate institutions이므로 국가로부터 상대적으로 독립되어 있다.

대학에는 법인의 모든 활동의 최고 책임 주체가 되는 관리·운영 기관이 설치되어 있다. 대학이 공익 단체로서의 지위charitable status를 가지는 기관이라는 점도 공통적이며 공익 단체의 지위를 가지므로 세제상 각종 우대 조치를 누린다.

버킹엄대학처럼 국가의 보조금을 받지 않고 학생국의 법적 관할 밖에 있는 사립대학도 있다. OECD가 매년 공표하는 교육의 국제 비교 지표인 도표로 보는 교육Education at a Glance에서는 영국의 사립대학 비율이 100%로 되어 있는데, 이러한 통계적 구분은 국제연합교육과학문화기구(UNESCO) 통계의 정의에 따른 것이다.[44]

OECD는 고등교육기관을 ① 국공립Public institution, ② 사립Private institution으로 구분하고 사립은 '공영 사립'Government dependent private institution과 '독립 사립'Independent private institution으로 분류하여 아래와 같이 정의하고 있다(OECD, 2019).

- 정부기관의 보조가 운영 재원의 50% 이상, 또는 교원 급여를 정부가 지불하는 경우는 공영 사립 기관
- 정부기관의 보조가 운영 재원의 50% 이상에 달하지 않으며, 교원 급여를 정부가 지불하지 않는 경우는 독립 사립 기관

위의 정의에 따르면 OECD 통계 분류를 기준으로 할 경우 영국의 고등교육기관의 100%가 공영 사립이다. 덧붙이면 교육부와 고등교육통계국(HESA)에 따르면, 버킹엄대학처럼 운영비를 교부받지 않는 교육 기관은 고등교육기관에 포함되지 않으므로 OECD의 통계에서는 독립 사립이 0%로 되어 있다.

한편 영국의 대학 행정에 운영비 교부금이 교부되고 있는 한 국가가 책임을 가지고 대학의 유지·관리를 한다는 점에서 영국 고등교육기관은 공적 기관에 가까운 성질을 가진다. 현재 정부에 의한 직접 보조금이 고등교육기관 전체 수입에서 차지하는 비율은 30% 정도이다.

2. 교육 · 연구 조직

대학의 교학 조직은 학무에 관한 최고 의사 결정 기관인 세네트_{Senate} 아래에 학부, 학부 아래에 학과를 두는 3층 구조가 일반적이다.

학과(대학에 따라 department, school, division, centre, unit 등을 사용)는 각 대학에서 교육 연구 활동의 최소 단위로 교원의 기본적 조직이며, 일상적인 의사 결정을 하고 교원의 모집 및 선발을 한다. 학과마다 교수, 조교수_{reader/associate professor}, 강사가 배치되어 있다. 학과에는 학과장_{head of department}이 설치되어 있다. 전통적으로는 교수가 학과장을 맡았지만, 최근에는 교수 이외의 직제에서 맡는 경우가 있다.

학부_{faculty}는 법학, 문학, 이학, 공학 등 기본적인 학문 영역에 따라 복수의 학과를 대학의 관리 · 운영 관점에서 범주화한 것이다. 학부에는 학부장_{dean}을 두며, 학부장을 장으로 하여 학과장, 교수, 상급 강사, 상급 스태프로 구성되는 학부 교수회_{faculty board}는 학위, 교육 과정, 시험 등 학사, 인사 · 승진, 재무 등에 관한 중요한 시책을 검토하는 기능을 가진 교학상 독립의 지위를 가진다.

3. 국가와의 관계

영국의 대학 행정은 오랜 기간 초중등교육기관과 함께 교육부 관할하에 놓여 있었다. 그러나 2007년 아동 · 학교 · 가족부(DCSF)의 설립에 따라 당시 교육기능부(DfES)에서 고등교육 부문이 독립하여 통상산업부(DTI)와 통합하는 형태로 이노베이션 · 대학 · 기술부(DIUS)가 설립되었다. 2009년부터는 비즈니스 · 이노베이션 · 기술부(BIS)가 고등교육을 관할하고 있다.

영국의 대학은 독립 법인으로 설립되었으며 자주적으로 관리·운영이 이루어지고 있다. 국가는 교원 인사, 교육 과정, 코스 편성, 입학 방침, 학위 수여, 연구 등 대학의 활동에 직접 관여하지 않는다. 다만 대학은 운영 경비의 일정액을 국가의 보조금으로 충당하므로 국가는 재정 정책을 통해 간접적으로 대학의 활동에 관여하는 방법으로 고등교육 정책을 추진하고 있다. 국가는 보조금을 개별 대학에 직접 교부하지 않고 보조금 배분 기관을 통하여 교부하고 있다.

4. 학생국과 영국연구 · 혁신기구

정부의 보조금 배분 기관으로 고등교육기관에 대하여 주로 교육 보조금의 분배를 관장하고 있는 학생국(OfS)과 세계 수준의 연구를 추진하는 개인과 단체에 대하여 연구 보조금의 분배를 담당하는 영국연구·혁신기구(UKRI)가 있으며 이 두 기관은 준정부기관이다.

1992년 계속·고등교육법 및 스코틀랜드 계속·고등교육법이 제정되어 잉글랜드고등교육재정심의회(HEFCE)를 비롯한 4개 지역에 고등교육재정심의회(HEFCs)가 설치되었다. 이후 잉글랜드에서는 잉글랜드고등교육재정심의회가 폐지되고 2018년 4월부터 보조금의 분배를 학생국과 영국연구·혁신기구가 맡게 되었다. 잉글랜드고등교육재정심의회 역할 중 대학의 교육 활동 유지는 학생국이 담당하고, 연구 활동의 유지는 영국연구·혁신기구가 담당하도록 체제가 변경되어 대학 교육 질 보증을 강화하고 아울러 효과적이고 효율적인 연구 지원이 가능하도록 하였다.

학생국은 고등교육의 규제·감독 및 고등교육기관에 대한 학위 수여권의 관리, 대학 등 명칭 사용권을 관리하고 있다. 학생국과 영국연구·혁신기구가 담당하는 보조금 대상에는 고등교육 칼리지 등의 고등교육기관 및 고등교육 과정을 두고 있는 계속교육 칼리지도 포함한다.

5. 영국대학협회와 대학의장위원회

영국의 140개 대학이 가맹하고 있는 영국대학협회(UUK)는 영국의 대학 업무를 촉진·지원하는 공익 법인의 보증유한책임회사(CLG)로 고등교육에 관한 지원 활동 및 조사 분석, 정보 및 어드바이스 제공 등의 역할을 하며, 9월 총회를 포함하여 연간 4회의 정례 회의를 개최하고 있다. 22명으로 구성된 이사회를 중심으로 운영되고 있으며, 이사를 비롯한 회원은 영국 대학 총장 및 학장으로 구성된다.

대학의장위원회(CUC)는 영국 대학의 코트, 카운슬 등의 의장직에 있는 자를 회원으로 하는 비영리 단체이다. 교육부, 비즈니스·에너지·산업전략부, 영국연구·혁신기구, 영국대학협회 등 파트너 기관과 연계한 각종 활동을 통하여 고등교육기관의 이익에 공헌하고 있다.

6. 대학의 관리 · 운영

대학의 관리·운영 기구는 설립 칙허장과 칙허장에 부속된 대학 규정에 정해져 있으며 의사 결정 체제와 위원회 조직 구조는 대학에 따라 다르지만 일정한 유형을 가지고 있다.

단일형 관리·운영 조직의 주된 기관으로는 형식상 최고 기관인 코트 Court, 실질적 최고 의사 결정 기관인 카운슬 Council, 학사 관계의 실질적 결정

기관인 세네트Senate가 설치되어 있다.

코트는 지방당국의 대표, 각종 관계 기관, 다른 대학, 산업계, 노동계, 학계, 카운슬 구성원, 교직원, 학생 대표, 대학 동문 등으로 구성되며, 대학 운영 전반에 관하여 종합적인 의견을 수렴하는 기능을 한다.

카운슬은 지방당국, 지역 산업계, 학생, 졸업생 대표, 저명인사 등으로 구성되며, 적어도 구성원의 반수는 교육계 외의 인사(lay member)이다. 카운슬 의장은 교육계 외의 인사가 맡는다.

세네트는 카운슬과는 대조적으로 학교 구성원에 의한 학무 의사 결정 기관으로 교원이 주된 구성원이며 학생 대표가 참여하는 경우도 있다. 교육·연구 활동의 방침, 학술의 진흥, 코스·교육 과정의 승인, 교육의 질, 수여하는 자격·학위, 시험 심사위원의 임명, 시험, 학생의 입학·편입학, 졸업 기준, 학생 규칙 등에 관한 의사 결정 기관이다.

대학의 관리·운영을 담당하는 주요 직책으로는 총장Chancellor, 총장 대리Pro-Chancellor, 부총장Vice-Chancellor, 부총장 대리Pro-Vice-Chancellor, 출납관Treasurer 외에 일상적인 관리 업무를 담당하는 사무국장(Register 또는 Secretary)이 있다.

제10절 ____ 고등교육 개혁 동향

1. 수업료의 도입과 인상

최근의 동향 중 주목할 내용은 대학 수업료의 인상과 대학 재정 시스템의 변화이다. 대학의 교육·연구에서 비용 대 효과의 관점이 정부 정책으로 정착해 1980년대의 시작과 더불어 대학의 자원 사용과 그 성과는 연관되어야 한다는 논리가 지배하게 되어 대학보조금위원회(UGC)는 대학의 교육과 연구의 질 확보를 위해 연구 지원금을 삭감하기로 결정했다(Glass et al, 1995). 정부의 대학 예산 삭감, 대학 간의 경쟁 원리 도입은 영국의 대학이 전통적으로 유지해 온 문화가 침식되는 계기를 만들었다.

2010년에는 보수당·자유민주당 연립 정권하에서 초당파로 결성된 제3자 위원회(2009년 11월 결성)가 '고등교육 재무와 학생의 경제에 관한 독립 검증 보고서'Securing a sustainable future for higher education: An independent review of higher education funding & student finance를 발표하였는데 여기에서는 수업료의 인상과 소득 연동 변제형 학자금 대출의 도입을 제안하였다.[45]

2016년 5월에는 비즈니스·이노베이션·기술부의 백서 '지식 경제로서의 성공: 교육의 수월성·사회적 유동성·학생의 선택'Success as a Knowledge Economy: Teaching Excellence, Social Mobility and Student Choice이 공표되어 경제에서 고등교육이 중요하다는 정부의 입장이 한층 명확하게 제시되었다. 백서에서는 대학의 신설을 용이하게 할 것, 잉글랜드고등교육재정심의회를 대신할 기관으로서 학생국의 설립, 교육 평가 기준을 도입하고 평가 결과에 따라 각 대학에 인센티브를 제공하는 방안을 구체적으로 언급하였다(Department for Business Innovation & Skills, 2016).

[표 II-17] 영국 대학 수업료 상한액(2022-2023학기)

(단위: 파운드)

출신 지역	대학 소재지			
	잉글랜드	스코틀랜드	웨일스	북아일랜드
잉글랜드	9,250	9,250	9,000	9,250
스코틀랜드	9,250	무상	9,000	9,250
웨일스	9,250	9,250	9,000	9,250
북아일랜드	9,250	9,250	9,000	4,395
유럽연합 및 기타 국가	각각 다름	각각 다름	각각 다름	각각 다름

출처: Universities and Colleges Admissions Service.

영국에서는 1998년부터 고등교육기관의 수업료가 징수되기 시작하였는데, 1997년 7월의 고등교육검토위원회National Committee of Inquiry into Higher Education(통칭 Dearing Report)의 제언에 따른 것이다. 위원회의 주장은 '학위 취득에 의해 개인의 소득이 증가하므로 수익자도 그에 상응하는 부담을 해야 한다'라는 수익자 부담론이었다. 수업료로는 교육 비용의 약 4분의 1에 상당하는 연간 1,000파운드가 제시되었다.

그러나 실제로는 가정 소득에 따라 감면 등이 이루어져 전액을 납부하는 학생은 전체의 30-40% 정도였다. 1,000파운드의 수업료는 2005년에 인플레이션율을 반영하여 1,200파운드가 되었으며 2006년에는 3,000파운드까지 올라갔다. 2008년의 리먼 쇼크로 촉발된 긴축 재정의 영향으로 2012년부터는 3배가 오른 9,000파운드였으며, 현재는 9,250파운드를 학비로 부담하고 있다.

영국의 최고 명문 옥스퍼드대학의 경우 입학 연도의 수업료가 자국 학생과 유럽연합 학생의 경우 9,250파운드이지만 외국 유학생은 이보다 2.5배인 24,750파운드(의학은 34,678파운드)이다(University of Oxford).

대학 등록금의 폭발적인 증가 계기는 평등 정책을 고수할 것 같은 노동당 정권이 만들었다. 1999년 노동당 블레어 총리는 런던정경대학에서의 연설에서 "교육·훈련에서 영국의 해외 수출액은 연간 80억 파운드에 상당한다. 이 자금은 영국의 고등교육기관에 투자되어 보다 많은 사람에게 교육의 기회를 폭넓게 제공하고자 하는 우리의 목표 달성에 도움이 되고 있다"라고 하고, 이 자금을 통해 영국의 젊은이들이 이익을 얻는다는 것을 강조하였다.

블레어 총리는 해외로부터 온 유학생과 접촉하는 가운데 세계와 연결되는 창문을 열 수 있으며 그들에게 지식을 전수할 수도 있고 동시에 그들로부터 배우는 기회도 되므로 외국인 유학생들에게 수준 높은 학습을 제공할 수 있도록 보다 장기적인 전략이 필요함을 강조하였다.

　학생들은 내학의 학비와 생활비 충당을 위해 변제 기간이 최장 30년인 학자금 대여를 받는다. 일정 소득에 미달하는 가정의 자녀에게는 변제할 필요가 없는 생활비 보조 제도가 있다. 그리고 성적 우수자에 대해서는 대학이 자체적으로 장학금을 지급하고 있다. 18세가 되면 독립하여 생활하는 것이 당연하다고 생각하므로 출신 지역의 대학에 진학하는 사례는 많지 않다. 21세기에 접어들어 지식 기반 사회를 맞이하면서 고등교육기관에 진학하는 비율도 급증하고 있다.

2. 고등교육의 글로벌화

　영국은 고등교육의 글로벌화에 가장 성공한 국가이다. 영국에서 배우고자 찾아오는 유학생이 60만 명을 넘고 있으며, 코로나 19 이후에도 유학생 수는 증가하고 있다. 또 하나의 고등교육 글로벌화는 국경을 넘는 교육(TNE)이다.

　영국의 고등교육기관은 세계 각지에서 고등교육을 제공하고 있으며, 2020-2021학기에 학생 수가 510,000명에 이른다. 코로나 이전에는 감소하였으나 2019년 이후 크게 증가하였다. 국경을 넘는 교육이 이루어지는 국가는 중국이 61,000명으로 가장 많고 말레이시아, 스리랑카, 싱가포르, 이집트, 홍콩 순으로 많다(Universities UK, The scale of UK transnational education).

　대학의 글로벌화 전략을 적극적으로 전개하여 큰 성과를 거둔 영국은 세계에서 유학생이 두 번째로 많다. 영국의 대학 국제화 전략은 외화 획득을 위한 산업 정책으로 시작되었다. 자국 학생보다 월등히 높은 수업료는 대학의 교육·연구에 크게 기여하였는데 유학생이 줄어들면 대학 재정은 어렵게 될 수밖에 없다. 유학생에게는 자국 학생보다 3배가량 높은 수업료를 부과하는데도 유학생이 앞다투어 찾아오던 미국 역시 코로나 19로 위기에 처해 있다. 교양 교육을 전문으로 하는 규모가 적은 대학인 리버럴아츠칼리지 중에는 문을 닫거나 규모가 큰 대학과 합병을 하는 사례가 늘고 있다.

이들 국가의 다음 시나리오는 유학생 유치 정책을 적극적으로 펼치는 것인데, 수업료를 자국 학생과 동등하게 하고 우수한 학생에게는 장학금을 지급하는 등의 정책으로 전환할 가능성이 높다. 호주에서 외국인 유학생의 수업료는 고등교육기관 총지출의 4분의 1을 초과하므로 그간 반사적 이익을 누린 호주 정부가 이번에는 다른 각도에서 전략을 펼칠 것으로 보인다(OECD, 2017).

영국 대학의 국제화 전략과 연관된 것이 민간 기구의 세계대학랭킹이다. THE가 QS와 공동으로 세계대학랭킹을 발표하기 시작한 것이 2004년부터인데(이후 두 기관은 분리되어 발표), 이는 블레어 총리의 연설이 있은 지 불과 5년 뒤이다. 영국 대학의 브랜드 전략은 각국에 영어의 보급과 교육·문화 교류를 담당하는 브리티시카운슬British Council의 공로도 적지 않지만, THE, QS 등 세계 대학 평가도 큰 역할을 하고 있다.

2015년 영국의 대학 총장 단체인 영국대학협회는 '영국 대학의 경제적인 역할'을 제목으로 하는 보고서에서 "대학은 비즈니스에서 이노베이션을 확대하고 수출 주도의 지식 집약적인 경제 성장에 힘씀으로써 글로벌화된 시장에서 영국의 경쟁력 유지를 확실히 하고 있다"라고 기술하고 고등교육의 경제적 효과를 수치로 강조하였다(Universities UK).

영국 대학의 브랜드 가치 향상, 유학생 입국 심사 완화·간소화, 유학생 장학금 기회 확대 등 구체적인 정책의 시행은 2014-2015학기 442,000명이던 유학생이 2020-2021학기 605,000명으로 40% 가까이 증가하는 결과를 만들었다. 두드러진 것은 중국인 유학생인데 유학생 전체에서 차지하는 비율이 23.8%에 이른다. 영국에 유학생을 많이 보내는 국가는 중국에 이어 인도, 나이지리아, 미국 순이다(Study in the UK).

많은 유학생이 몰려드는 미국, 영국, 호주 등의 경우 유학생으로부터 외자 유치는 하나의 산업이 되었지만, 코로나 19로 유학생의 감소가 예상되는 가운데 대학 예산 및 고용 축소까지 고민하고 있다. 대학 교육의 글로벌화가 대학의 발전 속도에 가속도가 되었지만 코로나 19는 마이너스 효과를 가져오고 있는 것이다.

3. 유럽연합 이탈 이후의 유학 정책

유럽은 1987년에 각종 인재 양성 계획, 과학·기술 분야에서 가맹국 간의 인재 교류 협력 계획의 하나이며, 대학 간 네트워크를 구축하고 대학 간 교류 협정 등에 의한 공동 교육 프로그램을 통해 유럽연합(EU) 가맹국 간의 학생 교류를 증진할 목적으로 에라스무스ERASMUS를 개시하였다. 2014년에는 에라스무스플러스ERASMUS+로 명칭을 변경하여 대상자 및 교류 목적을 고등교육 분야만이 아니라 자원봉사나 견습 훈련에도 범위를 넓혀, 주로 유럽연합 가맹국 청년들의 이동 촉진을 도모해 왔다.

영국도 EU의 일원으로서 이 프로그램에 참가해 왔지만 2020년 1월 말에 EU를 이탈함에 따라 일련의 사업이 이탈 이행 기간이 만료하는 2020년 말에 종료했다(북아일랜드 제외). 그 후 영국 정부는 자체 사업으로 영국의 수학자이자 컴퓨터 과학자로 제2차 세계대전 중에 독일의 암호기 애니그마 해독에 공로가 큰 튜링Alan Mathison Turing의 이름을 딴 튜링 계획Turing Scheme을 2021년 9월부터 발족하여 유학 등의 사업을 전개하고 있다.

2022년 3월 31일 영국 교육부는 정부의 독자적인 유학 및 해외 활동 사업으로 발족한 튜링 계획을 이용하여 영국의 학생이 100개국 이상 국가와 지역에 파견된 1차 연도 사업의 활동 보고를 발표하고 다음 연도 사업 신청을 개시하였다.

이 계획은 사회 경제적으로 불리한 환경에 있는 지역에도 초점을 두고 있는데, 에라스무스플러스 프로그램에 참가했을 당시에는 기회를 갖기가 어려웠던 학생에게 여비, 여권, 비자 비용을 지원하기 위한 추가 보조금을 지원함으로써 이 프로그램의 참가 기회를 통하여 인생의 가능성을 확대해 주는 것을 사명으로 하는 프로그램의 목적을 실현하고자 정책적인 고려를 하고 있다.

2022-2023학기에는 사회 경제적으로 불리한 환경에 있는 학생 20,000명에게 지원할 계획이다. 131개 대학과 150개 계속교육기관, 70개 학교에서 38,000명의 학생이 2022-2023학기에 150개 이상의 지역에 유학이나 훈련 등에 참가하는데 이 중 52%는 불리한 배경에 있는 학생으로 전년도의 48%보다 증가하였다. 주요 파견 국가는 미국, 일본, 캐나다, 태국, 남아프리카 공화국이다.[46]

이 사업을 위해 정부는 예산 1천만 파운드를 확보하였다. 한편 영국은 당초 외국인 유학생을 2030년까지 60만 명 유치한다는 목표였는데, 이 목표는 10년을 앞당겨 2021년 1월에 이미 달성하였다.[47]

제3장
사립학교 제도

제1절 _____ 사립학교의 역사

영국은 미국이나 유럽의 독일, 프랑스와 비교하여 공교육의 제도화가 늦게 이루어졌다. 다른 국가에서는 20세기에 접어들면서 초중등학교의 무상교육이 이루어졌지만 영국에서는 1944년 교육법이 성립할 때까지 초중등교육의 무상이 국민 모두에게 보장되지 않았다. 영국에서 공교육이 도입되기 이전에 사립학교는 역사적으로 국민 교육에 큰 영향을 미쳤으며 현재에도 영국 사회의 수많은 리더와 지식인을 배출하고 있다.

그러나 영국의 사립학교는 다른 국가와는 다르게 사회 계층과 밀접하게 연결되어 있다. 사립학교는 노동자 계층이 입학하기 어려운 높은 학비, 입학시험의 난이도 등으로 사회 경제적, 문화적 배경이 좋은 가정의 자녀들이 주로 입학하는 학교로 인식되고 있다. 사립학교 졸업자는 일류 대학에 진학하고 있으며 사회의 진입에서도 특권을 누리는 비율이 일반 학교에 비하여 높다.

그러나 사립학교의 특권에 대한 비판의 목소리는 상대적으로 크지 않은데 그 배경에는 공교육이 존재하지 않은 약 천 년의 기간에 축적되어 온 사립학교에 대한 역사적 인식, 학비는 높지만 사회 계층에 관계없이 누구에게나 기회를 제공하고 있으며 어려운 가정의 자녀에게 학비를 면제하는 개방성 등이 있기 때문이다. 그래서 영국에서는 다른 국가와는 반대로 전통적 사립학교를 퍼블릭스쿨이라고 한다. 이하에서는 영국 사립학교의 제도 기준과 특징을 중심으로 살펴본다.

1. 사립학교의 명칭

1) 프라이빗스쿨, 인디펜던트스쿨

영국에서는 지방교육당국이 유지·관리하는 공립학교와 대비되는 용어로 프라이빗스쿨private school(사립학교)과 인디펜던트스쿨independent school(독립학교) 두 개의 명칭을 혼용하고 있지만 인디펜던트스쿨이 일반적으로 사용되고 있다.

인디펜던트스쿨이라는 명칭이 공식적으로 사용된 것은 1944년 교육법이다. 이 법에서는 "의무교육 단계의 학생 5명 이상에게 전일제 교육을 제공하는 학교로 지방교육당국이 운영하는 학교가 아니거나 학교 소유자에게 정부가 보조금을 지원하지 않는 학교"를 "Independent school"로 정의하고 있다. 즉, 국고로부터 공적 자금을 보조받지 않고 학생들의 수업료와 독지가의 기부에 의해 운영되는 학교이다.

영국의 사립학교는 누구에게나 입학이 열려 있지만(개방성), 고액의 수업료를 부담할 수 있는 가정의 자녀이거나 학력이 우수한 자만이 입학 자격을 가지는 경우가 많다. 이는 영국 사립학교의 오랜 전통과 사립학교를 졸업하는 경우 얻을 수 있는 사회적 특권이 만들어 낸 결과이다.

2) 퍼블릭스쿨

영국에서는 기숙제로 운영하는 지명도가 높은 사립학교를 퍼블릭스쿨Public school로 통칭하지만 Public school을 교명으로 사용하는 학교는 없으며 주로 ○○○ Grammar School, △△△ College 등이 일반적인 명칭이다.

*Oxford Learner's Dictionary*에서는 'Public school'을 "13세부터 18세까지 부모가 교육비를 지불하는 청소년을 위한 사립학교. 학교에 재학하는 기간 기숙하는 학생이 많은 학교"로 정의하고 있다. 그리고 *Merriam-Webster*에 의하면 "전통적인 커리큘럼을 제공하고 대학의 준비 또는 공공 서비스를 준비하는 기본 재산을 가진 영국의 중등학교"가 'public school'이다.

1944년에 공표된 '퍼블릭스쿨과 일반교육 제도'The Public Schools and the General Educational System(통칭 플레밍보고서)에서는 "Public school"을 교장회의Headmasters' Conference[48] 또는 사립학교이사회협회Governing Bodies' Association[49] 멤버로 하고 있으며, 1968년의 뉴섬보고서Newsom Report는 교장회의나 사립학교이사회협회, 사립여학교이사회연맹Governing Bodies of Girls' Schools Association의 멤버로 정의하고 있다.

이처럼 영국에서 통칭하는 퍼블릭스쿨이 어떤 학교를 말하는지는 반드시 명확하지는 않지만 사립학교를 의미하는 것에는 반론이 없다. 이러한 정의는 공립학교를 퍼블릭스쿨로 부르는 미국의 관행이나 우리나라에서 공립학교의 영문 표기와는 아주 다른 개념이다. 즉 우리나라나 미국에서 퍼블릭스쿨이라고 하면 공적 자금으로 설립·운영하는 공립학교를 말한다.

공적 자금이 투입되는 이상 공립학교에서는 특정 종교나 종파의 교의를 전파하는 것이 허용되지 않고 특정한 대상의 입학을 배제하는 것도 허용되지 않는다. 즉, 공립학교에서는 종교적·정치적 중립성을 확보하지 않으면 안 된다. 이와 대조적으로 영국의 퍼블릭스쿨은 사립학교이므로 특정 종파에서 학교를 설립하여 교의를 전파할 수 있다.

영국의 교육에서 가장 뜨거운 논쟁 중 하나는 퍼블릭스쿨에 관한 찬반양론이다. 전통적인 비판론은 퍼블릭스쿨 학생이 공립학교 학생과 같은 능력을 가졌음에도 불구하고 옥스퍼드대학과 케임브리지대학에 압도적으로 진학하고 있으며, 사회에 진출하는 때에는 특권을 누린다는 것이다.[50] 영국의 사회학자 마이클 영Michael Young이 자신의 공상과학소설 『능력주의The Rise Of The Meritocracy』에서 연고와 세습이 능력을 가진 가난한 아이들을 우편배달부로 만들고 능력이 부족한 유복한 가정의 아이들을 고급 관리로 만드는 능력주의의 왜곡된 현상에 대해 지적한 것과 같은 맥락이다.

한편, 영국에서 사립학교를 퍼블릭스쿨로 칭한 계기는 공립학교가 통학 구역 내의 학생만이 취학하는 학교인 것과는 달리 사립학교는 통학 구역 안의 학생이나 통학 구역 밖의 학생 누구든지 입학할 수 있는 '누구에게나 개방된 학교'였다는 점이다.[51] 다만 '누구에게나 개방'은 특정 계층에 대한 선택적 개방이었다는 것이 퍼블릭스쿨에 대한 사회 일반의 비판적 시각이다.

3) 보딩스쿨·그래머스쿨

전통적인 퍼블릭스쿨 중 대부분의 학교가 기숙제 학교였으므로 보딩스쿨Boarding school이라고도 부르고 있다. 유명한 퍼블릭스쿨은 대부분 기숙제 학교로 운영하고 있다. 이러한 명칭 외에 그래머스쿨이라는 학교 유형이 있는데 이 학교는 고전어, 특히 그리스·라틴어 문법을 주로 교육하는 학교이다. 이 경우 공사립을 불문하고 고전어 문법을 가르치는 학교가 그래머스쿨이다.

그래머스쿨은 사립학교가 원형이다. 1179년에 열린 제3차 라테란공회 Third Lateran Council에서는 모든 대성당에 교회의 사무직과 가난한 가정의 아동을 교육하기 위한 남성 교원을 두도록 결정하였다. 같은 해의 교회법에 이 내용이 명기되었으며 엄선된 남학생을 선발하는 학교가 출발하였다. 그리고 제4차 라테란공회에서는 모든 교회가 그래머마스터grammar master를 두도록 하였다. 이 시기에 그래머스쿨이 설립되었으며, 12-13세기에 걸쳐 대부분의 타운이 그래머스쿨을 가질 정도로 확장되었다. 그래머스쿨은 교회에 의해 설립되어 행정, 비즈니스, 법률 분야와 교회에서 종사할 학생을 교육하였으며, 교육 내용은 라틴어 문법의 습득이었다(Brock, 2015).[52]

1944년 교육법의 성립과 더불어 영국의 학교 시스템에 학교 선별제가 도입되었다. 이 시스템에 의해 기존의 그래머스쿨은 ① 국가로부터 보조금을 받고 학생의 수업료를 무료로 할지, ② 완전히 공영학교로 전환할지, ③ 25%에서 50%에 해당하는 학생에 대하여 보조금을 받고 나머지는 수업료를 징수할지, ④ 국가의 보조금을 받지 않고 학생의 수업료로 운영할지의 네 가지 중에서 선택하지 않으면 안 되었다. 결과적으로 완전히 공영학교로 전환한 그래머스쿨이 약 1,200개교이며 직접보조학교는 179개교였다.

최근에는 퍼블릭스쿨이란 빛나는 전통을 가진 아주 일부의 사립중등학교를 가리키며 나머지 사립학교는 인디펜던트스쿨이라는 호칭을 사용하고 있다. 8세부터 13세까지 아동이 재학하는 학교로 인디펜던트스쿨 진학을 준비하는 교육 기관인 프렙스쿨도 있다.

본서에서는 영국에서 인디펜던트스쿨, 퍼블릭스쿨 등으로 다양한 명칭이 사용되고 있는, 공적 재정을 지원받지 않고 학생의 수업료와 기부금 등으로 운영하는 영국의 학교를 사립학교로 통칭하여 사용한다.

2. 사립학교와 사회적 특권

영국에서 사립학교와 사회적 특권과의 상관관계는 의심할 여지가 없을 정도로 영국 사회의 특징으로 자리 잡고 있다. 예를 들면 사립학교 출신자가 차지하고 있는 요직의 비율은 영국 사회에서 사립학교 교육 경험과 사회적 특권과의 상관관계를 말해 주고 있다.

1950-1960년대에는 보수당 각료 87%(1964, 이하 괄호 안은 통계 연도), 재판관 76%(1956), 보수당 하원의원 76%(1964), 대사 70%(1953), 육군 중장 이상의 군인 70%(1953), 주교 66%(1953), 100대 기업 사장 64%(1963), 서기관 이상의 공무원 59%(1950), 노동당 각료 35%(1964)가 사립학교 출신자였다(Glennerster & Pryke, 1964).

그런데 사립학교 출신자의 사회적 특권은 현재에도 큰 변화가 없이 유지되고 있다. 영국의 공영 방송인 BBC의 보도에 의하면 2016년 사회 지도급 인사 중 사립학교 졸업자의 78%가 옥스퍼드대학과 케임브리지대학에 진학하였다. 2020-2021학기 옥스퍼드대학 재학생 중 31.8%가 사립학교 졸업생이므로(University of Oxford, 2021), 사립학교의 사회적 특권이 약화되었다고 보기는 어렵다. 상급법원의 판사 74%, 장군급 군인 71%, 저널리스트와 변호사 51%, 저명한 의사 61%가 사립학교 출신이다.[53]

영국에서 잘 알려진 사립학교로서 경제계와 정치계의 엘리트 양성에 기여한 역사가 오래된 보딩스쿨(기숙제 학교)인 이튼칼리지, 윈체스터칼리지, 웨스트민스터스쿨, 첼트넘여자칼리지 등은 세계적으로 유명한 리더를 많이 배출한 것으로 잘 알려져 있다. 이러한 학교는 아이들의 학력이나 자녀의 경제적 부담 능력을 고려하여 학생을 모집하고 있다.

이러한 명문 사립학교에 입학하기 위해서는 학교 수료 시험에서 A 레벨을 받아야 가능하며 이들 학교의 졸업생들은 대부분이 명문 대학에 진학한다. 학생들의 교육적 성취가 학교의 교육에 기인하는지 학생 개개인의 사회적, 경제적, 문화적 자본에 기인하는지는 의문이 있다. 다만 이러한 명문교가 영국의 일반적인 사립학교는 아니며 다양한 특징을 가진 사립학교가 있다. 사립학교 학생의 성별, 규모, 종교, 지역 등에서 다양하며 일부 사립학교는 학습 장애를 겪는 어려움을 가진 학생을 위한 교육을 운영하고 있다(Hillman, 1994).

2018년 기준 영국에는 2,444개교의 사립학교에 618,603명이 재학하고 있다. 이는 영국 전체 학생 수 10,181,840명의 6.07%에 해당한다. 사립학교는 영국 전역에 골고루 분포해 있는 것은 아니며 잉글랜드의 9개 지역 중 생활 환경이 좋은 런던과 남동부South East 2개 지역에 집중되어 있다. 스코틀랜드는 약 3%의 학생이 사립학교에 재학하고 있으며 웨일스와 북아일랜드는 비율이 더 낮다.

3. 사립학교 발전사

영국 사립학교의 기원은 6세기로 거슬러 올라간다. 가장 오래된 사립학교는 597년에 교황 그레고리우스 1세가 전도를 위하여 브리튼에 파견한 성 아우구스티누스가 캔터베리에 설립한 킹스스쿨로 전해지고 있다. 그리고 다음으로 오래된 학교는 627년에 설립된 세인트피터스스쿨이다.

영국의 학교사에서 큰 영향을 미친 것은 14세기에 유럽 전체에서 대유행한 흑사병이다. 당시 유럽 인구의 약 3분의 1이 이 전염병으로 사망했다. 기독교 국가에서는 지금도 마찬가지이지만 당시에도 사람이 임종할 때에는 사제가 병자성사Únctio infirmórum를 하여 죄를 사하고 축복을 빌어 주었다. 그 때문에 교회 관계자에 대한 페스트의 전염도 상당히 많아 영국의 그리스도교 사회는 괴멸 상태에 빠졌다.

그래서 성직을 담당할 사제를 빠르게 육성하는 것이 시급한 과제가 되었다. 그러기 위해서는 전통적인 사제 교육만으로는 부족하고 공중에게 널리 문호를 개방할 필요가 있었다. 학비를 지출할 여유가 없는 가정 출신에게는 장학금을 주었다. 바로 이러한 연유로 영국의 사립학교를 퍼블릭스쿨이라고 부르는 계기가 되었다.

현재에도 엘리트가 다니는 학교인 윈체스터칼리지와 영국 왕실과의 관련이 높은 이튼칼리지는 이 당시에 설립된 학교이다. 이들 학교에서는 대학 진학을 준비하는 교육이 이루어지고 졸업생 대부분은 옥스퍼드대학과 케임브리지대학에 진학하였으며 졸업 후에는 영국 사회의 중심적 인재가 되었다.

16세기 헨리 8세의 치세에서 종교개혁이 일어나자 교회 및 수도원에 부속해 있던 구체제의 학교 대부분이 폐쇄되었다. 이어서 에드워드 6세는 신체제에서 적극적으로 그래머스쿨을 개설하였다. 한편 개인 독지가와 길드 등의 상업 단체에도 왕의 칙허장royal charter을 부여하여 그들이 그래머스쿨을 개설하는 것을 인가하였다. 이때 그래머스쿨은 전국에 410개교였던 것으로 알려지고 있다.

종교개혁에 의해 성서를 배우는 것을 한층 더 중요시하였던 배경에서 당시 학교에서 가르친 내용은 그리스·라틴어라는 고전어 문법이 중심이었으며 표준화된 교육 방법도 확립되지 않았고 주로 암기 위주였다. 그리고 학교 규모도 지금과는 비교가 되지 않을 정도로 소규모였으며 전문직으로서 교사라는 개념도 없었기 때문에 교회 관계자가 신자 또는 그의 자녀의 요구에 맞춰 지도하는 정도였다. 학생 수도 일정하지 않고 필요에 따라 학교라는 체제가 만들어진 상당히 자유로운 조직체였다.

18세기 산업혁명기에 들어서자 점차 경제력을 갖춘 상업 계급의 많은 자제가 그래머스쿨에 입학하게 되었다. 그 결과 고전어 교육보다는 실학 교육에 대한 욕구가 높아지고 점차 이러한 경향에 맞춰 커리큘럼도 변화하여 시류의 변화에 따라가지 못하는 학교는 경영난으로 폐교하는 등 학교의 성격이 양분되어 갔다. 현대 외국어 및 이과 과목을 중시한 현대 커리큘럼을 갖춘 학교와 전통적인 고전어 교육이 중심이 된 전통적 커리큘럼을 교육하는 학교가 그것이다. 상업 계급의 자녀 대부분은 실학계의 학교에 입학하고 실학보다도 교양을 중시하는 귀족 계급 및 상류 계급의 자제 대부분은 전통적인 고전어를 가르치는 학교에 다니는 경향이 나타났다.

19세기 영국 워릭셔주 럭비에 있는 유명한 사립학교인 럭비스쿨의 교장이 된 토머스 아널드는 고전어 교육은 젠틀맨으로서의 교양을 기르는 것이며 동시에 젠틀맨은 문무 양면을 갖춰야 한다고 하여 교육 과정에 집단 스포츠 수업을 도입하는 등 퍼블릭스쿨은 그 전통을 이어 가면서 교육을 개혁해 갔다.

이 아널드의 교육이 영국 전역에 보급된 계기는 19세기 중반에 출판되어 베스트셀러가 된 토머스 휴스Thomas Hughes의 『톰 브라운의 학교생활Tom Brown's School Days』이다. 아널드를 모델로 한 교장에게 배우는 톰 브라운이라는 학생의 성장 이야기인 이 소설은 많은 사람들에게 영향을 주었다. 그 결과 많은 학교가 이 책에서 소개된 젠틀맨 교육을 이상형으로 하여 흉내를 내는 동시에 럭비스쿨 출신자를 교사로 채용하였다. 철도의 보급도 영향을 주어 전국에 아널드 교육이 널리 보급되는 계기가 되었다.

1868년에는 그간 교육을 사적인 권리로 생각하여 개입하는 것을 극도로 절제하던 국가가 학교 제도를 만들어 부모의 자녀 교육에 개입하려는 움직임이 있었다. 왕립조사위원회Clarendon Commission가 전통적인 그래머스쿨의 교육 내용을 조사했다. 그때 조사 대상이 되었던 전통을 가진 9개 학교는 윈체스터칼리지, 이튼칼리지, 럭비스쿨을 비롯하여 웨스트민스터스쿨,

해로스쿨, 머천트테일러스, 세인트폴스, 슈루즈베리, 차터하우스였다. 이 9개의 학교가 퍼블릭스쿨로서 국가의 인정을 받은 학교인 그레이트나인스이며 퍼블릭스쿨군의 정점에 군림하는 학교이다.

1857년에 출판된 『톰 브라운의 학교생활』에서 묘사되고 있는 것처럼 퍼블릭스쿨은 중학교와 고등학교가 통합된 중등교육기관으로 학습 내용은 철학과 같이 추상적이고 논리적이며 개념적인 내용보다는 그리스어, 라틴어의 초보 문법, 문학, 사학과 같이 구체성이 있는 내용이었다. 학급 편성은 지금과 같은 동일 연령대로 구성된 것이 아니라 한 학급에 9세부터 14세까지의 아동으로 구성되었다. 『톰 브라운의 학교생활』 제8장에는 다음과 같이 당시 퍼블릭스쿨의 학급 구성이 묘사되어 있다.

> "다음 학기의 시작에 톰이 속한 저 4학급lower-fourth form은 저학급부 안에서는 가장 커 40명 이상이었다. 여기에는 9세부터 15세까지의 젊은 신사들이 있었다"(Hughes, 1857).

20세기 초반에 퍼블릭스쿨은 부유한 가정 출신의 자제가 다니는 학교로 변화하였으며 출신자의 대부분이 사회적 지위를 획득했다. 또한 제1차 세계대전에서는 퍼블릭스쿨 출신자 대부분이 장교로서 군대를 이끄는 활약을 보이는 등, 퍼블릭스쿨은 더욱 명성을 높여 갔다. 그러나 미국이 패권을 잡은 제2차 세계대전 후에는 대영제국 추락의 원인이 스포츠를 중시하고 지적 교육을 경시한 퍼블릭스쿨의 구태의연한 교육에 있다고 하여 퍼블릭스쿨의 교육은 크게 비판을 받았다.

4. 사립학교의 위기

1968년에 노동당의 퍼블릭스쿨위원회가 제출한 보고서(통칭 뉴섬보고서)에서는 퍼블릭스쿨과 공립학교 체계를 통합하는 것이 바람직하다고 하였다. 그러나 사실상의 의도는 퍼블릭스쿨 학생 정원 50% 이상을 공립초등학교 출신 아동뿐만 아니라 사회적·교육적인 혜택에서 벗어나 있는 아동과 빈곤한 가정 출신의 아동도 받아들일 수 있도록 사립학교의 '배타적, 분파적 영향력'에 종지부를 찍고자 하는 것이었다.

이어서 1970년에 제출한 동 위원회의 2차 보고서(통칭 도니슨보고서)는 기숙제 학교가 아닌 직접보조학교와 사립주일학교에 대하여 실질적으로는 종래와 동일한 관리 체제를 유지하면서도 학교보조위원회로부터 재정적 지원을 받는 종합제 학교가 되는 것을 권고하고 이러한 종합제 학교에 참가할 의사가 없는 학교는 사립학교의 지위를 유지하도록 하였다.

1970년대는 사립학교에 있어 어려운 시기였는데 오일쇼크 등에 의한 경기 침체 등의 영향으로 학생 수가 격감했다. 1974년 당시는 학령인구의 약 8%가 사립학교에 재학하고 있었지만 1978년에는 6% 초반까지 감소하였다. 그러나 1980년대에 접어들어 경기가 회복됨에 따라 서서히 학생 수는 늘어났다. 1990년대에는 경영의 안정화를 기하기 위해 적극적으로 해외로부터 유학생을 받아들이고 있다(ISC Census and Annual Report, 2019).

2019년도 사립학교협의회(ISC) 연차 보고서에 의하면 사립학교협의회 소속의 학교에 재학하고 있는 영국 국적이 아닌 외국 학생은 55,280명인 것으로 나타나고 있다. 가장 많은 유학생을 보낸 국가는 중국으로 5,222명이며 한국 국적도 873명이 재학하고 있다. 한국 국적 873명 중 부모가 영국에 거주하지 않고 유학을 보낸 학생은 485명이다. 영국의 사립학교 중 ISC에 가입한 학교는 학교 수 기준 55.8%, 재학생 수 기준 86.7%이므로 실제 유학생은 더 많을 것으로 보인다.

제2절 ___ 사립학교의 설립

1. 사립학교의 정의

1996년 교육법 제463조에서는 사립학교를 다음과 같이 정의하고 있다.

> "의무교육 학교에서 5명 이상의 학생 또는 적어도 그 연령에 있는 자
> 폐증(EHC plan)을 가진 학생, 제324조의 판정을 받은 학생, 지방당국에
> 의해 보호되는 학생 한 명에게 교육을 제공하는 학교로, 지방당국으로
> 부터 재정 지원을 받지 않는 학교."

사립학교Independent school라는 명칭은 1944년 교육법에서 처음으로 사용되
었다. 영국에는 지방정부가 설립한 학교인 공립학교, 종교 단체·자선 단
체 등의 유지 단체가 설립하여 공적 재정으로 유지·관리하는 공영학교(본
래는 Private school)가 있는데 이들 학교와 구분하기 위한 용어로 공적 재정을
지원받지 않고 학생의 수업료로 운영하는 학교를 공식적으로 인디펜던트
스쿨이라 한 것이다. 1944년 교육법의 정의도 1996년 교육법의 정의와 크
게 다르지 않다(Brock & Elstone, 2015).

그러므로 영국에서 사립학교란 정부의 재정을 지원받지 않고 수업료를
재원으로 운영하는 정부 이외의 개인, 단체 등이 설립한 학교를 말한다. 따
라서 사립학교는 정부의 재정을 지원받는 공립학교에 비하여 광범위한 자

율성을 가진다는 사적 측면과 공교육을 실시하는 교육 기관으로서 공공성을 확보하여야 하는 공적 측면을 가지고 있다.

모든 사립학교는 정부에 등록하여야 하며 정기적으로 감사를 받지만 지방교육당국이 유지·관리하는 학교가 받는 많은 규제로부터 예외를 인정받고 있다. 학생 선발 등 입학 정책은 학교가 자율적으로 결정하며(예를 들면 학생을 성적으로 선발하고 부모의 경제적 부담 능력을 고려하는 등) 교원 자격증이 없는 교사의 채용이 가능하고 국가교육과정을 준수하지 않아도 된다.

2. 사립학교의 등록

2008년 교육기능법에 따라 잉글랜드 내의 모든 사립학교는 교육부 장관에게 등록하여야 한다. 이는 사립학교에 대하여 엄격한 요건을 적용하여 정부가 인가하는 한국·일본과 다른 것이다. 영국에서 등록을 하지 않고 사립학교를 설립·경영하는 것은 위법이다.

교육부는 사립학교의 등록과 관련하여 많은 정보를 제공하고 있다. 교육부 장관은 학교가 등록되기 전 사립학교의 표준에 적합한지를 판단해야 한다. 교육부 장관은 등록 신청을 받으면 교육수준국(Ofsted)에 알려야 하며 교육수준국은 그 기관을 검사하고 등록된 기관이 사립학교 표준에 적합하다는 것을 교육부 장관에게 보고하여야 한다.

교육부 장관은 교육수준국의 보고와 결정에 도움이 되는 다른 기준 등을 참고할 수 있다. 장관이 등록 기준에 적합하다고 결정하면 사립학교로 등록된다. 등록 절차가 원만하게 집행되는 경우 약 6개월 정도가 소요되며, 사립학교를 등록하지 않고 운영하면 불법이 된다. 한편 교육부 장관은 사립학교가 목적에 맞게 운영되지 않거나 운영이 교육상 적정하지 않다고 판단되는 경우에는 학교를 폐쇄할 수 있다.

3. 사립학교의 표준

교육기능법 제94조에서는 교육부 장관에게 사립학교가 목적 달성을 위하여 학교 운영을 하기 위한 가이드라인(Independent educational institution standards)을 정하도록 하고 있다.

- 사립 교육 기관에서 제공하는 교육의 질the quality of education provided at independent educational institutions
- 사립 교육 기관에서 학생들의 정신적, 도덕적, 사회적 및 문화적 발달the spiritual, moral, social and cultural development of students at independent educational institutions
- 사립 교육 기관에서 학생 복지, 보건 및 안전the welfare, health and safety of students at independent educational institutions
- 사립 교육 기관 설립자 및 직원의 적합성the suitability of proprietors of and staff at independent educational institutions
- 사립 교육 기관의 부지 및 시설the premises of and accommodation at independent educational institutions
- 사립 교육 기관에 의한 정보의 제공the provision of information by independent educational institutions
- 사립 교육 기관의 불평 사항 처리 방식the manner in which independent educational institutions handle complaints
- 사립 교육 기관의 경영 및 리더십의 질the quality of the leadership in and management of independent educational institutions

4. 자선 단체 지위와 사립학교

2011년 자선단체법Charities Act에서는 자선적인 목적을 위하여 설립하고 공중에게 이익을 제공하기 위하여 설립된 기관을 자선 사업charity으로 정의하고 있다. 교육의 증진은 자선적 활동이므로 사립학교는 자선 사업에 포함될 수 있다. 교육적 자선 사업에 관한 법적 정의는 없지만 다른 자선 사업과 마찬가지로 그들이 공공의 이익에 기여하고 있다는 것을 증명하여야 한다.

영국 정부는 사립학교의 절반 정도인 1,300개교가 자선 단체의 지위를 가진 것으로 파악하고 있다. 비영리 기구인 사립학교협의회의 2016년도 정기 학교 조사에 의하면 소속 1,300개교 중 78%인 999개교가 자선 단체의 지위를 가진 것으로 조사되었다(Independent Schools Council, 2019).

사립학교가 자선 단체의 지위를 가진 것에 대한 논의도 이루어지고 있는데 주로 고정자산세business rates의 감면을 포함한 여러 가지 혜택은 계속적인 이슈가 되어 있다.

5. 사립학교 거버넌스

영국의 사립학교협의회(ISC)는 영국 최대의 사립학교 거버넌스로 가맹 학교는 1,388개교이다. 2022년도 재학생 수는 544,316명으로, 1990년 474,203명 대비 15% 정도 증가하였다. 영국의 사립학교 2,320개교 중 나머지는 사립학교협의회에 가맹하지 않고 있다. 사립학교협의회는 1974년에 아래의 일곱 개 협회가 모여 창설하였으며 1998년에 현재의 조직으로 안착하였다.

- 사립학교이사회협회Association of Governing Bodies of Independent Schools(1942년 설립)

- 여학교협회Girls' Schools Association(1874년 설립)

- 교장회의Headmasters' and Headmistresses' Conference(1869년 최초 개최)

- 프렙스쿨협회Independent Association of Prep Schools(1892년 설립)

- 사립학교협회Independent Schools Association(1878년 설립)

- 사립학교회계협회Independent Schools' Bursars Association(1932년 최초 개최)

- 교장협회The Society of Heads(1961년 설립)

사립학교협의회는 사립학교를 대표하는 단체로 교육부의 정책 협력 파트너이자 사학의 교육 환경과 교육 수준이 일정 수준에 도달하도록 지원하는 거버넌스이다. 사립학교협의회는 교육부와 정책 파트너십을 구축하여 공립학교에 교육적 실천과 우수 사례를 공유하고 있으며[54] 저소득층 수업료 감면 등과 같이 교육의 기회 확대라는 사회적 역할도 수행하고 있다.

영국의 사립학교는 2-3년의 간격으로 당초 등록 조건의 이행 등에 관한 감사를 받는데, 정부로부터 독립된 전문성을 가진 기관이 담당한다. 사립학교협의회 소속 학교의 경우 영국 정부의 인가에 의해 1999년에 설립된 사립학교감사기구(ISI)가 감사를 하며, 포커스교육기금Focus Learning Trust이나 슈타이너발도로프총괄기구Steiner Waldorf Schools Fellowship에 소속된 학교는 교육기능법에 의해 사립학교 감사 기구로 설립된 학교감사국School Inspection Service이 담당한다. 그리고 위의 단체에 소속되지 않은 학교는 교육수준국이 교육부의 위탁을 받아 직접 감사를 하고 있다.

교육수준국은 1992년 교육부의 감사 기구를 독립시켜 설립된 이후 여러 번의 기구 조직 및 역할의 변경이 있었으며 현재는 공사립학교의 감사, 아동 복지 서비스, 교육 관계 행정 기관 등을 대상으로 감사를 실시하고 그 결과를 공표하고 있다.

제3절 ____ 입학 · 학교생활

1. 사립학교의 입학

영국은 사립학교 입학에 관한 법령이나 정부의 기준이 따로 없으므로 학교가 자체적으로 입학 기준을 설정하고 학생을 선택한다. 영국에서는 1988년 교육개혁법에서 제도화한 공립학교 선택제에 대해서 "교육의 소비자인 학생·부모가 학교를 선택하는 것과 동시에 학교가 학생·부모를 선택한다는 측면이 있다"(Apple, 2005)는 지적처럼 학교 선택제하에서는 수요자인 부모와 공급자인 학교는 이익을 공유하는 경제적 교환 관계를 맺고 있다.

사립학교는 본래 부모와 학교가 이익을 공유하는 경제적 교환 관계를 본질로 하여 발전하여 왔다. 학교가 높은 품질의 학교교육을 제공하는 대가로 부모는 자녀 교육에 소요되는 경비를 기꺼이 부담하는 시장 거래적인 관계에서 역사적으로 사립학교의 경쟁력은 강화되어 왔다. 따라서 명문 사립학교일수록 학생들의 능력(인지적 능력)을 평가하는 입학시험을 치러 선발하는 구조가 되어 있지만 학생들의 사회 경제적 배경에 의한 차별은 두지 않는다.[55]

예를 들면 명문 사립학교인 이튼칼리지의 2018-2019학기 입시 안내서에서는 "이튼의 목적은 가능한 한 입학에 필요한 교육 수준에 맞는 다양한 배경을 가진 지원자의 지원을 장려한다. 이튼은 인종, 민족, 종교, 성별과 보호해야 할 특성 또는 사회적 배경에 불구하고 지원자에게 동일한 취급을 할 것을 서약한다"라고 적고 있다(Eton College).

사립학교의 입학이 이전에는 부모가 그 학교 출신일 것 등의 조건이 있었지만 최근에는 패밀리 커넥션의 전통은 옅어지고 기본적으로 학교가 작성한 입학시험 및 조건에 합격하는 것이 요건이다. 입학시험은 학력 시험이거나 면접시험 또는 음악 및 스포츠 등의 기능 시험 등이 있지만 일부 유명 사립학교에서는 사립학교입시위원회(ISEB)가 작성한 일반 입학시험에 의하고 있다(Independent Schools Examinations Board).[56]

이 시험은 프렙스쿨에 재적 중인 11세(제6학년) 시점에서 수험하는 'Common Entrance at 11+'와 13세 시점, 즉 제7학년 또는 제8학년 단계에서 수험하는 'Common Entrance at 13+'의 두 종류가 있다. 여기에다 사립학교입시위원회는 성적 우수자에 대한 장학금 시험인 'CASE at 13+', 진학할 학교에 대한 적성을 체크하는 'Common pre-tests'도 제공하고 있다. 프리테스트를 채용하고 있는 학교는 21개교로 적지만 리스트 중에는 그레이트나인스 소속의 유명 퍼블릭스쿨도 있다.

'Common Entrance at 13+'를 부과하는 사립학교는 주로 11세부터 입학을 하는 여자학교로 11개교에 불과하다(Independent Schools Examinations Board). 시험은 1년에 두 번 제공되는데 11월 또는 1월에 영어, 수학, 과학을 수험한다. 'Common Entrance at 13+'는 매년 11월, 1월과 5월 또는 6월의 세 번 수험 기회가 있는데 영어, 수학, 과학은 필수이고 프랑스어, 지리, 독일어, 고전 그리스어, 역사, 라틴어, 중국어, 종교 연구, 스페인어가 선택 과목으로 되어 있다. 시험 문제는 사립학교입시위원회의 위원회가 작성하며 시험 장소는 통상 학생이 재학하는 프렙스쿨이지만 채점은 학생이 진학할 학교가 행한다.

사립학교 입학은 주니어스쿨에서 시니어스쿨로 진급하는 학생이 30%를 넘지만 16세까지는 공립학교에 다닌 다음 사립학교의 식스폼에 입학하는 경우도 있다. 이 경우에는 중등교육수료일반자격시험 결과가 입학 자격이 된다.

2. 학교생활

사립학교에서는 국가가 정하는 교육 과정에 구속되지 않고 각 학교가 만든 독자적인 커리큘럼에 의해 교육이 이루어지고 있다. 수업은 아침 일찍 시작되고 토요일에도 수업이 이루어지는 등 공영학교와 비교하여 수업 시간이 많고 교사 1인당 학생 수가 9명 정도로 교육이 이루어진다. 그리고 전통적으로 스포츠 등 과외 활동이 열심히 이루어지고 있다.

학비는 학교 운영 형태, 지역, 명성 등 인지도, 전통 등에 다르다. 평균적으로 기숙제 학교의 기숙사생인 경우는 학기당(1년은 3학기) 11,565파운드, 기숙제 학교의 기숙사생이 아닌 통학생은 6,402파운드이다. 그리고 기숙제 학교가 아닌 사립학교의 학기당 학비는 4,763파운드로 나타나고 있다.

[표II-18] 사립학교협의회 소속 지역별 사립학교 현황

지역별	학교 수	기숙사생 보유 학교 수	재학생 수	기숙사생 수	기숙사생 비율(%)
South West	101	60	36,324	8,923	24.6
South Central	218	105	77,630	17,964	23.1
Wales	21	11	7,515	1,495	19.9
East Midlands	68	24	25,098	4,421	17.6
South East	202	90	77,841	13,539	17.4
West Midlands	94	32	36,175	5,072	14.0
Yorkshire & Humber	62	24	26,264	3,248	12.4
East	154	62	62,443	6,510	10.4
Scotland	33	18	24,732	2,409	9.7
North West	85	14	35,188	2,053	5.8
North East	16	5	7,237	325	4.5
London	289	21	104,432	2,747	2.6
계	1,364	473	536,109	69,155	12.9

출처: ISC Census and Annual Report 2019.

여기에다 추가로 교복 및 시설비, 과외 활동비 등이 소요되므로 유복한 가정이 아니면 입학하기가 쉽지 않다.

사립학교는 주로 남녀 별학보다는 남녀 공학이 많다. 그리고 남자 학교라 하더라도 식스폼 단계에 이르면 여학생의 입학을 허용하는 학교가 다수 있다. 이러한 경향은 남학생보다 여학생이 우수한 성적을 거두는 경우가 많아 여학생을 입학시킬 경우 대학 진학 실적이 늘어나고 결과적으로 학교가 학생 모집에 있어 이점이 있다는 사정이 반영되고 있기 때문이다. 사립학교 중 기숙사생을 가진 학교의 비율은 34.6%이며, 재학생 중 기숙사생 비율은 12.9%로 실제 알려진 것과는 다르게 기숙사생 비율은 높지 않다.

2018년 사립학교 졸업자 중 2.5%는 바로 취업을 선택하였으며 나머지는 대학에 진학하였는데 93%가 영국의 대학을 선택하였다. 옥스퍼드대학과 케임브리지대학에 진학한 5%를 포함하여 54%는 러셀그룹에 있는 대학에 진학하였다. 러셀그룹은 연구형 공립대학 24개교로 이루어진 단체로 우수한 연구 성과를 내는 대학들 대부분이 가입되어 있다.

제4절 ____ 교육 내용·교원

1. 커리큘럼

1) 권장 사항

사립학교는 국가교육과정을 준수하지 않아도 되지만 학생의 연령에 적합하고 종합적인 커리큘럼을 교수하여야 한다. 교육부는 사립학교 등록

시 다음과 같은 커리큘럼을 권장하고 있다.

- 언어
- 수학
- 이과
- 과학 기술
- 인간과 사회
- 체육
- 미술과 창작

2) 정신적 · 도덕적 · 사회적 · 문화적 인식

사립학교에서도 학생들의 정신적 · 도덕적 · 사회적 · 문화적 인식을 계발하기 위하여 효과적인 교육을 제공하는 것이 기대되고 있다. 교육부는 사립학교가 이러한 교육을 하는 데 있어 '정신적 · 도덕적 · 사회적 · 문화적 인식'(SMSC) 계발 표준에 적합하도록 어드바이스를 제공한다.

2014년 교육규칙Education (Independent School Standards) Regulations 2014 제5조에서 규정하는 학교 경영자에게 요구되는 학생들의 정신적 · 도덕적 · 사회적 · 문화적 계발 기준은 다음과 같다.

첫째, 영국의 근본 가치인 민주주의, 법치주의, 개인의 자유, 서로 다른 종교와 신념을 가진 사람들의 상호 존중 및 관용의 증진과 이러한 원칙이 적극적으로 추진되도록 보장하기 위해서 다음을 촉진하여야 한다.

- 학생들이 자기 지식, 자존심 및 자신감을 계발할 수 있도록 할 것.
- 학생들이 선과 악을 구별하고 영국의 민사 및 형사법을 존중할 수 있도록 할 것.

- 학생들이 행동에 대한 책임을 지며, 자기 주도성을 명확히 하고 자신들의 삶에 직극적으로 기여할 수 있다는 것을 이해하며, 학교가 위치한 지역, 보다 넓게는 사회에서 활약할 수 있도록 촉진할 것.
- 학생들이 대중에 대한 폭넓은 일반 지식과 영국의 공공 기관 및 서비스에 대하여 존중감을 기를 수 있도록 할 것.
- 자신과 다른 문화에 대한 감사와 존경심을 기를 수 있도록 함으로써 다른 문화적 전통들 사이의 관용과 조화를 더 깊게 할 것.
- 2010년 법에 명시된 보호받아야 할 사항을 특별히 고려하여 다른 사람들에 대한 존중을 증진할 것.
- 영국에서 법률이 제정되고 적용되는 원리에 대한 존중을 포함하여 민주주의의 존중과 민주적 절차의 참가를 촉진할 것.

둘째, 학교 내에서 이루어지는 과목의 교육에서 정치적 관점의 선전을 배제하며, 정치적 이슈에 학생들이 주의를 기울일 수 있도록 ① 학생들이 학교에 출석하는 기간, ② 학교에 의하거나 학교를 대신하여 이루어지는 방과 후 과외 활동에 참여하는 기간, ③ 학교나 학교 이외의 장소에서 이루어지는 방과 후 과외 활동의 홍보 자료 배부를 포함하여 학생들에게 반대 견해 등에 대한 균형 있는 발표 기회를 제공하는 등, 합리적이고 실행 가능한 조치를 취한다.

3) 성과 인간관계교육

영국의 학교에서 성교육은 1994년부터 시작되었으며 1996년 교육법에 근거가 신설되었다. 이후로는 성교육을 성과 인간관계교육(SRE)으로 불렀다. 사립학교에서는 이 교육이 필수 요건은 아니었지만 사립학교가 이를 선택하는 경우 교육부는 이 교육에 필요한 가이던스를 제공하고 있었다.

그러나 2017년 3월 1일 저스틴 그리닝 교육부 장관이 인간관계와 성교육(RSE)을 법제화한다고 밝힌 후 법제화되어 2017년 아동·사회복지법 Children and Social Work Act에서는 영국의 모든 학교에서 인간관계와 성교육을 제공하도록 하여 2019년 9월부터 영국의 모든 학교, 즉 지방당국 보조학교, 아카데미, 사립학교에서 실시하였다.

지금까지는 성교육의 실시가 초등학교와 중등학교에서 각각 달랐다. 초등학교는 성교육의 실시 여부를 각 학교가 결정하도록 하고 있지만 중등학교는 성교육의 실시 의무가 있으며 주로 과학이나 인격·사회성·건강·경제교육(PSHE) 수업에서 이루어지고 있다.

학교의 성교육에 관한 논의도 활발히 진행되고 있는데 성교육이 다루고 있는 사적 가치 영역은 부모가 자신의 종교에 따라 자녀를 교육하여야 하므로 학교가 아니라 부모에게 속한다는 주장이 있다. 부모는 과학 과목으로 다루어지는 필수 성교육 이외의 성교육을 거부할 권리를 가진다.

2. 사립학교 교육의 질 유지

2008년 사립학교 교육의 질을 확실하게 유지하는 방편으로 교육·기능법이 제정되어 잉글랜드의 사립학교에 대한 감사 등에 관한 규정이 마련되었다.[57] 그리고 2014년에는 사립학교 교육 수준에 관한 가이드라인으로 사립학교교육수준Independent Schools Standards이 제정되었다. 이 법적 체계를 바탕으로 사립학교는 교육 수준이 적합한지 등을 3년에 한 번 평가를 받도록 하고 있다. 사립학교협의회에 가맹한 학교의 평가는 사립학교 평가 기구인 사립학교감사기구(ISI)가 담당하고 사립학교협의회에 가맹하지 않은 사립학교는 교육수준국이 평가를 주관한다.

2022년 8월 31일 기준으로 사립학교협의회에 가맹하지 않은 1,070개교가 교육수준국의 평가를 받았으며 최근 개교하거나 평가 주관 기관을 사립학교감사기구에서 교육수준국으로 옮긴 99개교는 평가 중에 있다. 평가를 받은 1,069개교 중 우수 11%, 양호 64%, 개선 필요 17%, 부적합 8%이다.[58] 부적합으로 평가된 8%(9,800명 재학)는 공립학교의 부적합 평가 비율 3%에 비해 높은 편이다.

정부는 사립학교감사기구의 평가 규준 체계를 보다 엄격한 교육수준국의 규준 체계에 맞추려는 계획을 가지고 있다. 사립학교 교육 수준을 공립학교 수준으로 유지하는 것은 교육 수요자의 교육권 실현이라는 관점에서 필요하지만, 단순한 대의명분이 되어 정부가 세부적인 내용에까지 관여하는 경우 사립학교의 독립성과 독자성이 위축되는 문제로 이어질 수 있다.

3. 사립학교 교원의 처우

사립학교의 교원은 교원 자격 여부와 종합교육회의(GTC)에의 등록이 불필요하지만 각 학교의 교장 또는 학교이사회가 교원으로서 적합하다고 인정해야 한다.

사립학교는 공영학교와 비교하여 수업 시간이 긴 경우가 많다. 아침 일찍부터 수업을 시작하거나 방과 후에는 수업에 뒤처진 학생에 대한 개별 지도를 담당하기도 하고 과외 활동 지도를 해야 한다. 사립학교의 급여표는 학교마다 개인의 계약 내용에 따라 다르며 대부분의 사립학교는 같은 지역의 공립학교와 크게 다르지 않은 경우가 많다. 사립학교 교사 중에는 근무 시간에 비해 급여가 적다고 생각하는 경우가 있다.

전일제여학교트러스트(GDST)는 봉급표를 홈페이지에 공개하는데, 초임 교사의 연간 급여(수업 일수 176일)는 런던이 32,400파운드, 런던 외의 지방이 26,100파운드이며, 급여 외에 후생 복지를 제공한다(GDST). 다른 사립학교에서도 36,000파운드에서 50,000파운드 정도의 급여가 책정되어 있다.

제5절 ___ 교육비

1. 공적 재정의 지원

사립학교에 대한 공적 재정의 지원은 국가마다 동일하지 않다. 우리나라는 1969년 중학교 무시험 전형과 1974년 고교 평준화 정책, 그리고 1985년 중학교 의무교육 실시로 사립중학교는 의무교육 학교가 되고 사립고등학교는 통학 구역, 수업료 등에서 국공립과 동일한 제도 기준을 적용하고 있으므로 사립학교에도 교육 재정을 투입하고 있다.

독일은 사립학교의 비율이 다른 국가에 비해 낮은 편으로 정부가 재정 지원을 한다. 또 사립학교 수업료 상한액을 법원의 판례에서 정하고 있다. 프랑스의 사립학교는 주로 종교계(가톨릭)이며 종교교육을 허용하면서 정부는 교사 급여 등을 지원하므로 수업료는 매우 낮은 편이다. 미국은 수업료가 비싼 기숙제 학교boarding school에서 수업료가 저렴한 종교계 사립학교에 이르기까지 다양하다.

영국의 사립학교 운영 형태는 크게 두 가지로 구분할 수 있다. 첫째, 정부 이외의 민간이나 종교 단체 등이 설립한 학교이지만 지방당국이 유지·관리하는 학교가 있다. 둘째, 민간이 설립하여 직접 운영하며 원칙적으로 정부가 학교 운영에 관여하지 않는 학교가 있다. 전자는 공적 재정에 의해 유지·관리되지만, 후자는 공적 재정의 지원을 받지 않고 학생의 수업료와 기부금 등으로 운영한다.

과거에는 사립학교에 입학하는 학생들이 정부의 재정을 지원받을 수 있는 사립학교 수업료 보조 제도Assisted Places Scheme가 있었다. 이 제도는 1980년 보수당 정권에서 만들어졌는데 성적이 상위 10-15% 이내에 들어가는 가난한 가정의 학생들이 사립학교에 진학할 경우 수업료를 지원하는 것이었다.

1981년부터 1997년 사이에 8만 명의 학생들이 보조를 받았다. 그러나 노동당은 사립학교 수업료 보조 제도 도입 때부터 이 제도가 일부 학생에게 특권적인 교육을 제공하므로 사회적 공정에 반한다는 이유로 반대해 왔는데 1997년 노동당 정권이 출범하자 바로 폐지하였다.

최근에는 사립학교 단체가 중심이 되어 저소득층 학생의 수업료를 무상화하고자 하는 논의가 있다. 2016년 12월 사립학교협의회는 정부가 학생 1인당 5,550파운드를 지원해 주면 수업료의 나머지는 학교가 부담하여 1만 명의 저소득층 학생의 수업료를 무상으로 하겠다고 발표한 바 있다. 이 계획이 보수당 정권에서 추진한 '사립학교 수업료 보조 제도'와 다른 점은 성적 우수 학생을 대상으로 하지 않는다는 점이다.

2. 수업료

영국은 공교육의 무상 원칙에 따라 초등교육에서 고등교육에 이르기까지 공립·공영학교의 수업료가 무상인 시기가 있었다. 그러나 지금은 취학 전교육과 공립 초중등교육이 무상이며 고등교육기관에서는 수업료를 징수한다.

사립학교의 수업료는 유상이며 수업료의 규모는 학교에 따라 동일하지 않다. 사립학교도 우수한 학생 등에 대하여 장학금 등을 지급하고 있다. 교육 단계별 한 학기당 수업료는 다음과 같다(School Guide).

[표II-19] 영국 사립학교 평균 학비(학기당)

(단위: 파운드)

학교 단계	기숙제 학교(기숙)	기숙제 학교(통학)	통학제 학교
식스폼	12,966	7,684	5,625
중등학교	12,139	7,255	5,495
초등학교	8,951	5,495	4,827
평균 학비	12,344	6,944	5,218

주: 영국은 1년에 3학기제로 운영하므로 1년 학비는 평균 학비 × 3학기임

수업료 외에도 음악 지도, 교복, 수학여행 등을 위한 추가 교육비를 부담하여야 한다. 많은 사립학교는 학교에 교복과 교육 자료 등을 판매하는 중고품 매점을 가지고 있다. 한편 퍼블릭스쿨로서 그 명성이 알려진 명문 사립학교의 수업료는 더 높다. 기숙제 학교인 이튼칼리지의 경우 학기당 수업료가 14,167파운드(1년에 3학기제로 운영하므로 연간 수업료는 42,501파운드)이며 음악이나 부가적인 교육 활동을 위한 경비가 추가로 소요된다.[59]

전일제와 기숙제를 운영하는 웨스트민스터스쿨은 전일제가 연간 27,174파운드(학기당 9,058파운드)이며, 기숙제는 연간 39,252파운드(학기당 13,084파운드)이다(Westminster School). 이러한 학교들은 수업료가 비싼 반면 학업 우수생이나 가정환경이 어려운 학생들에게는 장학금을 지급하거나 학비 보조를 실시하고 있다.

1 Dame school은 일반 주부가 교사가 되어 유아를 교육시킨 소규모의 사립학교로, 영국과 식민지 시대 미국의 육아학교(nursery school) 내지 유아학교의 선구가 된 학교이다. 이미 16세기 이전에 농촌 지역 등에서 운영되었으며 19세기까지 존속하였다. 대부분은 교사의 집이 학교였으며 알파벳이나 신약 성서의 일부와 가사에 관한 내용을 교육하였다. Victorian School, http://www.victorianschool.co.uk/school%20history%20dame%20school.html.

2 Spens Committee가 제안한 Tripartite system은 11세 단계에서 테스트를 실시하여 그 결과에 따라 세 곳의 중등학교(Grammar school, Secondary technical school, Secondary modern school)로 분류하는 것을 의미하는데, 이해가 쉽도록 '학교 선별제'로 정의한다.

3 국고보조학교 창설 배경에는 다음 두 가지 이유가 있다. 첫째, 지방 단위에서 노동당의 교육에 대한 지배를 단절시키기 위한 하나의 전략이었다. 종래 지방교육당국은 재정권 등 강력한 학교 통제권을 가지고 있었으며 많은 지방교육당국이 노동당 편향이었다. 둘째, 그래머스쿨과 같은 우수한 엘리트 학교를 만들고자 하는 전략이었다. 이에 따라 종래의 공영학교보다도 운영비를 늘리고 학생 선발도 가능하게 하였다. 각 학교는 부모의 동의가 있으면 국고보조학교로 전환이 가능하였다. 국고보조학교는 1998년까지 존속하였는데 1998년 초에는 1,196개교의 국고보조학교가 설치되어 있었으며 대부분이 중등학교였다.

4 스웨덴의 프리스쿨에는 약 20%의 학생이 재학하고 있는데 경영 주체는 기업체와 유사한 단체이다.

5 GOV.UK. Plan to boost social mobility through education, https://www.gov.uk/government/news/plan-to-boost-social-mobility–through-

education.

그 이전에는 LEA 소속의 감사관이 담당 지역의 감사를 실시하였으므로 각 지역마다의 기준이 있었으며 전국적으로 표준화된 통일된 기준에 의한 감사는 이루어지지 않았다.

7 영국의 초중등교육기관은 2016-2017학기 32,102개교에서 2021-2022학기 32,226개교로 100개교 정도 증가하였으며, 학생 수는 같은 기간 10,259,778명에서 10,624,720명으로 증가하였다. 저출산으로 학령인구가 급격히 감소하는 우리나라와는 대조적이다. GOV.UK. Education and training statistics for the UK, https://explore-education-statistics.service.gov.uk/find-statistics/education-and-training-statistics-for-the-uk.

8 BBC News. https://www.bbc.com/news/uk-england-42624220.

9 DFE SFR 09/2010. Schools, pupils, and their characteristics: Jan 2010 (provisional) (2010.5.); Schools, pupils and their characteristics: January 2018, https://www.gov.uk/government/statistics/schools-pupils-and-their-characteristics–January-2018.

10 Legislation.gov.UK. School Standards and Framework Act 1998. http://www.legislation.gov.uk/ukpga/1998/31/contents.

11 두 번의 총선거에서 승리한 블레어 정권은 2001년 11월에 발표한 교육백서 'School: Achieving Success'에서 학교의 다양성이 중요함을 언급하고 있다. 학교 다양화의 목적은 종래 종합제 중등학교를 중심으로 한 획일적인 중등교육제도를 개편하여 학생 개개인의 능력을 더 이끌어 내고 학생들의 욕구에 부응할 수 있는 제도를 창출하는 것이다. Department forr Education and Skills. https://assets.publishing.service.gov.uk/government/uploads/system/uploads/attachment_data/file/355105/Schools_Achieving_Success.pdf.

12 GOV.UK. National Professional Qualification for Headship (NPQH), https://www.gov.uk/guidance/national-professional-qualification-for-headship-npqh; List of national professional qualification (NPQ) providers, https://www.gov.uk/government/publications/national-professional-qualifications-npqs-

list-of-providers/list-of-national-professional-qualification-npq-providers.

13 Department for Education. Academics Annual Report Academic year: 2014 to 2015; Open academies. free school and projects awaiting approval as of list March 2017.

14 The School Admissions(Admission Arrangements and Co-ordination of Admission Arrangements) (England) Regulations 2012 Section 2, https://www.legislation.gov.uk/uksi/2012/8/contents/made.

15 영국의 학부모가 자녀의 학교를 선택할 때 상당히 중요하다고 생각하는 것은 자녀의 행복(93%), 교육의 질(87%), 학교의 보안, 학생의 안전(82%), 학교에서 다른 학생의 행동(73%), 학교 분위기(68%), 학교의 자원(60%) 등인 반면 지역에서의 학교의 평판은 60%로 상대적으로 높지 않다(Department for Education and Skills, 2005).

16 2012년에 도입된 이 코스는 Newly Qualified Teacher(NQT)를 위한 제도로 1년간이며 수료할 경우 QTS가 주어진다. 대부분은 PGCE나 석사 수준이 인정된다.

17 GOV.UK. Academies to have same freedom as free schools over teachers, https://www.gov.uk/government/news/academies-to-have-same-freedom–as-free- schools-over-teachers.

18 GOV.UK. School workforce in England, https://explore-education-statistics.service.gov.uk/find-statistics/school-workforce-in-england. 교사의 인종은 백인이 90.3%로 절대적이지만 아시아계(2021-2022학기 5.1%)와 흑인(2021-2022학기 2.4%) 비율이 증가하는 추세이다.

19 GOV.UK. Teaching schools and system leadership: June 2018, https://www.gov.uk/government/publications/teaching-schools-and-system-leadership–monthly-report/teaching-schools-and-system-leadership-june-2018.

20 The School Governance (Constitution) (England) Regulations 2012, Part 2 Categories of Governor, https://www.legislation.gov.uk/uksi/2012/1034/

part/2/made.

21 Department of Education. Governance handbook for academies, multi-academy trusts and maintained schools, January 2017, https://www.gov.uk/government/uploads/system/uploads/attachment_data/file/582868/Governance_Handbook_-_January_2017.pdf.

22 1967년 프라우덴보고서의 정식 명칭은 '아동과 초등교육'(Children and Their Primary Schools)으로 1967년 영국 교육과학부 장관 자문 기관인 잉글랜드 중앙 교육심의회가 제출한 초등교육, 초등교육과 중등교육과의 접속, 취학전교육에 관한 개혁 방안이다. 노동당 정권하에서 이상적인 초등교육 실현의 청사진으로서 평가받았지만 일부를 제외하고는 실현되지 않았다. 1979년 이후 보수당 정권에서는 이 보고서가 우수한 학교를 파괴하는 의도라고 저평가되었으나 1988년 교육개혁법에서 이 보고서가 권고한 학교이사회는 대처 정권의 교육 개혁 방안에서 중요한 정책으로 채택되었다. 프라우덴보고서에서는 '교육활동의 중심을 아동에게'를 강조하고, '경험 학습', '부모의 참여 증진', '보편적인 취학전교육', '특권이 없는 교육 기회'를 제안하였다. 이 보고서가 계기가 되어 영국 대부분의 지역에서는 초등교육 종료 단계에서 수험하는 일레븐 플러스 시험의 폐지에 들어갔지만 노동당이 1970년 선거에서 패배하여 영국 전역에서 일레븐 플러스 시험을 폐지하는 데에는 실패하여 지금도 일부 지역에 그래머스쿨이 존재한다. 세 종류의 학교가 폐지된 지역에 설립된 종합제 중등학교는 그룹 활동, 놀이와 창조 학습 등 아동 중심의 교육을 의도하였으나 실제 학교에서의 변화는 크지 않다는 평가가 있다.

23 British Political Speech. http://www.britishpoliticalspeech.org/speech-archive.htm?speech=202. 블레어는 연설에서 "They have talent and potential within them. Ask me my three main priorities for government and I tell you: education, education and education"이라고 하였다.

24 Ofqual. August 2020, Summer 2020 grades for GCSE, AS and A level, Extended Project Qualification and Advanced Extension Award in maths. 이들 시험은 스코틀랜드를 제외하고 잉글랜드, 웨일스, 북아일랜드의 11학년

(15-16세에 해당) 학생이 학년 말에 수험하고 있다.

25 Centre assessment grades 평가는 ① 학생의 학습 기록 전체(수업, 자습, 음악·연극·체육 등 실기 과목 참가 상황), ② 시험을 실시하지 않는 교과 성적(제출 과제 성적 등), ③ 과제 및 모의시험 결과, ④ 전년도 GCE·AS 성적, ⑤ 기타 학생의 학습 성과를 나타내는 자료 등을 바탕으로 각 교과의 담당 교원 등이 전문적으로 실시한다. Ofqual. An evaluation of centre assessment grades from summer 2020, https://assets.publishing.service.gov.uk/government/uploads/system/uploads/attachment_data/file/1007855/6816-1_An_Evaluation_of_Centre_Assessment_Grades_from_summer_2020_20210802.pdf.

26 GOV.UK. Decisions on contingency arrangements 2022: GCSE, AS, A level, Project and AEA, https://www.gov.uk/government/consultations/contingency-arrangements-gcse-as-a-level-project-and-aea/outcome/decisions-on-contingency-arrangements-2022-gcse-as-a-level-project-and-aea#contents.

27 GOV.UK. Damian Hinds sets out plans to help tackle teacher workload, https://www.gov.uk/government/news/damian-hinds-sets-out-plans-to-help-tackle-teacher-workload.

28 GOV.UK. New bursary to get veterans into teaching, https://www.gov.uk/government/news/new-bursary-to-get-veterans-into-teaching.

29 Troops to Teachers Programme은 2010년의 보수당 선거 시에 공약으로 처음으로 등장하여 2012년부터 개시되었다. 6년이 지난 2018년에 106명이 연수 프로그램을 이수하였으며 4명 중 한 명은 연수 중간에 그만둔 것으로 나타나는 등 실질적인 효과는 만족스럽지 않았다. Schools Week. Troops to Teachers: Quarter of all trainees quit course without qualifying, https://schoolsweek.co.uk/troops-to-teachers-quarter-of-all-trainees–quit-course-without–qualifying/.

30 Government response to the initial teacher training (ITT) market review report. https://assets.publishing.service.gov.uk/government/uploads/system/

uploads/attachment_data/file/1059746/FOR_PUBLICATION_Government_ response_to_the_initial_teacher_training_ITT_market_review_report.pdf.

31 GOV.UK. Education Secretary calls for ex-teachers to return to classrooms, https://www.gov.uk/government/news/education-secretary-calls-for-ex-teachers–to-return-to-classrooms.

32 잉글랜드의 학년도는 8월 1일부터 7월 31일까지로 법률에서 정하고 있다. 실제로는 9월부터 시작하는 3학기제가 기본이다. The School Admissions (Admission Arrangement and Co-ordination of Admission Arrangement) (England) Regulations 2012.

33 Education in England. White Paper: Higher education: meeting the challenge (1987), http://www.educationengland.org.uk/documents/wp1987/1987-higher-ed.html.

34 GOV.UK. Education and training statistics for the UK, https://www. universitiesuk.ac.uk/facts-and-stats/Pages/higher–education-data. aspx.

35 Russel Group이라는 용어는 1994년 영국 런던의 러셀호텔에서 개최된 첫 번째 모임에 전통적이고 규모가 큰 연구 중심의 24개 대학의 부총장이 참석한 데에서 유래하였다(Williams, 2015).

36 2013-2014학기 HEFCE 연구 기금의 배분은 러셀그룹 대학 중 Golden triangle 34.7%, 러셀그룹의 다른 대학 37.8%로 러셀그룹 대학이 72.5%를 차지하였다. HEFCE Annual Funding Allocations 2013-2014. https://assets. publishing.service.gov.uk/government/uploads/system/uploads/attachment_ data/file/311717/HEFCE_An_Rep_and_Acc_2014.pdf.

37 학생은 재학하는 지역별로 학생 재정 지원 기관(Student Finance England, Student Finance Northern Ireland, Student Finance Wales, Student Awards Agency for Scotland)의 웹사이트를 통하여 온라인으로 수업료 대여를 신청하면 학생대여회사(Student Loans Company, SLC)가 직접 각 고등교육기관에 수업료를 지불한다. SLC는 정부 소유의 비영리 단체이다. https://www.gov.uk/government/organisations/student-

loans-company.

38 HESA. First degree qualification by highest qualification on entry and classification of first degre, https://www.hesa.ac.uk/data-and-analysis/students/table-36. 2020-2021학기 학위 취득 비율은 총 학위 취득자 448,435명 중 First class honours 취득자 155,955명, Upper second-class honours 197,345명, Lower second-class honours 61,910명이다.

39 GCE A 레벨에 상당하는 국제바칼로레아(International Baccalaureate)의 IBO Certificate in Higher Level에서 최고 평가인 7H도 Tariff 포인트가 56으로 설정되어 있으며, 직업 자격에서 A 레벨에 상당하는 BTEC Level 3 National Extended Diploma의 최고 평가인 D*D*D* Tariff 포인트는 GCE A 레벨 시 A* 세 과목에 상당하는 168로 설정되어 있다.

40 유럽 국가에 도입되어 있는 공통 단위 제도로 유럽단위호환제도(European Credit Transfer and Accumulation System, ECTS)가 있다. ECTS의 1단위(1 ECTS credit)가 영국의 CATS 2단위(2 CATS points)와 동등하게 호환이 가능하게 되었다.

41 HESA는 매년 성적별 학위 취득률을 공표하는데 1st를 취득하는 비율이 최근 15년에 두 배로 증가하여 이른바 1st 학위 취득자 인플레이션이 심각해지고 있다고 한다. Chart 9 - Classified first degree qualifications by class 2006/07 to 2020/21, https://www.hesa.ac.uk/data-and-analysis/students/chart-9.

42 영국의 고등교육기관이 영국 외에서 제공하는 고등교육, 이른바 국경을 넘는 교육(TNE)은 세계 각지에서 전개되고 있으며, 2017년을 기준으로 참가 학생은 225개국·지역에서 69만 명 이상이다. 이는 영국 국내의 유학생 수보다 많은 인원이다. 지역별 참가 학생 수는 아시아 지역이 49.5%로 가장 많고 이어 아프리카 21.5%, 유럽연합 11.5% 순이다. 국가별로는 중국 10.9%, 말레이시아 10.4%, 싱가포르 6.5%, 파키스탄 5.8% 순이다. https://www.hesa.ac.uk/data-and-analysis/students/table-21.

43 TNE 심사는 영국대학협회(UUK) 및 고등교육칼리지연합(GuildHE)으로부터 위탁을 받아 QAA가 실시하는 평가 사업이다. 평가 주기는 매년 한 국가가 심사 대상으로 선정되고 있다. 심사는 Quality Code의 기대 사항, 타 기관과의 연계

에 관한 원칙을 준수하고 있는지를 확인하며, QAA가 선정한 3인의 심사위원으로 구성된다.

44 UNESCO는 국공립과 사립의 구분이 설립, 운영 재정 주체 등과 관계없이 정부가 학교 운영에 관여하지 않고 비정부 조직, 종교 단체 등에 의해 운영되는 경우에는 설령 정부 재정으로 학교가 설립되고 운영 비용을 정부가 부담하는 경우에도 사립학교로 분류한다(김상규, 2021).

45 2010년 보수당·자유민주당 연립 정권하의 Independent Review of Higher Education Funding and Student Finance(Browne Review)에서는 수업료 인상과 소득 연동 변동형 학자 대여 도입을 제안하였다. 이 Browne Review는 2009년 11월 초당파로 결성된 제3자 위원회의 보고서로 수업료 인상은 같은 해 12월 9일 하원에서 가결되어 각 대학은 최대 9,000파운드까지 수업료 인상이 가능하게 되었다. 이러한 결정은 자유민주당의 핵심 공약인 '고등교육 무상화'와 정반대의 방향이었으므로 여론의 강한 비판을 받았으며 학생 데모와 폭동으로 발전하였다. https://assets.publishing.service.gov.uk/government/uploads/system/uploads/attachment_data/file/422565/bis-10-1208-securing-sustainable-higher-education-browne-report.pdf.

46 UK Government. Record 20,000 Disadvantaged Students To Participate In 2022-23 Turing Scheme, https://www.turing-scheme.org.uk/record-20000-disadvantaged-students-to-participate-in-2022-23-turing-scheme-2/.

47 GOV.UK. 40,000 students to study across the globe as part of new Turing Scheme, https://www.gov.uk/government/news/40000-students-to-study-across-the-globe-as-part-of-new-turing-scheme.

48 Headmasters' Conference는 1869년에 Uppingham School 교장 Edward Thring이 public school을 의회의 간섭으로부터 보호하고자 개최한 교장 회의이다. 이 회의에는 1861년에 public schools에 관한 조사를 정부로부터 위탁받은 Clarendon Commission이 조사 대상으로 한 Charterhouse, Etton, Harrow, Merchant Taylors, Rugby, St. Paul's Shrewsbury, Westminster, Winchester 등 9개교를 비롯하여 15개교가 참가했다. 현재는 298개교가 멤버로 가입되어 있

다(HMC Schools, https://www.hmc.org.uk/).

49 Governing Bodies' Association은 Public schools의 이사회 총회로 1940년에 설
    립되었으며, 멤버는 Independent schools, Direct grant schools 또는 협회가 인
    정하는 곳이다.

50 Bamford(1967)는 "이상하게도 (public schools의) 학생과 부모 대부분에게 있어 사
    용한 돈의 가장 확실한 효과는 교육적 의미에서의 학교와는 어떠한 관계도 없
    다. Public schools의 학생이 다른 학교의 같은 능력을 가진 학생과 비교하여
    사회에 진출할 때 상당히 유리하다는 것이 그 효과이다"라고 지적한다.

51 1988년 교육개혁법으로 공립학교 통학 구역은 폐지되어 현재는 어느 지역의
    공립학교든지 선택할 수 있다.

52 모든 그래머스쿨이 교회에 의해 설립된 것은 아니며 1479년 Hull 지역에 설
    립된 Hull Grammar School처럼 14세기 이후 지방에 의해 설립되어 School
    master를 가진 학교가 출현하였다.

53 BBC News. Privately educated 'still dominate professions', https://www.bbc.
    com/news/education-35641061.

54 GOV.UK. Joint understanding between DfE and Independent Schools
    Council. https://www.gov.uk/government/publications/joint-understanding-
    between-dfe-and-independent-schools-council-isc.

55 2019년도 사립학교협의회 연차 보고서에 의하면 사립학교협의회 소속 학교에
    재학하는 학생 6,169명이 수업료 면제를 받는 것으로 나타나고 있다. 수업료
    면제 학생은 전년도와 비교하여 증가하였다.

56 사립학교는 국가로부터 독립하여 운영을 하고 있으므로 각 학교가 상호 연계
    에 의해 다양한 호혜 조직을 형성하고 있다. 사립학교입시위원회(ISEB)는 대표
    적인 세 개의 조직, 즉 교장회(HMC), 여자교장회(GSA), 프렙스쿨협회(IAPS)의
    후원에 의해 운영되고 있다. HMC는 유서가 있는 조직으로 1869년에 창설되
    었으며 퍼블릭스쿨로 정의된 학교는 이 단체에 가맹하는 것이 하나의 조건이
    되고 있을 정도이다.

57 Part 4 Regulation and inspection of independent educational provision in

England, Chapter 1 Independent educational institutions in England.

58 Ofsted. Main findings: Non-association independent schools inspections and outcomes in England: August 2022, https://www.gov.uk/government/statistics/non-association-independent-schools-inspections-and-outcomes-in-england-august-2022/main-findings-non-association-independent-schools-inspections-and-outcomes-in-england-august-2022.

59 Eton College. School Fees-2019/2020, https://www.etoncollege.com/currentfees.aspx.

일본

제1장
초중등교육 제도

제1절 ____ 교육 행정의 사적 전개

일본의 교육 개혁은 시기를 세 단계로 나누어 제1의 교육 개혁은 1872년 학제 제정, 제2의 교육 개혁은 제2차 세계대전 후 연합군 점령기의 교육 개혁, 제3의 교육 개혁은 1971년에 문부대신의 자문 기관인 중앙교육심의회의 답신으로 보는 관점이 일반적이다(文部省, 1972b).

중앙교육심의회는 1971년 답신(향후 학교교육의 종합적인 확충 정비를 위한 기본적 시책에 관하여, 1971.6.11., 46 답신으로 통칭)에서 "메이지 초기와 제2차 대전 후의 격동기에 교육 제도의 근본적인 개혁을 추진하였지만, 오늘날의 시대는 그것과는 다른 의미에서 국가·사회의 미래를 건 제3의 교육 개혁을 진지하게 준비하여야 할 시기"라고 하였는데 이 답신을 제3의 교육 개혁으로 보고 있다(中央教育審議会, 今後における學校教育の総合的な拡充整備のための基本的施策について). 교육학계에서도 학자에 따라 관점에 다소 차이가 있으나 이 구분에 대해서는 대체로 동의하고 있다.

1. 학제와 교육 행정

에도江戶 시대에는 후에 소학교의 모체가 된 고가쿠鄕學와 데라코야寺子屋 수만 개교와 중등학교의 모체가 된 한코藩校가 270개교 정도가 있었으며, 사립학교의 모체가 된 시주쿠私塾가 교육기관으로 존재하였다.

일본의 근대 학교교육 제도 확립은 메이지 정부의 출범으로 발아하였다. 메이지 정부는 발족 직후인 1868년에 교토의 가쿠슈인學習院과 도쿄의 쇼헤이자카가쿠몬조昌平坂學問所, 가이세이조開成所, 이가쿠조醫學所를 각각 다이가쿠료다이大學寮代, 쇼헤이갓코昌平學校(1869년에 대학 본교), 가이세이갓코開成學校(1869년에 대학 남교), 이갓코医學校(1869년에 대학 동교) 체제로 이행한다. 1870년에는 유럽의 제도에 가까운 대학 제도를 규정한 대학규칙을 책정하지만 국학파·한학파·양학파의 격심한 논쟁을 초래하여 어느 학문도 정착시킬 수 없었다.

구미 선진 제국을 모범으로 한 근대 학교 제도를 확립하는 것은 메이지 정부 발족 이후의 과제였다. 1871년 네덜란드 출신으로 미국으로 이민하여 일본에 선교사로 파견된 법학자·신학자이자 문부 정책의 고문이었던 베르베크Ghido Herman Fridolin Verbeck와 일본인 전문가에 의해 일본 최초의 근대 학교교육 제도인 학제안이 기초되었다. 그리고 이듬해인 1872년에 학제學制와 그 취지를 설명하는 학사 장려에 대한 피앙출서被仰出書(おおせいだされしよ, 학제 서문)를 반포하였다.

당시 교육은 무사 계급 이상이 받는 것으로 당연시된 시대에 피앙출서는 신분에 관계없이 여성도 포함하는 모든 국민에 대하여 취학을 촉구하였다. 그리고 학부모는 피앙출서가 의미하는 취지를 충분히 인식하고 자제를 취학시켜야 한다고 하여 소학교의 취학에 태만한 경우에 책임 소재를 학부모에게 두었다.

프랑스를 모범으로 한 학제에서는 교육 행정 구역으로서 학구제가 채용되었으며 문부성-대학구-중학구-소학구로 체계화하여 전국의 교육 행정을 문부성이 통할하는 중앙 집권 체제의 확립을 도모하였다.[1] 학제로 일본의 근대 공교육은 확립되어 체계적인 교육 행정과 학교교육 제도의 기초가 확립되었다.

학제 공포 다음 해인 1873년 12,558개교였던 소학교는 5년 후인 1878년에 26,584개교로 늘어나고 취학률은 28.1%에서 41.3%로 증가하였으나 학제에서 계획한 53,760개교에는 미치지 못하였다. 그리고 1873년 3개교였던 중학교는 1878년에 65개교가 되었지만 소학교의 계획과 마찬가지로 학제의 계획 달성에는 실패했다(広岡, 2007). 계획 대비 실적이 미진한 원인에는 학제가 당시 재정 실정과는 거리가 있는 이상에 가까운 장대한 구상으로 재정 조치를 충분히 할 수 없었기 때문이다.

이 학구제는 일반 행정 구역과는 다른 교육의 독자적인 행정 단위로 구상하였지만 학교 설립·운영 경비를 지방의 책임으로 하는 등 과중한 지방 재정 부담의 설정, 현실 생활과 동떨어진 정책 이념 등은 학제가 계획대로 실시되지 못하게 된 원인이었다.

2. 메이지헌법·교육칙어 체제하의 교육 행정

1885년에는 내각 제도가 창설되고 초대 문부대신 모리 아리노리森有禮가 취임해 교육 제도를 대개혁하였다. 이듬해에 제국대학령, 사범학교령, 소학교령, 중학교령을 제정하여 각 학교 종별의 규정을 정비함으로써 일본 학교 제도의 기초가 더 체계화되었다.

1889년 2월에는 메이지헌법이 공포되었다(1890년 11월 29일 시행). 메이지헌법의 모범이 된 프로이센헌법(1850)은 교육의 자유에 관하여 규정하였지만(제22조) 메이지헌법에는 교육에 관한 규정이 없었다. 그러나 헌법에는 교육의 기본이 되는 칙령을 발하는 근거와 교육 행정에 관한 관제 등의 제정에 관한 조문이 마련되어 있었다.

메이지헌법 아래에서 학교교육은 국가 사무, 즉 국가적 사업이라는 기본적인 전제가 일관되어 있었다. 1890년에는 국왕에 대한 충의와 부모에 대한 효행을 도덕의 기본으로 하고 전쟁이 일어나면 국왕을 위해 목숨을 바쳐 싸울 것을 국민에게 강요하고 국왕을 절대적인 주권자로서 국가에 대하여 충성을 맹세하도록 하는 교육칙어勅語가 발포되었다.

교육칙어는 소학교와 사범학교 교육에 큰 영향을 주었으며, 특히 수신 교육에 막대한 영향을 미쳤다. 수신修身이란 제2차 세계대전 전의 소중학교 교과 중 하나로 충효인의忠孝仁義 등 유교적 도덕에 바탕을 둔 교육 내용이다. 수신 교과목의 수업 시수가 이전 매주 1시간 반에서 학교 단계에 따라 2-3시간 증가하는 결과로 이어졌다. 교육칙어는 1948년 국회에서 실효가 확인될 때까지 일본 교육 정책 및 교육 내용 전반을 규제한 교육의 기본 이념이 되었다.

메이지헌법 및 교육칙어하의 교육 행정은 ① 교육 입법을 칙령주의로 하여 천황·추밀원의 교육 의사를 직접 반영, ② 교육을 국가 사무로 하여 학교 감독 및 교원 인사 등의 운영, 인적 관리를 국가가 하고 시설 정비 및 급여 부담 등 물적 관리는 지방의 소관으로 한 점, ③ 문부대신(시학관)-지방장관(부현 시학·군 시학)-시정촌장(학무위원)-교장·교사로 위계화된 시학 제도를 근간으로 한 중앙 집권 체제의 확립 등으로 정리할 수 있다.

3. 제2차 세계대전 후 교육 개혁과 교육 행정

제2차 세계대전 후 일본의 교육 행정은 헌법·교육 기본 법제를 기본으로 큰 전환이 이루어졌는데, 교육 행정의 칙령주의를 법률주의로 전환하여 교육 입법하에서 교육 행정이 이루어지도록 하였다. 그리고 교육 행정 개혁 이념을 두 가지로 정리하면 한 가지는 학문(대학)과 교육의 자주성 확보 및 일반 행정으로부터 교육 행정의 독립이며, 다른 한 가지는 교육 행정권의 지방 분권이다.

지방 분권의 흐름 속에서 교육 행정의 기능을 지도, 조언, 원조를 중심으로 하는 지도 행정으로 전환하고 교육을 지방의 고유 사무로 확립하였다. 1948년 교육위원회법 제정으로 일반 행정으로부터 상대적으로 독립하여 지방 교육 행정을 담당하는 교육위원회 제도가 발족했다.

그 후 교육위원회 제도는 교육위원회법이 폐지되고 1956년 지방교육행정법의 제정에 의해 큰 변화가 있었다. 지방교육행정법은 교육 행정의 중립성 확보, 교육 행정과 일반 행정과의 조화, 국가·도도부현·시정촌의 연계를 그 취지로 하고 교육위원 주민 직선제의 폐지, 교육장 임명 승인제의 도입, 예산 편성 권한의 지자체장 일원화 등 큰 변혁이 있었다. 지방교육행정법 제정에서 교육 행정과 일반 행정의 조화는 교육 행정에 대한 지자체장의 존재와 역할을 강력하게 하고 국가·도도부현·시정촌의 연계 강화는 교육위원회에 대한 문부성의 영향을 강화하는 결과를 초래하였다.

4. 지방 분권 개혁

1990년대 이후 규제 완화와 행정 개혁의 일환으로 지방 분권 개혁이 추진되었다. 지방 분권 개혁은 '개성 풍부한 지역 사회의 형성'을 위한 행정 개혁이있는데 그간의 행정 체제가 '전국 획일의 통일성과 공평성이 과도하게 중시'되어 '지역 사회의 제반 조건의 다양성이 경시'되어 왔다는 전제가 있었다.

1993년 6월에 중의원과 참의원이 '지방 분권의 추진에 관한 결의'를 채택하고 1999년 7월 '지방분권일괄법'의 성립으로 제1차 지방 분권 개혁이 이루어졌다. 지방 분권 개혁은 국가와 지방공공단체 간의 공공 서비스 분담을 명확히 하고 종전의 상하·주종 관계에서 대등·협력 관계로 전환하는 것이었다. 가장 큰 성과로는 국가와 지방공공단체의 관계를 상하 관계로 만들었던 기관위임사무2를 폐지하여 자치사무와 법정수탁사무3로 재편한 것이다.

지방교육행정법하의 교육 행정은 집권적·관치적 성격이 문제가 되어 지역의 주체적인 교육 행정의 재구축이 요구되었는데, 지방 분권 개혁은 종래 중앙 부처 주도의 수직적인 획일 행정 시스템을 주민 주도의 개성적이고 종합적인 행정 시스템으로 전환하고 '획일화에서 다양화'라는 시대의 큰 흐름에 발맞추는 등 지역 사회의 자기 결정·자기 책임의 자유 영역을 확대해 가는 것을 기본 목표로 하였다. 교육 행정의 지방 분권으로는 기관위임사무의 폐지, 교육장 임명 승인제 폐지, 현비縣費부담교직원 연수 권한의 중핵中核시4 이양 등의 개혁이 이루어졌다.

제2절 ___ 교육 행정 제도

1. 중앙 교육 행정 조직

1) 문부성의 설치

일본의 국가 교육 행정 기관으로는 내각(내각총리대신) 및 문부과학성(문부과학대신)이 있다. 국가의 행정권은 내각에 속하며(일본헌법 제65조), 내각총리대신은 행정 각부를 지휘·감독한다(제72조). 내각의 직권에 속하는 교육 행정 사무는 교육 관계 법안과 예산안 국회 제출, 교육에 관한 조약 체결, 교육에 관한 정령政令 제정 등이 있다.

전국의 문부 행정을 총괄하는 문부성은 1871년에 설치되었다. 근대 학교 제도 성립 이전의 일본에서는 대학이 최고 학부이면서 중앙행정기관이기도 하였다. 대학 본교는 1870년에 폐지되어 교육·연구의 기능을 상실하였지만 행정 기관의 기능을 가진 대학은 그 후에도 존속했다. 1871년 대학이 폐쇄되면서 전국의 교육을 총괄하는 본격적인 행정 기관으로 문부성이 설치된 것이다.

그러나 문부성은 여러 개의 사범학교, 국립박물관 등과 동거하는 정도였으며, 1885년이 되어서야 내각 제도의 발족으로 초대 문부대신이 임명되었다. 문부성의 설치로 각지에서 자유롭게 전개되어 왔던 교육 기관을 교육 내용 등을 포함하여 문부성이 중앙에서 일원적으로 관리·통제가 가능하게 되었다(海後, 1975).

2) 문부과학성의 개편

2001년 중앙행정기관 개편에 따라 문부성은 과학기술청과 통합하여 문

부과학성으로 재편되었으며 부서와 심의회의 정리·합리화가 이루어졌다
(초등중능교육국과 교육조성국의 통합, 국제총괄관의 실지 등).

문부과학성의 임무, 조직 등은 문부성과 과학기술청을 통합·재편하여
문부성 시대에는 없었던 과학 기술의 진흥이 추가된 것 외에 교육의 진흥,
생애학습의 추진, 풍부한 인간성을 갖춘 창조적인 인재의 육성, 스포츠 진
흥 등이 강조되고 있다.

문부과학성의 조직은 문부성 시대와 동일하게 본청과 문화청으로 나뉘
지만 수장은 문부과학대신이 되고 대신을 보좌하는 직으로 부대신 2명, 대
신정무관 2명, 문부과학심의관 2명이 신설되었다. 직제로는 본청에 대신
관방과 7개 국(구 문부성은 7개 국, 과학기술청 6개 국) 및 국제총괄관 1명, 문화청
이 장관 관방 및 2개 부로 조직되어 있다. 그리고 과와 실은 66개이다.

심의회 등은 수직적 행정의 조장 등의 비판에 따라 종래 23개에서 10개
로 정리·통합되었으며 공정하고 균형에 맞는 위원 구성, 장기에 걸친 계
속적 임명 금지를 비롯한 조직·운영 측면에서의 개선을 도모하였다. 시설
등 기관은 국립학교 외에 국립교육정책연구소, 과학기술정책연구소가 있
으며, 특별 기관은 일본학사원, 지진조사연구추진본부, 일본유네스코국내
위원회, 일본예술원이 있다. 종전 문부성의 시설 기관이었던 국립박물관,
대학입시센터 등 19개의 사무·사업은 독립행정법인이 되어 16개 법인으
로 재편성되었다.

중앙행정기관 재편의 기본적인 목적은 제도 피로 상태에 있는 전후戰後
형 행정 시스템에서 간소화·효율화를 지향하는 새로운 행정 시스템으로
전환하는 것이었다. 아울러 지방 교육 제도의 재편도 이루어져 문부과학
성의 역할은 중점화되어 정책 관청으로서의 기능이 강화되었다.

중앙행정기관 재편과 더불어 도입된 정책 평가 제도를 잘 활용하면서 설
명 책임을 철저히 하고 효율적이고 국민 본위의 질 높은 교육 행정을 실시

하는 것이 앞으로 문부과학성에 주어진 과제라 할 수 있다.

3) 문부과학성의 권한과 기능

중앙교육행정기관으로서 문부과학성의 임무, 분장 사무, 권한 등은 문부과학성설치법에서 정하고 있다. 이 법 제3조에서는 문부과학성의 임무를 "교육의 진흥 및 생애학습의 추진을 중핵으로 한 풍부한 인간성을 겸비한 창조적인 인재의 육성, 학술, 스포츠 및 문화의 진흥과 과학 기술의 종합적인 진흥을 기하고 종교에 관한 행정 사무를 적절히 시행할 것"으로 규정하고 있으며, 관장 사무는 법 제4조에 97개 항목이 열거되어 있다.

그리고 문부과학성의 조직 구성, 사무 등은 문부과학성 조직령에 각각 규정하고 있다. 문부과학성의 역할은 ① 전국을 단위로 하는 교육 제도의 기본 사항 제정, ② 전국적인 기준의 설정, ③ 지방의 교육 조건 정비 지원, ④ 사업의 적정한 실시를 위한 지원 조치 등이다.

문부과학성에는 중앙교육심의회, 교과용도서검정조사심의회 등 심의 기구가 설치되어 있다. 이러한 심의회는 중요한 사항에 관하여 조사·심의하고 문부과학대신에게 건의 및 답신을 행하는 역할을 한다. 심의회에는 민의의 반영, 전문 지식의 도입, 이해 조정 등의 기능이 있으며 심의회의 제언은 교육 정책의 형성에 중요한 역할을 하고 있다. 그러나 한편으로는 어용 기관으로서의 성격이 문제시되고 있기도 하다. 문부과학성의 권한과 기능을 분류하여 정리하면 다음과 같다.

규제·권력 활동

의무교육 이외의 사립학교의 설립 인가, 변경·폐쇄 명령, 교과서 검정, 교육위원회 사무의 관리·집행에 대한 시정 요구 및 시정 조치 등과 같이 국가가 지자체, 학교법인(사립학교) 등에 일정한 의무를 부과하거나 어떤 행위의 금지·제한을 하거나 허가·인가 등을 하는 것이다. 이러한 임무는 국민·아동의 권리를 보호하고 평등한 교육을 보장할 국가의 책무이다.

교육 정책 입안 및 전국적 기준의 설정

국내외의 다양한 상황을 고려하여 국가로서 필요한 교육 정책 및 교육 개혁에 대응하고 국민·아동에게 전국 어디에서도 적절한 내용과 수준의 교육을 평등하게 보장하고 확보하기 위하여 교육 조건 정비 등에 관한 전국적 기준의 설정과 검증, 개선 등을 행한다.

지원 · 조성 및 사업 활동

지자체, 학교법인(사립학교) 등의 교육 사업에 대한 국가의 자료·정보 제공, 연수, 부담금·보조금 등의 지원, 장려, 진흥 등을 실시하고 있다. 그리고 국립학교(대학법인), 연구소·기관 등의 설치, 유지·운영·관리 등, 국가가 직접 교육 사업의 주체가 되어 있다.

2. 지방 교육 행정 조직

1) 학제 반포 이후

1872년 학제 반포 당시 전국을 8개 대학구로 나누고, 1개 대학구는 32개 중학구로, 그리고 1개 중학구는 210개 소학구로 분할하여 각각 학교를 설치하도록 계획하였다. 그리고 지방에 독학국과 학구 감독을 두어 학구 내의 학교 및 학생 상황을 시찰·검사하도록 하였다. 그러나 학제는 교육령 제정으로 폐지되고 학구도 폐지되어 일반 행정 구획과 같은 단위로 교육 행정이 실시되어 학무위원이 정촌町村의 학무 사무를 담당했다.

1899년 지방관 관제의 개정으로 학교를 감독하는 시학관·시학·군 시학 등은 지방관인 지사·군장 등의 명을 받아 직무에 종사하는 지방관으로서 위치하게 되었다. 이 지방관 등이 교원의 임면권 및 학교의 교육 내용에 관하여 강력한 권한을 가졌으므로 그 결과 학무위원은 말단 직위에 놓였다. 학교 제도 및 교육 내용 전반에 관한 중앙교육행정기관으로서 문부성이 있었지만 지방 행정은 내무성이 강력한 권한을 가진 이중 행정이었다.

2) 교육위원회 제도의 성립

1948년 교육위원회법의 제정으로 일본의 지방 교육 행정을 담당하는 기관으로 합의제 집행 기관인 교육위원회가 창설되었다. 당초 교육위원회 제도는 '교육 행정의 지방 분권', '교육 행정의 민주화', '교육의 자주성 확보' 등을 제도 원리로 하였다.

교육위원회법 제정은 종전의 국가주의, 전제주의하에서 내무행정의 한 부분으로 다루어졌던 교육 행정을 일반 행정으로부터 분리하여 교육 행정의 책임 기관인 교육위원회가 학교 등 교육 기관을 설치·운영하고 교직원 인사 등을 포함한 교육에 관한 사무를 집행하도록 하였다는 점에서 당시로서는 큰 변혁이었다.

특히 미국의 주민 자치 원리를 일본의 교육 행정에 도입하여 교육위원회를 구성하는 교육위원을 주민이 직접선거로 선출하였다는 점과 자격을 갖춘 교육 전문가를 교육장으로 임명하도록 하여 교육 행정에서 주민의 대표인 교육위원(Layman control)과 교육 전문가인 교육장(Professional leadership) 의 조화를 기한 것도 큰 특징이었다.

그리고 교육위원회가 교육을 자주적으로 운영할 수 있는 제 수단, 예를 들면 예산안 편성권, 조례안 작성권, 제정에 관한 권한 등을 가지고 있었으므로 교육의 자주성과 독립성을 유지할 수 있었다는 점에서도 의의가 큰 제도였다(김상규, 2014).

3) 교육위원회 제도의 변천

교육위원회 제도의 역사적 가치는 크지만 국민의 절대적 지지를 얻는 데
실패하였고 교육위원회 설치에 대한 행정 기관 간의 비협조 등의 국내 사
정과 함께 교육위원회 제도 도입 후부터 교육위원회와 교육장 간에 책임
소재가 불명확하다는 문제 등이 지적되었다.

1956년에는 교육위원회법이 폐지되고 교육에 대한 국가의 관여 강화를
주요 내용으로 하는 지방교육행정법이 제정되어 교육위원회 제도는 큰 변
화를 맞이하였다. 지방교육행정법은 '일반 행정과 교육 행정의 조화를 촉
진하고 교육의 정치적 중립과 교육 행정의 안정성을 확보'하며 '국가, 도도
부현, 시정촌을 일체로 하는 교육 행정 제도의 수립'을 의도하였다.

교육위원회법과 비교하여 교육위원의 주민 선거제가 폐지되어 교육위
원은 지자체장이 의회의 동의를 얻어 임명하도록 하였으며 교육위원회가
가진 조례안 작성 및 예산안 편성권 등이 지자체장에게 귀속되었다. 또한
교육장은 상급의 교육 행정 기관(도도부현은 문부대신, 시정촌은 도도부현교육위
회)이 임명을 승인하는 교육장 임명 승인제가 새로 도입되었다.

그 후 1998년의 지방 분권 추진 계획과 1999년의 지방분권일괄법 제정
등의 영향으로 기관위임사무가 폐지되어 자치사무와 법정수탁사무로 재
편되고 교육장 임명 승인제가 폐지되었으며 문부대신의 교육위원회에 대
한 관여가 축소되는 등의 제도 변경이 있었다. 2007년에는 학교 체육에 관
한 사무를 제외한 스포츠 등에 관한 사무를 지자체장이 관리·집행할 수
있도록 하였다.

교육위원회 창설 이후 제도적 문제에 대하여는 교육재생실행회의의 제
2차 제언 '교육위원회 제도의 의의에 대하여'教育委員会制度等の在り方について

(2013.4.14.)와 중앙교육심의회의 답신 '금후 지방 교육 행정의 의의에 대하여'今後の地方教育行政の在り方について(2014.12.13.)에서 다양한 해법이 제안되었다. 그리고 2014년의 지방교육행정법 개정으로 교육위원회 제도를 쇄신하였다.

2014년 개정에서는 교육 행정의 책임을 명확화하기 위하여 교육위원회를 대표하는 위원장과 사무국을 지휘하는 교육장을 일체화하여 새로운 교육 행정의 책임자로 신교육장을 설치하였다.

2014년 개정으로 교육위원의 신교육장에 대한 체크 기능의 강화 외에 지자체장의 교육, 학술 및 문화 진흥에 관한 종합적 시책의 대강 책정, 지자체장과 교육위원회로 구성하는 종합교육회의의 설치 등이 도입되었다(김상규, 2014).

3. 교육 행정의 정부 간 관계

1) 문부과학성과 교육위원회

문부과학성은 교육의 진흥, 생애(평생)교육의 추진을 중핵으로 풍부한 인간성을 갖춘 창조적인 인재의 육성, 학술, 문화·스포츠의 진흥, 과학 기술의 종합적인 보급 등을 임무로 하는 국가 행정 기관이다. 종교에 관한 행정 사무도 소관하는 등 직무 권한이 우리나라의 교육부보다 광범위하고 다양하다.

교육위원회는 지자체의 교육 행정 기관으로 대학, 사립학교, 교육 재산의 취득 처분 등 광역지자체장인 지사와 기초지자체장인 시정촌장의 직무 권한에 속하는 사무를 제외하고 지자체 교육 사무 대부분의 관리 집행권을 가진 기관이다.

교육 행정에서 국가는 전국적인 교육의 기회균등, 교육 수준의 유지 향상을 위한 기본적인 제도의 제정, 전국적 표준의 설정, 교육 조건 정비를 위한 재정적 원조 등을 실시하는 것을 책무로 하며 지자체는 학교 등의 설치 관리, 학생 교육 등을 책무로 하고 있다.

지방교육행정법에서는 문부과학성과 교육위원회 간 역할 분담을 통하여 교육 사무가 적정하게 집행될 수 있도록 국가의 지자체에 대한 관여를 규정하고 있다. 국가의 주된 관여로는 지도, 조언, 원조(제48조), 도도부현교육위원회와 시정촌교육위원회 간의 연락 조정(제51조), 조사(제53조), 자료 및 보고(제54조) 등이다.

그리고 교육위원회의 법령 위반이나 태만으로 학생 등의 생명·신체를 보호할 긴급한 필요가 생겨 다른 조치에 의해서는 그 시정을 기하기 곤란한 경우에는 당해 위반을 시정하거나 태만한 사무의 개선을 지시할 수 있도록 지방교육행정법이 개정되었다.

2) 도도부현교육위원회와 시정촌교육위원회

도도부현은 시정촌을 포괄하는 광역자치단체로, 당해 도도부현에 속하는 시정촌의 교육 수준을 유지·향상하고 교육 행정을 적정하고 원활하게 운영할 책임이 있다. 따라서 도도부현교육위원회는 시정촌교육위원회에 대하여 국가처럼 관여가 인정되고 있다. 구체적으로 도도부현교육위원회는 교육 사무의 적정한 처리를 위하여 시정촌교육위원회에 필요한 지도, 조언, 원조를 할 수 있다. 또한 시정촌교육위원회 상호의 연락 조정을 위하여 조사, 자료 및 보고의 제출을 요구할 수 있다.

그러나 지방 분권 추진의 관점에서 도도부현의 시정촌 자치사무에 대한 일반적인 지시가 폐지되었다. 특히 교육 행정의 지방 분권으로 문부과학성과 교육위원회의 관계와 같이 도도부현교육위원회와 시정촌교육위원회의 관계도 대등·협력 관계가 되었다. 단 도도부현이 임명권을 가지는 현비부담교직원 제도의 특수성에서 기술적인 기준을 마련할 수 있도록 하였다.

3) 교육위원회와 학교

학교의 설치자는 국가, 지자체, 학교법인에 한한다. 학교교육법 제5조는 "학교의 설치자는 설치하는 학교를 관리한다"고 학교의 관리 및 경비 부담에 관하여 규정하고 있다. 즉 공립학교의 관리는 설치자인 지자체가 하도록 하고 있으며, 구체적인 의사 결정 및 집행 기관으로 도도부현과 시정촌에 교육위원회가 설치되어 있다. 교육위원회의 직무 권한은 지방교육행정법 제23조에 의거, 학교의 관리·운영 전반에 걸쳐 있다.

공립학교는 지방교육행정법에서 규정하는 교육 기관이지만 법인격을 가지지 않으므로 법률상 권리 의무의 주체가 될 수 없다. 그러나 학교가 설치자의 기관에 불과하다고 해서 주체성이 없다는 의미는 아니다. 공립학교는 설치자의 관리하에 있지만 실질적으로 자주적인 의사로 운영할 수 있는 여지가 많다.

교육위원회는 학교의 관리·운영에 관한 사무를 모두 직접 집행하는 것이 아니라 학교의 주체성을 존중하여 많은 사무를 교장에게 위임하고 있다. 교육위원회가 어느 범위까지 학교의 관리·운영에 관여하고 어느 정도까지 교장에게 위임할지는 지방교육행정법 제33조의 규정에 의거하여 교육위원회의 학교관리규칙에서 정하고 있다. 학교가 지역의 교육 기관으로서 지역 주민과 보호자의 신뢰를 얻고 학생 개개인의 욕구에 대응하는 특색 있는 교육을 실시하기 위해서는 학교의 재량 확대와 자주성·자립성의 확립이 중요하다.

제3절 ___ 교육 관련 법령

1. 헌법과 교육

일본의 현대 공교육은 헌법과 교육기본법을 토대로 제도화되어 발전해 왔다. 일본헌법은 국민 주권, 기본적 인권의 존중, 평화주의를 3대 원리로 하고 있으며 헌법은 제26조가 명기한 교육을 받을 권리 등 국민의 권리를 규정하는 권리의 장전과 이를 보장하는 통치기구에 관하여 규정하고 있다.

헌법의 규정에서 교육에 관한 직접 규정은 제26조이다. 즉 '모든 국민은 법률이 정하는 바에 의하여 능력에 따라 균등하게 교육을 받을 권리를 가진다'(제1항), '모든 국민은 법률이 정하는 바에 따라 그 보호하는 자녀에게 보통교육을 받게 할 의무를 진다. 의무교육은 무상으로 한다'(제2항)가 그것이다.

제2차 세계대전 전에는 교육이 병역, 납세와 함께 국민의 3대 의무에 속했으나 제2차 세계대전 후에는 아동의 학교교육과 성인의 사회교육이 권리로서 자리매김하게 되었다. 그리고 교육 재판을 통하여 아동의 '교육을 받을 권리'는 아동의 학습권으로서 기본적 인권 중의 인권으로 이해되게 되었다. 아동의 학습권은 '발달의 원동력은 아동 자신의 주체적 활동에 있다'라는 교육학의 지식으로부터 혹은 아동의 발달을 선도하는 교사의 풍부한 교육 실천의 과정에서 폭넓게 정착되고 교육 재판에서도 인정되게 되었다.

최고재판소는 "아동의 교육은 교육을 실시하는 자의 지배적 권능이 아니라 아동의 학습을 하는 권리에 대응하여 그 충족을 도모할 입장에 있는 자의 책무에 속한다"라고 하고, 헌법 제26조의 배경에는 "국민 각자가 한 사

람의 인간으로서 또한 시민으로서 성장, 발달하고 자기의 인격을 완성, 실현하기 위하여 필요한 학습을 할 고유의 권리를 가지는 점, 특히 스스로 학습하는 것이 불가능한 아동은 학습 요구를 충족하기 위한 교육을 자기에게 할 것을 성인 일반에 대하여 요구할 권리를 가진다"는 관념이 존재하는 것을 인정하고 있다(裁判所, 学力テスト旭川事件最高裁判決).

2. 교육기본법

헌법과 함께 일본 교육법제의 토대를 이루는 교육기본법은 전문前文을 가진 교육헌법이라 할 수 있으며 다른 교육 관련 법령에 대하여 우월적인 지위를 가지고 있다. 1947년 제정된 교육기본법은 2006년 전면 개정(2006년 12월 22일 공포·시행)되었는데 2006년 개정 이래 국가 주도의 교육 개혁이 급속히 전개되고 있다.[5]

1949년 제정된 교육기본법은 헌법의 이상을 실현하기 위한 교육의 기본을 확립하기 위하여 제정되었다. 그러나 교육기본법 제정 후 반세기가 경과하였으므로 국민의 공통 이해를 바탕으로 교육의 이념을 새롭게 명시할 필요성 등에서 2000년 12월 내각에 설치된 교육개혁국민회의 보고에서 교육기본법의 개정이 제안되었다.

이 제안을 받아들여 2001년부터 중앙교육심의회는 심의를 개시하여 2003년 3월에 '새로운 시대에 맞는 교육기본법과 교육진흥기본계획에 관하여'新しい時代にふさわしい教育基本法と教育振興基本計画の在り方について(2003.3.20.)를 제목으로 하는 답신을 제출하였다. 그리고 여당의 교육기본법에 관한 협의회에서 검토를 거쳐 2006년 4월에 제164회 통상 국회에 법안이 제출되었으며, 제165회 임시국회에서 가결·성립하였다. 이로써 교육기본법의

전면 개정은 교육개혁국민회의의 보고로부터 6년 만에 결실을 보게 된 것이다.

2006년 12월 22일 공포·시행된 교육기본법은 1947년에 제정된 교육기본법을 전면 개정한 법률로 전문과 18개조로 구성되어 있다. 교육기본법은 "일본헌법 정신에 의거하여 미래를 개척할 교육의 기본을 확립하고 진흥을 도모"하는 것을 목적으로 하는 교육에 관한 법령의 기본이 되는 법률이다. 일본 정부는 교육기본법의 개요를 다음의 다섯 가지로 정리하고 있다.

- 일반 법률에는 없는 전문을 특별히 마련하여 본법 개정의 취지 등을 명확히 하고 있다.
- 교육의 목적 및 목표에 관하여 구법에도 규정되었던 '인격의 완성' 등에 추가하여 '공공의 정신' 및 '전통과 문화의 존중' 등 요즈음 중요하게 되고 있는 사항을 새롭게 규정한 점. 또한 교육에 관한 기본적 이념으로 생애학습 사회의 실현과 교육의 기회균등을 규정하고 있다(제1조 내지 제4조).
- 교육의 실시에 관한 기본을 규정하고 구법에도 있었던 의무교육, 학교교육 및 사회교육 등에 더하여 대학, 사립학교, 가정교육, 유아기 교육 및 학교, 가정 및 지역 주민 등의 상호 연계 협력에 관하여 새로운 규정을 두고 있다(제5조 내지 제15조).
- 교육 행정에서 국가와 지방공공단체의 역할 분담, 교육진흥기본계획 책정에 관하여 규정하고 있다(제16조, 제17조).
- 이 법률에서 규정하는 사항을 실시하기 위해 필요한 법령이 제정되어야 함을 규정하고 있다(제18조).

1947년 교육기본법과 2006년 교육기본법은 '학교와 국민과의 관계', '학교와 교육 행정과의 관계'의 두 가지 점에서 결정적으로 차이가 있다. 학교와 국민과의 관계에 대하여 구 교육기본법에서는 "교육은 부당한 지배에 복종하지 않고 국민 전체에 대하여 직접 책임을 져야 한다"(제10조 제1항)라고 하여 직접 책임 원리를 채택하였다. 그러나 2006년 교육기본법은 이 직접 책임 원리가 삭제되어 있다.

그리고 구 교육기본법 제10조는 제2항에서 "교육 행정은 자각을 바탕으로 교육을 수행하는 데 필요한 제 조건의 정비·확립을 목표로 하여 실시하여야 한다"라고 규정하였다. 이 규정은 제2차 세계대전 전의 교육에 대한 깊은 반성에서 교육과 교육 행정을 명확하게 구별하고, 특히 국가의 교육 행정은 교육의 자주성을 존중하고 교육 내용에 대한 개입을 금지하고자 마련한 것이었다. 즉, 구 교육기본법 제10조는 교육을 받을 권리, 학문의 자유, 지방 자치의 원칙과 함께 국가 권력을 민주적으로 규제해 가는 데에 있어 매우 중요한 조항이었다.

그러나 2006년 교육기본법은 국가에 대하여 교육의 진흥에 관한 시책의 기본적인 방침 및 강구하여야 할 시책 등에 관한 기본적 계획의 책정을, 지방공공단체에 대하여 지역의 실정에 맞는 교육의 진흥을 위한 시책의 기본적인 계획을 정하도록 하여 교육 내용에 대한 개입이 가능하도록 하였다.

3. 학교교육법

1947년에 제정된 학교교육법은 학교교육 제도의 기본을 규정한 법률이다. 제2차 세계대전 후의 교육 개혁에서는 종전의 복선형 학교 체계를 6-3-3-4제의 단선형 학교 체제로 개혁하고 그 기본 규정으로 교육기본법과 학교교육법이 제정되었다.

현행 학교교육법 제1조에서는 학교를 "유치원, 소학교, 중학교, 의무교육학교, 고등학교, 중등교육학교, 특별지원학교, 대학 및 고등전문학교"(이른바 1조교)로 하고 감독청과 학교 설립자와의 관계, 학교 설립자와 학교와의 관계, 학교 교원의 종류와 그 자격, 징계, 수업료 등 각 학교 종별로 공통된 사항을 규정하고 있다. 그리고 제2장 이하 각 학교의 장에서는 학교의 목적, 교육 목표, 수업 연한, 교과, 교육용 도서, 의무교육 학교인 소학교와 중학교의 취학의무, 교원 등에 관한 세부적인 규정을 두고 있다.

학교교육법 제정 후 1962년에는 고등전문학교, 1976년에는 전수학교가 새로운 학교 유형으로 도입되었다. 1999년에는 중고 일관 교육을 실시하는 중등교육학교가 추가되고 2007년에는 맹학교·농학교·양호학교를 일원화한 특별교육학교를 제도화하였다. 그리고 2016년에는 소학교 6년과 중학교 3년 합계 9년을 일관하여 교육 과정을 운영하는 의무교육학교가 새로운 학교 유형으로 도입되었다.

4. 의무교육 제도

1) 의무교육 발달사

일본에서 공교육 제도의 확립은 1872년 학제이다. 학제는 국민 모두를 대상으로 하는 교육 제도의 수립을 의도하였다는 점에서 근대적인 공교육의 시발점으로 볼 수 있다. 1873년 12,558개교였던 소학교가 5년 후인 1878년에 26,584개교로 증가하고 취학률은 28.1%에서 41.3%로 증가하였지만 학제가 계획하였던 53,760개교는 달성하지 못하였다는 점에 대해서는 앞서 언급하였다.

1879년에는 학제를 폐지하고 미국 교육 제도를 모범으로 한 교육령을 제정하였으며 소학교 취학률을 높이기 위하여 취학 연한을 8년에서 4년으로 단축하고 1년 중 적어도 4개월간은 취학하도록 수정하였다. 1886년 소학교령에서 의무교육을 규정하여 일본의 의무교육이 확립되었으며, 1890년 신소학교령에서는 만 6세부터 14세까지의 기간 중 3년제 또는 4년제의 심상소학교 교과 종료를 의무화하고 의무교육 상한 연령이 14세가 넘으면 취학의무가 종료하는 것으로 간주하였다.

1900년 신소학교령 전면 개정으로 심상소학교 수업 연한 4년의 취학의무 규정이 마련되어 '본격적이고 실질적인 의무교육'이 정착되었으며, 1907년 개정 소학교령에 의해 6년제 의무교육을 실현하였다. 그리고 1947년 학교교육법의 제정으로 의무교육 연한이 9년으로 연장되었다. 선행 연구에서는 일본의 공교육 및 의무교육 도입 배경을 '선진 열강의 교육 수준에 맞도록 조정', '산업 구조의 고도화로 요구되는 노동력 필요', '군사 기술의 발전, 전투의 질적 변화에 따른 군사적 요구로부터의 촉진' 등으로 정리하고 있다(海老原, 1965).

2) 의무교육 제도의 특징

일본은 우리나라처럼 보호자에게 자녀를 학교에 취학시킬 취학의무를 부과하고 있다. 앞서 설명했듯이, 미국이나 영국 등의 국가는 교육의무를 부과하므로 취학하지 않고 가정에서 재택 교육을 하는 홈스쿨링이 허용되지만 일본에서는 이를 허용하지 않는다.[6]

일본헌법 제26조 제2항에서는 모든 국민에게 보호하는 자녀가 보통교육을 받도록 할 의무를 지우고 있다. 그리고 교육기본법에서는 국민의 자녀 취학의무를 재확인하고(제5조 제1항), "각 개인이 가진 능력을 신장하면서 사회에서 자립적으로 살아가는 기초를 기르고 또한 국가 및 사회의 형성자로서 필요로 하는 기본적인 자질을 양성"하는 것을 의무교육의 목적으로 명기하고 있다(제5조 제2항).

의무교육은 보호자의 자녀 취학의무로 실질적인 효과를 거두기 어렵다. 따라서 의무교육의 무상(헌법 제26조 제2항, 교육기본법 제5조 제4항), 국가와 지방 공공단체에 의무교육의 기회 보장과 수준 확보 등 실시 책임(교육기본법 제5조 제3항) 등의 규정을 두고 있다.

국민의 취학의무는 자녀가 만 6세에 달한 날의 다음 날 이후의 최초 학년의 시작부터 만 15세에 달한 날이 속하는 학년이 마칠 때까지 의무교육을 실시하는 학교에 취학시키는 의무를 말한다(학교교육법 제17조 제1항, 제2항). 다만, 학령기(6세부터 15세) 자녀가 질병, 발육의 지체, 기타 불가피한 사유가 있어 취학이 곤란한 경우에는 취학을 유예하거나 면제할 수 있다. 2022년 기준으로 취학 면제자는 2,934명, 취학 유예자는 1,111명이다. 특기할 점은 취학 면제자·유예자 모두 이중 국적인 경우가 가장 많다는 점인데(취학 면제자 2,683명, 취학 유예자 869명), 사회 계층이나 인종 간 교육 기회가 동일하지 않다는 것을 유추할 수 있다.

이와 같이 헌법과 교육 법제에서는 아동의 교육을 받을 권리를 보장하기 위하여 ① 보호자에 대하여 자녀에게 보통교육을 받게 할 의무, ② 지자체(시정촌)에는 학교를 설치할 의무와 취학 원조 의무, ③ 의무교육의 무상 원칙, ④ 학령 아동을 고용하는 고용주에 대한 취학 보장 의무 등을 부과하고 있다.

<h1>제4절 ____ 학교 제도</h1>

<h2>1. 학교 제도 개요</h2>

[그림Ⅲ-1] 일본의 학교 계통도

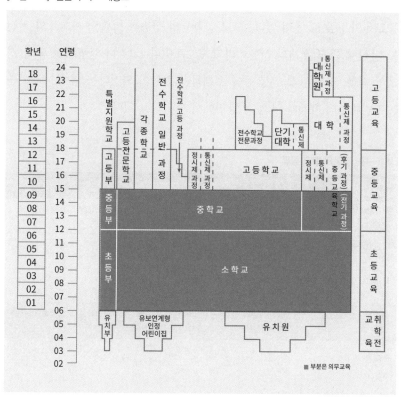

- 유보연계형 인정어린이집: 학교와 아동 복지 시설을 겸하고 있으며, 0~2세아도 취원할 수 있다.
- 의무교육학교: 소학교와 중학교 과정 6년간의 교육을 동일한 교육 시설에서 실시하는 학교로 2016년 4월 1일부터 설립되었다.
- 중등교육학교: 중학교와 고등학교 과정 6년간의 교육을 동일한 교육 시설에서 제공하거나 연계하여 실시하는 학교이다.
- 별과의 설치: 고등학교, 중등교육학교 후기 과정, 대학, 단기대학, 특별지원학교 고등부에는 수업 연한 1년 이상의 별과를 둘 수 있다.[7]

일본의 학교 제도는 제2차 세계대전 후에 종전의 복선형에서 6-3-3-4제를 기초로 하는 난선형으로 이행하였다. 교육의 기회균등 이념을 근간으로 평등 보장과 진학할 권리의 존중은 그 논리적 모순을 포함하고 있다. 그러나 일본에서는 민주적인 제도로 단선형을 오랜 기간 정착시켜 왔다.

그 성과로 중등교육 단계에서는 사회적으로 차별이 생기지 않고 상급학교 진학이 가능하고 어떤 코스를 선택해도 진로를 변경할 수 있으며 고등교육의 문호도 열려 있다. 고교 진학률의 상승과 고학력 사회로의 진전도 단선형 학교 체제의 산물이라고 할 수 있다. 그러나 한편으로 수험 경쟁의 격화, 교육 황폐 현상 등을 초래하는 요인이 되었다는 점에 대해서는 1970년대부터 학계나 사회 각 방면에서 지적하고 있다.

[표 Ⅲ-1] 일본의 학교 종류

구분	학교의 종류
학교교육법 제1조	유치원, 소학교, 중학교, 의무교육학교, 고등학교, 중등교육학교, 특별지원학교, 대학, 고등전문학교
학교교육법 제124조	전수학교(고등전수학교, 전문학교)
학교교육법 제134조	각종학교
학교교육법 이외의 학교	방위대학교(방위성), 항공보안대학교(국토교통성), 수산대학교, 농업대학교(농림수산성), 해상보안대학교(해상보안청), 기상대학교(기상청) 등

2. 취학전교육

일본에서 취학전교육은 유치원과 특별지원학교 유치부에서 이루어진다. 그 외에 취학 전의 아동을 대상으로 하는 보육은 보육소(우리나라의 어린이집에 해당)에서 담당한다.

유치원은 3-5세의 아동을 대상으로 하는 학교이며 4시간을 표준 교육 시간으로 한다. 수업 연한은 정해져 있지 않다. 소학교 1학년 학생의 유치원 수료 비율은 54.2%이다. 소학교 이후의 교육과 달리 교과서를 사용하지 않고 놀이 중심의 활동이 주가 되지만 유치원 교육은 소학교 이후 학습의 기반이 된다.

　2006년에 교육·보육·육아 지원을 일체적으로 제공하는 시설로 인정어린이집 제도가 창설되었다. 2015년부터 인정어린이집법 개정으로 학교 및 아동 복지 시설로서 법적 지위를 가진 단일 시설로 '유보연계형 인정어린이집'이 생겼다.

　'유보연계형 인정어린이집'은 학교이자 동시에 아동 복지 시설로서의 성격을 가지고 있기 때문에 학교교육법과는 별도로 인정어린이집법을 근거로 하며 학교교육과 보육 쌍방의 수준을 보장하는 규정이 마련되어 있지만 교육기본법상의 '법률에 의한 학교'(제6조)로서의 성격을 가지고 있다.[8] 설립 주체는 국가, 지방공공단체, 학교법인, 사회 복지 법인 등이다. 취원 대상은 만 3세 이상의 아동 및 만 3세 미만의 보육을 필요로 하는 아동으로 되어 있다.

　2022년 기준으로 '유보연계형 인정어린이집'은 공립 913개, 사립 5,742개, 계 6,655개가 설립되어 821,188명이 재원하고 있다. 재원 아동 연령별로는 0세 30,239명, 1세 92,505명, 2세 108,725명, 3세 191,282명, 4세 196,322명, 5세 202,115명으로 취학 연령에 가까울수록 재원률이 높다.

　일본은 2019년 10월부터 유아교육 무상화 정책을 실시했다. 주요 내용은 3세부터 5세까지 모든 아동의 유치원, 보육소, 인정어린이집 이용료가 무상이 되며 0세에서 2세까지의 주민세 비과세 세대는 이용료가 무상이다 (内閣府, 幼児教育·保育の無償化).

3. 초중등교육

1) 소학교

소학교는 1873년 학제 이후 일관하여 모든 아동을 대상으로 하는 유일한 초등교육기관으로 위치하였다. 제2차 세계대전 전에 소학교의 수료는 납세, 병역과 더불어 국민의 의무에 해당하였다. 당시 의무교육은 보통교육이었으므로 일반 국민의 교육은 보통교육으로 완결되고 그 이후의 중등교육 및 고등교육은 중류 계층을 재생산하는 교육으로 간주하였다.

소학교 발족 당시 소학교 교육의 필요성에 대한 인식이 낮아 취학률은 높지 않았으나 1900년에 수업료가 무상이 되면서 심상소학교 취학률은 급격히 상승하였다. 1907년에는 심상소학교가 4년에서 6년으로 연장되면서 6년제 무상 의무교육이 실시되었다.

전시 체제 아래서 소학교는 국민학교로 개칭되어 황국 사관을 바탕으로 한 교육이 전개되었다. 제2차 세계대전 후 1947년에 교육기본법과 학교교육법이 제정되어 새로운 이념하에서 소학교 6년, 중학교 3년의 단선형 9년제 의무교육이 실현되었다. 현행 초등교육은 소학교, 의무교육학교 전기과정, 특별지원학교 소학부에서 이루어진다.

소학교는 "심신의 발달에 맞춰 의무교육으로서 실시되는 보통교육 중 기초적인 교육의 실시"를 목적으로 하며(학교교육법 제29조), 이를 실현하기 위해 10항목의 교육 목표를 제시하고 있다. 2001년부터는 "아동의 체험적 학습 활동, 특히 자원봉사 활동 등 사회봉사 체험 활동, 자연 체험 활동, 기타 체험 활동의 충실"이 교육 목표에 추가되었다.

2022년 8월 기준으로 19,161개교(국립 67개교, 공립 18,851개교, 사립 243개교)에 6,151,310명(국립 36,041명, 공립 6,035,387명, 사립 79,882명)이 재학하고 있다. 국립과 공립소학교는 감소하는 한편 사립학교 촉진 정책의 효과로 사립소학교는 증가하고 있다.

2) 중학교

중학교는 소학교에 이어지는 전기 중등교육 단계의 의무교육 학교이다. 중학교의 수업 연한은 3년이며 졸업자의 대부분은 고등학교에 진학한다. 중학교 과정은 중학교 외에 의무교육학교 후기 과정, 중등교육학교 전기 과정, 특별지원학교 중학부에서 실시한다.

중학교는 소학교에서의 교육의 기초 위에 심신의 발달에 맞춰 보통교육을 실시하는 학교이다(학교교육법 제45조). 즉, 중학교 교육은 한 사람 한 사람의 조화로운 발달을 지향하는 일반교육과 국민으로서 필요한 사항을 습득하는 공통 교육 두 가지를 중심으로 하는 보통교육이면서도 소학교의 보통교육 및 고등학교의 보통교육과는 다르다는 것을 의미한다.

그리고 학교교육법은 중학교 교육 목적을 실현하기 위한 10개 교육 목표를 열거하여 의무교육 완성 단계로서 국민·사회인에게 필요한 자질의 육성과 청소년기에서의 건전한 발달을 교육 과제로 제시하고 있다(제46조).

2022년 기준 10,012개교(국립 68개교, 공립 9,164개교, 사립 780개교)에 3,205,226명(국립 27,168명, 공립 2,931,721명, 사립 246,337명)이 재학하고 있다. 저출산으로 인한 학령인구의 감소로 공립중학교 재학생은 감소하고 있으나 정부의 규제 완화와 사립학교 촉진 정책으로 사립중학교 재학생은 경미하게나마 증가하는 추세이다.

3) 고등학교

1872년 학제에서는 8년제 소학교와 6년제 중학교를 구상했다. 그러나 수차례의 개혁을 거치는 가운데 고등학교 제도는 상급 학교 진학을 목적으로 하는 구제舊制 중학교(5년제), 현모양처의 여성상 지향의 완성 교육을 실시하는 고등여학교(4년제가 기본), 산업별 실업 교육을 실시하는 실업학교(3년제) 세 유형의 분기형 학교 체계를 형성히였다.[9] 소학교를 졸업한 학생은 이 세 유형의 학교에 진학하였는데, 구제 중학교는 상급 학교 진학이 가능했지만 고등여학교와 실업학교는 상급 학교 진학이 제한되었다.

그리고 당초에는 학교 종별 간에 전학이 인정되지 않았으나, 1924년에 실업학교 졸업자의 고등학교 진학을 가능하게 하고, 1943년에는 세 유형의 학교를 동격으로 취급하여 학교 간의 전학을 허용하였다. 제2차 세계대전 후에는 미국교육사절단보고서(1946)의 제언에 따라 세 유형의 학교가 순차적으로 폐지되고 신제新制 고등학교라는 한 개 유형의 학교로 통일되어 분기형 학교 체계에서 단선형 학교 체계로 이행하였다.

당초에는 고교 삼원칙을 수용하였는데 여기에는 학구제(입학자 선발을 지양하고 희망자 전원이 입학할 수 있도록 거주지에 따라 통학 구역을 지정), 남녀 공학제(한정된 통학 구역 안의 학교에서 남녀를 같이 수용하여 교육), 종합제(보통교육을 받고자 하는 자와 전문교육을 받고자 하는 자가 같은 학교에 취학)를 채용하여 평등한 고등학교 교육을 지향하였다.

현행 고등학교는 중학교에서 이어지는 후기 중등교육 단계의 학교이다. 고등학교 과정으로는 고등학교 외에 중등교육학교 후기 과정, 특별지원학교 고등부가 있다. 고등학교는 중학교에서의 교육의 기초 위에 심신의 발달 및 진로에 맞춰 고도의 보통교육 및 전문교육을 실시하는 것이 목적이다(학교교육법 제5조). 중학교 3년과 고등학교 3년을 동일 교육 시설 내지는 연계하여 실시하는 중등교육학교가 있다.

고등학교 학급 편제는 특별한 사정이나 교육상 지장이 있는 경우를 제외하고는 국립, 공립, 사립 관계없이 동시에 수업을 받는 1학급의 학생 수가 40명 이하이다(고등학교설치기준 제7조). 고등학교의 교육 과정에는 보통교육을 주로 하는 보통과, 전문교육을 주로 하는 전문과, 그리고 보통교육 및 전문교육을 선택 이수하는 종합학과(1994년에 도입)가 있다. 종합학과는 폭넓은 선택 과목 중에서 학생이 스스로 과목을 선택하여 배울 수 있으며 학생의 개성을 살린 주체적 학습이 중시되고 장래 직업 선택을 시야에 두고 자기 진로의 탐색을 심화하는 학습을 중시하고 있다. 재학생은 보통과 73.0%, 전문학과 21.6%(공업과 7.6%, 상업과 6.0%, 농업과 2.5%, 기타 가정과, 간호과, 수산과, 복지과, 정보과, 과학과, 외국어과, 음악·미술과, 체육과 등), 종합학과 5.4%이다.

고등학교 과정의 형태에는 전일제, 정시제, 통신제가 있다. 전일제는 아침부터 저녁까지 수업을 실시하는 고교로 수업 연한은 3년이며, 정시제는 야간 및 기타 특별한 시간 또는 시기에 수업을 실시하는 학교로 수업 연한은 3년 이상이다. 직업에 종사하는 등 여러 가지 이유로 전일제 고등학교에 진학할 수 없는 자에게 고교 교육을 제공한다. 그리고 통신제는 라디오 방송, 텔레비전 방송, 기타 다양한 미디어를 이용하여 수업이 이루어지며, 전일제와 정시제에 통학할 수 없는 자에 대하여 고교 교육을 제공하는 고교로 수업 연한은 3년 이상이다.

고등학교 수 4,824개교(국립 15개교, 공립 3,489개교, 사립 1,320개교) 중 전일제 4,196개교, 정시제 172개교, 전일제와 정시제 병설 456개교, 통신제 독립 126개교, 병치 147개교에 238,314명(단, 정시제와 통신제를 동시에 학습하는 학생이 일부 있다)이다.

4) 의무교육학교

의무교육학교는 2015년 6월 24일 공포된 개정 학교교육법에 의거, 2016년 4월 1일부터 제도화한 새로운 유형의 학교이다. 2015년의 개정은 학교교육 제도를 다양화하고 탄력적으로 운영하기 위하여 소중 일관 교육[10]을 실시하는 의무교육학교 제도를 창설하는 것이었다. 의무교육학교는 ① 소학

[표III-2] 고등학교의 종류

구분		종류
과정	전일제	주간에 수업을 하며 수업 연한은 3년
	정시제	야간 및 기타 특별한 시간대 또는 계절에 수업을 하는 과정으로 수업 연한은 3년 이상(보통 4년)
	통신제	주로 우편을 이용한 리포트 과제의 첨삭과 연간 수회 정도의 면접 지도에 의한 지도. 최근에는 인터넷과 TV 방송을 사용하는 학교도 있다.
학과	보통과	보통교육을 주로 하는 학과
	전문학과	전문교육을 주로 하는 학과(농업과, 상업과, 공업과 등)
	종합학과	보통 과목 및 전문 과목, 종합 선택 과목으로 구성된 폭넓은 커리큘럼을 제공한다.
교육 과정의 운영 방법	학년제	학년에 의하여 교육 과정을 구분
	단위제	학년에 의한 교육 과정 구분을 하지 않는다.

교, 중학교와 동일한 교육 목적의 실현을 위한 학교로 의무교육의 실시에 있어 소학교, 중학교와 의무교육학교는 동등하며, ② 의무교육학교는 소학교, 중학교 학습지도요령을 준용하고 학습지도요령에 제시되어 있는 내용 항목을 망라하여 교육이 이루어지므로 소학교, 중학교와 다른 내용·수준의 교육을 실시하는 학교는 아니다.

소학교와 중학교의 교육을 일관하여 실시하는 학교에는 의무교육학교 외에 소중 일관형 학교가 있다. 소중 일관형에는 소학교에 중학교, 중학교에 소학교를 병설하여 교육을 실시하는 유형과 중학교는 소학교, 소학교는 중학교와 연계하여 교육을 실시하는 유형이 있다.

의무교육학교는 9년의 과정을 전기 6년, 후기 3년으로 구분하고 있으며 1학년에서 9학년까지 한 학교에서 학업을 하므로 4-3-2 또는 5-4 등 유연하게 학년 단계를 설정할 수 있다. 2022년 기준으로 178개교에 67,799명이 재학하고 있으며 대부분이 공립학교이다. 47개 도도부현 중 6개를 제외한

41개 도도부현이 1개 이상의 의무교육학교를 설치하고 있다.

5) 중등교육학교

중등교육학교는 전기 중등교육과 후기 중등교육을 일관하여 실시하는 학교로 1998년에 제도화되었다. 이 중등교육학교 이외에 한 개의 학교에서 중고등학교 교육을 일관하여 제공하는 학교 유형으로 병설형 중학교·고등학교(고교 입학 선발을 실시하지 않고 중학교와 고등학교를 접속하는 유형, 464개교), 연계형 중학교·고등학교(중학교와 고등학교가 교육 과정 편성, 학생 간 교류 등 연계를 강화하는 형태로 일관 교육을 실시하는 유형, 205개교)가 있다. 중고 일관 교육에 대해서는 수험 경쟁의 조기화, 엘리트교 등의 비판이 있다. 2022년 기준으로 중등교육학교는 57개교(국립 4개교, 공립 35개교, 사립 18개교)이며, 재학생은 전기 과정 17,759명, 후기 과정 15,608명이다.

6) 기타

학교교육법 제1조에서 규정하는 학교(1조교)는 아니지만 후기 중등교육단계의 연령에 있는 학생이 진학하는 학교로 전수학교와 각종학교가 있다. 전수학교는 1976년에 도입된 학교 유형으로 실천적 직업교육, 전문적 기술교육을 실시하는 교육 기관이다.

전수학교에는 중학교 졸업자를 대상으로 하는 3년간의 과정인 고등 과정(고등전수학교), 고등학교 졸업자를 대상으로 2년간의 직업 실무 교육을 실시하는 전문 과정(전문학교), 일반 과정의 세 종류가 있다. 각종학교는 학교교육에 준하는 교육을 실시하는 학교로 외국인 학교(한국학교, 조선학교, 인터내셔널스쿨 등) 등이 있다.

각종학교는 1,046개교가 설치되어 있으며 사립이 1,041개교로 압도적으로 많다. 과정별로는 공업 관계, 농업 관계, 의료 관계, 위생 관계, 교육·사

회 복지 관계, 상업 실무 관계, 가정 관계, 문화·교양 관계, 외국인 학교 등
이다.

제5절 ___ 학교 제도 기준

1. 학기 · 수업 일수

1) 학기

학기제에는 2학기제와 3학기제가 있다. 2학기제는 1년간의 과정을 두
개의 기간으로 나누는 것을 말하며 3학기제는 1년간의 과정을 세 개의 기
간으로 나누는 것이다.

- 2학기제의 사례

  제1학기 4월 1일부터 10월 제2 월요일까지

  제2학기 10월 제2 월요일 익일부터 다음 해 3월 31일까지

- 3학기제의 사례

  제1학기 4월 1일부터 8월 31일까지

  제2학기 9월 1일부터 12월 31일까지

  제3학기 1월 1일부터 3월 31일까지

유치원, 소학교, 중학교, 의무교육학교, 중등교육학교, 고등학교, 특별
지원학교는 국·공·사립에 관계없이 학년은 4월 1일에 시작하여 다음 해
3월 31일에 끝난다(학교교육법 시행규칙 제59조 등).

일본의 4월 입학제에는 역사적 경위가 있다. 메이지 시대에 서양의 학교 교육 제도가 도입된 후 대학 등 고등교육 단계에서는 영국과 독일의 학교 제도를 모델로 하는 9월 입학이 주류였다. 그리고 고등교육 이외의 학교교육 단계에서도 9월을 학년도의 시작으로 하는 사례가 많았다.

그러나 1886년 국가 회계연도가 4월부터 다음 해 3월까지로 정착되고 징병령이 개정되어 징병 대상자의 신고기일이 9월 1일에서 4월 1일로 변경되었다. 이러한 영향으로 교원 양성 기관인 사범학교가 4월 입학으로 이행하였으며 소학교, 중학교 등이 점차적으로 4월 입학으로 변경되었다. 1921년에는 제국대학이 4월 입학으로 변경함에 따라 전국 모든 학교의 입학 시기가 4월로 정착되었다.

일본에서 현행 4월 입학을 9월 입학으로 변경하는 문제는 새롭고도 오래된 논의로, 1987년 임시교육심의회 제4차 답신教育改革に関する第4次答申(最終答申, 1987.8.7.),[11] 1998년 대학심의회의 답신(21世紀の大学像と今後の改革方策について, 1998.10.26.) 등이 있다.

최근에는 코로나 19의 대응책으로 9월 입학을 도입해야 한다는 의견이 있었으며 여러 명의 도도부현지사가 9월 입학의 도입에 긍정적이었고 정부에서도 검토에 착수하는 시점에서 도입의 시시비비를 둘러싸고 논의가 급속히 확대되었다. 당초에는 9월 입학 도입에 찬성하는 의견도 많았지만 논의가 거듭되는 가운데 코로나 19 대응으로 9월 입학을 도입하는 것에 대해 신중한 의견이 많아져 정부는 정책을 서둘러 착수하는 것이 타당하지 않다는 판단하에 보류를 결정하였다.

2) 수업 일수

공립학교의 학기, 하계, 동계, 학년말, 농번기 등의 휴업일은 학교 설치자인 교육위원회가 정하도록 하고 있다. 휴업일 외에 학교의 휴업일은 경축일과 토·일요일이다. 그러나 당해 학교를 설치하는 지방공공단체의 교육위원회 등이 필요하다고 인정하는 때에는 토요일에 수업을 할 수 있다. 국립학교의 학기 및 휴업일은 당해 학교의 규칙, 사립학교의 학기 및 휴업일은 당해 학교의 학칙으로 정한다.

각 교과 등 각 학년의 수업 시수 및 각 학년의 총 수업 시수는 소학교의 경우 학교교육법 시행규칙 제51조 관련 별표 1, 중학교는 제73조 관련 별표 2에서 정하고 있다. 소학교는 1단위 시간을 45분, 중학교는 50분으로 하여 과목별 표준시수를 정하고 있다. 소학교 1학년 850시간, 2학년 910시간, 3학년 980시간, 소학교 4학년-중학교 3학년 1,015시간이다.

고등학교는 학습지도요령에서 졸업까지 이수해야 하는 단위를 각 교과·과목의 단위 수와 종합적 학습 시간 단위 수를 포함하여 74단위 이상으로 정하고 있다. 1단위 시간은 50분으로 하여 35단위 시간의 수업을 1단위로 계산하는 것이 표준이다.

2. 교육 과정 · 교과서

1) 교육 과정

교육 과정이란 학교교육의 목적 및 목표를 달성하기 위하여 교육 내용을 학생의 심신 발달에 맞게 종합적으로 조직한 학교의 교육 계획이다. 교육 과정이라는 용어는 라틴어의 *curriculum*을 번역한 것이지만 일반적으로 교육 과정이라는 용어는 법령에 따라 학교마다 편성하는 제도화된 교육 과정을 지칭하는 데 대하여 커리큘럼은 실제 학교생활에서 교육자가 의도하든 의도하지 않든지 이루어지는 학습을 포함한 학교에서 학습 경험의 총체라는 넓은 의미로 사용되는 경우가 많다.

학교교육법 제33조, 제48조, 제52조에서는 교육 과정에 관한 사항은 학교 종별 목적 및 목표에 따라 문부과학대신이 정한다고 규정하고 있다. 그리고 학교교육법 시행규칙에서는 문부과학대신이 별도로 공시하는 학습지도요령에 재위임하고 있다(제52조, 제74조, 제84조 등). 각 지자체는 교육위원회의 규칙에서 교육 과정 편성 절차 등을 정하고 있다(지방교육행정법 제33조).

한편 교육 과정의 영역은 소학교가 각 교과, 도덕, 외국어 활동, 종합적 학습의 시간 및 특별 활동(학교교육법 시행규칙 제50조), 중학교가 각 교과, 도덕, 특별 활동 및 종합적 학습의 시간(제72조), 고등학교가 각 교과에 속하는 과목, 특별 활동 및 종합적 학습의 시간이며(제83조), 특별지원학교는 여기에다 추가로 자립 활동(제126조 내지 제128조)이 포함되어 있다.

교육 과정은 법규로서 성질을 가진다는 것이 통설인데, 최고재판소는 복수의 판결에서 학습지도요령의 법규성을 확인하고 있다[旭川学テ事件(1976), 伝習館高校事件(1990)].

2) 교과서

교과서는 소학교, 중학교, 고등학교, 중등교육학교 및 여기에 준하는 학교에서 교육 과정의 구성에 맞춰 조직·배열된 교과의 주된 교재로 교육의 용도로 제공되는 학생용 도서로서 문부과학대신의 검정을 거친 것 또는 문부과학성이 저작 명의를 가진 것이다(교과서의 발행에 관한 임시조치법 제2조).

그리고 교과서 검정이란 민간에서 저작·편집된 도서에 대하여 문부과학대신이 교과서로서 적절한지 아닌지를 심사하여 여기에 합격한 것을 교과서로 사용하는 것을 인정하는 것이며, 검정의 의의는 교과서의 저작·편집을 민간에게 맡김으로써 저작자의 창의 노력의 기대와 아울러 검정을

실시함으로써 적절한 교과서를 확보하는 데에 있다.[12]

의무교육 학교는 교과서를 사용하여 학생을 교육할 의무가 있으며(학교교육법 제21조), 교과서는 무상으로 지급하고 있다. 이 교과서 무상은 일본헌법 제26조에서 규정하고 있는 의무교육 무상 정신에 따라 국·공·사립 의무교육 학교의 모든 학생을 대상으로 하고 있다.

검정을 통과한 교과서의 채택 권한은 국립학교와 사립학교에서는 각 학교장이 가지고 있으며 공립학교에서는 학교를 설치하는 교육위원회가 가진다. 공립학교의 교과서 채택 구조는 교과서무상조치법에서 정해져 있는데 교과용도서채택지구를 설정하여 채택 지구 내의 시정촌이 공동으로 종목마다 동일한 교과서를 채택하도록 되어 있다.

각 채택 지구 내에는 공동 채택을 하기 위하여 학교 교원 등이 조사원으로 참여하는 채택 지구 협의회가 설치되어 있다. 협의회의 조사·연구를 바탕으로 최종적으로 교육위원회가 한 종목 한 종류의 교과서 채택을 결정한다. 한편 의무교육 학교의 교과서는 4년간 같은 교과서를 채택하도록 하고 있다.

3. 진급 · 진학 제도

1) 진급 · 졸업 인정

의무교육인 공립 소중학교의 과정 수료 또는 졸업 인정은 학생의 평소 성적 평가를 바탕으로 하며, 졸업 인정의 권한과 책임은 교장에게 있다. 의무교육 단계에서 학생을 유급시키는 경우는 거의 없다.

그러나 의무교육 이후 단계인 고등학교에서는 유급이 이루어지고 있다. 고등학교에서 진급은 수업의 출석 상황과 학업 성적을 보아 교장이 인정한다. 단위제 고등학교, 종합학과 고등학교는 학년별 교육 과정 구분을 두지 않을 수 있으므로 진급 인정은 불필요하다. 고등학교 학습지도요령이 정하는 바에 따라 고등학교의 졸업은 74단위 이상 취득이 필요하다.

2019년 4월 일본의 기업 경영자 단체인 경제동우회는 현재의 교육 제도에서는 기술 혁신 및 변화하는 사회에서 꿋꿋이 살아갈 힘을 지니기 어렵다는 인식하에서 "장래에 걸쳐 개개인의 능력을 최대한 발휘시키는 관점에서 문부과학성은 월반이나 유급의 운영에 관하여 다시 검토하여 본인의 습득 수준에 맞는 교육을 제공하여야 한다"라고 제안하였다(経済同友会, 自ら学ぶ力を育てる初等中等教育の実現に向けて―将来を生き抜く力を身に付けるために―, 2019.4.3.).

이러한 문제의식의 바탕에는 학습 내용을 습득하지 못해도 진급할 수 있는 지금의 연령주의로는 한계가 있으므로 습득주의로의 전환이 필요하다는 인식이 깔려 있다.

2) 진학 제도

초등학교 졸업자가 국립과 사립중학교에 진학하는 경우에는 선발 고사 등에 의하지만 공립중학교의 경우에는 통학 구역의 학교에 취학을 하는 것이 원칙이다. 그리고 중학교 졸업자는 대부분 고등학교에 진학한다. 고등학교의 입학은 원칙적으로 조사서, 기타 필요한 서류, 선발 고사의 성적 등을 자료로 하여 교장이 허가한다.

국립고교와 사립고교는 전국 어느 지역에서도 진학이 가능하다. 한편 공립고교도 국립과 사립처럼 선발에 의해 입학을 하지만 학교 설립자인 지방공공단체 안의 학교로 입학을 제한하고 있다. 이러한 모집 단위 제한은 공립학교의 설치자인 지자체의 재정으로 학교를 운영하기 때문이다.

공립고교가 선발제를 채택하게 된 데에는 다음과 같은 역사적 경위가 있다. 1940년대 후반 신제 고교가 제도화될 당시의 고교 삼원칙은 희망하는 학생들이 남녀 격차 없이 보통교육이든 전문교육이든 같은 학교에서 교육을 받는다는 점에서 평등주의 교육을 지향한 제도였지만 남녀 공학제와 종합제는 법률 사항이 아니라 문부성의 지침이었으므로 지방에서는 남녀 별학을 실시하고 종합제도 전체 학교의 3할 정도에 머물렀다.

고교 삼원칙은 1950년대 이후 급속히 후퇴하고 고등학교에 다양화와 기능 분화가 이루어져 소학구제가 서서히 와해되면서 점차적으로 소학구제에서 중학구제로 이행하였다.[13] 소학구제는 종합제를 전제로 하였지만 소학구제가 와해됨에 따라 종합제 고등학교는 보통 고등학교와 전문 고등학교로 분리·독립하게 되었다.

1963년 학교교육법 시행규칙 개정으로 고등학교 입학자는 조사서 및 학력 검사 성적 등을 자료를 기초로 하여 선발하게 되었다. 즉, 고등학교 교육을 받을 수 있는 자질과 능력을 토대로 판정하도록 한 것이다. 1970년대에는 대학 진학 열풍으로 대학 진학에 유리한 보통 고등학교로의 진학이나 특히 진학 실적이 우수한 고등학교 진학 지향 풍조가 생겨 결과적으로 고등학교의 서열화, 고등학교 간 격차 확대, 수험 경쟁이 격화하였다. 이 시기에 고교생의 무기력, 무관심, 무책임의 삼무주의는 사회문제가 되었다.

1988년에는 일정한 단위를 취득할 수 없는 경우에 유급이 될 수 있는 종전의 학년제에 의하지 않고 정해진 단위를 취득하면 졸업을 인정하는 단위제만을 운영하는 단위제 고등학교가 제도화되었다.

4. 교원 양성 · 자격 제도

1) 교원 자격 제도

일본의 교원 양성은 학제가 반포된 1872년, 도쿄에 직할 사범학교가 설립되어 시작되었다. 1881년에는 각 부현에 사범학교 설립을 의무화하였으며, 1886년 소학교 교원 면허 규칙에서 소학교 교원은 원칙적으로 사범학교 졸업과 교원 자격 검정 합격을 요건으로 하였다. 그리고 중등교육의 확대에 따라 1901년부터 고등사범학교가 설립되기 시작하였다.

현행 일본의 교원 양성은 대학에 의한 교원 양성과 개방형 면허장 제도라는 2대 원칙에 의하고 있다. 대학에 의한 교원 양성은 대학에서 폭넓은 교양과 학문을 기반으로 한 전문교육에 의해 폐쇄적이고 획일적인 실천적 교원 양성에서 벗어나는 것을 의도하고 있으며, 개방제 면허장 제도는 면허장을 취득하기 위하여 필요한 요건을 충족하면 대학이나 학부에 관계없이 교원 면허를 취득할 수 있는 구조로 1949년에 제정된 교육직원면허법에서 확립된 제도이다.

일본의 교원 자격증(면허)은 보통 면허장, 특별 면허장, 임시 면허장으로 구분된다.

- 보통 면허장: 학교 종별로 교사, 양호교사, 영양교사의 면허장을 말하며, 중등학교에서는 교과별로 분류된다.
- 특별 면허장: 보통 면허장을 가지고 있지 않은 사회인이 교단이 서는 경우로 교육 직원 인정 시험에 합격할 경우 수여한다.
- 임시 면허장: 유자격자를 교사로 임용할 수 없는 경우에 임시로 조교사 등을 임용하기 위한 면허장이다.

학위에 의한 기초 자격에 따라 전수 면허장, 1종 면허장, 2종 면허장으로 분류하는데, 전수 면허장은 석사 학위, 1종 면허장은 학사 학위, 2종 면허장은 준학사 학위를 필요로 하고 있다. 일본에서 교원 면허를 받기 위해서는 대학에서의 교원 양성 교육이 기본이며, 일정한 단위 취득과 학사 자격을 취득한 자의 신청에 의해 도도부현교육위원회가 수여한다. 교원 채용 시험에 합격하여야 공립학교 교원이 될 수 있다. 일본의 공립학교 교원은 지방 공무원이다.

해외에서 교원 면허를 취득한 자인 경우에도 도도부현교육위원회가 시행하는 교육 직원 검정에 합격하면 면허증을 받을 수 있다. 그리고 교원 면허장을 가지고 있지 않는 자도 각종 분야에서 우수한 지식 경험과 기술을 가지고 있는 사회인은 특별 면허장을 수여하여 교원으로 임용할 수 있는 제도가 마련되어 있다.

특별 면허장을 가진 교원은 소학교와 중학교의 경우 전 교과의 담임이 가능하고 고등학교는 유도, 검도, 정보 기술, 건축, 인테리어, 디자인, 정보 처리, 계산 실무 등의 교과 담임이 가능하다. 교과의 일부를 담당하는 특별 비상근 강사 제도도 마련되어 사회인이 폭넓게 학교교육에 참가할 수 있도록 하고 있다.

2) 교원 양성 제도의 변천

일본의 교원 양성 제도는 수차례의 개정이 있었다. 1954년 교육직원면허법의 개정으로 과정 인정 제도가 도입되었는데, 면허장 수여가 가능한 교직 과정을 문부과학대신이 인정할 수 있도록 한 것이다. 그리고 1986년 임시교육심의회 답신의 영향으로 1988년에 법이 개정되어 교원 면허장이 전수 면허장(석사), 1종 면허장(학사), 2종 면허장(준학사)의 세 가지로 구분되었다. 또한 사회인을 교원으로 활용할 수 있도록 특별 면허장(유효 기간 부여)

과 면허장이 없는 사회인이 학교교육 활동에 참가할 수 있는 특별 비상근 강사 제도가 신설되었다.

일본의 특징적인 제도로는 교원 면허 갱신제를 들 수 있다. 2009년부터 보통 면허장과 특별 면허장에는 10년의 유효 기간이 있는데, 면허장 갱신을 위해서는 대학 등이 개강하는 교원 면허장 갱신 강습 중에서 2년간 30시간 이상을 선택·수강하고 수료 인정을 받을 필요가 있다. 강습의 내용은 최신 교육 사정 12시간, 교과 지도·생활 지도 등 교육 내용에 관한 18시간이다(文部科学省, 教員免許更新制).

국립·공립·사립의 어느 대학에서도 면허장 취득에 필요한 과목을 개설하여 학생이 이수하면 교원 면허장을 발급하지만 대학 간의 교원 양성 교육의 질적 차이, 교원 양성을 담당하는 대학교원의 이해 부족 등은 자주 지적되어 왔다.

대학교원이 자기 연구 영역의 전문성에 치우쳐 수업을 하는 경우가 많고 학교 현장이 안고 있는 과제에 충분히 대응할 수 있는 능력이 부족하며, 지도 방법이 강의 중심으로 연습 및 실험, 실습 등이 충분하지 않은 등의 문제가 지적되고 있다. 아울러 교원 면허장이 보증하는 자질 능력과 현재 학교교육에서 요구되는 자질 능력 간에 괴리가 생기고 있다는 문제 인식이 확산되고 있다.

3) 지도력이 부족한 교원 문제

교원의 지도는 심신의 발달 단계에 있는 학생들에게 큰 영향을 미치므로 지도가 부적절한 교원이 학생의 지도를 담당하지 않도록 해야 한다. 그래서 지도력이 부족한 교원 문제가 사회적 관심의 대상이 되고 있다.

2001년 지방교육행정법 개정으로 지도력이 부족한 교원을 인정하는 시스템이 만들어졌는데, 지도력 부족 교원은 '지식, 기술, 지도 방법, 기타 교원으로서 요구되는 자질, 능력에 문제가 있어 일상적으로 학생을 지도하는 것이 적당하지 않은 교사 중 연수에 의해 지도 개선이 예상되는 자'를 말한다.

지도력 부족 교사에 대한 연수 기간은 1년을 원칙으로 하지만 최대 2년까지 연장이 가능하며, 연수에 의해서도 개선이 되지 않으면 면직, 사무직원 등으로 전직 등의 조치를 하고 있다. 2016년에는 68명이 지도 개선 연수를 받았으며 그중 현장 복귀 33명, 의원 면직 12명, 직권 면직 2명, 연수 계속 18명 등이었다(文部科学省, 2018a). 2010년에 140명이 지도 개선 연수를 받아 그중 현장 복귀 62명, 의원 면직 29명, 직권 면직 3명, 다른 직종으로 전직 3명 등의 조치가 있었던 것과 비교하면 지도력 부족 교원은 점점 줄어드는 추세이다.

4) 교원 임용 경쟁률

2021년도 일본의 교원 경쟁률은 전체 3.8배이며 학교별로는 소학교 2.6배, 중학교 4.4배, 고등학교 6.6배, 특별지원학교 3.1배, 양호교사 7배, 영양교사 8배이다. 교사 채용 인원은 도쿄도 3,154명, 아이치현 2,230명, 사이타마현 1,872명, 효고현 1,817명으로 대도시가 포함된 지방이 많다. 그러나 경쟁 배율은 오키나와현 8.8배, 고치현 7.9배, 미에현 6.5배로 소규모 도시와 농어촌 지역이 많은 지자체에서 높은 경향이다.

출신 학교별로는 일반 대학·학부 출신자 72.1%, 국립 교원 양성 대학·학부 출신자 15.8%, 대학원 출신자 7.9%로 일반 대학 출신자가 크게 웃돌지만 채용 경쟁에서는 교원 양성 대학 출신자가 더 우위를 점하고 있다. 채용자 중 여성 비율은 50.8%로 약간 높지만 상위 계열의 학교로 올라갈수록 남성 교사 비율이 높은데, 채용자 기준으로 여성 교원 비율은 소학교 58.6%, 중학교 41.8%, 고등학교 33.6%, 특별지원학교 61%이다(文部科学省,

令和3年度公立学校教員採用選考試験の実施状況について).

5) 교직 대학원

교직 대학원은 새로운 학교 문화에 기여할 신입 교원의 양성과 지역 및 학교에서 지도적 역할을 할 수 있는 교원으로서 불가결한 지도 이론과 우수한 실천력·응용력을 갖춘 리더 교원을 양성하는 것을 목표로 하고 있다. 2022년 5월 기준으로 45개 도도부현의 54개 대학(국립 47개교, 사립 7개교)에 교직 대학원이 설치·운영되고 있다.

교직 대학원은 학교 및 교육위원회와의 연계·협동에 의해 교직 경험이 있는 실무가 교원의 배치, 학교 현장에서의 장기 실습 등 학교·교육위원회의 요청에 발맞춘 체계적인 교육 과정을 특색으로 하고 있으며 새로운 학습을 전개할 수 있는 실천적 지도력을 가진 교원을 양성하고 있다.

신입 교원의 경우 수업 연한은 2년간으로 35단위의 교과목 이수(공통 과목 20단위, 코스별 선택 과목 15단위 정도)와 10단위 정도의 교육 실습으로 교육 과정이 구성되어 있으며 현직 교원은 수업 연한 1년으로 35단위의 교과목을 이수(교육 실습 면제)하여야 한다.

교직 대학원 설치 이후 교육위원회에 의한 현직 교원의 교직 대학원 파견이 증가 경향에 있으며 현직 교원을 제외했을 때 2021년 3월 수료자의 교원 취직률이 91%로 높게 나타나는 등 착실한 성과를 거두고 있다.

문부과학성은 2017년의 '교원 수요 감소기에 교원 양성·연수 기능 강화를 위하여—국립 교원 양성 대학·학부, 대학원, 부속 학교 개혁에 관한 전문가 회의 보고서—'教員需要の減少期における教員養成·研修機能の強化に向けて—国立教員養成大学·学部, 大学院、附属学校の改革に関する有識者会議報告書—(2017.8.29.)를 바탕으로 교직 대학원이 학교교육 전체에서 지식의 거점이 되도록 교육 내용의 질을 한층 높이고 다양화·특색화를 지향하는 전략을 추진하고 있다.

5. 학교 선택

1) 유치원

유치원의 선택은 보호자가 자녀를 취학시킬 유치원에 신청하면 유치원이 면접, 시험, 추첨 등의 방법으로 입학자를 결정한다. 에스컬레이터 진학이 이루어지고 있는 사립학교의 경우 유치원에 입학하여 특별히 실패하지 않으면 동일 학교법인이 설립·운영하는 명문 사립대학에 입학할 가능성이 높아 수험 경쟁이 치열하다.

2) 초중등학교

국립과 사립의 소학교와 중학교는 학교에 입학 지원을 하면 학교가 면접, 시험, 추첨의 방법에 의하여 입학자를 결정한다. 공립학교는 학교교육법 시행령 제5조에서 시정촌교육위원회가 시정촌 내에 소학교·중학교가 2개교 이상 있는 경우 취학 예정자를 취학시킬 소학교, 중학교를 지정하도록 하고 있다. 대부분의 지자체는 통학 구역을 설정하여 통학 구역 내의 학교를 취학할 학교로 지정하고 있다(취학 지정 제도).

그러나 학교교육법 시행령 제8조에서는 지정된 취학교에 대하여 보호자의 의향 및 자녀의 상황에 합치하지 않는 경우 등에는 교육위원회가 상당하다고 인정할 때에 한하여 보호자의 신청에 의해 동일 지자체 내의 다른 학교로 변경할 수 있도록 하고 있다. 그러나 취학 지정교의 변경이 제도화되어 있다고는 하지만 일반적이지는 않았다. 그래서 최근에는 교육위원회가 취학할 학교의 지정에 앞서 미리 보호자의 의견을 청취할 수 있도록 하고 있다(학교교육법 시행규칙 제32조 제1항).

2003년 학교교육법 시행규칙 개정에 대해 통학 구역을 기반으로 학생을 배정해 왔던 의무교육 학교(공립소학교, 공립중학교)를 선택할 수 있게 되었다.

이 개혁의 단초는 1984년 내각총리대신의 자문기구인 임시교육심의회의 교육의 자유화·다양화 제안으로 거슬러 올라간다.[14] 이후 1996년 12월 행정개혁위원회의 '규제 완화 추진에 관한 의견', 1997년 1월 문부성의 통지 '통학 구역의 탄력적 운영에 관하여' 등을 거쳐 2003년 학교교육법 시행규칙이 개정되어 의무교육기관인 공립소학교와 중학교의 학교 선택제가 도입된 것이다.

현재 공립소학교와 중학교 학교 선택제를 둘러싸고 찬반양론이 있으며 제도 도입 여부를 결정하는 지자체의 소극적인 입장으로 인하여 실제 도입 사례는 많지 않다. 게다가 최근에는 학교 선택제를 도입하고 있는 지자체에서도 폐지하거나 폐지 수순을 밟고 있는 사례도 나타나고 있다.[15]

[표Ⅲ-3] 공립소·중학교 학교 선택의 유형

구분	학교 선택 내용
자유 선택제	당해 지자체 내의 모든 학교 중에서 학생 및 보호자가 희망하는 학교에 취학을 허용하는 제도
블록 선택제	당해 지자체를 블록으로 나눠 그 블록 내의 희망하는 학교에 취학을 허용하는 제도
인접 구역 선택제	종래 통학 구역은 그대로 둔 채 인접하는 구역 내의 희망하는 학교에 취학을 허용하는 제도
특인가제	종래 통학 구역은 그대로 둔 채 특정 학교에 대하여 통학 구역에 관계없이 당해 지자체 내의 어디서라도 취학을 허용하는 제도
특정 지역 선택제	종래 통학 구역은 그대로 둔 채 특정 지역에 거주하는 자에게 학교 선택을 허용하는 제도

출처: 文部科学省, 学校選択制等について.

6. 학교 평가

학교가 보호자 및 지역 주민에 대하여 설명 책임을 다하기 위해서는 학교교육 목표, 교육 과정, 학습 지도, 생활 지도, 진로 지도 등의 교육 활동 상황과 성과 외에 교무 분장, 교직원 활동 상황, 가정과 지역과의 연계, 사무 처리, 시설·설비 등 학교로서의 모든 활동에 대하여 자기 점검 및 자기 평가를 실시해 그 결과를 설명할 필요가 있다.

설명 책임이란 단순히 현재 이루어지는 상황을 설명하는 것이 아니라 학교로서 효과적으로 기능하고 있는지를 설명해 보호자와 지역 주민의 이해와 지지를 얻는 것을 예정 조화로 하는 프로세스이기 때문이다. 따라서 학교는 부단히 활동 상황을 자체적으로 점검하고 자기 평가를 실시할 필요가 있다. 그리고 평가 결과, 문제 또는 개선할 점이 나타나면 해결책을 제시하고 지속적으로 개선하여 학교교육 수준을 향상하도록 노력해야 한다.

이러한 정책 관점에서 중앙교육심의회 등이 학교의 자기 평가와 정보의 적극적인 제공에 관하여 여러 번 제언하였다. 중앙교육심의회의 답신 '21세기를 전망한 우리 나라 교육의 방향에 관하여'21世紀を展望した我が国の教育の在り方について(1996.7.19.), '금후 지방 교육 행정의 방향에 관하여'今後の地方教育行政の在り方について(1998.9.), 교육과정심의회 답신 '학생의 학습과 교육 과정 실시 상황의 평가 의의에 관하여'児童生徒の学習と教育課程の実施状況の評価の在り方について(2010.12.4.), 같은 해 교육개혁국민회의 보고 등에서는 학교 평가 및 정보 공개의 중요성을 강조하였다.

문부과학성은 2007년 6월 학교교육법을 개정하여 제42조(소학교는 문부과학대신이 정하는 바에 따라 당해 소학교의 교육 활동 및 기타 학교 운영 상황에 관하여 평가를 실시하여 그 결과를 바탕으로 학교 운영을 개선하기 위하여 필요한 조치를 강구함으로써 교육 수준의 향상을 위해 노력하여야 한다)에 학교 평가의 근거를 신설하였다.

그리고 제43조에 학교의 적극적인 정보 제공에 관한 규정을 마련하였다. 이 규정은 유치원, 중학교, 고등학교, 중등교육학교, 특별지원학교 등에 준용된다. 그리고 같은 해 개정된 학교교육법 시행규칙에서는 자기 평가의 실시·공표(제66조), 보호자 등 학교 관계자에 대한 평가의 실시·공표(제67조), 평가 결과의 설치자 보고(제68조)가 새롭게 규정되었다. 2014년도 학교 평가 실시 상황 조사 결과에 의하면 국립학교의 95%, 공립학교의 96%, 사립학교의 44.8%가 학교 평가를 실시하는 것으로 나타났다.[16]

7. 전국 학력 조사

전국학력·학습상황조사는 문부과학성이 일본 전국의 소중학교 최고 학년(소학교 6학년, 중학교 3학년) 전원을 대상으로 하는 조사이다. 이 조사는 전국적으로 학생들의 학력 및 학습 상황을 파악·분석함으로써 국가 및 모든 교육위원회에서 교육 시책의 성과와 과제를 분석하여 개선을 도모하고, 학교에서 개별 학생에 대한 교육 지도 및 학습 상황의 개선·충실 등에 활용하며, 이를 통하여 교육에 관한 계속적인 검증 개선 사이클을 확립하는 것이 목적이다.[17]

2007년에 재개된 전국학력·학습상황조사는 일본에서 처음이 아니었으며 여러 번의 비슷한 정책이 있었다. 1947년부터 1955년까지 지자체가 중심이 되어 학력 조사가 실시되었으며, 1956년부터는 국가 주도로 '전국중학교일제학력조사'가 실시되어 1966년까지 11회 실시되었다.

이 조사는 당초 추출 방식으로 실시되다가 1961년부터는 중학교 2학년과 3학년을 대상으로 한 전수 조사로 변경되었는데, 전수 조사로 변경된 후 학교 및 지역 간의 경쟁이 과열되고 교직원조합 등의 반대 운동이 격화되어 1964년에 전수 조사를 중지하고 추출 방식으로 변경했다. 이후 1966년 학력 조사를 둘러싸고 발생한 재판의 제1심 판결에서 국가에 의한 학력 조사가 위법이라고 판시함에 따라 전면 중단되었다(1976년의 최종심에서

합법으로 판결).[18]

2000년에는 OECD의 제1회 국제학업성취도평가 전후의 유토리 교육과 2003년 국제학업성취도평가에서 일본의 순위 하락으로 인하여 학력 저하 문제가 교육학자, 학교 관계자에서 기업 경영자, 인사 담당자, 학생·보호자, 매스컴까지도 끌어들이는 대논쟁으로 발전했다.

2004년에 정부는 전국 학력 조사의 실시 방침을 정하고 2005년 각의 결정한 '재정경제 운영과 구조 개혁에 관한 기본 방침 2005'経済財政運営と構造改革に関する基本方針 2005에서 "학생 학력 상황의 파악·분석을 바탕으로 지도 방법의 개선·향상을 기하기 위해 전국적인 학력 조사의 실시 등 적절한 방법에 관하여 신속히 검토하여 실시"하는 것을 교육 개혁의 방향으로 정리하였다. 그리고 43년 만인 2007년에 소중학교 학생을 대상으로 하는 전수 조사가 부활하였다.

2021년에 실시된 조사는 ① 본체 조사(교과에 관한 조사와 생활 습관 및 학습 환경 등에 관한 질문지 조사로 구성된 전수 조사), ② 경년 변화 분석 조사(추출된 소학교 6학년, 중학교 3학년 학생과 소학교 600개교 정도, 중학교 750개교 정도 추출 조사), 두 가지와 '전문가에 의한 추적 분석 조사'가 실시되었다. 교과에 관한 조사는 2022년에 이과가 추가되어 국어와 산수·수학, 이과이다.

8. 학교 · 가정 · 지역과의 연계

교육기본법 제10조에서는 "부모, 기타 보호자는 자녀의 교육에 관하여 일차적인 책임을 가지는 자로, 생활을 위하여 필요한 습관을 몸에 익히도록 하고 아울러 자립심을 육성하고 심신이 조화로운 발달을 도모하도록 노력하여야 한다"라고 가정교육에 관하여 규정하고, 제12조에서 "개인의 요망과 사회의 요청에 부응하여 사회에서 이루어지는 교육은 국가 및 지방공공단체에 의해 장려되어야 한다"라고 사회교육을 규정하고 있다.

그리고 제13조는 가정교육 및 사회교육의 중요성에 입각하여 "학교, 가정 및 지역 주민 및 기타 관계자는 교육에서 각각의 역할을 자각하고 아울러 상호 연계 및 협력에 노력"하도록 하고 있다. 이하에서는 학교·가정·지역 사회와의 연계를 '학교 평의원 제도', '학교운영협의회 제도'(커뮤니티스쿨), '학교 단계 간의 연계'로 구분하여 살펴본다.

1) 학교 평의원

학교 평의원 제도는 학교가 보호자와 지역 주민 등의 신뢰에 부응하여 가정 및 지역과 연계 협력하여 일체가 되어 아동의 건강한 성장을 기한다는 관점에서 보다 더 지역에 열린 학교를 추진하기 위해 1998년 중앙교육심의회 답신에 따라 2000년 학교교육법 시행규칙을 개정하여 도입하였다. 이 제도는 일본에서 처음으로 지역 주민의 학교 운영에 대한 참가 체제를 제도적으로 위치시킨 것으로 평가받고 있다.

학교 평의원은 학교 설치자가 정하는 바에 따라 둘 수 있으며 당해 학교 직원 이외의 교육에 관한 이해 및 식견을 가진 자 중에서 교장의 추천에 의해 당해 학교의 설치자가 위촉한다. 학교 평의원은 교장의 요구에 따라 학교 운영에 관한 의견을 제출할 수 있다.

문부과학성은 학교 평의원에게 기대되는 효과로 학교와 지역의 실정에 따라 학교 운영에 관하여 ① 보호자와 지역 주민 등의 의향을 파악하여 반영, ② 보호자와 지역 주민 등과의 협력, ③ 학교 운영 상황 등을 주지하는 등 학교로서의 설명 책임 수행, 세 가지를 들고 있다(文部科学省, 学校評議員制度について).

2) 학교운영협의회

학교와 보호사, 지역 주민이 함께 지혜를 모아 학교 운영에 의견을 반영시킴으로써 협동을 통하여 아동의 풍부한 성장을 지원하는 '지역과 함께하는 학교'로 전환하기 위한 전략으로 2004년에 도입된 학교운영협의회 제도(커뮤니티스쿨)가 있다. 커뮤니티스쿨에서는 학교 운영에 지역의 목소리를 적극적으로 살려 지역과 일체가 되는 특색 있는 학교 만들기를 추진해 가는 것을 기대하고 있다.

학교운영협의회는 지방교육행정법에 의거하여 설치되며 교육위원회는 교육위원회규칙에서 정하는 바에 따라 그 소관에 속하는 학교 중 지정하는 학교의 운영에 관하여 협의하는 기관으로, 당해 지정 학교마다 학교운영협의회를 설치할 수 있다. 학교운영협의회 위원은 당해 지정 학교가 소재하는 지역 주민, 당해 학교에 재학하는 학생의 보호자, 기타 교육위원회가 필요하다고 인정하는 자를 교육위원회가 임명한다.

지방교육행정법에서는 '교장이 작성하는 학교 운영의 기본 방침 승인', '학교 운영에 관한 의견을 교육위원회 또는 교장에게 제출하는 일', '교직원의 임용에 관하여 교육위원회규칙이 정하는 사항에 관하여 교육위원회에 의견을 제출하는 일'을 학교운영협의회의 주된 역할로 하고 있다.

2017년 12월에 최종 정리한 중앙교육심의회의 답신 '새로운 시대의 교육과 지방 창생의 실현을 위한 학교와 지역의 연계·협동의 방향과 금후의 추진 방책에 관하여'新しい時代の教育や地方創生の実現に向けた学校と地域の連携·協働の在り方と今後の推進方策について(2017.12.21.)에 의거하여 학교운영협의회의 설치 노력 의무화와 역할의 충실 등을 내용으로 하는 지방교육행정법의 개정이 이루어져 2018년 4월 1일부터 시행되었다(文部科学省, コミュニティ·スクール).

3) 학교 단계 간의 연계

학교 단계 간의 연계를 추진하기 위해 중고 일관 교육(중등교육학교), 소중 일관 교육, 의무교육학교가 제도화되어 있다. 이에 대해서는 전술하였다.

일본의 각급 학교에는 가정과 학교와 지역 사회의 연계를 통하여 학교교육과 아동의 성장·발달을 지원하는 조직으로 학부모교사단체(PTA)가 설치되어 있다. 학부모교사단체는 미국교육사절단보고서에서 시작되는데, 연합군최고사령부(GHQ)의 학부모교사단체 결성 지도에 따라 1946년 10월 문부성 내에 '부모와 교사모임위원회'를 설치하였다. 그리고 다음 해에 학부모교사단체 결성을 위한 매뉴얼로 '부모와 교사의 모임―교육 민주화를 위하여―'를 작성하여 문부차관 명의로 도도부현지사에게 송부하였다. 이 매뉴얼 발행 후 단기간에 학부모교사단체의 조직화가 이루어졌는데 그 배경에는 이미 대부분의 학교에 존재한 학교 후원회가 모체가 되었기 때문이다.

제6절 ____ 교육비·교육 재정

1. 교육비 정책

일본의 공립초중등학교는 수업료가 무상이며 사립학교는 수업료를 징수하고 있다. 공립소학교는 1907년에 6년간의 의무교육이 도입된 이후 수업료 무상 원칙이 적용되었으며 공립중학교는 1947년에 교육기본법 및 학교교육법의 제정과 더불어 중학교 의무교육이 도입되어 수업료가 무상이 되었다. 중학교 졸업생의 거의 모두가 진학하는 고등학교는 국민적 교육

기관 내지 준의무교육이 되어 있다. 따라서 가정의 경제 상황에 관계없이 의욕이 있는 청소년이 안심하고 고교 교육을 받을 수 있도록 민주당 정권기인 2010년 4월부터 고교 무상화가 시작되었다.

즉, 2010년 3월 취학장려원조법이 제정되고 2010년 4월 1일부터 공립고교 수업료 무상화 및 사립학교 취학 지원금 지급 제도가 시행되었다. 당초에는 국공립고교의 경우 수업료 상당액인 연간 118,800엔을 국가가 지자체에 취학 지원금으로 지원함으로써 공립고교의 수업료 무상화가 이루어졌다.

그리고 사립고교는 보호자의 소득에 따라 국공립고교 수업료의 2배 이내를 국가가 학교 설립자에게 지원하는 것을 내용으로 하는데 연 수입 250만 엔 미만 정도의 세대는 237,600엔, 250만-350만 엔 세대는 178,200엔이 국가로부터 학교 설립자에게 취학 지원금으로 지급되었다.

그러나 2012년 6월의 제46회 중의원 총선거와 2013년 7월의 제23회 참의원 선거에서 연달아 자민당이 승리하여 정권을 탈환한 이후 고교 무상화 정책은 큰 변경이 있었다. 2013년 11월 27일 법률 제명을 취학지원금법으로 변경하고 지원 요건을 수정하여 2014년 4월 1일부터 시행하고 있다. 현행 취학 지원금 지원 요건은 다음과 같다.

- 재학 요건: 국·공·사립고등학교(전일제, 정시제, 통신제), 중등교육학교 후기 과정, 특별지원학교 고등부, 고등전문학교(1-3학년), 전수학교의 고등 과정, 각종학교. 단, 고등학교를 이미 졸업 또는 수료한 자, 고등학교에 재학한 기간이 통산하여 36개월을 넘는 자, 과목 이수생, 청강생은 대상에서 제외

- 거주 요건: 일본 국내에 주소를 가진 자. 문부과학대신의 인정을 받은 재외 교육 시설 고등부 학생에 대해서는 취학 지원금과는 별도의 수업료

지원을 실시

• 소득 요건: 연 수입 910만 엔(부모·고등학생·중학생 4인 가족으로 부모 중 한 명만

소득이 있는 경우 기준) 미만 세대의 학생[19]

민주당의 선거 공약으로 도입된 취학 지원금이 초기 시행 단계에서는 공립고교에 재학하는 모든 학생이 대상이 되어 실질적으로 공교육의 무상 원칙을 실현하였지만 자민당이 재집권한 후 소득에 따라 고교 수업료의 무상 여부가 정해지는 수업료 면제·감면 정책으로 전환된 것이다. 그 결과 고교 교육비가 증가하고 있어 소득에 관계없이 공교육은 무상으로 하는 공교육의 이념에서 후퇴한 정책이라는 주장도 있다.

2. 교육 재정 정책

1) 의무교육 재정 제도

학교교육법 제5조에서는 학교의 설립·운영에 관한 경비는 원칙적으로 학교의 설립자가 부담하도록 하고 있다. 이것을 설립자 부담주의 원칙이라고 한다. 공립학교는 지방공공단체가 부담하고 사립학교의 경비는 학교법인이 부담하여야 한다.

교육에 관한 사무가 지방공공단체의 사무라 하더라도 교육에서 국민의 기회균등을 확보하여야 하는 의무교육은 지방이 독자적으로 처리하는 사무가 아니라 국가와 지방 간 상호 관련성이 있는 사무라 할 것이므로 이 원칙은 단지 설립자에게 경비를 책임지도록 하는 것을 의도한 것이 아니라 교육 행정의 지방 자치와 사립학교 교육의 자유를 보장하는 기반이 되는 것이다(金相奎, 2017).

학교의 설립·운영에는 설립자의 독립 재원으로는 충당할 수 없는 막대한 비용이 소요되므로 국가와 지방공공단체가 필요 경비의 일정 비율을 부담하는 제도가 만들어져 있다. 공립학교의 경우 국고 지출금과 지방교부세가 중요한 재원이 되어 있으며 사립학교는 문부과학성의 사학 조성 제도에 의해 보조가 이루어진다.

2) 의무교육비국고부담금 제도

국고부담금은 국민의 교육 인권을 보장하는 책임을 지고 있는 국가가 부담하는 경비이다. 일본의 교육 재정은 의무교육 학교인 소중학교와 의무교육 학교 이후 교육 단계인 고등학교가 각각 다른 제도를 채용하고 있다.

의무교육이든 고교 교육이든 학교교육비는 인건비, 토지·건축비, 교육 활동비, 관리비 등으로 구분되는데 그중 인건비가 최대 비목으로 이를 조달하는 것이 교육 재정의 최대 과제가 되어 있다. 의무교육비국고부담금 제도의 목적은 의무교육 무상 원칙에 따라 국민 모두에 대하여 일정한 수준을 보장하기 위하여 국가가 필요한 경비를 부담함으로써 교육의 기회균등과 유지 향상을 도모하는 것이다(의무교육비국고부담법 제1조).

국가는 매년도 각 도도부현에 의무교육의 운영에 필요한 경비 중 교직원 급여 및 보수 등의 실제 지출액의 3분의 1을 의무적으로 부담하도록 하고 있다(동법 제2조). 당초 국가의 보조 비율은 2분의 1이었지만 2006년에 법률이 개정되어 3분의 1로 하향 조정되고 나머지는 지방교부세 등 일반 재원으로 교부하고 있다.

3) 현비부담교직원 제도

현비부담교직원 제도는 의무교육비국고부담금 제도 외에 교직원 급여

부담과 관련하여 중요한 제도이다. 설립자 부담주의의 원칙에 따르면 공립소중학교는 시정촌에 설립 의무가 있으므로 교직원 급여 등은 설립자인 시정촌이 부담하여야 한다.

그러나 시정촌의 재정력이 약하고 격차도 크기 때문에 설립자 부담주의 원칙을 고수할 경우 의무교육의 무상 및 교육의 기회균등 실현이 어렵게 된다. 그래서 1948년에 급여부담법이 제정되어 시정촌이 설립한 학교의 교직원이라도 그 급여 등은 도도부현이 부담하도록 하였다.

[그림Ⅲ-2] 현비부담교직원 제도 개요

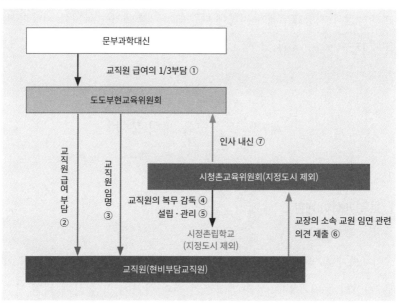

주 1: 근거 법령 ① 의무교육비국고부담법 제2조, ② 급여부담법 제1조, ③ 지방교육행정법 제37조, ④ 지방교육행정법 제43조, ⑤ 지방교육행정법 제21조 제1호, ⑥ 지방교육행정법 제39조, ⑦ 지방교육행정법 제38조.
주 2: 지정도시는 교직원의 임명, 급여 부담, 복무 감독 및 학교 설립·관리를 일원적으로 하며 교직원 급여비의 1/3을 국가가 부담한다.

4) 지방교부세 제도

지방교부세란 시방공공단체의 재원을 보장하고 지방공공단체 간의 재정 불균형을 조정하기 위하여 국세의 일부를 지방에 배분하는 제도이다(지방교부세법 제1조). 우리나라의 지방교부세(일반 자치)와 지방교육재정교부금(교육 자치)이 합쳐진 것과 같은 제도이다. 지방교부세는 사용 용도가 특정되지 않은 일반 재원으로 그 총액은 법정 5세의 일정 비율 합산액(소득세·법인세의 33.1%, 주세의 50%, 소비세의 22.8%, 지방법인세 수입액)이다.

일본에서 국가와 지방의 재원 배분은 2021년을 기준으로 할 경우 국세와 지방세의 비율이 각각 63.4%(71.9조 엔), 36.6%(41.4조 엔)였다. 여기에다 국고 지출금과 지방교부세가 지방에 배분되어 세출에서는 국가와 지방의 비율이 44.3%(97.3조 엔)와 55.7%(122.6조 엔)이다.

제7절 ____ 교육 개혁 동향

1. 교육 개혁의 개관

일본의 문부과학대신은 2015년 4월 14일 자 중앙교육심의회에 대한 자문 '개인의 능력과 가능성을 개화시켜 전원 참가에 의한 문제 해결 사회를 실현하기 위한 교육의 다양화와 질 보증에 관하여'個人の能力と可能性を開花させ、全員参加による課題解決社会を実現するための教育の多様化と質保証の在り方について(2016.5.30.)에서 일본을 과제 선진국이라고 한 것에 대하여 "급격한 고령자 인구의 증가와 생산 연령 인구의 감소에 의해 제 외국에 앞서 돌입한 초고령 사회, 인구의 자연 감소와 사회 감소의 급격한 진행으로 지방의 소멸 위

기, 세계의 수평화, 글로벌화에 의한 국제 경쟁의 격화, 산업 구조의 변화와 어려운 경제 상황에 의한 경제적 격차의 확대 및 격차 고정화의 우려, 이러한 선진국 공통의 과제가 우리 나라에서는 급격하게 진행되고 있어 한 가지 한 가지 신속히 해결해 가는 것에서 과제 해결 선진국이 되지 않으면 안 된다"라고 적고 있다.

일본의 교육 개혁은 1872년의 학제 공포부터 제2차 세계대전 전까지를 '제1의 교육 개혁', 제2차 세계대전 후의 교육 개혁을 '제2의 교육 개혁'으로 부른다. 그리고 중앙교육심의회의 답신 '향후 학교교육의 종합적인 확충 정비를 위한 기본적 시책에 관하여'今後における学校教育の総合的な拡充整備のための基本的施策について(1971.6.11. 통칭 46 답신)를 제3의 교육 개혁으로 보고 있다.

제3의 교육 개혁은 이 답신에서 "고도 성장기의 종료와 선진국을 뒤쫓는 근대화의 달성, 성숙 사회로의 이행, 근대 공업 문명의 전화에 따른 국제적 규모에서의 경제 사회 시스템의 재편성을 위한 개혁의 시대, 목표 상실의 시대에서 목표 재구축 시대로의 이행, 46년(1971)의 중앙교육심의회 답신의 이른바 '제3의 교육 개혁' 시대의 개시로부터 현재에 이르기까지의 시대"로 정의하는 데에 기인한다. 여기에 대해서는 문부과학성 및 교육계에서 일반적으로 수용적이다.

이상의 내용에서는 제1의 교육 개혁과 제2의 교육 개혁은 '현실의 교육적 결함'이나 '현행 체제 내의 개편'이라기보다는 '교육 체제의 전면적·근본적인 개혁을 의도'한 것으로 제1의 교육 개혁과 제2의 교육 개혁을 부정적으로 보는 교육학자는 많지 않다. 그 이유는 두 번의 교육 개혁은 시대 환경이 요구한 긴박한 과제라고 이해하기 때문일 것이다. 그러므로 앞으로의 교육 개혁도 긴박한 과제라면 사회 일반에서 부정적으로 받아들이기보다는 수용적일 것이다.

한편 중앙교육심의회의 '제3의 교육 개혁'이라는 정의를 비판적으로 본

임시교육심의회는 교육 개혁의 방안으로 '교육의 자유화'를 제기하였다. 임시교육심의회는 중앙교육심의회가 제3의 교육 개혁이라고 한 것에 대하여 "중교심의 46년 답신은 교육 개혁 이념을 정면으로 검토하지 않았으므로 '제3의 교육 개혁'의 성격이 반드시 명확하지 않고 의욕적이고 선도적 시행의 최초 제안도 교육계의 현상을 지키려는 의식이 강하게 들어 있어 실행으로 이어지지 않고 15년을 경과하였으며, 그사이에 교육이 심각하게 황폐되고 연이어 사회문제로 되는 가운데서도 교육 개혁으로 이어지지 않았다"라고 하고 있다(教育改革研究會, 1987). 즉 임시교육심의회는 중앙교육심의회가 46 답신에서 스스로 정의한 '제3의 교육 개혁'에 부정적인 입장이었다는 것을 읽을 수 있다.

그렇다면 임시교육심의회의 교육 개혁 방안이 '현실 교육의 결함'이나 '현행 체제 내의 개편'이라면 당연시되어야 하지만 그렇지 않다면 비판받을 것이다. 1980년대 이후 일본의 교육 개혁을 '교육의 개성화·탄력화, 나아가서는 자유화·시장화'로 집약한 후지타 히데노리藤田英典(2011)는 교육 개혁의 배경 네 가지로 "교내 폭력, 집단 따돌림, 불등교라는 '교육 병리' 문제의 분출", "과열한 수험 경쟁, 관리주의 교육, 획일적 교육, 경직적 교육 제도 등 일본 학교교육의 특징이라고 보아 왔던 것에 대한 비판", "대규모 사회 변화와 이에 대한 대응의 필요성", "생활 양식과 가치관이 다양화하는 가운데 교육에 대한 기대 및 관점도 다양화하여 '개성'에 대한 관심과 권리 의식도 높아진 것"을 들고 있다.

임시교육심의회가 정면으로 제기하였던 교육 개혁의 전제도 후지타가 지적한 배경과 크게 다르지 않다. 그러나 현실화된 교육 정책이 이미 공교육 제도에 조직된 기본적인 가치인 교육의 기회균등, 교육의 평등을 저해할 것이라는 우려가 지적되었다. 따라서 교육학 연구에서는 교육에 자유화·다양화를 표방한 임시교육심의회의 교육 개혁 방안은 교육 문제의 처방전으로서 환영받은 것이 아니라 교육 격차 확대론(개인 간의 격차 확대)이라는 비판을 받았다.

다만, 임시교육심의회의 교육 개혁 방안이 구체적인 교육 정책으로서 실현된 학교 선택제, 소중 일관 교육(소학교와 중학교의 교육을 통합하거나 연계하여 실시하는 교육), 중고 일관 교육(중학교와 고교의 교육을 통합하거나 연계하여 실시하는 교육)이 교육 격차를 생성하였는지에 관해서 충분히 검증된 사례는 많지 않다.

2. 학교 설립 탄력화

일본에서의 학교 설립 탄력화는 사립학교 설치 촉진과 교육의 민관 협력이라는 두 개의 방향으로 나아가고 있다. 대학 설립의 탄력화는 1996년 12월 행정개혁위원회의 '규제 완화의 추진에 관한 의견'(제2차) '창의로 만드는 새로운 일본'創意で造る新たな日本에서 제언한 것이다.

그러나 초중등교육기관에 관해서는 임시교육심의회의 제2차 답신에서 검토의 필요성이 제기된 이후, 2001년 3월에 각의 결정된 종합규제개혁회의의 '규제 개혁 추진 3개년 계획'에서 "다채로운 교육 이념에 바탕한 사립의 소중학교가 설립"되도록 소중학교설치기준의 책정을 제안하였다. 또한 같은 해 4월의 '규제 개혁의 추진에 관한 제1차 답신'에서도 "사립학교의 설립 촉진 등에 의해 다양화를 추진하여 수요자가 선택을 하고 그 운영에 참가함으로써 질 높은 교육 서비스가 제공"되도록 "소중학교설치기준의 명확화와 사립학교 설립 참가 촉진을 위한 요건 완화"를 제언하였다.

그리고 2002년 3월에 각의 결정한 '규제 개혁 3개년 계획'(개정)에서 "개성 풍부하고 다양한 교육 서비스를 제공하는 사립학교 설립을 촉진, 사립소학교 및 사립중학교 설립 촉진"의 관점에서 "교사校舍 및 운동장의 면적 기준, 나른 용도와 공동 사용을 인정하는 등 적절한 요건"을 요구하고, 각 도도부현의 사립소중학교 설립 인가 심사 기준, 학교법인 설립 인가 기준에 대해서도 그 요건의 적절한 완화를 과제로 하였다.

2002년 4월에 '소학교설치기준'과 '중학교설치기준'을 제정한 이후 '규제 개혁 추진 3개년 계획'(재개정, 2003년 3월 28일 각의 결정)에서는 "소중학교설치 기준 책정 및 취지에 입각하여 각 도도부현의 '사립소·중학교 설치 인가 심사 기준' 등에서 교사와 운동장의 면적 기준 등의 요건 재검토"를 촉구하였다.

이러한 일련의 사립학교 촉진 정책의 효과는 크게 나타나고 있다. 사립소학교는 2000년 172개교에서 2022년 243개교로 증가하고, 학생 수는 같은 기간 67,526명에서 79,882명으로 18.3%가 증가하였다. 그리고 사립중학교는 2000년 680개교에서 2022년 780개교로 증가하고, 학생 수는 같은 기간 234,647명에서 2018년 246,337명으로 5% 정도 증가하였다.

사립중학교는 2010년 255,507명으로 정점에 도달한 후 감소 추세에 있다. 그러나 공립중학교의 2000년 대비 2022년의 학생 수가 23.5%(2000년 3,835,338명 → 2022년 2,931,721명) 감소한 것과 비교하면 사립중학교의 학생 수 증가는 바로 사립학교 설립 촉진 정책의 효과라고 볼 수 있다. 사립학교는 높은 수업료를 지불하여야 하며 학교 부지도 협소하고 급식 시설 부족 등 공립학교와 비교하여 교육 환경이 열등하다. 그럼에도 불구하고 부모의 사립학교 선택은 확대되고 있다.

선행 연구에 의하면 높은 소득 계층에서 사립학교 진학률은 높고 수입이 높을수록 사립학교 진학이 많아진다는 것이 확인되었으며 도쿄 출신자인 경우, 개인적인 요인이 동일한 경우에도 다른 지역 출신자보다 사립학교에 진학하는 경향이 있다. 도쿄도 내에서 소득 수준이 높은 특별구에서도 사립중학교 진학률이 높은 특징에는 변함이 없다. 앞으로 사립학교 확대 정책은 교육 격차의 확대 요인이 될 가능성이 적지 않지만, 한편으로는 공립학교와의 경쟁을 부추겨 공교육 전반의 향상으로 이어질 긍정적인 측면도 무시할 수 없다.

3. 교육 민영화 정책

교육의 민영화 방법으로는 구조개혁특구와 국가전략특구의 학교 설립을 들 수 있다. 구조개혁특구는 2002년 6월 경제재정자문회의 답신 '경제재정 운용과 구조 개혁에 관한 기본 방침 2002'에서 "진전이 늦은 분야의 규제 개혁을 지역의 자발성을 최대한 존중하는 형태로 추진하기 위한 '구조개혁특구'의 도입"과 "지역 한정의 구조 개혁을 함으로써 지역의 특성을 표면화하거나 특정 지역에 새로운 산업을 집약하는 등 지역의 활성화"로 이어지도록 하는 내용을 포함한 지역화 전략을 제안하였다.

그 후 종합규제개혁회의 및 구조개혁특구추진본부 발족 등의 경위를 거쳐 2002년 12월 구조개혁특별구역법을 제정했다. 구조개혁특구는 "경제 사회 구조 개혁 추진", "지역의 활성화", "국민 경제의 발전" 등과 같은 구조 개혁을 통하여 지역의 활성화와 경제 발전을 도모하는 것을 목적으로 한다. 현재로서는 구조개혁특구에 설립하는 학교는 사학 조성의 대상이 되지 않으므로 설립 실적은 적지만 앞으로 학교 설립을 유도하는 확대 정책 여부에 따라 공교육의 운영 구조에 영향을 줄 수 있다.[20]

한편 2013년 6월에 각의 결정한 일본재흥전략日本再興戦略에서는 "공립학교 운영의 민간에 대한 개방"에 관하여 조속히 검토하여 결론을 얻도록 하였는데, 같은 해 12월에 국가전략특별구역법을 제정하였다. 같은 법 부칙

제2조 제4항에서 공립학교의 운영을 민간에게 개방하는 길이 열렸지만 구조개혁특구와 다른 점은 설립 대상 학교에 제한이 없다는 점이다.

그 후 2014년 5월에 내각총리 결정의 '국가전략특별구역 및 구역 방침'에서는 사업에 관한 기본적 사항으로 "국제 비즈니스를 뒷받침하는 인재의 육성"(공설 민영학교, 간사이 권역), "높은 품질의 제품 제작 및 산업 인재의 육성·확보"(공설 민영학교, 아이치 권역) 등을 예시하였다.

그러나 이러한 정책 방침에 따를 경우 "글로벌 인재의 육성", "고도 인재의 육성"을 전면에 내세운 엘리트 학교가 전국적으로 확대될 가능성도 있다. 이는 공립학교 선택제보다 더 사회 계층과 교육과의 새로운 관계를 만들어 갈 가능성이 있다.

4. 정부 간 관계의 재편

국가와 지방의 통치 구조(정부 간 관계) 재편은 임시행정조사회의 '행정 개혁에 관한 제3차 답신'(기본 답신, 1982.7.30.)에 의해 시작되었다. 이 답신에서는 '국가와 지방의 기능 분담'으로 "① 주민에게 가까운 행정은 가능한 한 지역 주민과 가까운 지방공공단체에서 처리하도록 사무의 재분배 추진, ② 지역 주민의 의사가 더 반영되고 지방 자치가 더 실현되기 쉬운 시정촌의 행정 기능 강화, ③ 국가와 지방공공단체에 대한 규제 및 관여의 적극적인 완화"를 들었다.

지방 분권 추진 계획(1998.5.)과 지방분권일괄법의 성립(1999.7.)은 기관위임사무의 폐지,[21] 지방교육행정법상 관여의 재검토, 교육장 임명 승인제의 폐지 등 교육의 지방 분권 개혁을 추진했다. 2002년 6월에 각의 결정한 '경제 재정 운용과 구조 개혁에 관한 기본 방침 2002'에서 처음으로 제안한 삼위일체 개혁은 지방단체의 자주적인 행정 운영을 보장하는 조치였다.

삼위일체 개혁에 의한 지방 교육비 운용 구조의 변화로는 우선 2004년도에 지자체가 교직원 정수 및 급여의 탄력화 도모라는 정책 관점에서 도입한 총액 재량제를 들 수 있다. 총액 재량제는 2001년 의무교육학교표준법의 개정으로 인한 '의무교육 완전 35명 학급화'와 함께 지방 분권을 확대하는 정책이었다.

다음으로 의무교육비국고부담금을 2분의 1에서 3분의 1로 하향 조정하였다. 지금까지 의무교육의 기회균등을 확보한 것은 국가에 의한 교육 조건의 표준화 정책과 함께 의무교육비국고부담금과 같은 국가의 직접 책임이었다. 이러한 표준화 정책에 의해 개별 지자체의 재정 능력에 관계없이 전국 어느 지역이라도 일정 수의 교직원을 확보할 수 있었다.

그 때문에 교육 행정학에서 정부 간 관계의 재편은 국가의 활동 정지 또는 국가 역할의 후퇴로 교육의 기회균등에 역행하는 방향성을 가진다는 지적이 있었다. 즉 국가가 교육에 대한 규제를 약화하는 것으로 인해서 지역 간의 재정 격차가 그대로 교육 격차로 이어질 것이라는 논의이다.

그러나 이러한 논의에 대해서는 두 가지 의문을 생각할 수 있다. 하나는 교육에 관한 정책 결정을 분권화한 것이 국가 교육 책임의 후퇴인가라는 점이다. 국가가 획일적·직접적으로 교육 정책을 결정하여 집행하는 것이 교육의 공공성 확보이며 교육의 기회균등을 지키는 유일한 방법인지 여부에는 의문이 생긴다.

또 하나는 정부 간 관계의 재편을 시작으로 지역력이 창출되어 지방 자치의 활성화가 기대될 수 있을지에 관한 것이다. 이것은 교육에서 다양한 시도와 대응을 창출한 지방 자치의 자율성, 지역적·시민적 공공성과 새로운 교육 거버넌스[22]가 창조될 가능성에 대한 의문이다.

제2장
고등교육 제도

제1절 ____ 고등교육의 연혁

1. 메이지 시대에서 제2차 세계대전 이전

이 장에서는 일본의 고등교육이 걸어온 길을 정부 자료 등을 참고로 하여 정리한다.[23] 1877년 도쿄대학의 설립을 일본 고등교육의 효시라고 본다. 쇼헤이갓코의 전통을 이은 도쿄 가이세이갓코 및 이갓코 등을 합병하여 설립된 도쿄대학은 1886년의 제국대학령에 의해 제국대학이 되었다. 일본 정부는 제국대학에 대하여 중점적으로 투자를 하여 국가에 필요한 교육·연구를 전개하는 가운데서도 자율성을 둘러싼 논의의 중심적인 역할을 수행하였다.

일본의 학교교육 제도에서 고등교육기관은 제국대학 외에 1918년의 대학령에서 전문학교로서 위치하였던 사립대학이 제도상 대학이 되었다. 하지만 고등교육기관은 구제 대학, 구제 전문학교, 구제 고등학교, 고등사범학교, 사범학교 등 다양한 학교 종류로 분기된 구조였다.[24]

고등교육기관은 진학률이 1920년 2.2%에 불과한 엘리트 단계였다. 잠사전문학교, 고등상업학교, 고등공업학교 등 전문 분야별로 분화된 전문학교는 그 분야의 교육·연구에서 전국적인 거점이 되는 학교로서 역할을 하는 등 독자적인 개성을 발휘하였다. 이처럼 다양한 고등교육 제도는 복선형 학교 제도로 상급 학교의 진학에 차별을 생성하는 등 폐해가 있었다.

2. 제2차 세계대전 이후

1947년에 제정된 학교교육법은 이전의 구제 고등교육기관을 단선형의 6-3-3-4제 체계 안의 대학으로 일원화하였다. 구제 대학과 사범대학 등 규모와 역할, 문화 등이 다른 고등교육기관이 신제 대학으로 통합되었다. 이후 고등교육기관에 고등전문학교(1961), 단기대학(1964), 전문학교(1975)가 추가되었다.

일본의 고등교육은 세계적으로도 특이하다고 할 정도로 빠른 속도로 양적인 확대를 달성하였지만 고등교육의 주된 역할을 한 것은 사립대학이다. 고등교육 양적 확대 대부분을 사립대학에 의존함으로써 결과적으로 공적 교육 재정보다도 가계 지출에 의존하는 시스템으로 경로가 만들어졌다.

국립대학 비율은 1955년 전체 대학의 31.6%에서 2002년 14.4%까지 떨어졌다. 국립대학은 고등교육의 양적 확대보다는 학술 연구와 연구자 양성에서 중점적인 역할을 담당하면서 전국적으로 균형 있게 배치하여 지역의 교육·문화·산업 기반을 지탱하고 학생의 경제 상황에 좌우되지 않는 진학 기회를 제공하는 등의 역할을 담당하였다.

1966년 16.1%였던 대학·단기대학 진학률은 1976년 36.2%로 2.4배가 증가하면서 대중화하는 고등교육의 질을 어떻게 유지·향상시킬 것인가가 커다란 정책 과제가 되었다. 이러한 문제의식에서 1971년 중앙교육심의회는 이른바 '46 답신'에서 고등교육기관의 제도적 종별화를 제언하면서 국가가 고등교육 규모 등에 관하여 계획·관리하고 고등교육에 재정 조치를 함으로써 질을 확보하도록 제언하였다. 46 답신의 제언은 1975년 이후 정부의 고등교육 계획 및 같은 해 제정된 사립학교진흥조성법에 의거, 사학 조성을 시작하는 형태로 결실을 맺었다.

1984년부터 1987년까지 활동한 임시교육심의회는 고등교육의 개성화·다양화·고도화를 정책적으로 추진하기 위하여 유니버시티 칼리지 설치, 대학설치기준 개정 등을 통하여 대학 스스로가 이념과 개성을 살려 창의적인 노력이 가능하도록 제도를 탄력화하고 고등교육의 질을 확보하는 수단으로 대학 평가와 대학 정보 공개를 중시하도록 제언하였다.

3. 대학심의회와 대학 개혁

임시교육심의회의 자문에 따라 1987년에는 대학심의회가 설치되었다. 대학심의회는 임시교육심의회에서 제언한 대학 개혁의 방향성에 입각하여 ① 교육 연구의 고도화, ② 고등교육의 개성화, ③ 조직 운영의 활성화를 세 개의 축으로 심의를 하였다.

예를 들면 ① 교육 연구의 고도화 추진의 관점에서는 기능이 취약한 것으로 지적된 대학원의 양적·질적 정비 및 통신제 대학원 제도, 전문대학원 제도, 석사 과정 1년제 과정의 설치를, ② 고등교육의 개성화는 고등교육의 질 확보 체계를 전환하기 위하여 커리큘럼 편성의 탄력화 등 대학설치기준의 개정, 교원 능력 개발faculty development 및 이수 과목 등록 상한제, 교원 자격에서 교육 능력의 중시 등 책임 있는 수업 운영과 엄격한 성적 평가, 정보 통신 기술의 활용 촉진을, ③ 조직 운영의 활성화 관점에서는 자기 점검·평가 및 외부 평가 실시, 교원의 선택적 임기제 도입, 조직 운영 체제 명확화 및 외부 의견의 반영 등을 제언하였다.

고등교육의 규모는 고등교육 계획이 책정된 1980년도 말까지는 특별히 필요하다고 인정되는 경우를 제외하고 사립대학 학부 등의 인가를 하지 않는 방침 등의 영향으로 1980년대에는 대학 진학률이 37% 전후에서 안정적인 추이를 보였다.

한편 1984년 대학설치심의회 대학설치계획분과회에서 책정된 '1986년 이후 고등교육의 계획적 정비에 관하여'昭和61年度以降の高等教育の計画的整備について(1984.9.)에서는 18세 인구가 급격히 증가하고 있지만 1992년을 정점으로 급격히 감소하여 2000년에는 150만 명대에 이르게 되므로 설립 인가를 억제한다는 원칙을 유지하면서 한시적 기간에 대하여 임시적 정원의 증원을 제언하였다. 이 임시적 정원 정책으로 대학 진학률이 1993년 이후 18세 인구의 급격한 감소와 맞물려 40%를 넘어 지금은 50%에 달하고 있다.

대학의 학사 과정에서 교양 교육의 문제는 학교교육법 제정 이후 줄곧 논의가 이어졌다. 1956년에 제정된 대학설치기준에서는 일반교육 과목이 필수로 규정되었으며, 1963년 국립대학법설치법에서는 일반교육을 담당하는 교양학부를 두는 것이 가능하였다. 그러나 1991년 대학심의회의 제언 등에 따라 일반교육 과목 및 전문교육 과목의 제도상 구분을 삭제하는 대학설치기준이 개정되어 교양 교육이 쇠퇴하는 결과로 이어졌다.

4. 21세기 답신 이후

1990년대 후반에 접어들어 지식 기반 사회로의 이행 등 사회 변화에 따라 범용성이 높은 지식을 가지고 스스로 과제를 탐구하고 해결할 수 있는 능력을 더 필요로 하는 시대가 도래함에 따라 대학심의회는 이러한 문제에 대한 전체적인 개혁 방안으로 1998년 '21세기의 대학상과 개혁 방책에 관하여－경쟁적 환경 속에서 개성을 발휘하는 대학－'21世紀の大学像と今後の改革方策について－競争的環境の中で個性が輝く大学－(1998.10.26.)를 답신하였다. 이 답신은 그간 대학심의회가 중심이 되어 대학 개혁을 전개하고 문제점을 정리하여 대학 개혁이 보다 역동적으로 진전되도록 하기 위하여 향후 개혁 전략을 구조적으로 체계화한 것이다.

이 답신에서는 ① '과제 탐구 능력의 육성'이라는 대학 교육 목표의 명확화, ② 각 대학이 특색 있는 교육·연구를 스스로 창의적으로 노력하여 전개할 수 있도록 재량의 확대, ③ 확대된 재량을 확실히 행사할 수 있는 책임 있는 조직 운영 시스템의 확립, ④ 각 대학에 대한 다원적 평가 시스템의 확립 등을 제언하였다.

이 답신에 의거하여 1999년에는 학사 과정을 3년 이상을 재학하면 마칠 수 있도록 하고 국립대학 조직 운영 체제를 확립하기 위한 국립학교설치법 등의 개정이 있었다. 그리고 2000년에는 대학의 교육·연구 특성을 충분히 고려한 제3자 평가를 실시하기 위한 전문적 기관으로 대학평가·학위수여기구가 설립되는 등 다양한 제도 개혁이 있었다.

이 '21세기의 대학상과 개혁 방책에 관하여' 이후 대학의 교육·연구 기능에 대한 높은 기대를 배경으로 국립대학 제도 및 학교법인 제도, 설치 인가, 대학원 제도 등 대학 제도의 근간에 관한 정책이 2004년부터 일제히 시작되었다. 국립대학 법인화, 공립대학법인 제도의 신설, 학교법인 제도의 개선을 위한 사립학교법 개정 등 대학의 조직 운영 개혁을 위한 제도 개정이 이루어졌다.

특히 국립대학 법인화는 ① 대학을 법인화함으로써 자율적 운영 확보, ② 민간 매니지먼트 수법을 국립대학 운영에 도입, ③ 외부 인사가 참가하는 운영 시스템의 제도화, ④ 비공무원형에 의한 탄력적 인사 시스템으로의 이행, ⑤ 제3자 평가 도입에 의한 사후 점검 방식으로의 이행 등의 관점에서 의의가 크다. 아울러 2003년에 학교 설립 주체에 관한 특례로 주식회사가 대학을 설립할 수 있도록 제도화한 것도 고등교육 개혁의 일환이다.

아울러 고등교육 인증 평가 제도의 도입은 설치 인가의 탄력화와 맞물려 임시교육심의회 이래 지향해 온 대학 평가와 대학 정보 공개를 축으로 한 고등교육의 질 유지·향상 시스템에 박차를 가하는 대개혁이었다. 지식 기반 사회로의 이행은 대학이 본래 가지고 있는 국제성 및 국제적인 통용성이 대학의 개성적이고 특색 있는 발전에서 매우 중요하다는 것을 새삼 인식시키는 계기가 되었다. 학술 연구 분야에서의 격심한 국제적인 경쟁만이 아니라 대학 교육이 국경을 넘어 제공되는 가운데 대학이 교육·학술 활동 전반에 걸쳐 국제적 환경에서 외국의 대학까지도 의식하면서 부단히 노력해 가는 것이 요구된다.

일본의 대학 제도 형성에 많은 영향을 미친 19세기 이후 독일의 홈볼트적 교육관이 교육과 연구가 일체로 결합되어 있는 대학의 본질을 명확히 하는 역할을 해 온 것은 사실이지만 대학교원이 자신들은 연구자라고 자기 규정하여 연구 성과의 피력이 최고의 교육이라는 사상은 소수 엘리트에 대한 대학 교육을 전제로 성립한 이념이다. 오늘날 대학의 사명은 교양 교육, 전문 직업인 양성, 사회적 서비스 등 다양한 역할이 기대되므로 대학관도 시대와 사회 상황에 맞게 변모해 가야 하는 것은 당연하다.

[표Ⅲ-4] 고등교육 자격 · 수여 기관 현황

자격			수여 기관	표준 수업 연한	필요 단위 수	취득 후 진학 학교
학사			일반 대학	4	124	대학원, 전문직 대학원
			의학 · 치학	6	188	
			약학(임상 목적)	6	186	
			수의학	6	182	
학사 (전문직)			전문직 대학	4	124	
단기대 학사			단기대학	2	62	대학 편입학, 전문직 대학 편입학
				3	93	
단기대 학사 (전문직)			전문직 단기대학, 전문직 대학의 전기 과정(전기 · 후기 과정을 두는 전문직 대학의 경우)	2	62	
				3	93	
석사			대학원 (박사 전기 과정)	2	30	대학원 (박사 후기 과정)
박사			대학원 (박사 후기 과정)	5	30	–
전문직 학위	석사 (전문직)	전문직 대학원	전문직 대학원	1–2	30	대학원 (박사 후기 과정)
	법무박사 (전문직)		법과대학원	3	93	
	교직석사 (전문직)		교직 대학원	2	45	

출처: 大学改革支援 · 学位授与機構. (2019).

5. 고등교육의 발전

일본에서는 1947년 학교교육법이 제정되어 6-3-3-4제의 단선형 학교 제도가 발족했다. 구제 고교(대학 예과) 및 구제 전문학교의 대부분은 4년제 대학에 통합 · 개편되어 종전의 다중적인 구조가 일원화되었다. 그러나 국립과 사립으로 이원화된 제도는 유지되어 사립대학은 전문학교 등에서 승

격하여 급증하였다. 또한 잠정적이었던 2년제 단기대학이 제도화되고 고
등전문학교, 전수학교(전문 과정) 등도 설치됨으로써 고등교육 제도 내에서
새로운 복선화·다양화가 진행되었다.

사립대학 및 단기대학, 고등전문학교 등은 18세 인구의 증가와 진학열의
상승, 산업계의 인재 양성 등의 영향으로 고등교육의 대중화, 보편화의 실
현에 큰 기여를 하였다.

1947년 학교교육법에서는 대학의 설치 인가에 대학설치위원회(후에 대학
설치심의회로 개칭)의 자문을 받도록 하였다. 또한 구제 대학, 구제 전문학교
를 신제 대학으로 전환시킬 때의 원칙이 문제가 되었지만 연합군최고사령
부 민간정보교육국(CIE)에서 제시한 국립대학 설치 방법을 토대로 문부성
은 1948년 6월 부현(광역지방공공단체)마다 대학, 학부·분교의 동일 부현 내
설치, 교양 및 교직에 관한 학부 설치, 동서 두 곳에 여자대학 설치 등을 내
용으로 하는 국립대학 실시 요령(국립대학 설치 11원칙)을 발표하였다. 이를
바탕으로 1949년 5월 국립학교설치법이 제정되어 동일 부현 내의 고등교
육기관을 재편하는 방식으로 69개의 신제 국립대학이 발족하였다.

공립·사립대학은 국립대학에 앞서 여자대학 및 그리스도계 대학 12곳
이 신제 대학으로 인가를 신청하여 문부성은 점령하의 특수 사정을 고려
하여 1948년 3월 인가하였다. 1949년에는 구제 대학, 신제 전문학교 등을
모체로 하는 많은 공사립대학이 인가를 받아 1950년도까지 국립 70개 대
학, 공립 26개 대학, 사립 105개 대학 등 201개 대학이 설치되었다.

한편 대학 기준에 미달하는 구제 전문학교는 1949년 5월 학교교육법을
일부 개정하여 잠정적 조치로 단기대학으로서 위치하였다. 단기대학은 잠
정적 조치였지만 여성의 고등교육 기회 확대에 커다란 역할을 하였으며
사회의 실용적 인재에 대한 요구에도 대응하여 학교 체계 안의 제도로서
위치하여야 한다는 요구가 높아져 1964년 학교교육법을 개정하여 대학의

범주에 포함하였다.

　1960년대에 접어들어 고도 경제 성장으로 국민 소득이 상승하여 고등교육 진학 희망도 커졌지만 제1차 베이비붐으로 18세 인구 또한 급증하여 이러한 상황에 대응하여 사립대학의 학생 수가 급격히 확대되었다. 사립대학의 급격한 확대는 일본의 고등교육 대중화에 가장 큰 영향을 미쳤다고 해도 과언이 아니다.

　1960년대 후반 대학 분쟁을 계기로 1970년대에 접어들어 양적 확대에서 질적 충실을 지향하는 정책으로 나아가게 되었으며, 1975년 사립학교진흥조성법이 성립하여 사립대학 정원 정책은 엄격하게 관리되고 대도시에 사립대학의 신증설이 원칙적으로 금지되는 등 대학 확대 억제 정책이 지속되었다.

　1990년 이후는 고등교육기관의 다양한 발전 등의 관점에서 대학 개혁이 추진되어 대학의 신증설이 가속화되었다. 2002년에는 국립대학 법인화 등 대학구조개혁이 각의 결정되고 2004년 국립대학이 국립대학법인으로 이행되었다.

제2절 ＿＿ 고등교육기관의 종류

　일본의 고등교육기관에는 대학, 고등전문학교, 전문학교(전문 과정을 두는 전수학교)가 있다. 대학에는 대학(학사 과정), 단기대학, 대학원 외에 질 높은 직업교육을 실시하는 전문 직업인을 양성하는 대학으로 전문직 대학, 단기대학으로 전문직 단기대학[25]이 있으며, 고도 전문 직업인의 양성에 목적을 특화한 유연하고 실천적인 교육을 실시하는 대학원으로 전문직 대학원이 있다.[26] 이러한 기관은 설립 주체에 따라 국립, 공립, 사립으로 구분된다.

일본의 법령상 고등교육기관의 범위에 관한 명확한 정의는 없다. 한편 '고등교육기관의 자격 인정에 관한 아시아 태평양 지역 규약'高等教育の資格の承認に関するアジア太平洋地域規約(2011.11.26.)의 대상이 되는 고등교육기관의 범위는 "학교교육법에 규정된 대학, 대학원, 단기대학, 고등전문학교 및 전문학교(농업대학교 제외) 및 학교교육법에 의하여 설립된 대학이 아닌 국립간호대학교, 직업능력개발종합대학교, 수산대학교"이다.

1. 대학(학사 과정)

세계 어느 국가이든 대학은 학술 연구와 교육을 사명으로 하는 고등교육기관이다. 교육기본법에서는 "대학은 학술을 중심으로 높은 교양과 전문적 능력을 기르며 깊이 있는 진리를 탐구하여 새로운 지식을 창조하고 이러한 성과를 널리 사회에 제공함으로써 사회 발전에 기여하여야 한다"라고 대학의 사명을 명기하고 있다(제7조 제1항).

즉, 대학은 학술을 중심으로 넓은 지식을 교육하고 깊이 있고 전문적인 학예를 교수·연구하여 지적, 도덕적 및 응용적 능력의 전개를 목적으로 하며, 이 목적을 실현하기 위하여 교육 연구를 실시하고 그 성과를 널리 사회에 제공함으로써 사회의 발전에 기여하여야 한다(학교교육법 제83조 제1항, 제2항).

대학 학사 과정의 수업 연한은 4년이지만 3년 이상 재학하고 졸업 요건의 단위를 우수한 성적으로 취득한 경우는 조기 졸업이 가능하다. 다만 의학, 치학, 약학(임상 목적), 수의학의 과정에는 적용되지 않는다.

2. 전문직 대학

전문직 대학은 깊이 있고 전문적인 학예를 교수·연구하여 전문성이 요구되는 직업을 담당하기 위한 실천적이고 응용적인 능력을 전개시키는 것을 목적으로 한다(학교교육법 제83조의 2 제1항). 전문직 대학에 3년 이상 재학하고 졸업 요건에 필요한 단위를 우수한 성적으로 취득한 경우는 조기 졸업이 인정된다.

고도의 실천력과 풍부한 창조력을 갖춘 전문 직업인을 육성하는 전문직 대학의 교육 내용은 학부 과정 4년제 대학과 차이가 있다. 수업의 3분의 1 이상이 실습과 실기로 이루어지며, 이론에 정통한 연구자와 현장 경험이 풍부한 각계의 실무가 교원으로부터 교육을 받는다(40명 이하의 소인수 학급). 기업 등 현장에서의 실습(4년제의 경우 600시간 이상, 1일당 8시간, 주 5일을 하는 경우 3-4개월 소요) 등 실제 현장에서 지식과 기술을 배워 문제를 해결할 수 있는 사고력을 기른다.

그리고 한 분야에만 한정하지 않고 다양한 분야의 학습을 통하여 새로운 아이디어를 만들어 내는 인재, 취업하고 있는 업계와 직업의 변화를 선도하는 인재의 양성을 지향한다. 2022년 10월 기준 전문직 대학, 전문직 단기대학, 전문직 학과는 전국에 23개 대학이다.

3. 대학원

대학원은 학술 이론과 이를 응용하여 교수·연구하고 깊이 있는 학문을 체득하거나 고도의 전문성이 요구되는 직업을 담당하기 위한 깊은 학식 및 탁월한 능력을 배양하여 문화의 진전에 기여하는 것을 목적으로 한다

(학교교육법 제99조 제1항). 대학원 석사 과정에 1년 이상 재학하고 우수한 성적을 거둔 경우에는 수료가 인정된다. 그리고 대학원 박사 과정에 3년 이상 재학하고 우수한 연구 업적을 거둔 경우에는 수료가 인정된다.

대학원 중 학술 이론 및 응용을 교수·연구하고 고도의 전문성이 요구되는 직업을 담당하기 위한 깊은 학식 및 탁월한 능력을 배양하는 것을 목적으로 하는 학교를 전문직 대학원이라 한다(학교교육법 제99조 제2항). 대학원 입학 자격 취득 후 입학 전에 취득한 단위로 전문직 대학원에서 교육 과정의 일부를 이수하였다고 인정되는 경우에는 전문직 대학원 및 교직 대학원은 표준 수업 연한의 2분의 1을 넘지 않는 범위에서(다만 1년 이상의 재학 기간이 필요), 법과대학원은 1년을 넘지 않는 범위에서(당해 법과대학원에서 필요로 하는 기초적인 학식을 가지고 있다고 인정되는 자도 조기 졸업이 인정된다) 재학 기간의 단축이 인정된다.

4. 단기대학

대학 중 깊은 전문의 학예를 교수·연구하고 직업 또는 실제 생활에 필요한 능력을 육성하는 것을 주된 목적으로 하는 학교를 단기대학이라고 한다(학교교육법 제10조 제1항 및 제3항). 단기대학 설립자는 주로 학교법인이며 여성을 대상으로 하는 가정계·인문계를 중심으로 성장해 왔다. 1991년부터는 졸업생을 준학사로 칭했고, 2005년부터는 단기대 학사 학위가 수여되고 있다.

1990년대에는 3년제의 간호계가 증가하여 1996년에 598개교로 정점에 달하였다. 2000년대에는 여성의 고학력화 지향, 학생 수의 확보 등으로 4년제로의 전환이 많아져 크게 감소하고 있다. 사립대학이 대부분이며 국립단기대학은 없다.

단기대학 중 깊은 전문적 학예를 교수·연구하고 전문성이 요구되는 직업을 담당하기 위한 실천적이고 응용적인 능력을 육성하는 것을 목적으로 하는 학교를 전문직 단기대학이라 한다(학교교육법 제108조 제4항).

5. 고등전문학교

제2차 세계대전 후 경제 발전과 급속한 공업화에 대응하기 위해 중급 기술자 양성을 목적으로 한 교육 기관의 설립 요청에 따라 정부는 전과 대학 설립을 의도하고 이미 잠정적으로 설치되어 있던 단기대학을 전과 대학에 흡수하려고 하였지만 단기대학 측의 강력한 반대로 실패하였다. 그래서 문부성은 공업 교육을 중심으로 운영하는 새로운 교육 기관을 구상하여 1962년부터 고등전문학교를 개설하였다. 각 지방공공단체의 적극적인 유치에 힘입어 고등전문학교는 불과 몇 년 내에 전국에 60개교가 설치되었다.

고등전문학교는 깊은 전문의 학예를 교수하고 직업에 필요한 능력을 육성하는 것을 목적으로 한다. 고등전문학교는 그 목적을 실현하기 위한 교육을 실시하고 그 성과를 사회에 널리 제공함으로써 사회의 발전에 기여하여야 한다(학교교육법 제115조 제1항 및 제2항). 1991년부터 고등전문학교 졸업자에게 준학사를 부여하고 있다.

고등전문학교는 중학교 졸업 정도를 입학 요건으로 하는 5년제 교육 기관으로 졸업자에게는 4년제 대학의 편입이 인정된다. 2004년부터 법인화되었으며, 단기대학이 사립 중심인 것과 대조적으로 고등전문학교는 국립이 대부분이다.

6. 전문학교(전수학교 전문 과정)

전수학교는 1976년 학교교육법 개정에 의해 종전 각종학교에 포괄되어 있던 1년 이상의 교육 기관 중 직업이나 실제 생활에 필요한 능력을 육성하고 교양 향상을 목적으로 하여 인가된 조직적인 교육 기관이며, 전문 과정을 두는 전수학교는 전문학교라고 한다.

전문학교는 고등학교에서의 교육 기초 위에 직업 또는 실제 생활에 필요한 능력을 양성하거나 교양의 향상을 도모하는 것을 목적으로 조직적인 교육을 실시한다(학교교육법 제124조 내지 제126조). 전문학교 중 요건을 충족하는 과정으로 문부과학대신이 인정하는 과정을 졸업한 자에게는 전문사 또는 고도전문사 자격이 부여된다.

7. 학교교육법상 대학 이외의 고등교육기관

학교 이외의 교육 시설로 학교교육법 이외의 법령에 규정되어 있는 고등교육기관을 소초省廳 대학교라고 하며 국립간호대학교, 직업능력개발종합대학교, 수산대학교 등이 있다. 이들 대학 중에 학습이 대학 교육에 상당하는 수준을 가진다고 대학이 인정하는 경우에는 단위를 수여할 수 있다.

8. 대학개혁지원 · 학위수여기구

대학개혁지원 · 학위수여기구는 고등교육 단계의 다양한 장소에서의 학습 성과를 평가하여 대학 졸업자 · 대학원 수료자와 동등의 학습을 이수하고 동등 이상의 학력이 있다고 인정된 자에 대하여 학위를 수여하고 있다. 이 학위 수여에는 ① 단기대학·고등전문학교 졸업자 등을 대상으로 하는 단위 누적형 학위 수여, ② 대학개혁지원·학위수여기구가 인정하는 교육 시설 과정 수료자에 대한 학위 수여 두 종류가 있다.

제3절 ____ 고등교육 제도 기준

1. 학위 제도

일본에서 학위 제도는 1873년부터 시작되지만 현재 학위 제도의 기초가 확립된 것은 1886년에 시작된 제국대학 제도에서의 학위령(1887)이다. 이 학위령에 의해 학위는 박사와 대박사(1989년에 폐지) 두 종류가 있었으며 학사는 단순한 칭호에 불과하였다. 학위는 문부대신이 수여하였으므로 국가의 위신을 반영하는 것이었으며, 대학원과 관련한 자격이 되었다.

1920년 학위령 개정에 의해 대학 자치에 관한 관념이 높아져 학위 수여권이 대학에 이양되고 연구과는 학부에 부설되도록 하여 학위와 교육 과정의 강한 연계가 이루어졌다. 그리고 1947년 학교교육법, 1953년 학위규칙에 의해 학위의 국가 위신이라는 성격이 사라지고 신설된 석사를 포함한 학위와 단위 제도가 도입되어 대학원과 결합하게 되었다. 그 때문에 석사는 교육 과정 수료 증명이라는 성격이 강해지고 박사 또한 위신을 표시한다는 성격이 후퇴하였다.

1991년 학위규칙의 개정에 의해 이전까지 칭호에 불과하였던 학사가 학위에 포함되어 학위 종류를 학사, 석사, 박사 세 종류로 체계화함으로써 학위가 교육과 학습의 도달점으로서 교육 과정 편성 단위가 되었다. 아울러 대학이 아닌 학위수여기구가 인정한 과정의 수료자에게도 소정의 심사를 거쳐 학위를 수여할 수 있게 되었다.[27] 또한 2003년 전문직 대학원 제도에 의해 전문직 학위가 신설되고 2019년 전문직 대학 제도에 의해 전문직 학사가 새로 만들어졌다.[28]

2. 학기 · 학년도

소학교, 중학교, 고등학교 등의 초중등교육기관과 고등전문학교의 학년은 법령의 규정에 의거, 4월 1일에 시작하여 이듬해 3월 31일에 종료한다. 대학과 전수학교는 각 학교의 장이 학년의 시기 및 종기를 정한다. 또한 고등학교, 특별지원학교 고등부, 대학은 학년도 도중에도 학기의 구분에 따라 학생을 입학 및 졸업시킬 수 있다.

일본의 많은 대학은 2학기제(전기 4-9월, 후기 10-3월)를 도입하고 있지만 3학기제, 4학기제를 도입하고 있는 대학도 있다. 4학기제는 1년간을 4개의 수업 기간으로 나누는 제도이다. 학기의 구분과 휴가 배분은 학교마다 다르지만 4-5월을 1학기, 6-7월을 2학기, 10-11월을 3학기, 12월-익년도 2월을 4학기로 하여 구분하고, 2학기와 3학기 사이에 하계 방학, 4학기 중 12월 말에서 1월 초까지 동계 방학, 4학기 후에 학년말 방학이 들어 있는 것이 일반적이다. 2016년도 기준으로 4월 이외 입학이 가능한 대학이 265개교(전체의 36%), 대학원이 318개교(전체의 52%)이다.

일본의 대학 대부분은 4월에 입학하며 많은 학교가 2학기제를 도입하고 있다. 이 때문에 미국이나 유럽의 많은 대학의 전통인 가을 입학과는 시간적 거리가 있어 입학 희망자와 연구자를 받아들이기가 어렵고 일본 학생이 미국 등의 대학에서 하계 방학(6-8월) 기간에 실시하는 서머스쿨에 참가하기도 어렵다.

그래서 2011년에 도쿄대학은 대학 입학 시기를 4월에서 9월로 이행하는 개혁안을 공표하고 구체적인 논의를 시작하였다. 그러나 국가시험 실시 시기 및 사기업 채용 시기를 비롯한 제반 제도가 변경되지 않는 한 가을학기 입학을 전면 실시하는 데에는 어려움이 많으므로 앞으로 계속 검토를 하되, 가을 학기 입학으로의 이행은 보류하고 2015년 말에 모든 학부를 4학기제로 이행한다는 결정을 하였다. 와세다대학은 이미 일부 학부에서 도입하고 있으며, 다른 대학에서도 도입을 검토하고 있다.

4학기제의 도입에 맞춰 수업 배분도 변경되었다. 2학기제에서는 1과목의 강의를 1주간 1회씩 실시하여 단위 취득까지 4개월간이었던 것을 주 2회씩 실시하여 1과목을 1학기(2개월)에 마치고 원칙적으로 학기마다 단위를 취득할 수 있도록 하였다. 따라서 학생과 교원이 학기마다 특정 수업 및 연구에 집중할 수 있는 환경이 기대된다.

그리고 유학이나 인턴십 기회를 늘리고 글로벌 인재 육성을 추진한다는 것이 4학기제를 도입하는 의도이기에 4학기제 도입을 표명하는 많은 대학이 2학기(6-7월)에는 필수 과목을 할당하지 않는다는 방침을 표하고 있으므로, 2학기를 휴학하고 하계 방학까지 단기 해외 유학이 쉬워진다는 이점이 있다.

3. 수업 단위 수

수업의 단위 수는 학교 종류에 따라 다르다. 대학(학사 과정), 전문직 대학, 단기대학, 전문직 단기대학, 대학원, 전문직 대학원을 포함한 고등교육기관은 강의, 연습, 실험, 실습 또는 실기로 구분하여 이 중에서 하나 또는 병용하여 이루어지며, 수업 과목마다 이수한 학생에 대하여 단위가 부여된다.

단위 수는 1단위 수업 과목을 45시간의 학습을 필요로 하는 내용으로 구성하는 것이 표준이다. 또한 수업 방법에 따라 당해 수업에 의한 교육 효과, 수업 시간 외에 필요한 학습 등을 고려하여 강의 및 연습은 15-30시간, 실험, 실습 및 실기는 30-45시간의 범위에서 대학이 각각 정한 시간의 수업을 1단위로 한다.

단 예술 등의 분야에서 개인 지도에 의한 실기 수업은 대학이 정한 시간의 수업을 1단위로 할 수 있다. 졸업 논문, 졸업 연구 등의 수업 과목에 대하여는 학습 성과를 평가하여 단위를 수여하는 것이 적절하다고 인정되는 경우에는 필요한 학습 등을 고려하여 대학이 단위 수를 정할 수 있다.

각 수업 과목의 수업 시간은 10주 또는 15주를 단위로 하고 대학이 1년간 수업을 하는 기간은 정기 시험 등의 기간을 포함하여 35주를 원칙으로 한다. 다만 교육상 필요가 있거나 교육적 효과를 충분히 거둘 수 있다고 인정되는 경우에는 예외로 한다.

4. 입학 · 편입학

일본의 대학 입시 제도는 진학 기회의 균등을 기하기 위해 성, 사상·신조, 사회적 신분 등에 의한 차별을 배척하고 공평한 경쟁을 원리로 하고 있다. 오래전에 일본의 교육 실태를 조사한 OECD는 "18세의 어느 하루에 어떤 성적을 얻었는지에 따라 그의 나머지 인생이 결정되어 버린다"라고 보고서에 적고 있다(OECD教育調査団, 1972). 그러나 오늘날에는 일본 사회의 저출산과 대학의 증가와 맞물려 인지도가 높은 일부 대학이나 의학부 등 특별한 학부를 제외하면 대학에 입학하기 쉬운 사회가 되었다.

각 대학은 매년 문부과학성의 '대학입학자선발실시요령'에 의거, 자체적인 입시 외에 전국 공통 시험인 대학입시센터시험을 이용하여 입학생을 선발하고 있다. 대학 입학자 선발 방법은 크게 자격 선발과 시험 선발로 구분되는데, 조사서의 내용, 학력 검사, 소논문, 입학 지원자의 자료 등에 의해 능력·의욕·적성 등을 다면적·종합적으로 평가·판정하는 일반 입시 외에 종합형 선발, 학교 추천형 선발, 전문학과·종합학과 졸업생 선발, 귀국 학생 선발, 사회인 선발 등 다양하다.

시험 선발에는 전국 통일적으로 이루어지는 공통 시험형과 개별 대학에서의 개별 시험형 두 종류가 있다. 실제 선발은 공통 시험형만으로 실시되는 경우와 공통 시험형과 개별 시험형을 혼합하여 실시하는 경우, 개별 시험형만으로 실시하는 경우가 있다. 공통 시험형으로는 중국의 대학 입학 시험인 가오카오高考, 미국의 대학진학적성시험(SAT), 일본의 대학입시센터시험(대학입학공통테스트), 우리나라의 대학수학능력시험 등이 있다.

대학입시센터시험은 대학 입학을 지원하는 자에 대하여 고등학교 단계에서 기초적인 학습의 달성 정도를 판정하는 것이 주된 목적이며, 각 대학이 자체 판단 기준을 토대로 시험 결과를 적절히 활용하여 대학 교육을 받을 수 있는 적합한 능력·의욕·적성 등을 다면적·종합적으로 판정함에 있어 정보를 제공하는 데에 의의가 있다.

2023년도(시험은 1월 14-15일에 실시, 추가·재시험은 1월 28-29일 실시) 시험 과목은 지리 역사·공민(세계사, 일본사, 윤리 등 10과목 중 2과목 선택), 국어, 외국어(영어, 한국어 등 5과목 중 1과목 선택, 영어는 듣기평가 추가), 이과 ①, 이과 ②(이과 ①에서 2과목, 이과 ②에서 1과목, 이과 ①에서 2과목 및 이과 ②에서 1과목, 이과 ②에서 2과목 중에서 선택), 수학 ①(2과목 중 1과목 선택), 수학 ②(4과목 중 1과목 선택)로 구성되어 있다(大学入試センター).

대학입시센터의 자료에 의하면 2021년도 시험에서는 457,305명이 수험(원서는 535,245명 접수)하였으며, 평균 점수는 58.75점이었다. 2020년 기준으로 센터시험을 활용하고 있는 대학은 4년제 대학 706개교(국립 82개교, 공립 91개교, 사립 533개교), 단기대학 152개교(공립 13개교, 사립 139개교)이며 센터시험 이용 대학 수는 증가하는 추세이다.

일본에서 2015년 학교교육법 개정 이전에는 학생의 입학에 관한 심의 권한을 교수회가 가지고 있었다. 대학 입시는 교수회의 전권사항으로 교원의 관여가 절대적이었다. 그러나 1963년 중앙교육심의회 답신에서 입시사무국admission office이 언급된 후 각 대학에 입시과 및 입학자선발방법연구위원회가 정비되게 되었다. 이어서 1985년 임시교육심의회의 제1차 답신, 1997년 중앙교육심의회 답신, 1999년 대학심의회 답신 등에서 입시사무국의 정비가 논의되어 1999년부터 국립대학에 입시사무국이 설치되고 입시전문위원이 배치되었다.

대학(학사 과정)·전문직 대학·단기대학·전문직 단기대학 입학은 법령에 의해 기본적으로 12년 또는 지정된 학교교육(초중등교육)의 과정을 수료한 자에게 입학 자격을 인정하며 외국에서 교육을 받은 자도 같다. 또한 12년의 학교교육 과정 수료 상당의 학력 인정 시험인 '고등학교졸업정도인정시험'의 합격자, 외국의 대학 입학 자격인 국제바칼로레아, 아비투어, 바칼로레아, 일반교육수료상급레벨 등을 보유한 자도 대학 입학 자격이 인정된다. 그리고 각 기관의 개별 입학 자격 심사에 의해 입학 자격이 인정되는 경우도 있다.

법령상 요건을 충족한 자는 대학(학사 과정) 또는 전문직 대학 편입학이 인정된다. 일본 국내의 진학자로는 ① 단기대학 졸업, ② 전문직 단기대학 졸업, ③ 고등전문학교 졸업, ④ 전수학교 전문 과정(수업 연한이 2년 이상, 총 수업 시간 수가 1,700시간 이상 또는 62단위 이상) 수료, ⑤ 일부 고등학교 전공과 수료,[29] ⑥ 단기대학 상당으로 문부과학대신이 지정한 외국 대학의 일본 분교 졸업 중 하나에 해당하는 것이 요건이다.

<h1 style="text-align:center">제4절 ____ 고등교육의 질 보증</h1>

1. 설립 인가 · 신고 제도

일본의 고등교육기관 설립 인가 · 신고 제도(학교교육법 제4조)는 고등교육의 질 보증 시스템에 해당되며, 대학 설립 신청에서 대학 설립 완성 연도까

[그림Ⅲ-3] 일본의 고등교육 질 보증 시스템

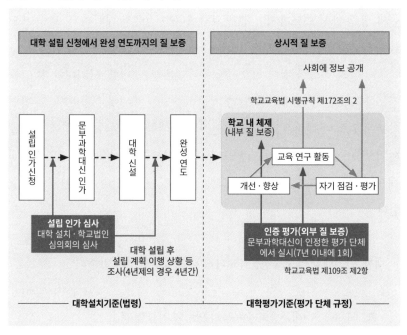

지의 질 보증이다.

대학 학부 및 학과를 신설하는 경우에는 원칙적으로 문부과학대신이 설립을 인가하도록 하고 있다. 인가 기준으로 대학설치기준,[30] 대학원설치기준 등이 있다. 설치 인가·신고 제도는 대학설치기준이 책정된 1951년부터 운영되었지만 신고에 의한 설치가 일정의 조건을 전제로 설치 인가를 신청하는 것이 아니라 신고로 설치가 가능한 제도로 된 것은 2003년 인증 평가 제도의 도입과 같은 시기이다.

종전에는 학부 등을 설치하는 경우 개별적으로 허가를 얻도록 하던 것을 2003년에 변경하여 당해 대학이 수여하는 학위의 종류 및 분야 변경을 수반하지 않는 경우 설치를 신고(届出)하는 것으로 학교교육법이 개정되었다.

설치 인가·신고 제도는 대학 등을 신규로 설립하고자 하는 경우나 이미 설치된 대학 등에서 학부나 연구과 등을 신규로 설치하기 위하여 문부과학대신의 인가를 필요로 한다는 점에서 규제 제도이며, 대학의 설립 신청에서 설립 완성 연도까지의 질을 보증한다는 점에서 대학의 질 보증 제도에 해당된다.

대학 등의 신설 신청이 있으면 문부과학대신은 '대학, 단기대학 및 고등전문학교의 설치 등에 관한 인가 기준'(이하 '인가 기준')에 적합한지, 즉 설립 가부에 관하여 대학설치·학교법인심의회 대학설치분과위원회에 자문을 의뢰한다. 심의회는 인가 기준을 토대로 심사를 실시하여 문부과학대신에게 답신을 하고 이를 바탕으로 최종적으로 문부과학대신이 설립 인가를 한다.

대학, 단기대학 및 고등전문학교의 설치 등에 관한 인가 기준

(문부과학성고시)

• 학교교육법 및 대학설치기준 등의 명령에 적합할 것

- 학생 확보 전망, 인재 수요 등 사회의 요청이 있을 것

- 기설 대학 등의 입학 정원 초과율이 일정 비율 미만일 것

- 의사, 치과의사, 수의사 및 선박 직원의 양성과 관련한 대학 등의 설치가 아닐 것

- 법과대학원의 설치가 아닐 것

- 허위 신청 등의 부정행위로 일정 기간을 경과하지 않은 경우가 아닐 것

이 심의회 아래에 대학 관계자 및 각계 인사를 중심으로 연 인원 500명이 전문가로서 지식·경험을 집결하여 신중하고 공정한 심사를 실시하고 있다. 심사는 대학설치분과회에 의한 교학에 관한 심사, 학교법인분과회에 의한 재정 계획·관리·운영에 관한 심사 등 두 개의 관점에서 실시되며, 서류 심사, 면접 심사, 실지 심사 등 대학 설립의 경우 약 10개월간, 학부 설치의 경우 5개월간에 걸쳐 심사한다.[31]

설치 인가 제도를 확실하게 운영하기 위해 2006년에는 부정행위 등에 페널티 제도를 도입하였다. 페널티 제도는 대학 등의 설치 인가를 신청한 자가 일정한 요건에 해당하는 경우 인가를 하지 않는 것이다.[32] 그리고 준비 부족이 명백한 신청에 대하여 심사 과정 중이라도 심사를 종료하여 '불가' 판정을 내릴 수 있는 '조기 판정'(불가)을 2009년에 도입하였다.

심사는 교학 및 재정 계획·관리·운영 각각의 심사 기준을 토대로 실시한다. 그중 교학 면은 학교교육법 및 대학설치기준 등 법령에 적합할 것과 아울러 다음 요건에 충족하여야 한다.

- 장기적이고 안정적으로 학생을 확보할 수 있을 것

- 교육 연구 등의 목적이 인재 수요 동향 등 사회적 요청을 충분히 고려한 것일 것

- 인가 신청자가 설치하는 대학 등의 입학 정원 초과율이 일정 비율 미만일 것
- 의사, 치과의사, 수의사 및 선박 직원 양성 관련 대학 등의 설치가 아닐 것

대학설치기준은 대학을 설치하는 데에 있어 필요한 최소 기준으로 대학을 운영하는 데 있어 설치 기준보다 낮은 상태가 되지 않도록 하는 것은 물론 수준 향상을 기하기 위하여 노력하여야 한다.

아울러 문부과학대신은 각 대학 등의 교육 수준을 유지·향상하고 대학이 주체가 되어 개선하며 교육에 충실하도록 설립 인가 및 신고 후 원칙적으로 개설한 연도에 입학한 학생이 졸업하는 연도(완성 연도)까지의 기간에 인가 시의 부대 사항, 수업 과목의 개설 상황, 교원 조직의 정비 상황, 기타 설치 계획의 이행 상황에 관하여 보고하도록 하고 서면, 면접 또는 실지 조사를 실시하고 있다.

2. 인증 평가 제도

1) 인증 평가 제도의 연혁

고등교육기관의 질 보증은 1956년 대학설치기준 제정 후 임시교육심의회, 대학심의회, 중앙교육심의회 등 정부 관계 심의회의 관심사였다. 1980년대 임시교육심의회에서 대학을 평가할 필요성이 제기되고 외부 평가에 앞서 대학이 자체적으로 교육·연구 활동 상황을 점검하여 우수한 점과 개선할 점을 평가하여 그 결과를 공표하고 아울러 개선할 점은 개선해 가는 질 보증 체제의 구축이 1990년대부터 점차적으로 정착하기 시작했다.

1999년 대학설치기준 개정에 의해 자기 점검·평가의 실시와 결과 공

표의 의무화, 학외자에 의한 검증 노력 의무화가 마련된 후 1991년에 설치된 학위수여기구가 2000년 4월에 대학평가·학위수여기구로 개편되었다. 2000년 7월에는 대학평가·학위수여기구가 국공립대학 등을 대상으로 2004년 3월까지 시범적 대학 평가를 실시하였다. 2002년 8월에는 중앙교육심의회 답신 '대학의 질 보증과 관련한 새로운 시스템의 구축에 관하여'大学の質の保証に係る新たなシステムの構築について(2002.8.5.)에 의해 설치 인가 제도의 재검토, 새로운 제3자 인증 평가 제도의 도입, 법령 위반 상태의 대학에 대한 단계적 시정 조치 규정의 정비에 관한 제언이 있었으며, 이 제언 내용은 같은 해 11월 학교교육법의 개정으로 제도화되었다.

2002년 개정된 학교교육법이 2004년 4월 시행되어 인증 평가 제도가 도입되었으며, 2008년 4월부터 문부과학성 국립대학법인평가위원회 요청에 따라 대학평가·학위수여기구가 국립대학법인(2003년 7월 국립대학법인법 제정에 의해 국립대학법인이 설립되고 2004년 4월부터 법인화) 및 대학 공동 이용 기관 법인의 교육 연구 평가를 실시하였다.

고등교육기관별 인증 평가 기관으로는 대학기준협회가 2004년 8월에 4년제 대학 인증 평가 기관 인증을 받았으며, 2005년 1월에 대학개혁지원·학위수여기구(2016년 대학평가·학위수여기구와 국립대학재무·경영센터를 통합하여 설치)가 4년제 대학 인증 평가 기관 인증을 받았다. 2022년 기준 4개 인증 평가 기관이 대학과 단기대학, 고등전문학교를 대상으로 평가를 하고 있으며, 고등교육기관은 평가 인증을 받은 4개 기관 중에서 선택하여 인증 평가를 받을 수 있다. 전문직 대학원은 2004년 8월 일본변호사연합회 법무연구재단이 법과대학원 인증 평가 기관으로 인증을 받은 후 13개 기관이 전문 분야별 인증 평가를 담당하고 있다.

최근에도 중앙교육심의회 등 정부 관계 심의회에서는 장래 사회의 변화에 대응한 고등교육기관의 교육력 향상을 위하여 대학설치기준의 재검토,

인증 평가 제도의 충실 등을 제언하고 있다(中央教育審議会, 2040年に向けた高等
教育のグランドデザイン).

2) 인증 평가 기관의 평가

인증 평가는 대학, 단기대학, 전문직 대학, 전문직 단기대학, 고등전문학
교 및 전문직 대학원의 교육 연구 활동 상황에 대하여 각 인증 평가 기관이
작성한 평가 기준에 따라 평가를 실시하는 제도이다. 인증 평가의 목적은
대학이 일정 기간마다 제3자 평가를 받도록 하여 스스로 교육 연구의 개선
향상을 도모하면서 사회에 대한 설명 책임을 충실히 하고, 복수의 평가 기
관이 각각의 평가 기준을 토대로 실시하는 다원적 평가를 통하여 특색 있
는 교육 연구의 추진에 이바지하도록 하기 위한 것이다.

학교교육법 제109조 제2항의 규정에 따라 위 고등교육기관 중 전문직 대
학, 전문직 단기대학을 제외한 기관은 7년 이내에 각 인증 평가 기관 중에
서 하나를 선택하여 기관 전체를 단위로 하는 인증 평가(기관별 인증 평가)를
받아야 한다.

인증 평가 기관 인증에 관해서는 학교교육법 제110조에 규정되어 있다.
문부과학대신은 인증 평가 기관을 희망하는 자의 신청에 의해 중앙교육심
의회의 자문과 답신을 거쳐 평가 기준, 방법, 체제 등이 학교교육법 등 법
령에서 정한 일정한 기준에 적합하다고 인정되는 경우에 인증 평가 기관
으로 인증을 하고 있다.

인증 평가 기관은 대학 등이 실시한 자기 평가·평가 분석(서면조사)과 현
장의 실지 조사를 거쳐 인증을 하도록 하고 있다. 또한 인증 평가 기관은
평가 결과를 대학 등에 통지하고 사회에 공표하도록 하고 있으며, 문부과
학대신에게 보고하여야 한다. 평가 결과를 확정하기 전에는 평가 대상 대
학에 평가 결과와 관련하여 이의 신청의 기회를 부여하도록 하고 있다.

인증 평가 판단 기준으로는 각 인증 평가 기관이 자체적으로 작성하는 대학평가기준이 있다. 공정하고 정확한 평가를 하기 위하여 법령에서 정하는 범위 내에서 각 인증 평가 기관이 구체적인 대학평가기준을 설정하고 있다. 2020년에는 대학평가기준이 개정되어 기준이 여섯 개 평가 영역으로 구분되었다. 여섯 개 평가 영역은 ① 교육 연구상의 기본 조직에 관한 기준, ② 내부 질 보증에 관한 기준, ③ 재무 운영, 관리 운영 및 정보의 공표에 관한 기준, ④ 시설·설비 및 학생 지원에 관한 기준, ⑤ 학생 정원 충원에 관한 기준, ⑥ 교육 과정과 학습 성과에 관한 기준이다.

대학 등의 질 보증을 위한 인증 평가 외에 전문직 대학, 전문직 단기대학, 전문직 대학원의 교육 과정, 교원 조직 및 교육 연구 활동 상황에 관한 인증 평가 제도가 있다. 전문직 대학원의 인증 평가 기관은 법과대학원, 경영 분야, 공공 정책 분야마다 지정되어 있다.

3) 민간 기관에 의한 분야별 질 보증

전문 분야별 인증 평가 이외에도 분야별 교육 활동에 관하여 일본 국내 민간 기관에 의한 자주적인 질 보증도 이루어지고 있다. 아울러 일본의 대학이 국제적으로 활동하는 평가 기관에 의해 국제 인증을 받는 사례도 있다.

일본 국내의 민간 기관에 의한 분야별 질 보증은 일본기술자교육인정기구(JABEE)의 기술자 교육 프로그램 인정(공학, 이학, 농학), 일본의학교육평가기구(JACME)의 의학 교육 분야별 평가, 일본약학교육평가기구(JABPE)의 약학 교육 프로그램 평가, 일본간호학교육평가기구(JABNE)의 간호 교육 프로그램 평가 등이다.

4) 미국의 적격 인정과 일본 인증 평가의 차이

미국에는 일정한 수준에 달한 복수의 대학으로 구성된 적격 인정 단체가 결성되어 있다. 이 단체는 대학으로서 적합한 판정을 위한 기준을 작성하며, 대학은 이 단체 가맹 시에 심사를 받아 합격함으로써 일원이 될 수 있으나 먼저 대학으로서 평가를 받고 적격 인정을 받아야 한다. 단체 가맹 이후에는 5-10년에 1회 단위로 정기적으로 심사를 받음으로서 계속적으로 대학의 질적 수준의 유지를 자발적으로 체크해 가는 것이다.

이처럼 역사적으로 선행하는 대학의 자주적인 질 보증 시스템에 미국 정부는 뒤따라가는 방식으로 적격 인정 단체를 인정하였으며, 적격 인정 단체가 인정한 대학에 대하여 정부 예산을 학생의 장학금이나 연구자의 연구비로 배분하는 방식으로 간접적으로 관여하고 있다.

한편 일본의 대학은 제2차 세계대전 후 미국형 적격 인정 도입을 목표로 대학기준협회를 설립하고 대학 기준을 책정하였는데도 불구하고 정부에 의한 설립 인가 방식으로 전환하였다. 이후 정부의 규제 완화 방침으로 인한 1991년 대학설치기준의 완화에 맞춰 각 대학의 자기 점검·평가가 도입되었지만 노력 의무였으며, 그 후에 우여곡절을 거쳐 인증 평가가 의무화되었다. 이처럼 대학 인증 평가는 정부 주도의 톱다운으로 도입·운영되었다는 점이 미국의 적격 인정과 다른 점이다.

다만 미국의 적격 인정은 대학교수라는 동업자 집단 내부에서 이루어지는 평가이므로 대학의 사회적 역할을 중시하는 정부와 시장으로부터 평가의 폐쇄성과 질에 관한 비판이 끊이지 않고 있다. 그리고 최근에는 적격 인정이든 인증 평가든 대학이 평가 기준에 적합하다고 인정을 받더라도 적격 인정 자체가 대학 경영을 보증하는 것은 아니며, 각국의 고등교육에 영향력을 미치고 있는 세계대학랭킹과의 관련성도 높지 않으므로 인지도가 높은 대학일수록 소극적으로 대응하는 등 평가가 형식화되고 있다는 지적이 있다.

제5절 ___ 대학 경영 거버넌스

1. 대학 거버넌스 체계

일본의 대학 거버넌스 체계는 교학과 경영에서 별개의 법체계로 규정되어 있으며, 각각의 법체계가 대학에 적용되고 있다. 교학 면의 거버넌스로는 학교교육법에서 학부 및 학부 이외의 기본 조직(제85조), 학장(학교교육법상 대학의 장), 교수 등(제92조), 교수회(제93조) 등이 규정되어 있으며, 이들 규정은 국·공·사립대학에 공통되는 사항이다.

한편 경영 면의 거버넌스는 국립과 공립, 사립이 근거법 및 내용에 차이가 있다. 국립대학은 국립대학법인법에서 임원회(제10조), 학장, 이사, 감사(제11조), 학장의 임면, 학장선출회의(제12조), 경영협의회(제20조), 교육연구평의회(제21조)를 규정하고 있다. 공립대학(법인화)은 지방독립행정법인법에서 이사장(학장, 제13조 및 제71조 제1항), 학장선발기관(제71조 제2항 등), 경영심의기관(제77조), 교육연구심의기관(제77조)에 관한 규정을 두고 있다. 사립대학의 경영 거버넌스로는 사립학교법에서 이사회(제36조), 감사(제37조 제3항), 평의원회(제41조), 학장의 이사 취임(제38조 제1항) 등을 규정하고 있다.

따라서 교학 면의 책임자인 학장과 경영 면의 책임자인 이사장을 두는 방식이 국·공·사립대학에서 다르다. 국립대학의 경우는 학장이 학교교육법에서 규정하는 학장의 직무를 하면서 법인을 대표하고 업무를 총괄하므로 학장이 교학 면과 경영 면, 쌍방의 권한을 가진다. 법인화된 공립대학의 경우는 법인을 대표하고 업무를 처리하는 이사장이 대학의 학장을 겸임하여 교학과 경영, 쌍방을 관리하는 것이 기본이지만 특별히 정관에서 정한 경우에는 학장과 이사장을 별도로 임명할 수 있다.

사립대학의 경우 설립 주체인 학교법인 이사 중 한 명이 이사장이 되며, 이사장은 학교법인을 대표하고 그 업무를 총괄하여 처리한다. 사립대학의 학장은 이사가 되도록 하고 있으므로 경영에 관여할 수 있는 구조로 되어 있으며, 이사장이 학장을 겸무하는 경우도 있다.

특히 대학은 법률상 학장이 최종적인 의사 결정 기관으로 위치하고 있으면서도 전통적으로 학술적인 사항에 관해서는 교원 조직에 광범위한 권한을 인정하고 있다. 또한, 학부 또는 학과 단위의 구성원 자치가 강하기 때문에 학부의 교수회 단위에서 실질적인 의사 결정이 이루어지는 사례도 있다.

이 경우 학장과 교수회 간에 권한과 책임 소재가 일치하지 않는 상황이 생기고 있다. 미국의 연구 중심 대학이 학부는 비교적 소규모이고 대학원이 중심이 되는 것과 대조적으로 일본의 대학은 대학원이 소규모이며 학부 단계가 대규모이므로 학장이 대규모 조직인 각 학부의 상황을 적절히 파악하여 리더십을 발휘하는 것은 곤란하다.

이와 같이 설치 형태나 각 대학의 실정에 따라 학장과 이사장을 두는 방법, 학부 단위의 구성원 자치, 대학의 규모 등에 의해 교학과 경영의 의사 결정 기관은 대학마다 다르지만 효과적인 거버넌스를 위해서는 최종적인 결정권과 그 결과에 대한 책임을 누구에게 귀속시킬 것인가를 명확히 하고 교학과 경영 각각의 의사 결정 절차를 확립해 갈 필요가 있다.[33]

2. 대학 거버넌스 코드의 제정

거버넌스 코드는 대학이 경영의 투명성을 높여 교육·연구·사회 공헌 기능을 한층 강화하여 사회의 변화에 대응하는 역할에 충실하고 자율적으로 경영을 통제하고 기능을 최적화하기 위하여 기본 원칙이 되는 규범이다.

일본에서 대학 거버넌스 개혁에 관한 논의는 오래전에 시작되었다. 2014년 5월의 교육재생실행회의가 제출한 제3차 답신, 일본재흥전략, 교육진흥기본계획 안에 대학의 거버넌스 기능 강화가 중요한 과제로 언급되었으며, 사회적으로도 높은 관심을 불러일으켰다. 그리고 같은 해 6월 하순부터는 중앙교육심의회 대학분과회에서 대학 거버넌스의 역할과 사명에 관한 본격적인 검토가 이루어졌다.

중앙교육심의회에서 대학 거버넌스에 관한 논점은 ① 학장 리더십 확립(리더십을 발휘할 수 있는 체제의 정비, 예산·교원 인사에 관한 학장 권한, 학장의 선출 방법·평가), ② 학내 조직의 운영·연계 체제의 정비(학부장의 역할·선출 방법, 교수회의 역할, 간부회·이사회 기능 검토, 감사 기능의 재검토), ③ 대학의 자율적 개혁 사이클 확립, 각 대학 거버넌스 개혁 지원(정보 공개의 추진, 교직원의 개혁 의식, 각 대학 및 대학 단체 등에 의한 간부 육성·연수, 대학의 자율적 개혁 추진, 국가 등의 지원)이었다(大学のガバナンス改革の推進について, 2014.2.12.).

이 개혁안은 2014년 개정된 학교교육법 및 국립대학법인법에 포함되어 종전에는 권한과 책임이 일치하지 않고 기동력 있는 의사 결정이 되지 않는다는 비판을 받았던 대학의 조직 운영 체제를 개선하여 학장의 리더십 하에서 전략적으로 대학을 운영할 수 있는 거버넌스 체제를 구축함으로써 대학이 교육 연구 기능을 최대한으로 발휘할 수 있는 제도적 토대를 마련했다.

1) 국립대학법인 거버넌스 코드

국립대학법인은 대학 중에서도 국가로부터 각종 재정 지원 등이 이루어지므로 높은 공공성이 요구된다. 국립대학법인 거버넌스 코드에 관해서는 2018년 6월 15일 각의 결정된 '통합 이노베이션 전략'에서 "내각부 및 문부과학성의 협력하에서 국립대학 등의 관계자는 대학 거버넌스 코드를 2019년 중에 책정"힐 것을 제언하였다.

그리고 국립대학법인이 확고한 거버넌스 체제를 구축하기 위해서 국립대학협회가 1차적 책정 책임자로서 원안을 책정한 다음 문부과학성과 내각부가 책임을 가지고 관여하는 형식으로 거버넌스 코드를 책정하였다. 2022년 4월 개정된 국립대학법인 거버넌스 코드의 주요 골자는 다음과 같다(文部科学省·内閣府·国立大学協会).

기본 원칙 1. 국립대학의 미션을 바탕으로 비전, 목표·전략의 책정과 이를 실현하기 위한 체제의 구축

기본 원칙 2. 법인의 장의 책무 등

　　　　2-1. 법인의 장의 책무

　　　　2-2. 임원회의 책무

　　　　2-3. 법인의 장을 보좌하는 이사 및 부학장 등의 활용

기본 원칙 3. 경영협의회, 교육연구평의회, 학장선고·감찰회의 및 감사의 책무와 체제 정비

　　　　3-1. 경영협의회

　　　　3-2. 교육연구평의회

　　　　3-3. 학장선고·감찰회의

　　　　3-4. 감사

기본 원칙 4. 사회와의 연계·협동과 정보의 공표

2) 사립대학 거버넌스 코드

문부과학성의 2016년 '사립대학진흥에 관한 검토회의', 2018년 '대학설치·학교법인분과회 학교법인제도개선검토위원회' 등의 회의체에서 사립

대학의 거버넌스 코드 책정에 관한 내용이 언급되었다. 이러한 논의를 배경으로 2019년 3월 일본사립대학협회에서는 일본사립대학협회헌장 '사립대학판 거버넌스 코드'(제1판)를 입안하고 같은 해 9월 일본사립대학연맹에서도 '일본사립대학연맹 거버넌스 코드'(제1판)를 입안하여 발표하였다(日本私立大学協会).

2019년 1월 대학설치·학교법인심의회 학교법인분과회의 '학교법인 제도 개선 검토소위원회 논의의 정리'에서는 "앞으로도 사회로부터의 신뢰와 지원을 받아 중요한 역할을 계속하기 위해 학교법인의 자율적이고 의욕적인 거버넌스 개선 및 경영 강화 체제, 정보 공개를 촉진하면서 학생이 안심하고 배울 수 있는 환경 정비를 포함한 개선책의 검토"를 제언하였다(学校法人制度の改善方策について, 2019.1.7.).

그리고 개선책을 ① 학교법인의 자율적 거버넌스의 강화, ② 학교법인 경영의 강화, ③ 학교법인 정보 공개의 추진, ④ 학교법인 파탄 처리의 명확화 등으로 정리하였다. 이를 바탕으로 일본사립대학협회에서는 거버넌스 책정에 관한 개선 소위원회 의견을 바탕으로 사립대학 거버넌스 코드 5개 원칙을 입안하여 발표하였다.

제1장 사립대학의 자주성·자율성(특색 있는 운영)의 존중

    1-1. 건학 정신

    1-2. 교육과 연구의 목적, 중기 계획 등

제2장 안정성·계속성(학교법인 운영의 기본)

    2-1. 이사회

    2-2. 이사

    2-3. 감사

    2-4. 평의원회

이 코드는 학교법인 및 사립대학의 운영에 있어 기본을 제시한 것이며, 각 대학은 대학의 실정에 맞게 제정하여 실행할 수 있다.

제6절 ___ 정부의 고등교육 재정 보조

1. 정부 재정 보조의 필요성

고등교육의 사회적 역할은 다양하지만 교육 연구와 그 성과를 사회에 제공하는 것이 일차적인 기능이다. 대학의 교육 기능에 초점을 둘 경우 교육에 소요되는 모든 비용을 수익자인 가계에 부담시키게 되면 가정의 사회경제적 배경에 의한 격차를 만들게 되므로 헌법에서 규정하는 교육의 기회균등을 실현할 수 없다.

학비를 자비 부담하는 경우 의과대학이나 학비가 높은 공과대학에는 부유층의 자녀만이 진학하게 되므로 계층 사회가 고정화되고 유능한 인재의 확보에도 지장을 초래하게 된다. 아울러 대학의 중요한 기능인 학술 연구의 경우에도 재정적 기반이 없으면 대학에 사회적으로 매우 유용하지만 이익이 발생하지 않는 연구를 기대할 수 없다.

고등교육기관에 대한 재정 보조의 방법에는 기관 보조와 개인 보조가 있다. 기관 보조는 국립대학과 사립대학을 재정적으로 보조하는 것으로 국립대학법인운영비교부금과 사립대학경상비보조가 있다. 주요 목적은 학생의 학비는 낮게 하여 고등교육의 기회균등을 확보하고 아울러 고등교육을 진흥하기 위한 것이다.

개인 보조는 장학금 제도, 수업료 면제 제도, 국비 외국인 유학생 제도 등이 있다. 주요 목적은 교육의 기회균등을 확보하고 학생의 대학 선택 행동을 이용하여 대학 간 경쟁을 촉진하고 고등교육의 진흥을 도모하기 위한 것이다. 미국의 경우 대학 수업료는 높지만 대신에 장학금 제도가 충실하므로 교육의 기회균등을 확보할 수 있는 여지가 있는 것처럼 정부의 재정 보조는 평등한 교육의 실현에 기여하는 제도이다.

2. 국립대학법인운영비교부금

국립대학법인운영비교부금은 국립대학의 기반적인 경비를 보조하는 제도이다. 수입과 지출의 차액을 국가가 보조하는 것으로 되어 있지만 실제로는 전년도 정부 예산상의 금액에 대하여 약 1%의 삭감계수를 곱한 액이 지출 예산액으로 간주되어 지출 예산액에서 수업료 및 잡수입을 공제한

금액이 운영비 교부금액이 된다. 따라서 국립대학에 대한 기관 보조는 매년 삭감되고 있다.

운영비 교부금은 국립대학이 법인화된 2004년도 1조 2415억 엔에서 매년 감소하여 2022년도는 1조 675억 엔으로 18년간 1740억 엔(14%) 삭감되었다. 국립대학이 법인화되었으므로 경영 합리화가 가능하다는 것이 삭감 이유이지만 현실은 대학의 교육 연구 활동에 부정적인 영향을 미치고 있다.

국립대학의 수업료 수입은 총수입의 약 13.7%(2020년 예산)를 점하고 있다. 국립대학 수업료는 문부과학성령(우리나라의 부령에 해당)에서 표준액이 연간 53만 5800엔으로 정해져 있지만 20%를 상한으로 각 대학의 판단으로 변경할 수 있으므로 일부 국립대학에서는 수업료를 인상하는 추세이다.[34]

3. 사립대학경상비보조

사립대학 교육 연구 조건의 유지·향상, 수학상의 경제적 부담의 경감 등을 기하기 위해 교육·연구에 필요한 경상적 경비(교직원 인건비, 교육 연구에 필요한 물건비 등)를 일본사립학교진흥·공제사업단을 통하여 학교법인에 보조하고 있다. 사립학교진흥조성법 제4조에서는 "국가는 대학 또는 고등전문학교를 설치하는 학교법인에 대하여 당해 학교의 교육 또는 연구에 소요되는 경상적 경비에 대하여 그 2분의 1을 보조할 수 있다"라고 규정하고 있다.

사립대학경상비보조는 교직원 급여, 교육·연구 경비에 충당하는 일반 보조와 생애학습 시대의 사회인 교육, 학습 방법의 다양화 등 특정 분야 및 과정에 대응하는 특별 보조가 있다. 1980년도에 사립대학 수입에서 차지하는 비율이 29.5%로 정점에 도달한 후 감소하여 2015년도에는 10% 이하로 떨어졌다. 2021년도 사립대학경상비보조는 2925억 496만 엔이다.

사학 관계자는 사립대학 학생 수가 전체 대학 재학생의 74%를 차지하고 있는데도 불구하고 정부의 사학 지원은 많지 않고 국립대학 중심의 고등교육 행정을 운영하고 있다고 비판하고 국립대학과 동등한 지원을 요구하고 있다. 국립대학에 대해서는 국가가 자산을 출자하여 국가의 예산으로 운영하는 설립자 부담주의 원칙에서 설립자인 국가가 운영 비용을 책임지면서도 고등교육의 대부분을 담당하는 사립대학은 재정적으로 경시하고 있다는 주장이다.

4. 학생에 대한 경제적 지원

제2차 세계대전 후 육영주의라는 관점에서 국립대학 수업료는 낮았다. 그런데 1970년대에 접어들어 사립대학 수업료와의 격차가 문제가 되어 시정을 위하여 국립대학 수업료가 점차 인상되었다. 그 결과 일본 대학의 수업료는 OECD 국가 가운데서도 높은 수준이어서 각 가정에서는 다른 생활비를 줄여 자녀의 대학 교육비를 지출하는 등 무리해서 대학 학비를 부담하는 가정이 대학 운영을 뒷받침하였다. 한편 여론 조사에서는 세금을 올려 대학 진학 기회를 확보하는 정책에 부정적인 생각을 가진 국민들이 많다.

다른 국가와 비교하면 일본은 수업료가 높은 반면 장학금 정책이 미흡하다는 점이 비판의 대상이 되고 있다. 국가 장학금은 1943년 일본육영회 설립 시부터 대여 제도(무이자)가 있었으며, 1984년부터는 무이자 대여(제1종 장학금) 및 이자부 대여(제2종 장학금) 두 종류의 대여형 장학금 제도를 오랜 기간 운영해 왔다.

학생생활조사에 의하면 어떤 형태로든 장학금을 수급하는 학부생 비율은 2016년도 조사에서는 48.9%로 절반 정도가 대여형 장학금을 빌려 대학에 진학하고 있다. 여러 조사에서 가계 소득에 따라 대학 진학률이 크게 다르고 졸업 후에도 장학금을 변제하지 못하는 것으로 나타남에 따라 2017년 급부형 장학금에 소득 연동 반환형 장학금 제도가 도입되었다.

이 제도는 무이자 장학금 대여를 받는 자가 종전의 정액 반환 방식과 소득 연동 방식 중에서 반환 방식을 선택할 수 있도록 하는 것이다. 소득 연동 반환 방식은 전년도 소득에 따라 월 반환액이 결정되는 제도로 소득이 낮은 상황에서도 무리하지 않고 반환할 수 있도록 하는 것이다.

2020년 4월부터는 경제적 이유로 대학에 진학을 포기하지 않도록 변제를 하지 않는 장학금 제도(수업료·입학금의 면제 또는 감액)가 신설되었다. 이 장학금은 성적만으로 판단하지 않고 세대 수입 기준을 충족하고 학습 의욕이 확실하면 지원을 받을 수 있다.

급부형 장학금 신설 시에 같은 세대에서 진학하는 자와 취업하는 자의 공평성에 대한 논점이 있었으나 이 제도가 '경제적 이유에 의해 진학을 단념하는 일이 없도록 하기 위한 제도라는 점에서 고등교육에 진학하여 급부에 의한 지원을 받을 기회가 취업하려고 하는 자에게도 동일하게 담보' 되어 있으므로 공평하다는 점이 강조되었다.

대여형 장학금 제도를 주관하는 일본학생지원기구의 학생 생활 조사 결과에 의하면 학생의 수입은 대학 주간부 학생인 경우 가정으로부터의 지원이 59.4%로 가장 많고 이어서 장학금 19.4%, 아르바이트 19.0%, 기타 2.2% 순이다. 최근에는 가정의 지원이 줄고 장학금이 늘어나는 추세이다. 4년제 대학 재학생 중 49.6%(주간부 학생)가 일본학생지원기구의 장학금을 수급하고 있지만, 아르바이트를 하지 않으면 학업이 어려운 학생 비율도 높다.[35]

제7절 ___ 대학 구조 개혁

1. 저출산과 대학의 위기

일본은 1990년에 합계 출산율이 1.57명으로 떨어지고 2005년에는 역사상 최저인 1.26명으로 추락하여 이른바 '1.26 쇼크'를 경험한 바 있다. 이를 계기로 노동력 부족, 연금 및 재정 문제, 저축률 저하, 지방의 공동화, 국제 경쟁력 저하, 경제 성장의 정체 등 다양한 사회문제를 재고하게 되었다. 일본은 자원이 많지 않은 국가로서 교육을 통하여 양성한 생산성 높은 인재를 기반으로 발전해 왔지만 저출산은 인적 자본을 감소시켜 국제 경쟁력의 저하로 이어질 것이라는 위기의식이 확산되었다(島田·渥美, 2007).

문부과학성의 조사에 의하면 사립대학에서 정원 충족률이 100% 이상인 대학 비율은 1996년 96.2%에서 2017년 60.6%로 크게 추락하였는데 가장 큰 원인은 저출산이다. 사립대학은 운영비 중 학생 납입금이 차지하는 비율이 국립대학을 크게 상회하므로 사립대학의 학생 수 감소는 대학 운영비의 감소로 직결되고 결과적으로 교육·연구력이 저하되어 학생들에게 교육적 측면에서 마이너스 효과를 미치게 된다.

일본사립학교진흥·공제사업단이 2022년도 사립대학 입학 지원 동향을 조사한 결과에 의하면 정원을 조금이라도 채우지 못한 4년제 대학은 284개교로 전체 598개교의 47.5%이다. 정원 미달 대학은 전년도 277개교보다 7개교가 증가하였는데, 평균적으로 입학 정원이 800명 이상인 대학은 정원을 채운 반면 규모가 작아질수록 충원률이 낮게 나타나고 있다. 그리고 정원을 채우지 못한 대학이 계속해서 정원을 채우지 못하는 악순환이 거듭되고 있다(日本私立学校振興·共済事業団, 2022). 문부과학성은 지방 대학 정원 미충족 문제의 해소 정책으로 사학 조성 불교부 기준을 마련하고 추진한 결과 2017년에는 일시적이나마 소규모 대학의 정원 충원에 긍정적인 효과가 있었다.

사학 조성 불교부 기준은 2015년 문부과학성 통지(平成28年度以降の定員管理に係る私立大学等経常費補助金の取扱について)에 근거하고 있는데, 교육·연구 경상비의 학생 수 산정에서 학부 등의 입학 정원 충족률이 90-100%의 경우에는 증액 조치를 실시하고, 입학 정원 충족률이 1.0배를 넘는 입학자가 있는 경우에 초과 입학자 수에 맞춰 학생 경비 상당액을 감액 조치하는 것을 내용으로 하고 있다. 이하에서는 우리나라와 사립대학 제도 기준이나 사립대학 비율이 유사한 일본의 최근 대학 구조 개혁 동향을 살펴보고자 한다.

2. 대학 구조 개혁 방향

일본은 1992년을 정점으로 대학 입학 연령인 18세 인구가 큰 폭으로 감소하고 있다. 18세 인구는 1992년 205만 명에서 2017년에는 120만 명으로 감소하였다. 앞으로도 감소 추세는 계속되어 2030년에는 105만 명, 2040년에는 88만 명으로 감소할 것으로 내다보고 있다. 이처럼 저출산으로 학령인구는 급속히 감소하고 있지만 대학 수는 그대로 유지되고 있어 소규모 대학을 중심으로 사립대학 중 50% 가까이가 정원이 미달하고 있다.

일본도 우리나라와 마찬가지로 도시보다는 지방에서 대학 입학자 수 감소로 정원 미달 현상이 크다. 이 문제 등의 대응책으로 청년층의 도쿄 집중을 억제할 목적으로 도쿄 23구 내 대학의 정원 증원을 10년간 인정해 주지 않는 지역대학진흥법이 2018년 5월 제정되어 도쿄도 내 대학의 정원 증원과 23구 내 대학 설립을 원칙적으로 허가하지 않는다는 방침이 결정되었다.

　장래 대학 진학자 수의 감소, 학생 수 감소로 인한 정원 미달과 학교 운영비 적자 발생 등을 시야에 두고 대학의 연구·교육의 질 향상을 위하여 대학 수와 규모를 적정화하고자 하는 논의가 현재 진행형으로 추진되고 있다.

　그간 중앙교육심의회 대학분과회에 설치된 장래구상부회, 인생100년시대구상회의, 일본경제단체연합회 등이 제안하고 있는 고등교육 개혁 방안 중에서 대학 간의 재편·통합 등의 추진을 위해 이미 만들어진 정책과 검토 중에 있는 제도 개혁 방향은 다음과 같다.

1) 국립대학법인 제도 재검토 및 지역국립대학기구 설립

　정부 관계 심의회 등에서는 국립대학 경영 기반 강화 및 효율적 경영을 위해 '국립대학 한 법인 복수 대학 제도' 등을 수차례 제언하였다. '경제 재정 운영과 개혁의 기본 방침 2018'経済財政運営と改革の基本方針2018에서는 "대학의 조직 재편 등을 촉진하기 위해 국립대학법인법을 개정하여 한 법인 아래에 복수의 대학을 운영할 수 있는 제도를 도입"하는 방안이 제안되었으며, '미래투자전략 2018'未来投資戦略2018에서는 "경영 기반의 강화와 효율적인 경영의 추진을 위해 국립대학의 한 법인 복수 대학제의 도입, 경영과 교학의 기능 분담 등과 관련한 국립대학법인법의 개정에 관하여 차기 통상국회 제출을 염두에 두고 작업을 추진"하도록 하였다.

　그리고 '통합 이노베이션 전략'統合イノベーション戦略에서는 "문부과학성은 2019년도 중에 국립대학법인법을 개정하여 국립대학의 한 법인 복수 국립대학 경영을 가능"하도록 할 것을 제안하였으며, 2018년 6월 중앙교육심의회 대학분과회 장래구상부회는 '금후 고등교육의 장래상 제시를 위한 중간정리'今後の高等教育の将来像の提示に向けた中間まとめ에서 "복수 대학 등의 인적·물

적 자원을 효과적으로 공유할 수 있도록 한 법인 한 대학으로 되어 있는 국립대학을 재검토하여… 대학 등의 연계·통합을 원활히 추진할 수 있는 체제와 이를 추진하기 위한 지원 체제의 구축 등 실효성을 높이는 방책에 관하여 검토하는 것이 필요"하다고 정리하였다.

문부과학성은 각의 결정과 중앙교육심의회의 논의에 입각하여 2019년에 국립대학법인법을 개정하여 종전에는 한 개의 국립대학법인은 한 개의 학교밖에 운영할 수 없었던 1 대학 1 법인 제도를 개정하여 한 개의 대학 공동이용기관법인(국립대학법인기구)이 복수의 대학을 운영할 수 있도록 하였다.

현재까지의 성과로는 도카이국립대학기구東海国立大学機構, 나라국립대학기구奈良国立大学機構, 홋카이도국립대학기구北海道国立大学機構, 세 개가 설립되었다. 국립대학법인법 개정 전인 2018년부터 나고야대학名古屋大学과 기후대학岐阜大学을 통합하여 국립대학기구 설립을 추진해 온 도카이국립대학기구가 개정 국립대학법인법 시행일인 2020년 4월 1일에 가장 먼저 설립되었다.

지역의 두 거점 대학을 통합함으로써 경영의 효율화와 연구 체제의 강화를 의도하고 있는 도카이국립대학기구는 나고야공업대학名古屋工業大学과 미에대학三重大学의 참가를 촉구하고 있다. 그리고 국립대학법인 시즈오카대학静岡大学과 하마마츠의과대학浜松医科大学도 국립대학법인 시즈오카국립대학기구静岡国立大学機構의 설립 및 대학 재편을 합의하고 논의를 이어 가고 있다.

국립대학기구는 인구 감소, 산업 구조의 변화, 글로벌화 등 사회와 산업 경제가 크게 변화하고 있으며, 젊은층 인구의 지역 이탈로 지역 사회가 쇠퇴하는 등 지방 소멸 등이 지역 사회의 문제가 되어 있는 위기 상황에서 대학의 경영 자원을 집약하여 효율적으로 운영하고 대학 간 연계 체제 강화

[표 III-5] 국립대학법인기구 설립 현황

명칭	참가 대학	설립 연월일
국립대학법인 도카이국립대학기구	국립대학법인 나고야대학, 국립대학법인 기후대학	2020.4.1.
국립대학법인 나라국립대학기구	국립대학법인 나라교육대학, 국립대학법인 나라여자대학	2022.4.1.
국립대학법인 홋카이도국립대학기구	국립대학법인 오타루상과대학, 국립대학법인 오비히로축산대학, 국립대학법인 기타미공업대학	2022.4.1.

를 통한 첨단적 교육·연구 거점을 형성하여 지역 대학의 경쟁력을 강화하고 지역 사회의 활성화에 공헌하는 고등교육 환경을 구축할 수 있다는 점에서 우리나라 고등교육 정책에 시사하는 바가 크다.

2) 교원 1 대학 전임 제도 개선

종전 대학설치기준에서는 교원은 한 개의 대학에 한하여 전임 교원이 되도록 되어 있고 복수 대학의 전임 교원으로 겸무가 인정되지 않았다. 그간 정부 관계 심의회 등에서는 겸임 근무cross appointment 제도를 확대하여 복수의 대학이 교원을 공유하는 방안을 제안하였으며, 국내 대학 간의 겸임 근무뿐만 아니라 해외 대학과 겸임하는 교원을 증가시켜 외국인 유학생을 일본 대학에 유인하는 계기를 만들고자 하였다.

2022년 대학설치기준을 개정하여 제12조에서 규정한 전임 교원을 삭제하고 기간 교원 제도가 도입되었다. 기간 교원이란 ① 교육 과정의 편성, 기타 학부 운영에 관하여 책임을 담당하는 교원(교수회, 교무위원회 등 당해 학부의 교육 과정 편성 등에 관하여 의사 결정과 관련한 회의에 참가하는 경우)과, ② 당해 학부 교육 과정에서 주요 수업 과목을 담당하는 교원(오로지 당해 대학의 교육·연구에 종사하는 자로 한 대학에 전임으로 고용되어 월급 20만 엔 이상인 경우) 또는 당해 학부 교육 과정에서 연간 8단위 이상의 수업 과목을 담당하는 교원으로 정의하며, 기간 교원은 복수 대학의 필요 최저 교원 수에 4분의 1까지 산정할 수 있다. 따라서 교원의 여러 개 대학 근무가 가능하게 된 것이다.

구체적인 운용 이미지로는 ① A 대학 X 학부의 교육 과정 편성 등에 책임을 담당하고, X 학부의 교육 과정에서 8단위 이상의 수업 과목을 담당하는 교원(오로지 A 대학의 교육·연구에 종사하는 교원)이 ② B 대학 Y 학부 교육 과정 편성에서 책임을 담당하고 Y 학부 교육 과정에서 연간 8단위 이상의 수업 과목을 담당하는 경우, 교원을 X 학부 수용 정원과 Y 학부 수용 정원에 각각 4분의 1까지 산정할 수 있다.

이 외에도 기업 등에 전임으로 근무하는 자인 경우, 두 대학의 학부에서 교육 과정 편성 등에 책임을 담당하고 연간 8단위 이상의 수업 과목을 담당하는 경우에는 기간 교원으로 인정하여 두 대학의 필요 최저 교원 수의 4분의 1까지 산정할 수 있다. 다만 기간 교원의 임용으로 교육의 질적 저하를 초래하지 않도록 기간 교원 수 및 각 기간 교원의 학위, 교육, 연구 업적, 경력, 소속, 교육 과정의 편성 및 기타 학부 운영 참여 상황, 담당 과목 등의 정보를 사회에 공표하여 외부로부터 체크할 수 있도록 하였다.

문부과학성은 기간 교원의 도입으로 "대학 교육의 기본적인 단위인 학위 프로그램의 편성과 실시, 개선 등을 담당하는 교원의 책무성을 명확하게 하면서 충분히 교원이 양성되지 않은 성장 분야 등에서 민간 기업으로부터 실무가 교원의 등용, 그리고 복수 대학에서의 겸임 근무 등에 의한 인재 확보"를 특별히 기대하고 있다.[36]

3) 국·공·사립의 경계를 초월한 운영 법인 인가

'장래구상부회' 및 '인생100년시대구상회의'에서는 지역의 국·공·사립 대학을 그룹화한 '일반사단법인대학등연계추진법인'(가칭)을 설립하여 그룹 내 대학의 일체적인 운영을 통하여 경영 기반을 강화하는 방안이 제시되었다.

이 방안에서는 신설 법인 산하 대학은 독립 법인격을 유지하면서 대학 간의 교육·연구 기능의 분담·연계, 예를 들면 커리큘럼 및 교원과 관련한 규제를 완화하여 단위 호환에 참가하는 대학은 과목의 일부를 타 대학의 수업을 활용하고 자기 대학의 과목을 줄일 수 있어 교육·연구의 고도화를 이룰 수 있으며, 입시 업무와 사무의 공동 실시, 교직원 인사 교류 등을 통하여 경영 기반의 강화 및 교육·연구력의 강화로 이어지도록 의도하고 있다. 국·공·사립의 경계를 넘어 성공적인 연계가 이루어지기 위해서는 참가하는 대학 법인, 지자체, 산업계 간에 육성하는 인재상 및 연계 법인이 지향하는 장래상을 공유할 필요가 있다는 점도 강조하고 있다.

4) 경영 악화 사립대학 합병 및 조기 철퇴 지원

학생 수가 급격히 감소하는 가운데 정원 미달 등이 요인이 되어 경영이 악화하고 있는 학교법인은 사립대학을 운영하는 전국 660개 법인 중 287개 법인이며 이 중에서 12개 법인은 경영 곤란으로 도산할 가능성이 있다는 조사 결과가 있다. 사립대학 경영이 파산하는 경우 재학생은 학업을 중단할 수밖에 없고 다른 대학으로 전학해야 하므로 학생이 불이익이 받는 경우가 생기므로 공적 자금이 투입되고 있는 사립대학 교육의 질을 담보할 필요가 있다.

그리고 경영이 어려운 대학의 조기 철퇴 및 재편을 촉진하기 위하여 보조금의 지급 등 인센티브까지도 고려하여야 하며, 정부, 일본사립학교진흥·공제사업단의 경영 상담 기능 강화를 통하여 대학 합병을 포함한 경영 개선 대책을 조기에 촉구하는 체제를 구축할 필요성도 제기되고 있다.

학교 운영에서 독립 채산을 원칙으로 하는 사립대학의 경우 정원이 미달하면 경영이 곤란해지기 마련인데 정원을 채우기 위하여 무시험으로 학생을 입학시키거나 공립대학으로 전환하는 경우가 있다. 최근에 사립대학에서 공립대학으로 전환한 사례로는 나가사키조케이대학長崎造形大学(공설 민영 대학으로 개학), 후쿠치야마고리츠대학福知山公立大学(전신은 세이비대학成美大学), 산요오노다시리츠야마구치도쿄리카대학山陽小野田市立山口東京理科大学(전신은 야마구치도쿄리카대학山口東京理科大学), 나가노대학長野大学(전신은 우에다시上田市 공설 민영 대학인 혼슈조시단기대학本州女子短期大学)이 있다.

미국에서도 경영 상황이 악화하는 사립대학을 공립대학으로 전환한 사례가 있는데 주로 사립의 영리 대학이다. 공립대학으로 전환함으로써 학비가 낮아지므로 입학 희망자가 증가하는 등의 장점이 있다. 하지만 공립대학은 국가 또는 지방정부로부터 공적 재정이 지출되므로 재정 압박이 생기면 다른 국공립 교육 기관에도 영향을 미치게 된다는 점에서 신중한 고려가 필요하다. 또한 학령인구의 감소는 변수가 아니라 상수가 되어 있으므로 공립대학으로 전환 후 수년 안에 폐교해야 하는 경우도 생기는데, 대학 수요를 충분히 고려하지 않고 사립대학을 공립대학으로 전환하는 경우, 공적 재정의 낭비로 이어질 수 있다.

5) 사립대학 학부·학과 단위 양도 허용·합병 촉진

일본 문부과학대신 자문 기관으로 교육 정책의 수립에 있어 중요한 역할을 담당하는 중앙교육심의회가 2018년 1월 26일 답신한 '2040년을 대비한 고등교육 그라운드 디자인'2040年に向けた高等教育のグランドデザイン에서는 "사립대학 학부 단위 등에서의 사업 양도를 원활하게 하는 방책을 검토"할 것을 제안하였다.[37]

이 제안을 받은 문부과학성은 2019년 5월 10일 사립학교법 시행규칙 제4조의 2를 개정 전의 "사립대학 등의 설치자 변경에 의한 당해 사립대학 등의 설치자로 되는 경우"에서 "사립대학 등 또는 사립대학 학부 등의 변경으로 당해 사립대학 등 또는 사립대학 학부 등의 설치자로 되는 경우"로 개정하여 사립대학 간의 학과 또는 학부의 양도를 제도화하였다.

이는 저출산으로 인한 18세 인구의 감소에 대응하기 위하여 대학 간의 연계와 통합 촉진을 목표로 하는 정책이다. 양도 절차도 대폭 간소화하여 사립대학의 개편을 용이하도록 하였으며, 경영 면에서의 심사도 자금 계획 등 일부가 간소화되어 대학 측의 사무적인 부담이 대폭 줄어들게 되었다.

그간에는 학부 단위 양도는 허용되지 않았으며 학부를 양도하고자 하는 경우, 양도하는 대학에서는 학과 또는 학부를 폐지하고 양도를 받는 대학에서는 새로 신설하는 복잡한 절차를 거쳤지만 제도 개정으로 절차가 대폭 간소화되었다. 그리고 그간 심사가 필요하였던 경영 상황, 교지, 교사, 교원 수, 교육 과정 등의 심사를 없애 대학의 부담을 경감하는 한편 경영, 교육·연구 환경이 양도 전과 동일한 수준을 확보하는 것을 조건으로 하고 있다.

이번 제도 개선으로 대학의 학부 외에 단기대학(교육 과정이 주로 2년제인 대학) 학과, 대학원 연구과 등에 대하여 양도가 가능하게 되었다. 학부 등은 종전의 시설을 사용하고 커리큘럼, 교원 수를 양도 전과 동일한 수준으로 유지하는 것을 전제로 하여 서로 다른 학교법인이 경영하는 대학 간에도 이용이 가능하다.

다만 문부과학성은 학생과 보호자에게 충분한 설명 기회를 마련하여 이해를 얻도록 요구하고 있다. 이번 제도 개정으로 대학 재편을 준비하는 대학이 생기고 있으며, 2020년 4월부터 고베야마테대학神戸山手大学과 간사이고쿠사이대학関西国際大学이 통합되어 운영되고 있다.

이 제도 변경에는 ① 건전한 대학이 타교의 학부를 양도받아 교육 조직을 확충하여 특색 있는 교육의 강화, ② 경영이 어려운 학교법인이 학부를

유상으로 다른 학교법인에 양도하여 재무 상황의 개선에 기여, ③ 저출산으로 학령인구가 급속히 감소하므로 경영이 어려운 사립대학이 자발적으로 퇴출할 수 있도록 출구 마련 등의 정책 배경이 들어 있다.

　제도의 개정으로 이용할 수 있는 유형은 ① 학부 설치자 전부 변경, ② 학부 설치자 일부 변경, ③ 학부 신설 후 전학 등 세 종류가 있다.

　①은 학부 설치자의 변경에 의해 모든 학부를 다른 학교법인의 대학으로 설치자 변경을 하는 것으로 별도의 법인 간에 이용할 수 있다. 다만, 조직 등의 동일성 유지가 전제 조건이 된다. 그리고 ②는 일부 학부만을 다른 대학으로 설치자 변경을 하는 것으로 별도 법인 간에 이용할 수 있다. ①과

마찬가지로 조직 등의 동일성 유지가 전제 조건이 된다. ③은 다른 대학에서 학부를 신설하고 다른 대학의 학생이 신설한 학부로 전학을 하는 방식이다. 이 경우에는 학부를 신설하는 절차를 필요로 한다(日本私立学校振興・共済事業団, 2021).

제3장
사립학교 제도

　20세기 중후반 이후 미국, 영국 등지에서 이루어진 교육 개혁으로 전통적으로 구분되어 왔던 공립학교와 사립학교 간의 경계선이 불분명해지고 있다. 과거에는 종교계 학교나 자선 단체가 설립한 학교를 정부의 재정에 의해 운영하는 민설 공영학교가 있었지만 1980년대 이후 정부 재정으로 설립된 학교를 민간이 정부 재정으로 운영하는 공설 민영학교가 증가하고 있다. 미국의 차터스쿨, 영국의 아카데미와 프리스쿨이 대표적인 사례이다.

　이처럼 제도가 탄력적으로 운영되고 있지만 공립학교와 사립학교는 공교육 체제 내에서 서로의 특징을 유지하면서 국민의 중요한 교육 기관으로서 역할을 하고 있으며, 전통적인 법적 체계는 유지되고 있다.

　사립학교의 사회적 역할은 ① 국공립학교가 부족하여 국민의 교육에 결손이 생기는 것을 '양적으로 보충', ② 교육의 평등을 지향하는 국공립과는 다른 특성 있는 교육을 제공하는 '교육의 다양화', ③ 민간의 자금을 교육에 투자하도록 하여 '공교육비 절감', ④ 상류 계층의 교육 요구에 맞는 개별화된 교육을 제공하는 등 '특정 계층의 교육 수요에 부응' 등으로 정리할 수 있다.

우리나라 사립학교는 ①과 ③의 역할을 주로 해 온 것과 대조적으로 일본의 사립학교는 ①-③의 역할을 해 왔다고 평가할 수 있다. ④는 영국과 미국 등 방임형 사학 정책을 채택하고 있는 국가의 사립학교, 즉 미국의 보딩스쿨, 영국의 퍼블릭스쿨 등이 해당된다.

<h1 style="text-align:center">제1절 ____ 사학 행정의 변천</h1>

1. 제2차 세계대전 전의 사학 행정

1899년 8월 3일에 공포된 사립학교령(칙령 제359호)하에서 국가에 의한 관리·통제가 다음과 같이 강화되었다(文部省, 1972b).

- 별단의 규정이 있는 경우를 제외하고 사립학교를 지방 장관의 감독에 속하도록 한다(제1조).
- 사립학교의 설립은 감독관청의 인가를 받아야 하며 사립학교의 폐지 및 변경은 감독관청에 보고하도록 한다(제2조).
- 교장에 대한 감독관청의 인가를 받도록 한다(제3조).
- 교원 자격을 강화한다(제4조).
- 법령이나 사회 안녕질서에 위반하는 등의 사유가 있는 경우에는 폐쇄명령을 한다(제10조).
- 벌칙을 강화한다(제13조 내지 제16조).

제2차 세계대전 전의 사학에 대한 국가의 정책 방향은 다음과 같이 정리할 수 있다.

1) 명령주의

교육에 관한 명령주의는 사학 행정뿐만 아니라 제2차 세계대전 전의 모든 교육에 적용되었던 일반적인 특징이었다. 교육은 국민의 복지를 증진하는 작용이므로 교육에 관한 사항은 법률의 근거를 필요로 하지 않고 독립 명령으로 정할 수 있다고 해석한 것이다. 이 해석하에서 교육에 관한 주요 법령은 칙령으로 규정되었으며 보충적 내용이나 해석적 규정은 성령省令 이하의 명령에서 보완하였다.

사학에 관한 칙령이 바로 사립학교령이었으며 문부대신은 사립학교령의 시행을 위하여 필요한 명령을 발할 수 있도록 하였는데(사립학교령 제17조), 문부대신이 발령하는 것이 성령이다.

2) 교장의 인가, 취소

사립학교에는 교장 또는 학교를 대표하고 교무를 장리하는 자를 규정하고 감독관청의 인가를 받도록 하였으며, 감독관청이 부적당하다고 인정한 때에는 인가를 취소할 수 있도록 하였다.

3) 설립 인가, 변경·폐쇄 명령

사립학교의 설립은 감독관청의 인가를 받아야 하며 사립학교의 폐지 및 변경은 감독관청에 보고하도록 하였다. 그리고 설비, 수업 및 기타 사항에서 교육상 유해하다고 인정한 때에는 감독청이 그 변경을 명할 수 있으며, 법령 위반 및 기타 일정한 경우에는 감독관청이 학교 폐쇄를 명할 수 있도록 하였다.

2. 제2차 세계대전 후의 사학 행정

1) 사립학교법 제정 경위

제2차 세계대전 후에는 이전의 사학 정책에 대한 반성에서 1949년 사립학교법을 제정하여 '자주성의 존중', '민주적·공공적 운영', '재정적 조성'에 중점을 두었다. 사립학교법 제1조에서는 법률의 제정 목적을 "사립학교의 특성을 고려하여 그 자주성을 존중하고 공공성을 높임으로써 사립학교의 건전한 발달을 도모하는 것"으로 규정하고 있다.

사립학교법의 제정에 이르기까지는 다양한 논의가 있었다. 특히 일본의 사학 제도 형성에는 '미국교육사절단보고서'의 영향이 컸다. 1946년 3월 31일 제1차 미국교육사절단보고서에서는 "일부 사립학교에서의 종교교육을 제외하고는 관공사립의 학교 간에 본질적인 차이는 존재하지 않"으며, "관공립학교에 대한 기부가 면세되는 것과 동일하게 사립학교에 대한 기부도 면세"되어야 한다고 하여 국공립학교와 사립학교에 차이가 존재하지 않는다는 점을 명확히 하고 있다. 아울러 학교에 대한 공적 자금의 기부가 결코 학교의 자유를 방해해서는 안 된다고 하여 사립학교의 자유를 중시하고 있다.[38]

> "공립의 전문학교 및 대학을 적절히 유지하는 데에 있어 필요한 자금은 국고로부터 지급할 수 있다. 그러나 사립학교의 경우에는 문제가 심각하다. 사립학교의 경우 학교를 적정히 유지하는 데에 소요되는 자금을 확실히 확보한다는 예측이 없다면 개교를 허가해서는 안 된다. 수업료로부터 얻을 수 있는 자금 이외에 어떤 형태로든 재정적 지지가 있어야 한다. … 한편 이러한 방법으로 학교에 공공의 기금을 주는 것에 의해 어떤 형태로든 학교의 자유에 지장을 초래하는 일이 있어서는 안 된

다"(伊ヶ崎·吉原, 1975).

　교육쇄신위원회에서도 여러 가지 방면에서 사학의 문제를 검토하여 여러 번에 걸쳐 건의를 하였는데 그중에서도 1946년 12월의 제17회 총회에서는 사학의 기초를 확실히 하기 위해서는 학교 경영 주체의 건전한 발달을 조성하고 공공적, 민주적 성격을 부여하기 위하여 민법 법인과는 별개의 특별 법인으로 하는 것이 바람직하며 이를 위하여 학교법인법을 제정할 필요가 있다는 방침을 채택했다.

　종래 사립학교의 경영 주체는 민법의 규정에 기초한 재단법인이었지만 민법의 규정은 학교 경영과 관련하여 교육적 운영에 관한 내용을 가지지 않으므로 민법 법인과는 다른 특별 법인에 의해 학교의 설치 운영이 이루어질 필요성은 일찍부터 인식되어 그 연구에 착수하였다. 따라서 학교교육법이 제정될 때에 이미 학교법인법의 제정이 예상되어 학교교육법 제2조에서는 '사립학교란 별도로 법률에서 정하는 법인이 설치하는 학교를 말한다'라고 규정하고 동법 제102조에서는 이 별도의 법률에서 정하는 법인이 생길 때까지는 '당분간 민법에 의한 재단법인'으로 인정하는 한시적 규정을 해 두었다.

　1949년 11월 18일 중의원 문부위원회에서는 사립학교법의 제정 필요성을 다음과 같이 설명하고 있다.

　"사립학교에 관한 교육 행정에 대하여 사립학교의 특성을 존중하는 특별한 입법이 필요하다는 것은 늘 인식하고 있었던 것이며, 특히 작년의 교육위원회법 시행 이래 사립고등학교 이하의 교육 행정에 관하여 긴급하게 특별 조치를 강구할 필요가 있다는 점에 대해서도 폭넓게 인정하고 있었던 바입니다. 또한 사립학교를 설치하는 법인에 대해서도 이를 특별 법인으로서 민법에 의한 재단법인 이상으로 교육적인, 또한 기초가 튼튼하게 할 필요가 있습니다. 여기에 대해서는 교육쇄신위원회의 건의도 있고 학교교육법에서도 사립학교를 설치하는 법인에 대하여 별도 법률의 제정을 예상하고 있습니다. 정부로서는 사립학교법안에 관한 교육쇄신위원회의 건의 선상에서 또한 사립학교 대표자와의 1년여에 걸친 연구 결과 성안을 얻어 긴급히 임시국회에 상정한 것입니다."

교육쇄신위원회의 건의를 받아 문부성은 사학단체총연합회와 긴밀한 연락을 취하면서 사립학교법안 작성 작업을 진행하였고, 국회에서 수정을 거쳐 1949년 12월 15일 법률 제270호로 사립학교법이 공포되었다. 사립학교법 제정 의의는 다음과 같이 정리할 수 있다.

2) 사립학교법 제정 의의

제2차 세계대전 전의 국가는 사학에 대하여 강력한 감독권을 가지고 있었다. 1945년 패전 후 연속된 교육 개혁에서는 사립학교의 지위 및 국가의 사학 정책에 큰 전환을 가져왔다. 종전에 교육을 국가의 전속 사업으로 간주하고 모든 교육을 국가의 관리하에 두던 정책에서 자녀의 교육에 관한 부모의 자유와 개인의 교육의 자유를 존중하고, 특색 있는 교육을 제공하는 사립학교의 설치를 폭넓게 용인하고 사학의 진흥을 의도하는 정책으로 전환하였다.

단적으로 표현하면 사립학교는 종전의 통제적·감독적 색채가 강한 사립학교 행정으로부터 해방되어 자주적 운영을 바탕으로 건전한 발달이 기대되는 존재가 되었다. 정부의 사학 정책 전환을 잘 알 수 있는 사례는 패전으로부터 두 달 후인 1945년 10월 15일, 문부성이 훈령 제8호 '사립학교에서 종교교육에 관한 건'을 발하여 사립학교에서는 과정 외의 종교교육,

종교상의 의식을 할 수 있도록 인정한 것이다.

　1947년 3월에 제정된 교육기본법(교육기본법은 2006년에 전면 개정)에서는 "법률로 정하는 학교는 공公의 성질을 가지며 국가 또는 지방공공단체 외에 법률로 정하는 법인만이 설치할 수 있다"(제6조)라고 하여 사립학교에도 공립학교와 동등한 공공적 성질을 인정하고, 또한 설립자는 공공적 성격을 갖춘 '특별 법인'에 한정된다는 것을 명확히 하였다. 그리고 제9조(종교교육) 제2항에서는 "국가 또는 지방공공단체가 설치하는 학교는 특정 종교를 위한 종교교육, 기타 종교적 활동을 해서는 아니 된다"라고 규정하여 사립학교를 종교교육 금지 규정에서 제외하였다. 동시에 제정된 학교교육법은 감독관청의 사학에 대한 감독 권한을 축소하고 사학의 자유로운 운영의 여지를 크게 확대하였다.

　학교교육법 제정으로부터 3년 후인 1949년 12월에 제정된 사립학교법은 "사립학교의 특성을 고려하여 자주적인 운영을 존중하고 공공성을 높임으로써 사립학교의 건전한 발달을 도모"하는 것을 목적으로 하고 있다(제1조). 구체적으로는 ① 사립학교의 자주성을 존중하는 사립학교 행정의 민주화, ② 학교법인에 의한 사립학교의 민주적·공공적 운영, ③ 사학에 대한 공적 지원의 추진 등 세 개의 중심축으로 구성되어 있다.

　사립학교법에서는 관할청의 권한을 제한하고 관할청이 권한 행사를 하는 경우에는 사전에 사학 관계자를 주요한 구성원으로 하는 자문 기관인 사립학교심의회 또는 대학설치·학교법인심의회의 의견을 듣도록 하였다. 그리고 학교의 설치·폐지, 설치자 변경 등에 관한 관할청의 권한을 제한하여 열거하고, 학교교육법에 특례를 마련하여 사립학교에는 학교의 설비, 수업 등의 변경 명령의 적용 예외를 규정하였다.

　이처럼 사학 행정의 민주화는 사립학교법의 큰 특징을 이루고 있다. 한편 2002년의 개정에 의해 공·사립대학 및 고등전문학교에 대해서 문부과학대신은 설비, 수업 등의 개선 권고, 변경 명령, 권고 사항에 관련된 조직의 폐쇄 명령이 가능하도록 하였다(학교교육법 제15조).

3) 사립학교법의 특징 및 주요 내용

사립학교에 관한 교육 행정

사립학교에 대한 감독청의 감독 사항을 사립학교 설치 인가, 설립자 변경 인가, 사립학교 변경 명령 등에 한정하고 감독청이 이러한 감독 사항을 처리하는 경우에도 사립학교의 대표자 등으로 구성되는 사립학교심의회 또는 사립대학심의회의 자문을 듣도록 하였다. 그리고 교육위원회법(1956년 지방교육행정법 제정으로 폐지) 제4조 제2항에서 사립학교는 원칙적으로 교육위원회의 관할에 속하지 않도록 하여 사립고등학교 이하 학교의 관할청이 종래와 같이 도도부현지사라는 것을 명확히 하였다.

학교법인 제도의 창설

학교법인은 사립학교의 설립을 목적으로 하는 기관으로, 공익 법인의 일종이다. 사립학교의 설치 주체를 원칙적으로 학교법인에 한정한 취지는 사립학교의 설치자에게는 그에 걸맞게 영속성, 확실성, 공공성이 필요하다고 보았기 때문이다. 학교법인은 특별 법인이지만 재단법인의 색채가 짙다.

종래 사립학교의 설치 주체는 원칙적으로 민법의 규정에 의한 재단법인이 되었지만 민법의 규정은 학교를 설치하는 법인에 관한 규정으로는 불충분하므로 사립학교를 설치하는 법인을 학교법인이라는 특별 법인으로 하였다.

제2차 세계대전 종전 후 국립대학설치법과 함께 제정된 사립학교법의 성립 배경에는 '가치의 다양성을 중시하는 교육을 전개할 필요성', '빈약한 국가 재정하에서 국가의 성장을 담당할 인재의 육성을 민간이 충당하는 사학이 필요한 점', '사회의 다양한 분야에서 활약할 충분한 인재를 확보할 필요성' 등의 관점이 내재되어 있다.

- 종래 재단법인에 관한 기본 재산 및 그 공탁에 관한 규정은 실정에 맞지 않으므로 따로 규정하지 않고 학교법인은 설치하는 사립학교에 필요한 재산을 보유하면 되도록 하였다.
- 학교교육에 지장이 없는 한 수익을 학교 경영에 충당할 목적으로 수익 사업의 운영을 인정하였다. 이것은 학교법인의 재정적 기초를 강화하기 위한 것으로 이 취지를 일탈하여 수익 사업을 하는 경우, 사업의 정지를 명할 수 있도록 하였다.
- 학교법인의 파산 및 합병의 경우 해산한 학교법인의 잔여 재산 귀속자를 다른 학교법인 및 기타 교육 사업을 하는 자로 한정하였다. 이러한 규정은 본래 학교법인의 자산은 사립학교 교육을 위하여 기부된 것이며 또한 그 일부는 졸업생, 학부모의 협력과 국가 및 지방공공단체의 조성 등에 의한 것이므로, 해산한 경우에도 공공적 견지에서 재산을 원래 기부자에게 귀속시키는 것을 인정하지 않고 다른 학교법인 및 기타 교육 사업을 하는 자에게 귀속시키는 것으로 하였다. 아울러 처분되지 않은 재산은 국고에 귀속되도록 하고 있다.
- 임원의 정수를 이사 5인 이상, 감사 2인 이상으로 정하고 이사 선임에 있어 교장을 당연직 이사로 하며, 임원이 특정 친족에 의해 구성되는 것을 금지하였다. 또 소수 이사의 전횡으로 경영되는 등의 폐해가 없도록 학교법인의 자치적 방법에 의하여 공공성을 확보하도록 하였다.
- 학교법인에 평의원회를 설치하여 예산, 차입금, 기부행위 변경 등 학교법인 업무에 관한 중요 사항에 관해서는 이사장이 평의원회의 의견을

들도록 하고 평의원회에는 교원, 학교법인의 직원, 졸업생 등을 포함하
노록 하였다. 평의원회 제도 역시 자치적 방법으로 학교법인의 공공성
을 높이려는 제도이다.

• 종래 재단법인에 대해서는 인정되지 않았던 합병을 학교법인에게는 인
정하였다.

• 학교법인이 법령의 규정을 위반한 경우 해산을 명할 수 있도록 하였다.
다만 이 경우에도 사립학교심의회 또는 사립대학심의회의 의견을 듣도
록 하고 학교법인 관계자에게 변명의 기회를 부여하도록 하였다.

사립학교 지원 근거 마련

학교법인 제도의 신설로 공익성 측면에서 국가의 보조가 제도화되고(사
립학교진흥조성법 제정), 학교법인 명칭을 사용하게 됨으로써 사회적 신용과
신뢰가 향상되었다. 그리고 학교법인이 실시하는 목적 사업(학교)의 공익성
으로 세제상의 각종 우대 조치가 마련되었다. 사립학교법의 제정이 규제
라는 반론도 있으나 학교법인 제도는 사립학교의 자주성·공공성을 담보
하는 긍정적인 측면도 가지고 있다.

사립학교의 보조와 관련해서는 종래 일본헌법 제89조와의 관계에서 논
쟁도 있었지만 사립학교법은 사립학교와 학교법인이 공적 지배에 속한다
는 견해에 따라 입안된 것이다. 헌법의 '공적 지배'를 위하여 필요한 규정
으로 조성을 받은 학교법인에 대한 예산의 변경 및 임원 해직의 권고 등을
포함하였다.

또 학교법인에 대하여 법인세, 등록세, 사업세의 면세를 규정하였다. 사
립학교를 설치하는 학교법인이 수익 사업을 하는 경우를 제외하고는 법인
세, 사업세 등은 비과세이며, 수익 사업에서 발생하는 소득에 대해서도 법
인세 경감세율이 적용되고 있다. 또한 학교법인이 보육 또는 교육을 위하

여 직접 사용하는 부동산에 대해서는 부동산의 취득세·고정자산세·등록 면허세를 비과세로 하고 있다.

그리고 공익 증진 법인 증명을 받은 학교법인이 개인의 기부를 받은 경우에는 기부금액 중 2천 엔을 넘는 금액에 대하여 소득 공제를 인정하고 있다. 법인이 기부하는 경우에는 일반 기부금과는 별도의 손금 산입이 인정된다. 2017년 말 시점에서 문부과학성 소관 학교법인 중 347개 법인(약 52%)이 세액 공제 대상 법인의 증명을 받고 있다.

일정 요건을 충족하는 학교법인에 대하여 상속 재산을 그 신고 기간까지 기부한 경우에는 그 상속 재산에 관계되는 상속세를 비과세로 하고 있다. 그리고 토지 및 건물을 비롯한 자산을 학교법인에 증여 등을 하는 경우에 일정 요건을 충족하는 것으로 국세청 장관의 승인을 받은 경우는 증여 등이 없었던 것으로 보아 소득세를 비과세한다.

사학 행정 거버넌스 창설

설립 인가, 기부행위의 보충, 조성의 정지, 수익 사업의 정지 명령 및 해산 명령에 관해서는 사립학교심의회 또는 사립대학심의회의 의견을 듣도록 하였다. 사립학교심의회 및 사립대학심의회는 각각 도도부현지사 또는 문부대신의 사립학교 교육 행정에 관하여 설치된 자문 기관으로, 위원 중 4분의 1 이내를 학식 경험자로 하는 것 외에는 모두 사립학교의 대표자로 임명하도록 하고 있으며, 사립학교의 대표인 위원을 임명하는 경우에도 도도부현지사 또는 문부대신은 자주적으로 조직된 사립학교 단체가 추천하는 위원 후보자 중에서 임명하도록 하여 사립학교의 자주성을 존중하고 있다.

사립학교법 제정 이후 사립학교심의회 개혁 논의를 살펴보면 다음과 같다. 중앙교육심의회는 1955년 답신 '사립학교 교육의 진흥에 관하여'私立学

校教育の振興についての答申(1955.2.21.)에서 "고등학교 이하의 학교에 대한 지도 조언 제도 및 관할청 일원화, 사립학교심의회의 조직 구성 등의 개선에 관해서는 그 필요성은 충분히 인정되지만 교육 행정 제도 개선 근본 문제와도 관련되므로 장래 검토할 것과 사립학교심의회의 조직에 관해서는 학식 경험자 위원에 교육위원회 관계자를 적어도 1명을 추가하는 것이 바람직하다"고 하면서도 구체적인 내용은 언급하지 않았다.

2002년 제4회 종합규제개혁회의(2002.7.3.)에 문부과학성이 제출한 자료에서는 사립학교심의회에 관하여, "사립학교심의회는 사학 관계자의 의견을 충분히 반영함으로써 사립학교에 대한 관할청 관여의 적정을 기한다는 취지에서 마련된 것으로 사립학교의 자주성 존중을 원칙으로 하는 현행 사학 제도에서 매우 중요"하며, "사립학교심의회의 취지를 전국적으로 공통되게 담보하기 위하여 위원의 구성을 포함하여 법률로 규정되어 있다는 점" 등을 재차 확인하고 있다(https://www8.cao.go.jp/kisei/giji/02/004/siryo.html).

사립학교심의회는 사학의 자주성을 담보하고 관할청의 사립학교에 대한 행정의 적정을 기하기 위하여 사립학교의 대표자를 주된 구성원(위원의 4분의 3)으로 하고 학교 신설 인가 등 일정 사항에 관한 자문 기관으로서 각 도도부현에 설치하도록 법률로 규정되어 있다. 당해 지자체 내에 있는 사립학교 교육의 개선과 진흥을 도모하는 데 있어 중요한 사학 행정 거버넌스이기도 하다.

그러나 사립학교심의회에 대해서는 위원의 4분의 3 이상이 사립학교 관계자 중에서 임명되어 있으므로 사립학교의 신설을 억제적으로 심사하는 경향이 있는 것은 아닌가, 심의회 위원 구성 비율은 사립학교법에서 규정하고 있지만 공립학교와의 연계를 강화하는 관점에서 공립학교 관계자를 위원으로 임명하는 등 지역의 실정에 맞게 심의회를 운영하도록 지방 분권의 관점에서 제도 개선이 필요하다는 등의 지적이 있었다.

여기에 대해서는 사학의 자주성을 담보하고 관할청의 사립학교에 대한 행정의 적정을 기하고자 하는 사립학교심의회의 의의와 목적의 중요성을 확인하고, 사립학교 교육에 정통한 자 등으로 구성된 제3자 기관으로서 설치 인가 등에 관여하는 것은 중요하지만 위원의 구성 등에 관해서는 당해 지역의 실정에 따라 공립학교 관계자, 보호자 등을 위원으로 임명하는 것이 가능하도록 사립학교심의회 구성원의 비율 및 위원 후보자의 추천에 관한 사립학교법 규정을 삭제하는 방안이 검토되었다.

3. 지방 분권 개혁과 사립학교

1990년대 이후 지방 분권 개혁으로 사립학교 관련 사무 중 대부분의 사무는 종전의 기관위임사무에서 국가 사무로서의 성격을 가진 법정수탁사무로 재편되었다. 사학 제도는 지방이 자주적으로 기준을 마련하여 처리할 사무가 아니라 국가 교육 제도의 틀 안에서 표준을 정하거나 결정되어야 하는 사무이기 때문이다. 지방 분권 개혁에서 사립학교 법령의 사무 중 법정수탁사무로 분류한 판별 기준은 '국가 통치의 기본에 밀접한 관련을 가지는 사무'였다는 사실이 이를 방증하고 있다.

1996년 12월 20일 지방분권위원회의 제1차 권고에서는 기관위임사무를 폐지한다는 원칙하에서 자치사무와 법정수탁사무로 구분하는 대전제가 마련되었는데, 사립학교 행정과 관련해서는 학교법인의 설립 인가 · 업무 감독에 관한 사무, 사립학교 등의 설치 · 폐지의 인가에 관한 사무 등에 대해서 관할청 등으로부터 법정수탁사무로 해야 한다는 의견이 표명되어 여러 차례 협의를 하였지만 결론에 이르지 못해 계속 검토하는 것으로 하였다.

1997년 7월 8일 제2차 권고에서는 "학교법인의 설립 인가에 관한 사무(제31조)는 도도부현의 법정수탁사무"로 하고 사립학교 등의 설치, 폐지 등을 인가하는 사항(제5조 제1항 제1호)은 "도도부현의 자치사무"로 하는 방안이 마련되었다. 그리고 지방분권일괄법의 시행으로 도도부현 소관의 제1호 법정수탁사무로 재편된 학교법인의 사무는 다음과 같다.

- 사립학교법(이하 법) 제26조 제2항 수익 사업 종류의 공고
- 법 제31조 제1항 기부행위의 인가
- 법 제31조 제2항 기부행위 인가 시 사립학교심의회 의견 청취
- 법 제32조 제1항 기부행위의 보충
- 법 제37조 제3항 제1호 내지 제3호 감사의 직무
- 법 제40조의 4 가이사의 선임
- 법 제40조의 5 이익 상반 사항인 경우 특별대리인 선임
- 법 제45조 기부행위 변경의 인가
- 법 제50조 제2항 해산의 인가
- 법 제50조 제4항 해산의 신고
- 법 제50조의 7 청산인의 성명 및 주소 관할청 신고
- 법 제50조의 13 제5항 해산 및 청산 감독 법원의 관할청에 대한 의견 요구 또는 조사
- 법 제50조의 13 제6항 해산 및 청산 감독 법원에 대한 의견 진술
- 법 제50조의 14 청산 종결 시 관할청 신고
- 법 제52조 제2항 합병의 인가
- 법 제60조 제1항 학교법인의 법령 위반 시 운영의 정지, 운영 개선 및 기타 필요한 조치 명령
- 법 제60조 제2항 조치 명령 시 사립학교심의회 의견 청취

- 법 제60조 제3항 조치 명령 시 변명의 기회 부여
- 법 제60조 제9항 조치 명령 불이행 시 임원 해임 권고
- 법 제60조 제10항 해임 권고 시 변명의 기회 부여, 사립학교심의회 의견 청취
- 법 제61조 제1항 수익 사업 정지 명령
- 법 제62조 제1항 학교법인 해산 명령
- 법 제62조 제2항 해산 명령 시 사립학교심의회 의견 청취
- 법 제62조 제3항 해산 명령 시 의견 진술, 증거 제출 등 통지
- 법 제63조 제1항 학교법인에 대한 재산 상황 등 보고 요구

제2절 ___ 사학의 특수성 · 자주성 · 공공성

1. 사학의 특수성

1) 사학의 관할청 문제

일본에서는 고등학교 이하 각급 학교의 관할청이 이원 행정으로 되어 있다. 즉, 공립학교는 교육위원회가 관할청이며 사립학교는 도도부현지사이다. 이러한 제도적 특징은 공교육에서 사립학교의 중요성과 독자성을 인정하고 건전한 발달을 기하도록 하기 위한 것으로 해석할 수 있는데 여기에는 역사적 논의가 있다.

사립학교의 관할청에 대한 논의는 1948년 각 지방에 교육위원회가 창설된 이후부터 있었다. 1948년 7월 교육쇄신위원회는 공립학교 관할청인 도도부현교육위원회와 병렬하여 사립학교도 도도부현사학교육위원회를 설

치하여 고등학교 이하 사립학교 및 사립각종학교의 교육 행정을 관장시킬 필요가 있다고 하여 사립학교법의 조속한 제정을 건의히였다.

도도부현사학교육위원회는 사립학교 대표자, 사립학교 재학생 학부모, 도도부현의회 의원 등을 선출하여 구성하고 사립학교 설치 · 폐지의 인가, 교과용 도서의 검정, 교직원 면허장 발행, 규칙 제정 · 개폐 등 사무의 집행 기관으로서 권한을 부여한다는 구상이었다.

그러나 문부차관 통지(1948.12.29., 發學 568号)에 의해 결착을 보게 되었는데, 당시 통지에서는 "도도부현의 교육위원회는 일반적 행정 기관이라기보다는 오히려 도도부현립학교의 관리 기관으로서의 성격을 갖추고 있다. 그런데 사립학교와 소관청과의 관계는 영조물과 관리 기관과의 관계가 아니라 일반적 행정 기관과 국민과의 사이의 간접적인 관계에 불과하다." "종래 통설적인 관점에서 보면 사립학교 및 학교법인에 관한 도도부현지사의 사무는 국가의 사무가 도도부현지사에 대하여 기관위임된 것으로 해석하여야 할 것"이라고 하여 사립학교 사무는 국가 사무이지만 도도부현지사에게 위임하여 처리하는 사무라는 점을 명확히 하였다.

이후에도 지방 교육 행정의 일원화와 관련해 여러 번 정부 관계 심의회에서 제언이 있었다. 중앙교육심의회는 1955년 9월의 답신에서 관할청의 일원화에 대하여 "고등학교 이하의 학교에 대한 지도 · 조언 제도 및 관할청 일원화와 사립학교심의회의 조직 구성 등의 개선에 관해서는 그 필요성이 충분히 인정되지만 교육 행정 제도 개선의 근본 문제와도 관련되므로 장래 검토할 것"(私立学校教育の振興についての答申)이라고 하였다.

그리고 1971년 답신에서는 행재정상의 시책을 종합적 · 계획적으로 추진한다는 관점에서 일원화할 것을 제안하고 있다. 또한 임시교육심의회는 심의 경과의 개요(1985.1.1.)에서 공립학교 행정과 사립학교 행정의 연계를 강화해야 한다고 제언하였다.

이처럼 지방 교육 행정의 일원화와 관련해서는 종종 논의가 되고 있다. 사립학교법에서 관할청을 도도부현지사로 한 것을 두고 도도부현 단위에서 사립학교가 공립학교에 비해 적기 때문에 공립학교 우선의 행정이 되어 사립학교가 경시될 수 있다는 우려 또한 제기되고 있다.

2) 최근의 동향

2007년 2월 중앙교육심의회에서는 교육위원회 제도 개혁에 관한 논의 중에서 교육위원회는 지사 소속 부서의 요구에 부응하여 사립학교의 교육 내용에 관하여 전문적인 지도·조언·원조를 할 수 있도록 해야 한다는 의견이 나왔다.

여기에 대해 사학 단체는 "① 재정 사정·행정 개혁 등 합리화라는 원칙에서 기계적·사무적으로 일원화하는 것은 획일적 지도 행정이 이루어져 사립학교의 자주성·독자성 및 교육 내용의 특질을 잃을 수 있고, ② 경영에 대한 간섭·관료 통제의 위험성이 있다"는 논리를 바탕으로 강한 반대 의견을 제출하였다.

아울러 여러 명의 도도부현지사, 교육장, 여당 국회의원 등으로부터 반대 의견이 강하게 제시되었다. 사학 관계자도 관할청을 도도부현교육위원회에 이관하는 것보다 지자체장의 소관으로 되어 있는 것이 보조금 측면에서 유리하다는 이유로 찬성하는 의견이 많다.

그 결과 답신에서는 "도도부현지사의 요구에 응하여 교육위원회가 조언, 원조를 넘어 지도를 실시하는 것에 관해서는 사립학교의 건학 정신 및 독자성·자주성을 존중하는 관점에서 반대하는 의견이 많고 당 심의회로서는 교육위원회가 지도를 하는 것이 가능하도록 하는 것은 채택하지 않는 것이 적당하다고 생각한다"라고 하고, 아울러 "사립학교에 관한 지방 교육 행정의 역할에 관해서는 이번 답신을 기초로 조치 상황 등을 보아 가면서

앞으로 더 검토를 해 가는 것이 필요하다"라고 하고 있다(教育基本法の改正を 受けて緊急に必要とされる教育制度の改正について).

이 답신에 따라 같은 해 6월에 개정된 지방교육행정법에서는 제27조의 2에 "도도부현지사는 제24조 제2항에서 열거하는 사립학교에 관한 사무를 관리하고 집행하는 데에 있어 필요하다고 인정할 때에는 당해 도도부현교 육위원회에 학교교육에 관하여 사립학교에 대한 전문적 사항에 관하여 조 언·원조를 요구할 수 있다"라는 규정이 마련되었다.[39]

3) 지자체의 운영 실태

이원적 행정의 실제에서는 기관을 달리함으로써 사립학교와 공립학교 와의 구별이 명확하게 되고 공립학교 우선 행정의 폐해를 피할 수 있는 반 면, 사립학교 행정에 교육 전문가가 포함되기 어렵다는 결점도 있다. 이 결 점을 보완하기 위하여 관할청인 도도부현지사는 사립학교 관련 사무를 지 방자치법 제180조의 2 규정[40]에 의해 도도부현교육위원회 등과 협의하거 나 도도부현교육위원회의 직원에게 보조 집행하게 할 수 있다. 현실적으 로 교육위원회 직원이 사립학교 사무 일반을 보조 집행을 하고 있는 지자 체도 있다.

오사카부에서는 2016년도부터 사학 관계 사무를 교육위원회 사무국에 이관하고 명칭을 교육청으로 변경하는 교육 행정의 일원화가 추진되었다. 교육청에는 사학과를 신설하고 그 총괄하는 직위로서 '사학감'을 두었다. 오사카부 측은 사학의 효과적인 노력을 공립학교에서도 받아들임으로써 공사 간의 절차탁마를 촉진한다고 설명하고 있다.

한편 사학 측은 "사학의 독자성이 훼손된다"며 반발하고 있지만 오사카 부 측은 "교육기본법과 사립학교법에서 사학의 독자성을 존중하도록 규정 되어 있어 이번 이관에 의해 독자성이 훼손되는 것은 아니다"라고 반박하

고 있다.[41]

지방교육행정법에서 사학 관계 사무의 관할청이 도도부현지사라는 데에는 변함이 없다. 일부 지자체는 지방자치법의 규정에 의해 사립학교에 관한 사무를 교육위원회(교육장)에게 보조 집행시키고 있으며 지자체장이 교육청에 사무를 전적으로 위임하고 있는 지자체는 오사카부가 처음이다.

2. 사학의 자주성

사학의 자주성이란 건학 정신 및 독자의 교육 이념에 입각한 자율적인 교육 활동과 학교 운영을 의미하며, 사학의 자주성은 행정 기관에 의한 규제를 가능한 한 배제함으로써 보장된다.

구체적으로는 ① 특정 종교교육, 기타 종교 활동의 실시(교육기본법 제15조), ② 의무교육 학교에서의 수업료 자율 결정 및 징수(교육기본법 제5조, 학교교육법 제6조), ③ 통학 구역에 관계없이 학생 모집(학교교육법 시행령 제5조) 등이다. 그리고 관할청의 권한도 사립학교 설치·폐지 등의 인가, 폐쇄 명령에 한정하고 학교의 설비, 수업 등에 대한 변경 명령(학교교육법 제14조)은 제한된다(사립학교법 제5조). 즉 학교교육법 제14조에서 규정하는 설비, 수업 등에 관한 변경 명령은 대학 및 고등전문학교 이외의 사립학교에는 적용되지 않는다.

당초 1949년 10월 14일 각의 결정된 사립학교법안에서는 감독청이 사립학교에 대하여 가지는 권한으로 설치·폐지 등의 인가, 폐쇄 명령, 변경 명령의 세 가지가 들어 있었다. 이에 대하여 사학단체총연합회 등으로부터 제출된 의견 '사립학교법안은 왜 수정되지 않으면 안 되는가'(1949.10.14.)에서 감독 권한 삭제 요구가 있었다. 그 이유로는 "설비, 수업 및 기타 사항에 관한 변경 명령은 그 성질상 폐쇄 명령 전 단계의 감독 작용으로 당연히 폐쇄 명령의 권한 중에 포함된 것으로 해석되어야 하며, 따라서 새삼스럽게 변경 명령의 권한을 열거할 필요는 없다. 또한 감독 사항을 수없이 열거하는 것은 감독권 남용을 초래할 위험이 있다"라는 것이었다(松坂, 2010).

이 수정 요구를 받아 연합군최고사령부민정국(GHQGS)은 '사립학교법안에 대한 수정안' 중의 하나로 제5조 제3호의 삭제를 권고하였다. 그 이유는 사립학교총연합회의 의견을 바탕으로 "법령 위반의 경우에는 제2호에 의해 폐쇄 명령을 발하는 것이 가능하므로 변경 명령은 그 전 단계의 감독 작용으로서 당연히 여기에 포함되는 것으로 해석하여야 하며, 제3호는 전혀 불필요하다고 생각된다. 감독 사항을 수없이 열거하는 것은 감독권 남용의 위험이 있다"라는 것이었다. 이 권고에 의해 당초 법안이 수정되어 제3호는 삭제되었다.

사립학교가 설비, 수업 등에 관한 법령의 위반 사실이 있어도 대학 및 고등전문학교 이외의 사립학교에 대해서는 학교교육법상 변경 명령을 할 수 없다. 그러므로 법령의 규정에 위반 사실이 있는 경우에는 행정 지도에 의해 시정을 요구하게 되며 그래도 개선 가능성이 보이지 않는 경우에는 학교교육법 제13조의 규정에 의해 폐쇄 명령을 하는 것으로 사립학교 교육 수준을 확보하게 된다.

한편 관할청이 이러한 권한 및 학교법인 설립 인가, 해산 명령 등을 하고자 하는 때에는 사립학교심의회나 대학설치·학교법인심의회의 의견 청취가 의무화되어 있다.

3. 사학의 공공성

교육기본법 제6조 제1항에 의거, 사학은 공적 성질을 가진다. 여기에 대해서는 학교 설립자가 정부든 민간이든 학교교육 사업 자체가 공공의 복리라는 해석이 일반적이다.

사학 교육의 자주성을 훼손하지 않고 공공성을 높이기 위해 공적 비용에 의한 사학 조성 제도와 더불어 사립학교법에서는 학교 운영에 일정한 제약을 마련해 두고 있다. 학교 설치 기준의 설정과 이에 적합한지에 대한 심사, 학습지도요령의 준거 등이다. 또한 학교법인 제도하에서 그 조직과 운영 등에 관한 법적 규제가 설정되어 있다. 사립학교법에서는 공정한 학교법인 운영을 확보하기 위하여 법인 임원 정수의 설정, 선임 방법, 직무, 자문 기관으로서 평의원회의 설치를 규정하고, 또한 학교법인 해산 시 잔여재산의 임의 처분을 방지하는 조치 등을 규정하고 있다.

한편 2004년에는 공교육을 담당하는 주체로서 신뢰를 높이고 관리·운영 기능을 강화하고자 사립학교법의 개정이 이루어져 학교법인 이사회 설치 등의 관리·운영 제도의 개선 및 재무 정보의 공개 등이 도입되었다.

사립학교의 공공성에 관해서는 "사립학교도 소·중학교 단계에서 국가의 의무교육법제 실시에 협력하므로 그 공적 성질에서 국·공립학교에 준하는 성격을 가진다고 할 수 있다. … 의무교육 이상의 과정인 사립학교도 국·공립학교에 대한 보완적 기능을 영위한다는 점에서 동등하게 공적 성질을 가진다고 할 수 있다"(田中, 1961), "학교가 공적 성질을 가지는 근거를 설명하는 데에 두 가지 설이 있다. 한 가지는 학교의 설치 주체(교육 사업 주체)가 공적 성질을 가진다는 설(교육 사업 주체설)이며 다른 하나는 학교에서 이루어지는 교육이 공적 성질을 가지기 때문에 학교가 공적 성질을 가진다는 설(교육 사업설)이 있다. … 이 제2의 설은 현재 교육법학계의 다수설이 되어 있다"(平原, 1978) 등의 논리가 설득력을 얻고 있다.

사립학교의 공공성을 높이기 위하여 법 제정 이전 민법의 재단법인에서 학교법인이라는 특별한 법인 제도를 창설하여 그 조직 운영 등에 관하여 민법상의 법인과 다른 법적 규제를 하고 있다.

몇 가지만 예시하면, 첫째, 학교법인이 해산한 경우의 잔여 재산의 귀속 자는 학교법인, 기타 교육 사업을 영위하는 자 중에서 선정하여야 하고 잔 여 재산의 임의적 처분을 제한하고 있으며(제30조 제3항), 둘째, 학교법인 운 영의 공정을 기하기 위하여 임원의 최저 필요 인원을 정하고, 임원을 특정 한 친족이 차지하는 것을 금지하고 있으며(제35조 제1항 및 제38조 제7항), 셋째, 학교법인 업무 집행의 자문 기관으로 평의원회 설치를 의무화하여 학교법 인 운영에 관하여 의견을 반영하도록 하고 있다(제41조 내지 제44조, 제46조).

제3절 ___ 학교법인 설립·운영

1. 학교법인 설립 인가

학교법인은 사립학교의 설립을 목적으로 하는 특별 법인이다. 학교법인 을 설립하고자 하는 자는 사립학교법 제30조에서 정하는 사항이 기재된 기 부행위의 인가 신청을 하여 관할청의 인가를 받아야 한다. 그리고 학교법 인은 주된 사무소 소재지에 등기함으로써 성립한다. 일본에서 회사법에 의한 회사가 준칙주의를 채택하고 있으며, 민법의 공익 법인이 허가주의인 것과 달리 학교법인은 인가주의를 채택하고 있다. 또한 민법의 공익 법인 은 허가일이 설립일이지만 학교법인은 설립 등기를 하는 날에 성립한다.

관할청은 학교법인의 인가 신청이 있는 경우에 자산이 법령의 요건에 해당하고 기부행위의 내용이 법령의 규정에 위반하지 않는지 등을 심사하여 인가 여부를 결정한다. 고등학교 이하 학교법인의 경우 도도부현지사가 학교법인의 인가를 하는 때에는 설치하는 학교에 필요한 시설·설비 등을 보유하고 있는지 등을 심사한다(사립학교법 제31조 제1항 등). 각 도도부현에서 정하는 학교법인 기부행위 심사 기준은 일반적으로 학교의 입지 조건, 시설·설비, 경영에 필요한 재산, 임원의 자격 및 구성, 법인의 사무 조직, 학교 관리·운영 체제 등에 관한 사항이다.

2. 학교법인 관리 기관

학교법인은 자연인이 아니므로 관리 기관이 없으면 법인으로서 활동할 수 없다. 사립학교법은 학교법인의 관리 기관으로 이사, 이사회, 감사, 평의원회를 규정하고 있다. 특히 사립학교법에서는 학교법인의 업무 결정 및 감사 등을 실시하는 법정 필수 기관으로 이사와 감사를 임원이라고 하여 평의원 등 자문 기관과는 명확하게 기능과 역할을 구분하고 있다.

1) 이사·이사회

2004년 개정 전의 사립학교법은 이사회에 관한 명문의 규정이 없었으므로 이사회는 사실상의 기관에 머물렀으며, 학교법인의 의사 결정 기관인 각 이사의 의사 결정을 위한 회의체의 성격을 가지는 정도로 여겨졌으나, 2004년의 개정으로 이사 기능이 강화되어 이사회가 학교법인의 업무에 관한 최종 결정 기관으로 위치하게 되었다. 이는 기동력 있는 의사 결정이 가능하도록 이사회 체제를 정비하고 학교법인 운영에 관한 권한과 책임의 소재를 명확히 하는 관점에서 이사회를 법률상 명문화한 것이다.

주요 내용은 학교법인의 입무에 관한 결정 기관으로 이사회를 두며(제36조), 대표권은 원칙적으로 이사장이 가지고, 기부행위에서 정하는 바에 따라 다른 이사에게도 대표권을 부여할 수 있도록 하여(제37조, 제49조), 종전에 모든 이사가 대표권을 가지도록 한 규정을 개정하였다. 그리고 이사의 임기, 선임·해임 절차 등에 관해서는 각 학교법인의 기부행위에 정하도록 하고(제30조), 이사 중 적어도 한 명은 선임할 당시에 당해 학교법인의 임원이나 직원이 아닌 자를 선임하도록 하였다(제38조). 제38조는 이른바 '외부이사'의 선임에 관한 규정으로 학교법인의 운영에 관한 다양한 의견을 들어 경영 기능을 강화하는 것을 목적으로 도입한 제도이다.

2014년에는 사립학교법의 개정으로 학교법인의 이사는 법령 및 기부행위를 준수하고 학교법인을 위하여 충실하게 업무를 수행하도록 하는 '충실 의무'를 명문화하였다(제40조의 2). 그리고 2019년 사립학교법 개정으로 학교법인이 이사, 감사, 평의원, 직원 등 관계자에 대하여 특별한 이익을 공여하는 것을 금지하고(제26조의 2), 이사회의 의사에 특별한 이익을 가진 이사는 의결에 참가할 수 없도록 하였다(제36조). 2023년 문부과학성이 국회에 제출한 사립학교법 개정안이 국회에서 가결되어 5월 8일 공포된 개정사립학교법(2025년 4월 1일 시행)에는 이사·이사회 제도 개혁안으로 종전에는 당연시되었던 이사장 중심의 경영 체제를 크게 제약하는 내용이 들어 있다. 그리고 이사의 경우에도 기부행위에서 정하는 이사 선임 기관이 선임하지만, 사전에 평의원회의 의견을 들도록 하고 있다. 이 개혁안은 1949년 사립학교법이 제정된 이후 유지되어 온 학교법인 거버넌스 체제를 근본적으로 바꾸는 것이기 때문에 법안 작성 과정에서 사학 단체의 반발이 상당했다.

일본의 특징으로 이사회의 의결에서 가부 동수인 경우 "의장이 결정하는 바에 의한다"는 규정이 있다. 이 규정은 의장이 이사로서 의결에 참가하지 않는 것을 전제로 하고 있다. 예를 들면 9명의 이사회에서 의장을 제외한 이사 8명 중 4명은 찬성하고 4명은 반대하는 경우 의장이 찬성하면 가결, 반대하면 부결이 된다는 내용이지 10명의 이사회에서 의장도 의결에 참여하여 찬성 5명, 반대 5명이 될 경우 의장이 찬성 또는 반대를 하여(의장이 두 표를 행사) 결정한다는 의미는 아니다.

사립학교법 제38조는 이사회의 의결 방식에 관한 규정을 하고 있는데 이사회 의사 정족수는 이사의 과반수로 하며 재적 이사 과반수가 출석하지 않는 한 이사회를 개회할 수 없다. 이 경우에 사전에 이사회에 부의된 사항이 이사에게 알려지고 이사가 부의된 사항에 대하여 사전에 의사를 표시한 경우 출석한 것으로 보아도 무방하지만 백지위임이나 이사장에게 일임하는 등은 출석한 것으로 볼 수 없다는 해석이 우세하다.

2) 감사

감사는 학교법인의 감독 기관으로서 각자가 단독으로 직무를 행한다. 2004년 사립학교법 개정으로 감사 제도가 개선되었다. 주요 내용은 감사의 직무에 감사 보고서의 작성 및 이사회와 평의원회에 제출(제37조), 외부 감사 제도로 감사 중 적어도 1명은 선임할 당시에 당해 학교법인의 임원 또는 직원이 아닌 자를 선임(제38조), 감사는 평의원회의 동의를 얻어 이사장이 선임하고 해임 절차, 임기는 학교법인의 기부행위에 명기(제30조, 제38조), 감사와 평의원의 겸직 금지(제39조) 등이다.

2019년의 개정에서는 감사의 업무로 이사의 업무 집행 상황의 감사를 추가하고, 학교법인의 업무 등에 관하여 부정행위 등을 발견하고 보고할 필요가 있는 때는 이사장에게 이사회의 소집을 청구할 수 있도록 하였다. 그리고 이사가 학교법인 목적 범위 외의 행위 및 기타 법령 및 기부행위에 위반하는 행위를 하거나 이러한 행위를 할 우려가 있는 경우에 당해 행위에 의해 학교법인에 상당한 손해가 생길 우려가 있는 때는 당해 이사에 대하여 행위의 중지를 청구할 수 있도록 하는 등 감사의 직무를 강화하였다(제37조, 제40조의 5 준용규정).

2023년 5월 8일 공포된 개정사립학교법에서는 감사의 선임·해임을 평의원회의 결의에 의하도록 하고(현재는 감사를 평의원회의 동의를 얻어 이사장이 임명), 임원의 친인척이 감사에 취임하는 것을 금지하며, 대학법인 및 일정 규모 이상의 학교법인 등은 공인회계사 또는 감사법인 중에서 회계감사인을 두도록 하는 내용이 포함되어 있다.

3) 평의원회

사립학교법 제41조 내지 제44조에서는 평의원회의 구성과 기능에 관하여 규정하고 있다. 학교법인의 평의원회는 학교법인의 운영에 각계의 다양한 의견을 반영하도록 하여 임원의 전횡을 방지함으로써 학교법인 운영의 공공성을 높이기 위하여 설치한 기관이다. 평의원회는 학교법인에 두어야 하는 필수 자문 기관으로 학교법인의 임원은 아니지만 기부행위에서 의결권을 부여할 수 있다.

학교법인이 특별 법인이라고는 하지만 그 본질은 재단법인의 성격을 가진 법인이다. 학교법인의 기본을 이루는 것은 기부자가 출연한 재산이며 또한 설립 정신(건학 이념)이다. 따라서 기부자의 출연 재산과 설립 정신을 기본으로 하여 학교법인의 운영이 이루어져야 한다. 그런데 평의원회를 의결 기관으로 하여 그 권한을 강화할 경우 재단법인의 성격을 가진 학교법인을 사단법인화하는 경향으로 나아가게 되어 기본적으로 모순이 생기므로 원칙적으로 평의원회를 자문 기관으로 한 것이다.[42]

평의원회는 이사 정수의 2배를 넘는 인원으로 조직하도록 하고 있다. 따라서 사립학교법 제35조에서 규정하는 이사의 최소 구성 인원이 5명이므로 평의원회의 최소 구성 인원은 11명이 된다. 즉, 각 학교법인의 경우 기부행위에서 정하고 있는 이사 정수의 두 배를 넘어야 한다(예를 들면 기부행위에서 이사 정수를 10명으로 하는 경우 평의원은 21명이어야 한다).

평의원회 구성을 이사 정수의 2배를 넘도록 하는 취지는 사립학교법에서 이사가 평의원을 겸직하는 것을 금지하지 않는 것과 관련이 깊다. 이사와 평의원과의 겸직을 금지하지 않는 이유는 이사가 평의원으로서 평의원회에 출석하는 것이 회의 운영을 원활히 하는 측면이 많다는 점에서이다. 그러나 이사가 평의원의 과반수를 차지할 경우 이사회와는 별도의 기구로 평의원회를 둘 이유가 없기 때문에 이러한 규정을 두고 있는 것이다.

평의원회 의장의 선임 방법이나 임기에 대해서는 특별한 규정이 없으나 평의원회 회의를 이사장이 소집하도록 하고 있는 점, 평의원회의 운영에 관한 사항은 기부행위에서 정하고 있는 점 등을 고려할 때 평의원회의 의장은 이사장이 되는 것이 일반적이다.

학교법인 평의원회는 학교법인의 필수 기관으로 교원, 학교법인 직원, 졸업생 등으로 구성하여 학교법인의 운영에 폭넓은 의견을 반영시킴으로써 자치적 방법에 의해 학교법인의 공공성을 높이려는 목적으로 설치되었다. 그러나 평의원회를 필수 기관으로 하는 데에는 다른 논리도 있는데 학교법인의 특수성에 맞지 않는 측면이 있으므로 임의 설치로 할 필요가 있다는 의견 등이다. 다시 말하면 평의원회의 설치로 법인 운영이 평의원 다수의 의견에 의해 방향이 설정되고 게다가 평의원 중에 학교법인의 건학 정신 및 설립 의도에 대해 이해가 부족한 자가 포함될 경우 법인의 운영이 본래 정신에서 이탈하여 다른 방향으로 나아갈 우려가 있다는 주장이다.

2023년 5월 8일 공포된 개정사립학교법에는 이사와 평의원의 겸직 금지, 평의원 정수의 조정, 평의원 선임 방법의 개선 등 평의원회의 기능을 강화하는 내용이 포함되어 있다. 사학 관련 단체 등에서는 "평의원회가 이사회 감시 기관으로 기능하여야 한다"고 주장(일본사립대학교직원조합연합)하는 등 다양한 논의가 있었다.

3. 학교법인 기부행위

기부행위는 회사의 정관에 해당하는 것으로 학교법인을 설립하고자 하는 자는 설립 목적, 명칭, 임원, 평의원회, 자산 및 회계, 수익 사업, 해산 규정 등 사립학교법 제30조에서 정하는 사항을 기재한 기부행위의 인가를 받아야 한다.

학교법인의 정관을 기부행위라고 한 것은 학교법인의 재단으로서의 성격에서 유래한다. 민법의 규정에서는 기부행위를 두 개의 의미로 사용하고 있다. 하나는 재산을 기부한다는 행위 개념인데, 민법 제41조 제1항은 "생전의 처분으로 기부행위를 하는 때는 그 성질에 반하지 않는 한 증여에 관한 규정을 준용한다"라고 하고 있다. 그리고 다른 하나는 기부된 재산을 운용하기 위한 원칙으로 민법 제39조는 "재단법인을 설립하고자 하는 자는 설립을 목적으로 하는 기부행위로 …에 열거하는 사항을 정하여야 한다"고 하고 있다.

헌법이 국가의 근본 원칙이라고 한다면 기부행위는 학교법인 설립의 근원이 된다. 학교법인이 설립되기 위해서는 관할청의 기부행위에 대한 인가가 필요하며, 기부행위의 인가 후에는 설립 등기를 함으로써 학교법인이 성립한다. 기부행위를 변경하는 경우에도 관할청의 인가를 받지 않으면 효력이 생기지 않는다는 점에서 기부행위는 학교법인 설립·운영의 근본 원칙이라 할 수 있다.

그리고 학교법인에서는 각종 규칙을 제정하지만 기부행위에 반하는 규정은 효력을 가지지 않는다. 기부행위는 작성, 변경에 관할청의 인가를 필요로 하는 학교법인의 상위 규칙이므로 학교법인과 설치·경영학교의 제 규정은 기부행위에 위배되어서는 안 되는 형식적 효력을 가진다. 또한 학교법인의 운영은 기부행위에 의해 이루어져야 하며 학교법인 관리 기관의 선임, 이사회의 개최, 예산, 결산 등 학교법인의 운영은 기부행위에서 정하는 바에 따라야 하므로 학교법인 운영의 준칙이 되며, 학교법인에 분쟁이 생기는 때에는 분쟁 해결의 규범이 된다.

제4절 ____ 사립학교 제도 기준

1. 사립학교의 설립

사립의 소학교, 중학교, 고등학교 등을 설립하고자 하는 경우에는 도도부현지사의 인가를 받아야 한다. 이 경우 도도부현지사는 사립학교의 교육 수준 확보와 학교법인 경영 기반의 안정성, 양면을 심사한다. 일본의 경우 도도부현지사가 사립학교 설치 인가 및 학교법인 설립 인가를 하는 경우, 사립학교심의회의 의견을 듣도록 하고 있는 것이 특징이다(사립학교법 제8조 제1항, 제31조 제2항).

학교의 설립과 관련한 기준으로 학교를 설립하고자 하는 자는 학교 종류에 맞도록 문부과학대신이 정하는 설비, 편제 및 기타 설치 기준에 따라야 한다(학교교육법 제3조). 고등학교의 경우에는 '고등학교설치기준', 소학교 및 중학교는 각각 '소학교설치기준', '중학교설치기준'을 준수하여야 한다. 도도부현에서는 사립학교와 관련한 설치 인가를 위하여 설립 인가 심사 기준 등을 제정하고 있다.

지자체의 사립학교 설립 기준에는 학교에 적절한 명칭을 사용하고 있는지, 장래 학생 수의 동향 등을 고려한 입지 조건인지, 학교 운영에 지장을 초래하지 않는 규모인지, 학교 설립 기준에서 필요로 하는 면적을 확보하고 있는지(사립학교는 특별한 사정과 교육상·안전상 지장이 없는 경우에는 지방공공단체의 교육 시설을 장기 임대하거나 동일한 설립자가 설립한 다른 학교 시설 및 설비의 사용이 가능하다), 개설 연도 인건비의 3분의 1에 상당하는 운영 자금 보유 여부, 3년간의 학교 운영에 소요되는 예산에 관한 적정 계획 수립 여부 등이 포함되어 있다.

2. 학기 · 수업 일수

학교교육법 시행규칙 제47조의 2는 "사립소학교의 학기 및 휴업일은 당해 학교의 학칙으로 정한다"라고 하고 있다. 사립중학교, 사립고등학교 등의 사립학교에는 이 규정이 준용되고 있다. 학교에서 학기는 학년을 몇 개로 구분하는 기간으로 '교육 과정 실시를 위한 구분', '학생의 학습 평가를 실시하기 위한 구분', '한서寒暑 등에 의한 장기 휴업일과 관련된 구분' 등의 의미를 가진다.

일본의 국공사립학교는 학교에 따라 2학기제와 3학기제를 채택하고 있으나 공립소·중학교의 경우 3학기제를 채택하는 학교가 90%에 이르고 있으며 2학기제를 채택하는 학교는 10% 전후로 많지 않다(文部科学省, 学期の区分の状況).

3. 교과서 · 교육 과정

1) 교과서

교과서 발행에 관한 임시조치법 제2조에서는 교과서를 "소학교, 중학교, 고등학교, 중등교육학교 및 이러한 학교에 준하는 학교에서 교육 과정의 구성에 맞춰 조직·배열된 교과의 주된 교재로서 교수용으로 제공되는 학생용 도서로 문부과학대신의 검정을 거친 것이거나 문부과학성이 저작 명의를 가진 것"으로 정의하고 있다.

그리고 학교교육법 제34조 제1항에서는 "소학교에서는 문부과학대신의 검정을 거친 교과용 도서 또는 문부과학성이 저작 명의를 가진 교과용 도서를 사용하여야 한다"라고 하고 있는데, 중학교, 고등학교, 중등교육학교, 특별지원학교에도 이 규정이 준용된다.[43]

의무교육에 해당하는 국·공·사립소학교 및 중학교, 중등교육학교 전기 과정, 의무교육학교에 대해서는 교과서무상조치법 제3조의 규정에 의거, 교과서를 무상 지급한다. 의무교육 교과서 무상 급여 제도는 헌법 제26조에서 규정하는 의무교육 무상 원칙을 실현하기 위한 것으로 이해할 수 있다.

사립학교의 자율성을 고려하여 교과서는 사립학교의 장이 채택하도록 하고 있다. 학교교육 운영의 자율성으로 중학교에서는 교과서를 사용하지 않고 담당 교원이 작성한 교재를 가지고 수업을 하는 학교도 적지 않다.

2) 교육 과정

일본의 교육 과정 정책으로는 학습지도요령이 있다. 학습지도요령은 학교교육법 제1조에 규정하는 학교(이른바 1조교) 중 소학교, 중학교, 의무교육학교, 고등학교, 중등교육학교, 특별지원학교의 각 학교가 각 교과에서 지도하는 내용을 학교교육법 시행규칙을 근거로 정한 것으로 국립학교, 공립학교, 사립학교를 불문하고 적용된다. 하지만 실제로는 공립학교에 대해서는 영향력이 강하지만 사립학교에 대한 영향력은 그렇게 강하지 않다.

사립소학교와 사립중학교에서 학습지도요령에 의한 교육이 이루어지지 않고 있는 것이 문제가 되어 1992년 11월 18일 문부과학성 초등중등국장의 '의무교육 제 학교 등에 관한 행정감찰 결과에 의한 권고에 관하여'義務教育諸学校等に関する行政監察の結果に基づく勧告について가 통지되었다. 이 통지에서는 사립학교도 공교육의 한 부분을 담당하므로 교육 과정은 학교교육법령 및 학습지도요령의 기준에 따라 편성·실시되어야 하는바, 도도부현이 사립학교에 대하여 적절한 지도를 하도록 요청하고 있다.

4. 교원 자격

사립학교 교원이 되기 위해서는 국공립학교의 교원과 동일하게 교원 면허장을 소지하여야 한다. 교원 자격 제도는 전술하였다.

5. 학생 정원

사립학교는 폭넓은 학생 선택권을 행사하지만 학교별 정원은 교육 행정 거버넌스에 의해 결정되는 것이 일본의 특징이다. 각 지자체의 고등학교 정원 책정은 각 지역의 사립학교 수 등 실태를 고려하여 결정한다. 그러므로 공립학교 입학 지원자는 많지만 입학 정원이 상대적으로 적어 공립고등학교에 진학하지 못하는 학생도 있고 한편으로는 사립고등학교의 교육 여건이 충분함에도 입학 정원을 자율적으로 결정하지 못하는 문제도 있다.

공사립고등학교 모집 정원 책정에 대해서는 1975년 '공사립고등학교협의회 설치에 관하여'公私立高等学校協議会の設置について(1975.9.) 및 1982년 '공사립고등학교협의회 운영에 관하여'公私立高等学校協議会の運営について(1982.7.)에 의거, 각 도도부현에 설치된 공사립고등학교운영협의회에서 진학자의 동향, 공사립학교의 역할 분담, 공사립고등학교 배치 계획, 입학 정원 등의 문제를 협의하여 결정하고 있다. '공사립고등학교운영협의회'에 대해서는 후술한다.

6. 입시

일본의 사립학교는 학생 선택의 자유가 폭넓게 인정되고 있다. 사립소학교나 사립중고등학교는 자체적으로 정한 기준에 따라 전국을 단위로 학생을 모집한다. 그리고 부속 학교의 경우 동일 학교법인 내의 상급 학교에 상당수가 진학을 하고 있다. 부속 학교가 아니지만 별도의 학교법인이 운영하는 학교와 연계 관계에 있는 학교(系屬校)[44]도 정원의 50% 정도는 연계 관계를 맺고 있는 상급 학교(주로 대학)에 진학을 하고 있다.

일본의 사립학교가 자녀를 가진 학부모들에게 매력을 주는 원인 중에는 일관 교육이라는 특징적인 제도가 있다. 이 제도는 메이지 시대에서 다이쇼 시대에 출현한 사립학교에 특유한 진급·진학 시스템이다. 사립소·중학교는 대부분이 고등학교, 단기대학, 대학과 병설되어 있으며 독립적으로 운영하는 학교는 극소수이다.

학교법인의 사학 경영에서 특색으로 지적되는 것은 동일 학교법인이 유치원, 소학교, 중학교, 고교, 단기대학, 대학 등 여러 단계의 학교 경영을 하는 경향이다. 동일의 건학 정신을 바탕으로 일관 교육을 추구한다는 원칙이 있지만 동일 학교법인이 경영하는 부속 학교 내지는 계열 학교에서 상급 학교로의 진학은 무시험 추천 또는 이와 유사한 형태로 이루어지는 에스컬레이터 방식이다.

이러한 방식은 공정하고 엄격한 경쟁적 선발 시험에 의하여 선발되는 공립학교와는 다르다. 고교 입시, 대학 입시라는 인생에서 큰 장벽을 회피하는 것이 가능하며 계열의 상급 학교로의 진학이 사전에 약속된다는 특권은 일부 보호자와 학생에게 있어 상당히 매력적인 선택지로 작용하고 있다. 즉 사립학교가 특색 있는 교육을 실시하지 않는 것은 아니지만 사립학교가 가지는 다른 진학 방식, 차이를 만드는 진학 방식이 사학의 매력으로서 작용하고 있는 것이다.

1990년대 이후 인구 감소 사회임에도 불구하고 사립소·중학교 진학자가 증가하고 있는 배경에는 이러한 이유 외에도 정부의 사립학교 촉진 정책과 공립학교의 교육에 대한 실망도 있다.

문부과학성은 국공사립대학의 입시 정책에 관여하지 않으므로 각 대학은 입시 방법 등을 자율적으로 결정하고 있다. 2018년 6월 4일 문부과학성 고등교육국장 통지 '2019년도 대학 입학자 선발 실시 요강에 관하여'(30 文科高 第186号)의 '기본 방침'에서는 "대학 입학자 선발은 각 대학의 교육 이념을 바탕으로 학생이 고등학교 단계까지 몸에 익힌 능력을 대학에서 발전·향상시켜, 사회에 내보낸다는 대학 교육의 일관된 프로세스를 전제로 하여 각 대학이 졸업 인정·학위 수여 방침, 교육 과정 편성·실시 방침을 바탕으로 대학의 입학 단계에서 입학자에게 요구되는 능력을 다면적·종합적으로 평가할 것"이라고 하고 "각 대학은 입학자 선발을 실시함에 있어 공정하고 타당한 방법에 의해 입학 지원자의 능력·의욕·적성 등을 다면적·종합적으로 판정"하도록 하고 있다.

7. 수업료

일본의 사립학교법 체계는 외견상으로 우리나라와 비슷하게 보이지만 제도 기준이나 개별 사학 정책은 큰 차이가 있다. 그중에서 사립학교 제도 기준은 우리나라와 크게 다르다. 사립중학교와 사립고등학교는 전국적으로 학생을 모집하며 수업료 결정, 회계 운영 등에서 자율성을 가지고 있다. 우리나라가 학교법인과 사립학교 회계를 분리하여 운영하도록 하고 학교법인의 사립학교 학사 운영 관여를 금지하고 있는 것과는 다르게 일본의 학교법인은 사립학교의 책임 있는 경영자로서 학사를 포함한 학교 운영 전반에 관여하고 있다.

일본의 사립학교 진흥은 두 가지로 크게 구분할 수 있다. 하나는 사학 조성(재정 지원)으로 사립학교 교육·연구 조건의 유지·향상을 기하는 것을 목표로 하고 있다. 그리고 다른 하나는 취학 지원금 등 교육비 지원 정책으로 학생이 교육받는 데에 있어 경제적 부담을 경감하는 것을 목표로 한다.

그러나 공립학교의 경우 의무교육 학교인 소학교와 중학교는 의무교육의 무상 원칙에 따라 수업료가 무료이며, 고등학교는 수업료 무상 제도로 교육비의 경감이 이루어지고 있지만, 사립학교는 수업료가 유상이며 금액

[표Ⅲ-6] **사립학교 교납금 현황(2021)**

(단위: 엔)

구분	수업료	입학금	시설 정비비 등	계	전년 대비 증감률
유치원	322,637	60,423	39,597	422,639	1.9
소학교	471,834	187,459	201,286	860,579	0.9
중학교	438,559	190,337	181,257	810,152	0.3
고등학교(전일제)	441,101	163,279	148,315	752,696	0.5

또한 앞의 문부과학성이 조사한 전국 사립학교의 납부금 현황에서도 나타나듯이 매우 높은 편이나(文部科学省, 令和3年度私立高等学校等初年度授業料等の調査結果について).

제5절 ___ 사학 조성

1. 사립학교 재정 지원 합헌성 논쟁

1) 헌법 제89조와 사학 조성과의 관계

사학 조성과 관련해서는 헌법 제89조와의 관계가 논쟁이 되었다. 일본 헌법 제89조는 "공금, 기타 공공의 재산은 종교상의 조직 또는 단체의 사용, 편익 또는 유지를 위하거나 공적 지배에 속하지 않는 자선, 교육 또는 박애 사업에 대하여 이를 지출하거나 그 이용에 제공해서는 안 된다"라고 규정하여 공공 재산의 지출을 제한하고 있다.

즉, 제89조의 전단에서 종교상의 조직·단체에 국가가 재정적 원조를 실시하지 않는다고 하여 헌법 제20조의 정교분리 원칙을 재정 면에서 제한하는 한편, 후단에서는 '공적 지배'에 속하지 않는 교육이나 복지 사업에 대해서도 국가의 재정적 원조를 실시하지 않는다고 하고 있는데, 이 후단의 입법 취지 및 사학 조성과의 관계 등에 관해서는 견해가 다음과 같이 나뉘어 있다.

첫째, 교육 등의 사적 사업에 대하여 공금을 지출하는 경우에 공비의 남용을 초래하지 않도록 당해 사업을 감독해야 하는 취지로 이해하여야 한다는 견해로 '공비 남용 방지설'이라고도 한다(小嶋, 1988). 둘째, 교육 등 사

530   제3장 사립학교 제도

적 사업의 자주성을 확보하기 위하여 공권력에 의한 간섭의 위험을 제거하는 취지로 이해하는 견해로 '자주성 확보설'이라고도 한다(宮沢, 1978). 셋째, 종교나 특정 사상 신조가 국가의 재정적 원조에 의해 교육 등의 사업에 침투하는 것을 방지하는 취지로 이해하는 견해로 '중립성 확보설'이라고도 한다(內野, 1997).

2) 사학 조성의 합헌성 문제

공적 지배의 이해와 관련하여 사학 조성의 합헌성이 문제가 된다. 현실적으로는 사립학교법 제59조가 "별도 법률에서 정하는 바에 의해 사립학교 교육에 관하여 필요한 조성을 할 수 있다"라고 정하고 있으며 사립학교진흥조성법도 구체적인 조성 조치를 정하고 있다.

실제 사학 조성을 받는 학교법인에 대한 국가의 감독 권한은 업무나 회계의 보고 요구와 조사, 수용 정원을 크게 초과하여 입학을 시킨 경우의 시정 명령, 예산이 부적당한 경우의 변경 권고, 법령 등을 위반한 임원의 해직 권고 등으로 보고 있다. 여기에 대하여 헌법의 '공적 지배'의 이해에 대해서는 학설이 나뉘어 있다.

A설(엄격설)은 "그 사업 예산을 결정하고 집행을 감독하며 인사에도 관여하는 등 사업의 근본적인 방향에 중대한 영향을 미칠 수 있는 권력을 가지는 것"으로 엄격하게 해석하여 사립학교진흥조성법 제12조가 규정하는 국가의 감독이 '공적 지배'에 속하는지는 의문(즉, 사학 조성은 위헌의 우려가 있다)이라고 한다(宮沢, 1978). 그러나 B설(유연설)은 '공적 지배'에 속하는 사업을 "국가의 지배하에 특히 법적 기타 규율을 받고 있는 사업"과 같이 유연하게 해석하여 교육기본법 및 학교교육법에 의해 법적 지배를 받고 있는 사립학교는 '공적 지배'에 속하기 때문에 사학 조성은 합헌으로 이해한다(田畑, 1964).

다수설인 C설(절충설)은 헌법 제14조, 제23조, 제25조, 제26조 등의 조항을 종합적으로 보고 '공적 지배'를 해석하여 사립학교진흥조성법 등의 감독 정도로 보아 '공적 지배'의 요건을 충족하고 있기 때문에 사학 조성을 합헌으로 해석하고 있다(小林, 1980).

사립학교는 공교육에서 불가결한 존재이며 헌법 제23조나 제26조하에서 교육 사업의 자주성 존중이 요청되는 취지라면 절충설이 타당하다(辻村, 2000). 판례도 이를 확인하고 있는데 1985년의 지바지방법원의 판결에서는 '공적 지배'의 의미를 "헌법 19조, 20조, 23조의 제 규정 외에 교육의 권리 의무를 정한 헌법 26조와의 관련, 그리고 사립학교의 지위·역할, 공적 조성의 목적·효과 등을 종합적으로 고려해 결정하여야 한다고 해석된다"고 하여 교육기본법, 학교교육법 등의 교육 관계 법규에 의한 규제를 받고 있는 사립학교에 대한 조성은 헌법 제89조 후단에 반하지 않는다고 판단하였다.[45]

이처럼 공적 성질을 가지고 학교법인, 학교의 시설·설비, 교육 내용, 교원 등에 대한 포괄적인 법제가 있는 점에서 사학 교육은 공적 지배에 속하는 사업으로 이해되어 사학 조성은 법적 근거를 얻게 되었다.[46]

2. 사학진흥조성법 제정 이후의 동향

1) 사학진흥조성법 제정 전후

1952년에 사립학교진흥회가 설립되어 대부·기부금 사업, 조성금의 교부 등이 개시되었지만 사립학교, 대학이 확장되면서 적자 경영이나 교육 환경, 수업 등에 있어 공사립 간 격차가 문제가 되었다.

1968년에 문부성이 '우리 나라의 사립학교'라는 제목으로 발간한 백서에서는 사립학교의 경영상 어려운 상황이 지적되었다. 1960년대 후반이 되자 고교 교육 및 고등교육 분야에서의 사립 기관의 양적 확대, 사립 교육 기관이 담당하고 있는 공공적 역할의 인식, 사학 경영의 건전성 확보, 부모 교육비 부담 경감 등을 이유로 사학 조성을 요구하는 목소리가 커졌다.

이러한 사회의 요망에 따라 1970년의 일본사학진흥재단법, 1975년의 사립학교진흥조성법의 제정으로 사립 고등교육기관에 대한 공적 조성이 본격적으로 개시되었다. 사립학교진흥조성법 제1조는 '교육 조건의 유지 및 향상', '수학상 경제적 부담의 경감', '사립학교 경영의 건전성'의 확보를 목적으로 하고 있다.[47] 또 고등학교 이하 사립학교에 대한 도도부현으로부터의 조성 방식이 법률로 규정되었다. 이에 따라 국가는 사립 고등교육기관의 교육·연구 조건 유지·향상에 필요한 경상적 경비의 반액까지를 조성하는 것이 가능하게 되었다.

이 법 제정 당시인 1975년에 사립 고등교육기관의 전체 경상적 경비에서 차지하는 국가의 조성은 20%였는데 1980년에는 약 30%까지 상승하였다. 조성의 조건으로 사학 측에게는 입학 정원 초과의 억제, 업무·회계 상황의 보고 등이 요구되었다.

정부의 사립 고등교육기관에 대한 재정 지원은 그 후 국가 재정 사정으로 1980년대 초반 이후에는 감소하였다. 고등학교 이하 사립학교에 대한 공적 조성은 도도부현에 의해 이루어지며 각 지자체에 따라 사학의 비율과 조성 정책도 다르지만 1980년대 중반 이후 보조액이 증가하여 사학 운영 경비의 50% 이상을 지원하는 지자체가 있다.

2) 최근의 동향

2000년 1월 현행 헌법하에서는 처음으로 중의원과 참의원 양원에 헌법 조사회가 설치되어 같은 해 2월부터 본격적인 헌법 논의가 시작되었다. 헌법조사회에서도 제89조가 논의되어 2005년 4월 중의원, 참의원의 최종 보고에서는 "사학 조성은 89조의 규정상 헌법 위반의 우려를 야기하고 있다는 등의 이유에서 동조의 개정이 필요하다는 의견이 많았다. 현행 규정하에서 사학 조성의 합헌성은 명백하다고 하여 89조의 개정은 필요하지 않다는 의견도 있었다"(중의원), "사학 조성에 관해서는 89조에 의해 공적 지배에 속하지 않는 교육 사업에 대하여 공금 지출이 금지되어 있으므로 그 헌법 적합성이 헌법 제정 당초부터 논의되어 왔다. 실무상은 법률이 제정되어 합헌이 되어 있으며 사학 조성이 필요한 것은 공통 인식이다. 현행 헌법 규정 그대로 좋은 것인가라는 점에서는 의견이 나누어졌다"라고 하고 있다.

또한 2012년 4월 자민당이 결정한 신헌법 초안에서는 제89조에 제2항을 마련하여 "공금, 기타 공적 재산은 국가 또는 지방자치체, 기타 공공 단체의 감독이 미치지 않는 자선, 교육 또는 박애의 사업에 대하여 지출하거나 그 이용에 제공해서는 안 된다"라고 하여 명문상 사학 조성의 합헌에 대한 기대가 크다(自民党憲法改正実現本部).

한편 2015년부터는 헌법 개정에 대비한 움직임이 본격화되어 양원의 '헌법심사회'에서는 개정의 시시비비에 관하여 협의가 시작되었다. 이보다 앞선 2006년 60년 만에 개정된 교육기본법에서는 사학 조성의 법적 근거가 애매하다는 의견에 따라 국가 및 지방공공단체가 사립학교 교육의 진흥을 위하여 노력하도록 하는 규정이 제8조에 마련되었다.[48]

3) 사립중학교 학생 공적 지원 제도

취학 지원금 제도가 공립고교 재학생 수업료를 실질적으로 무상화한 점, 또한 유아교육의 단계적 무상화와 대학생에 대한 장학금 제도의 확충, 나아가서는 전문학교 학생에 대한 학비 경감 지원책 등 국가에 의한 개인 지원 정책은 연이어 정비되어 가고 있다.

한편, 사립의 의무교육 학교(사립소학교, 사립중학교) 학생에 대한 지원책은 마련되지 않았다. 그 이유는 "자발적으로 공립 의무교육 학교의 취학 지정으로부터 이탈하여 사립의 의무교육 학교에 입학한 것은 무상화의 대상이 되는 권리를 포기했다"라는 것이다. 국립의 의무교육 학교 및 공립 중고 일관·학교의 중학교에 입학한 자는 교육기본법 및 학교교육법에 의해 수업료가 무상이다.

이러한 격차를 시정하기 위해 사학 단체는 2015년부터 본격적으로 운동을 시작하였으며 특히 공교육의 한 부분을 담당하고 중고 일관 교육, 영어 교육 및 귀국 자녀 교육 등 공교육의 발전에 선구적인 역할을 다하고 있는 사립중학교에서 배우는 학생에게도 국·공립중학교 학생의 지원액에 준하는 일정 수준의 공적 지원 제도가 창설되어야 한다고 요구하였다.

그 결과 2017년에 의무교육 단계에서 사립학교를 선택한 이유, 가정의 경제 상황 등의 실태 조사를 목적으로 하는 5년간의 실증 사업을 추진하였다. 그리고 사립소·중학교에 다니는 학생에 대한 경제적 지원으로 연 수입 400만 엔 미만(자산 보유액 600만 엔 미만)의 세대에 속하는 학생에 대하여 연간 최대 10만 엔까지 지원하였다.

4) 사립고교 취학 지원금 제도
제도의 도입 경과

중학교 졸업생의 대부분이 진학하는 고등학교는 국민적 교육 기관 내지 의무교육에 준하는 교육이 되어 있다. 따라서 가정의 경제 상황에 관계없이 의욕이 있는 학생이 안심하고 고등학교 교육을 받을 수 있도록 민주당 정권기인 2010년 4월부터 공립고교 무상 교육 및 사립고교 취학 지원금 제도가 창설되었다.

당초 취학 지원금은 소득과 연령에 의하여 제한하지 않고 대상이 되는 학교 재학생에 대하여 월 9,900엔(연간 118,800엔. 무상화된 공립고교 수업료와 같은 금액)을 한도로 지급되었다. 또 보호자의 소득에 의해 일정 금액이 가산되어 구체적으로는 지방세(시정촌민세) 소득세액이 18,900엔 미만의 세대 학생에게는 1.5배인 178,200엔, 시정촌민세 소득세액이 비과세인 세대의 학생에게는 2배인 237,600엔의 취학 지원금이 지급되었다.

각 도도부현에서는 사립고교 학생에 대한 수업료 전액 면제 상당의 지원을 하는 등 독자적으로 수업료 감면 보조의 충실을 기하고 있다. 특히 지원이 필요한 저소득 세대의 경우 취학 지원금과 수업료 감면 보조를 합치면 전 도도부현에서 종래와 같은 수준 내지는 더 후한 지원이 되고 있다.

한편 취학 지원금은 학생 본인(또는 보호자)에게 직접 지급하지 않고 학교가 학생 본인을 대신하여 받아 수업료에 충당한다. 학교 수업료와 취학 지원금 차액에 대해서는 학생 본인(또는 보호자)이 부담하게 된다. 취학 지원금을 받기 위해서는 학생 본인이 신청서를 제출할 필요가 있다. 그리고 소득에 따른 가산을 희망하는 경우는 보호자의 소득을 확인할 수 있는 서류도 제출하여야 한다.

제도의 개정

2012년에 자민당·공명당 연립 정권으로 교체된 이후 2014년 4월부터 고소득 세대의 학생에 대한 소득 제한을 새로 마련하였다. 그 결과 민주당 정권기에 도입된 공립고교 수업료 면제 제도가 개편되었는데, 공립고교 재학생은 원칙적으로 무상으로 하되 일정 소득액을 초과하는 가정의 자녀에게는 수업료를 징수하는 것으로 개정되었다. 즉, 연간 수입이 910만 엔 정도이상인 고소득 세대의 학생에게는 취학 지원금이 지급되지 않게 되었다.

현재 사립고교에 재학하는 학생에게 보호자의 연 수입 250만 엔 미만은

2.5배인 297,000엔, 250만 엔에서 350만 엔 미만은 2배인 237,600엔, 350만 엔에서 590만 엔 미만은 1.5배인 178,200엔, 590만 엔에서 910만 엔 미만은 118,800엔이 각각 지급된다(文部科学省, 私立高等学校の授業料の実質無償化について). 아울러 급부형 장학금인 '고교생 등 장학 급부금 제도'도 2014년 시작되었는데 이 제도는 주로 저소득층 세대의 학생 등에 대하여 수업료 이외의 교육비의 부담을 경감하기 위하여 도도부현에 소요액을 교부하도록 하고 있다.

고교 무상화 정책으로 공립고교의 수업료가 폐지되어 곤란한 가정에서는 교육비의 부담 없이 공교육을 받을 수 있게 되었다. 그리고 사립고교도 취학 지원금 제도의 시행으로 가계의 경제적 부담이 많이 경감되었지만 지자체에 따라 그 편차는 크다.

지자체별 지원 내용

일본의 특징으로는 초중등교육이 분권화되어 있으므로 각 지자체의 사립학교 지원 정책에 차이가 있다는 점이다. 이는 사립학교진흥조성법 제9조(도도부현이 그 구역 내에 있는 유치원, 소학교, 중학교, 의무교육학교, 고등학교, 중등교육학교, 특별지원학교 또는 유보연계형 인정어린이집을 설치하는 학교법인에 대하여 당해 학교에서 교육에 소요되는 경상적 경비를 보조하는 경우에는 국가는 도도부현에 대하여 정령으로 정하는 바에 의하여 그 일부를 보조할 수 있다)와 관련이 있다.

따라서 지자체별로 재정 사정이나 가계의 소득 상황, 사립학교 비율 등을 고려하여 특색 있는 지원 정책을 마련하고 있으므로 사립학교에 대한 보조가 전국적으로 표준화되어 있지 않고 지자체에 따라 각각 다르며 지원 규모에도 차이가 발생하고 있다. 그리고 지자체의 지원 금액에 더하여 국가로부터 보조금이 추가되므로 사립학교 지원에 적극적인 지자체와 소극적인 지자체 간에는 지원 금액에 차이가 생기고 있다.

일본의 도도부현 중에서 사립학교 취학 지원금 지원에 가장 적극적인 지자체로는 오사카부가 있다. 오사카부는 전체 고등학생 중 사립고교에 재학하는 학생이 42%로 도쿄도, 교토부, 후쿠오카현에 이어 사립학교 재학생 비율이 높은 지자체이다. 오사카부는 사립학교에 재학하는 학생에게 연 소득을 기준으로 수업료를 지원하고 있다. 연 수입 590만 엔 미만의 세대에 대해서는 사립학교 수업료를 완전 무상으로 하고 있으며, 590만 엔 이상 800만 엔 미만 세대에 대해서는 국가가 지원하는 11만 8800엔에 더하여 28만 1200엔을 추가로 지원한다(大阪府教育庁私学課, 2022).

이는 교육의 기회균등 실현을 위한 정책이라고 평가할 수 있으나 적극적인 취학 지원금 정책의 이면에는 사립학교에 대한 경상비 보조 금액이 줄어드는 문제점도 지적되고 있다(中嶋, 2012). 종전에는 소규모 학교에는 더 후하게 지원하던 방식에서 학생 수를 기준으로 지원하는 방식으로 변경한 결과 사립학교가 학생들을 많이 모집하여 과대·과밀 학급을 조장하는 등 사학 교육에 변질이 생기고 있다는 지적도 나오고 있다.[49]

이 제도에 의해 사립고교 학생의 수업료 부담은 일부 경감되었지만 실질적으로 무상이 된 공립고교와의 격차는 더 확대되었다. 또한 도도부현의 지원은 내용과 수준에서 각각 차이가 있는데 이러한 도도부현의 사학 지원 체제가 새로운 격차 생성의 요인이 되고 있다.

사학 단체에서는 이러한 새로운 격차를 시정하기 위한 제도 개선 방향으로 ① 가산 조치 대상자의 소득 제한의 상향 조정 및 급부형 장학금 제도의 병용 등 광범위한 대책 검토, ② 취학 지원금의 사립소학교 및 사립중학교 학생에의 적용 확대, ③ 학교에 대한 관련 사무 경비 보조 제도의 확립과 사무 부담의 경감을 요구하고 있다.

5) 사립학교 경상비 보조 현황

사립학교진흥조성법은 사립학교의 경상비(인건비 및 교재비 등) 보조를 실시하는 도도부현에 대하여 국가가 보조를 실시할 수 있도록 하고(제9조), 국가·도도부현은 경상비 외에도 보조를 할 수 있도록 규정하고 있다(제10조). 사학 조성비 보조는 학교의 종류와 대상에 따라 나뉘어 있으며 유치원·소중학교·의무교육학교·중등교육학교·특별지원학교에 대한 국가의 보조금은 1025억 엔(2021년 당초 예산 기준)이다.

도도부현은 위 국고 보조 외에 독자적으로 보조를 하고 있는데 보조 항목은 크게 ① 학교에 대한 보조, ② 보호자 교육비 부담 경감을 위한 보조, ③ 교직원의 복리 후생에 관한 보조, 세 유형으로 구분할 수 있다.

예를 들면 도쿄도가 실시하는 사학 보조 중 경상비 보조는 사립학교 운영에 소요되는 경상적 경비에 대하여 이루어지는 것으로 도쿄도의 경우 '표준적 운영비 방식'을 채용하여 공립학교 운영비를 기초로 산출된 경상비의 반액을 보조하고 있다. 위의 보조 이외에도 사립학교에 통학하는 학생의 가정 경제 상황에 따라 보호자의 수업료 부담을 경감하는 보조, 사립학교 교직원의 공제비에 대한 보조도 실시하고 있다(東京都生活文化局私学部, 2018).

2013년을 기준으로 할 경우 사립학교 경상적 경비에 대한 국고 보조의 비율은 4.9%, 지방교부세를 포함한 조성 비율은 31.6%이다. 고교생 1인당으로 계산하면 국고 보조액 54,727엔, 지방교부세를 포함한 금액은 324,627엔이지만 도쿄도는 1인당 382,628엔으로 국고 보조액보다 더 많은 지원을 하고 있다. 이처럼 재정 사정이 좋은 도쿄도는 사립학교에 재학하는 학생들에게 후한 지원을 하고 있지만 재정력이 약한 지자체의 경우에는 지원되는 국고 보조액보다 적게 지원하는 사례도 있다.

제6절 ___ 사학 행정 거버넌스

우리나라 사립학교 제도 개혁 논의에서 꾸준히 제기되고 있는 주된 키워드는 공공성과 투명성이다. 그리고 그간의 개혁은 학교법인 이사회 제도의 개혁(예: 개방이사 제도), 학교 운영의 투명성 확보 등 학교법인과 사립학교 관리·운영에 초점이 맞추어져 있었다. 이는 미국이나 영국의 사학 행정이 학교의 관리·운영에는 폭넓은 자율성을 인정하면서 '민주 사회에 참여할 수 있는 지식을 갖춘 자립심 있는 시민'의 양성에 초점을 두고 사립학교 교육 내용과 학생의 교육권 보호를 중시하고 있는 것과는 방향이 다소 다르다.

사립학교를 설립·경영하는 학교법인이 개인과 사회, 국가의 미래에 중대한 영향을 미치는 공익사업인 교육을 실시하는 주체라는 관점에서 볼 때 '공공성'과 '투명성' 확보는 무척 중요하다. 다만 공공성과 투명성이 감시와 감독, 규제로부터 확보된다는 사고방식은 미래 지향적이지 않다.

지금까지 사립학교 제도나 정책은 정치·행정 주도형(government)이었으므로 사학 행정에서 정책의 당사자인 학교법인과 교육 행정 간의 제도적 정책 네트워크, 즉 사학 행정 거버넌스의 개념은 희박했으며 현재도 크게 변하지 않고 있다. 참여와 숙의가 중요시되는 현대 행정에서 사립학교 경영자가 참여하는 거버넌스를 구축하는 것은 행동 기준의 실천적 효과를 높일 수 있다는 측면에서도 중요한 수단이다.

이하에서는 앞으로 우리나라의 사립학교 제도 개혁 및 정책 수립에 시사하는 바가 적지 않은 일본의 사학 행정 거버넌스를 소개하고자 한다. 여기에서는 '사학 행정 거버넌스'를 잠정적으로 '사립학교와 교육 행정 등이 사학 제도 기준 및 정책 형성 과정에 함께 참여하여 합의를 형성하는 수평적 네트워크'로 정의하고자 한다.

우리나라에서 거버넌스의 개념에 위로부터의 감시, 감독이라는 뉘앙스가 들어 있다는 점을 부인하기는 어렵다. 그러나 그간 행정이 시계열적으로 '통치'government 에서 '신공공 관리'new public management로 그리고 '거버넌스'new public governance로 발전해 온 것을 참고할 경우 거버넌스는 수평적 정책 형성 네트워크로 정의하는 것이 설득력이 있다.

일본에서 사립학교 제도 기준 및 정책을 제안하거나 자문에 응하는 조직으로는 '중앙교육심의회'와 '사립학교심의회' 등 다양한 거버넌스가 있다. 전자는 '중앙교육심의회령'(우리나라 대통령령에 해당)에 의해 설치된 문부과학대신의 자문기구이며 하부 조직으로 교육제도분과회, 초등중등교육분과회, 대학분과회 등의 분과와 보다 밀도 있는 연구와 논의를 하기 위한 부회를 많이 두고 있다.

중앙교육심의회 및 하부 분과회, 부회에는 학교법인 이사장 등 사학 경영자가 참가하여 교육 정책과 교육 개혁의 방향을 제안하는 데 있어 중요한 일원이 되고 있다. 그리고 후자는 '사립학교법'에서 규정하는 사립학교에 관한 중요한 정책 등에 대하여 자문을 하는 심의회이다(대학의 경우 '학교교육법'에서 규정). 그리고 고등학교 이하 사립학교의 재정 지원과 관련한 '사립학교조성심의회', 교육 행정, 공립학교, 사립학교가 수평적으로 참여하여 고등학교의 교육에 관한 문제를 협의하는 '공사립고등학교협의회'가 설치되어 있다.

1. 사립학교심의회

일본의 사립학교법에서는 도도부현지사(우리나라의 시·도지사에 해당한다. 이하 '지사')가 관할 사립학교에 대하여 설치, 폐지, 폐쇄 명령 등을 하는 경우,

사전에 사립학교심의회의 의견을 듣도록 규정하고 있다(제8조 제1항). 따라서 사립학교심의회는 사립학교법이 직접 규정하는 사학 행정 거버넌스이며 사립학교의 관할청인 지사의 정책 자문 기관이라 할 수 있다.

사립학교심의회의 구성원은 사학의 자주성 확보와 사립학교 행정의 적정을 기하기 위하여 사립학교 대표자를 주된 구성원으로 하고 있으며, 학교의 신규 설립 인가 등 사학 행정의 중요 사항에 관하여 자문을 실시한다. 그리고 지사는 사립학교심의회의 자문 내용과 의견을 존중하도록 하고

[표Ⅲ-7] 사립학교심의회의 의견을 들어야 하는 사항(오사카부)

구분	사항	대상이 되는 사립학교
학교에 관한 사항	학교의 변경 · 폐지, 설치자 변경, 폐쇄 명령	유치원, 소학교, 중학교, 의무교육학교, 고등학교, 중등교육학교, 특별지원학교, 전수학교, 각종학교
	수용 정원에 관한 학칙 변경	유치원, 소학교, 중학교, 의무교육학교, 고등학교, 중등교육학교, 특별지원학교, 각종학교
	학과, 전일제, 정시제, 통신제 과정의 설치 · 폐지, 광역 통신제 과정과 관련한 학칙 변경	고등학교, 중등교육학교(후기 과정)
	소학부, 중학부, 고등부, 유치부의 설치 · 폐지, 고등부의 통신 교육 개설 · 폐지	특별지원학교
	고등 과정, 전문 과정, 일반 과정의 설치 · 폐지, 목적의 변경	전수학교
학교법인에 관한 사항	1. 수익 사업 종류의 규정 2. 기부행위의 인가 · 보충 3. 해산 사유의 인가 또는 인정 4. 학교법인에 대한 조치 명령 5. 임원의 해임 · 해직 권고 6. 수익 사업의 정지 명령 7. 학교법인의 해산 명령 8. 조직 변경의 인가 9. 수용 정원 초과의 시정 명령 10. 예산의 변경 권고	
기타	무인가 전수학교, 각종학교 교육 정지 명령, 심의회 위원 해임	

출처: 大阪府, 私立学校審議会の情報.

있다.

지방공공단체 중에서 사립학교가 가장 많은 도쿄도의 경우 사립학교심의회는 총 20명으로 구성되어 있는데 구체적으로는 경제계, 문화계, 교육연구 단체, 언론계가 각 1명이며, 대학교수가 2명이고, 나머지 14명은 학교법인 이사장 등 사학 관계자이다(도쿄도의 사립학교의 비율은 유치원 82.5%, 초등학교 4%, 중학교 23.3%, 고등학교 55.2%이다). 그리고 오사카부는 17명으로 사립학교심의회가 구성되어 있으며, 변호사, 지방 의원, 회계사 각 1명, 대학교수 2명, 학교법인 이사장과 사립학교의 교장 등 사학 관계자가 12명이다. 오사카부는 사립학교심의회의 의견을 들어야 하는 사항을 앞의 표와 같이 상세하게 정해 놓고 있다.

2. 사립학교조성심의회

1975년에 사립학교의 교육을 진흥하기 위하여 '사립학교진흥조성법'이 제정되었다. 그리고 이 법에 의거하여 각 도도부현은 사립학교 조성(재정 지원)에 관하여 필요한 사항 등 사립학교 진흥을 목적으로 '사립학교진흥조성조례'를 제정하고 있다. 그리고 '사립학교진흥조성조례'에서는 학교법인에 대하여 실시하는 경상비 보조 등 조성의 적정화 및 효율화를 기하기 위하여 지사의 부속 기관으로 사립학교조성심의회를 설치하도록 하고 있다.

이 심의회는 지사의 자문에 응하여 보조금 배분의 기본 방침, 기타 사립학교의 진흥 조성에 관한 중요 사항을 심의한다. 도쿄도의 경우 사립학교조성심의회 위원 15명의 구성은 도쿄도 의원 5명, 대학교수 3명, 언론인 2명, 변호사 1명, 그리고 학교법인 이사장 등 사학 관계자 4명으로 구성되어 있다(東京都私立学校助成審議会). 그리고 도쿄도와 인접한 사이타마현은 위

원 13명 중 학교법인 이사장 등 사학 관계자 5명이며 나머지는 지방의회
의원 3명, 대학교수, 지자체 직원, 공인회계사, 변호사, 공공기관의 장이 각
1명씩 참가하고 있다(埼玉県私立学校助成審議会).

3. 공사립고등학교운영협의회

공사립고등학교 모집 정원을 얼마나 적정하게 책정할 것인가는 교육의
공평성 및 다양성 확보, 교육의 수준 향상 등을 위하여 중요하다. 1970년대
15세 인구의 급증기에 일본에서는 고등학교 진학률 상승 및 중학교 졸업
생 수의 증가 등으로 고등학교 신증축이 과제가 되고 있었다.

당시 문부성은 공사립 간의 협조에 의해 고등학교의 교육 여건을 확충하
도록 하는 '공사립고등학교협의회 설치에 관하여'를 1975년 9월 각 도도부
현지사 및 교육위원회에 통지하였다. 이 통지에서는 지자체, 교육위원회,
학교법인 관계자, 공사립고등학교의 장 및 중학교의 장을 구성원으로 협
의체를 구성하여 고등학교 교육에 관련된 제반 문제를 협의하도록 하였는
데, 이에 따라 교육 행정, 공립학교, 사립학교가 수평적으로 참여하여 고등
학교의 교육 문제를 협의하는 거버넌스로서 '공사립고등학교협의회'가 만
들어졌다.

고등학교 감소기인 1980년대에는 '공사립고등학교협의회 운영에 관하
여'를 각 도도부현지사 및 교육위원회에 통지하여 지역의 실정을 토대로
장래를 예측하여 학생 급감기에 적절한 조치가 필요하므로 공사립 간의
협조 체제에서 진학자의 동향, 공사립학교의 역할 분담, 공사립고등학교
배치 계획, 입학 정원 등의 문제에 관하여 충분한 협의를 하도록 하였다.

도쿄도의 경우 1972년 '도쿄도와 도쿄사립중고등학교와의 연락협의회'

를 설치하여 공사립학교에서의 교육상의 문제점에 관하여 상호 협의하고 연락·조정을 통하여 고등학교 교육의 종합적 운영과 원활한 발전을 기하고 나아가 중학교 졸업자가 고등학교에 원활하게 진학할 수 있도록 협의하고 있다.

연락협의회의 역할은 계속적이고 안정적인 취학 계획을 책정하여 한 사람이라도 많은 학생이 고교 교육을 받을 수 있도록 하는 것이다. 예를 들면 2018년에는 2014년에 합의한 '제4차 중장기 계획'에 의거, 계획 진학률을 96%로 설정하고 공사립고교의 수용 분담을 공립 41,800명, 사립 28,500명으로 상호 합의하는 등 공사립이 협조하여 진학률을 향상시키는 방향으로 대책을 수립한 바 있다(東京都, 平成31年度高等学校就学計画について).

가나가와현의 '공사립고등학교운영협의회' 구성·운영 사례를 살펴보면 위원 총원은 15명(임기 2년)으로 구성은 사립학교 단체(협회) 임직원 6명, 교육위원회 사무국 4명, 지사 소속 1명, 공립학교 교장회 대표 2명, 학부모 대표 2명으로 구성되어 있다. 그리고 주요 기능은 고등학교 학생 입학 정원계획, 공사립고교의 배치, 입학자 선발 제도 및 일정 등에 관한 사항이다(神奈川県公私立高等学校協議会).

1 　전국을 8개의 대학구로 구분하여 대학구에는 대학을 한 개씩 설치하고 각 대
　　학구는 32개 중학구로 구분하여 각 중학구에는 한 개의 중학교를 두고 중학
　　구를 210개 소학구로 나누어 각 소학구에는 한 개의 소학교를 두는 것으로
　　600명에 대하여 소학교 1개교, 13만 명에 대하여 중학교 1개교를 설립하는 계
　　획이었다.

2 　기관위임사무란 본래 국가 사무를 주민의 직접선거로 선출된 지자체장에게
　　위임하여 처리하는 사무를 말한다. 따라서 기관위임사무의 처리에 있어서는
　　지방 자치 기관의 집행 기관인 수장이 국가의 하부 기관으로 위치한다.

3 　법정수탁사무란 지방자치법에서 지방공공단체가 처리하도록 되어 있는 사무
　　중 본래 국가나 도도부현이 처리하는 사무이지만 적정한 처리를 확보할 필요
　　가 있으므로 법령에서 정하고 있는 사무를 말한다. 2000년 지방분권일괄법의
　　시행에 따라 기관위임사무를 대신하는 사무 구분으로 자치사무와 함께 도입
　　되었다. 국가가 도도부현, 시정촌에 위임하는 제1호 법정수탁사무와 도도부현
　　이 시정촌에 위임하는 제2호 법정수탁사무가 있다.

4 　중핵시(中核市)란 지방공공단체 중 지방자치법 제252조의 22 제1항의 규정에
　　따라 지정을 받은 시로 정령지정도시(政令指定都市)와 함께 일본의 대도시 제도
　　중 하나이다. 현재 지정 요건은 법정 인구 20만 이상으로 되어 있다.

5 　일본 교육계의 논의에서는 1947년의 교육기본법제를 '공동 통치 모델'로
　　2006년의 교육기본법제를 '성과 관리 모델'이라는 두 개의 교육 거버넌스 모델
　　로 구분하고 있다(橫井, 2017).

6 　의무교육에는 과정주의와 연령주의 두 가지가 있다. 과정주의란 모든 아동에
　　게 일정한 교육 내용을 습득하도록 하는 것을 그 보호자에게 부과하는 것으로
　　18세기 프로이센의 제도가 대표적이다. 제2차 세계대전 전 일본의 의무교육은

1900년에 제도적·실제적으로 확립된 과정주의를 근본으로 하였다. 그리고 연령주의란 일정 연령 사이에 교육을 받게 할 의무를 부과한 것으로 소년 노동의 문제로부터 공장법과 함께 의무교육 제도가 탄생한 영국이 그 전형이다. 일본의 현행 의무교육은 연령주의를 채택하고 있으며 모든 아동에게 일정 수준의 교육을 제공하도록 하고 있다.

7 학교교육법 제58조에서는 고등학교, 제91조에서는 단기대학을 포함한 대학에 별과를 설치할 수 있도록 규정하고 있다. 2018년 5월 1일 기준으로 고등학교 별과 학생은 147명에 불과하며, 고등교육기관의 별과는 일본어를 모국어로 하지 않는 자가 일본어를 배우는 과정, 농산물, 과서 재배법 등을 배우는 농업 별과 등이 있지만 고등교육이 아니므로 수료 시에 학위가 발행되지 않는다.

8 인정어린이집법 제2조 제7항에서는 유보연계형 인정어린이집을 "의무교육 및 그 후 교육의 기반을 만드는 것으로서 만 3세 이상의 아동에 대한 교육 및 보육을 필요로 하는 아동에 대한 보육을 일체적으로 실시하여 아동의 건강한 성장을 기할 수 있도록 적당한 환경을 제공하여 그 심신의 발달을 조장하고 보호자에 대한 육아 지원을 목적으로 이 법률이 정하는 바에 의하여 설치된 시설"로 정의하고 있다.

9 제도 초기에는 중등교육 취학률이 저조하였으나 초등 의무교육이 6년으로 연장된 이후 중등교육학교 취학이 크게 증가하였다. 1887년에는 중학교 48개교에 약 1만 명이 재학하는 정도였으나 1916년에는 중학교 325개교에 약 14만 7천 명, 고등여학교 48개교에 약 10만 2천 명, 실업학교 568개교에 약 10만 명의 학생이 재학하였다. 실업보습학교도 7,368개교가 설립되어 57만 8천 명이 재학했다.

10 소중 일관 교육은 소학교 6년과 중학교 3년의 9년간을 동일 학교 시설 또는 학교 간의 연계에 의하여 교육 목표를 설정하고 체계적으로 교육 과정을 편성하여 운영하는 학교를 말한다. 소중 일관 교육의 도입 배경에 대해서는 '중1갭(일부 학생에게서 나타나는 소학생에서 중학교 1학년생으로 진급할 때 생기는 심리적·학문적·문화적 차이)의 해소'로 설명하는 사례가 많다.

11 임시교육심의회는 1987년의 제4차 답신에서 추계 입학제를 실시함으로써 ①

하계 방학이 학년의 마무리이므로 합리적인 학교교육·학교 운영이 가능하며, ② 학년을 가을에 개시하는 세계의 대세와 합치하여 교육 면에서 국제화가 촉진되며, ③ 하계 방학을 가정·지역 사회 및 자연과의 교류에 활용할 수 있다고 하였다.

12 정부는 교과서 검정의 필요성에 관해서 "소·중·고등학교의 학교교육에서 국민이 교육을 받을 권리를 실질적으로 보장하기 위하여 전국적인 교육 수준의 유지·향상, 교육의 기회균등 보장, 적정한 교육 내용의 유지, 교육의 중립성 확보 등이 요청되고 있습니다. 문부과학성에서는 이러한 요청에 부응하기 위하여 소·중·고등학교 등의 교육 과정 기준으로 학습지도요령을 정하고 교과의 주된 교재로서 중요한 역할을 하고 있는 교과서에 대한 검정을 실시하고 있습니다"라고 설명하고 있다.

13 1952년에 1학구 1개교를 설치하는 소학구제를 채용한 지자체는 23개 도도부현에 불과하였다. 1학구에 2-6개교를 설치한 도도부현은 15개, 소학구·중학구를 병용한 도도부현도 6개에 머물렀다.

14 임시교육심의회는 제1차 답신(1985.6.26.)에서 교육 개혁의 원리로 '개성 중시의 원칙', '기초·기본의 중시', '창조성·생각하는 힘·표현력의 육성', '선택 기회의 확대', '교육 환경의 인간화', '평생학습 체제로의 이행', '국제화에의 대응', '정보화에의 대응'을 제안하였다. 이 임시교육심의회의 제안 내용은 1990년대 이후 일본의 교육 개혁에 상당한 영향력을 미쳤다.

15 2004년에 학교 선택제를 도입한 군마현[群馬県] 마에바시시[前橋市]는 2011년에 학교 선택제를 폐지하였으며 2002년에 도입한 도쿄 스기나미구[杉並区]에서도 2016년에 폐지하였다.

16 文部科学省. 学校評価等実施状況調査. https://www.mext.go.jp/a_menu/shotou/gakko-hyoka/1322262.htm.

17 전국학력·학습상황조사는 문부과학성이 전국의 학생을 대상으로 하지만 도도부현 및 시정촌교육위원회의 협력을 얻어 실시하는 것이므로 교육위원회가 자주적 판단으로 참가하지 않을 여지는 있다. 교육위원회가 참가를 보이콧한 사례로는 2007년 조사 재개 당시 참가를 표명한 아이치현[愛知県] 이누야마시

[犬山市] 교육장이 시장과 학부모의 참가 의향과는 달리 '경쟁 원리의 도입'을 이유로 2년 연속하여 참가를 거부한 사례가 있다. 이후 2008년에 시장이 교육위원을 증원하고 불참을 지지한 교육위원의 후임으로 조사의 참가를 찬성하는 자를 교육위원으로 선임하는 등 교육위원회 구성을 재편하여 2009년부터는 참가하고 있다.

18 旭川学テ事件(最高裁, 1976.5.21.) 판결에서는 국가가 일정한 범위에서 교육 내용에 관하여 결정할 권능을 가진다고 판시하여 '국가 교육권설'의 입장을 지지하였다.

19 2018년 6월까지 취학 지원금 대상자는 시정촌민 세액이 304,200엔 미만인 자를 대상으로 하였다. 이 경우 부모가 있는 경우에는 부모 두 명의 합산액을 기준으로 하며, 친권자가 없는 경우는 부양 의무가 있는 미성년 후견인, 보호자가 없는 경우는 주된 생계 유지자 또는 학생 본인의 세액이 기준이 된다.

20 2014년 10월 30일 기준 구조개혁특구에 설치한 학교는 고등학교 21개교, 소학교 1개교이다. 구조개혁특구 학교는 사립학교법 및 사립학교진흥조성법의 적용을 받지 않으므로 사학 조성이 제한된다. 학교교육법 제2조에서는 학교의 설치 주체를 국가, 지방공공단체, 학교법인으로 한정하고 있지만 특구에서는 지방공공단체가 교육상 또는 연구상 특별한 필요가 있는 경우 주식회사에도 학교 설립을 허용하고 있다. 이 경우 학교의 공공성, 계속성, 안정성을 확보하기 위해 필요한 요건을 주식회사에 부과하고 정보 공개, 평가 실시, 안전망의 구축 등 필요한 시스템을 정비하도록 하고 있다.

21 2000년 지방 분권 개혁에 의해 국가와 지방 간의 사무 재편, 관여의 조정이 이루어졌다. 교육 관계 법률에 관한 지방 분권 개혁의 내용은 다음과 같다.

1. 사립학교법 -자치사무 5건, 법정수탁사무 15건.

2. 교육직원면허법 -자치사무 4건, 관여 폐지 1건.

3. 의무교육학교에서 교육의 정치적 중립 확보에 관한 임시조치법 -자치사무 2건.

4. 지방교육행정의 조직 및 운영에 관한 법률 -자치사무 2건, 법정수탁사무 3건, 관여 폐지 3건.

5. 학교교육법 –자치사무 13건.

6. 의무교육학교 교과용 도서 무상조치에 관한 법률 –자치사무 4건, 법정수탁 사무 4건.

22 거버넌스에 대해서는 "통치행위가 다원적 행위자들에 의해 대등하고 상호 협력적으로 수행되어 가는 태도"(新川, 2004) 또는 "복수의 정부와 민간·시민 섹터가 상호 의존 및 상호 작용, 신뢰와 교섭의 규칙, 대등성과 자율성이라는 특징을 가진 여러 조직 간의 자기 조직화를 이루는 네트워크"(Smith, 2007) 등으로 다양하게 정의되고 있다.

23 文部科学省. 我が国高等教育のこれまでの歩み. https://www.mext.go.jp/b_menu/shingi/chukyo/chukyo0/toushin/attach/1409870.htm.

24 전문학교 입학은 중학교(남자), 고등여학교(여자) 졸업을 요건으로 하였으며, 고등학교(남자)는 중학교 4학년부터 입학이 가능하였다(7년제 고등학교도 존재). 대학령에 의해 대학으로서 제도화된 사립대학은 고등학교 내지 대학 예과의 수료가 입학 요건이었다.

25 2014년 7월 교육재생실생회의가 실천적인 직업교육을 실시하는 새로운 고등교육기관의 제도화를 제언(제5차 제언)한 후 중앙교육심의회에서 구체적인 제도 설계를 거쳐 2017년 학교교육법을 개정하여 대학 제도에 위치하는 고등교육기관으로 전문직 대학과 전문직 단기대학이 도입되었다.

26 대학설치기준과 단기대학설치기준의 개정에 의해 기존의 대학 및 단기대학에 전문직 대학 제도의 취지를 살려 학부·학과를 설치할 수 있도록 '전문직 학부·전문직 학과' 제도도 생겨 2019년 4월에 시행되었다.

27 학위수여기구의 학위 수여가 제도화된 후 매년 2,500명 정도가 학위를 받고 있으며, 1992년부터 2020년까지 학위를 받은 연 인원은 58,752명에 이른다. https://www.niad.ac.jp/media/001/202204/no7_5_gakushinogakuiR4_1.pdf.

28 대학마다 학위가 수여되는 복수 학위 프로그램[double(dual) degree program], 대학이 공동으로 교육 과정을 편성·운영하고 연명으로 학위를 수여하는 공동학위 프로그램(joint degree program) 등 공동 교육 과정도 2008년 이후 제도화되었다.

29 고등학교 전공과는 고교 졸업 이상의 학력을 가진 자가 전문적인 지식을 배우도록 하기 위해 고등학교에 설치되는 상급 과정이다. 수업 연한은 학교교육법에서 1년 이상으로 규정하고 있으나 대부분의 전공과는 2년으로 하고 있다.

30 대학설치기준은 제1장 총칙, 제2장 교육 연구상의 기본 조직, 제3장 교원 조직, 제4장 교원 자격, 제5장 수용 정원, 제6장 교육 과정, 제7장 졸업 요건 등, 제8장 교지, 교사 등 시설·설비 등, 제9장 사무 조직 등, 제10장 전문직 학과에 관한 특례, 제11장 공동교육 과정에 관한 특례, 제12장 공학에 관한 학부 교육 과정에 관한 특례, 제13장 국제 연계 학과에 관한 특례, 제14장 잡칙 등 14개 장으로 구성되어 있다.

31 대학설치기준 등에 의한 심사에서 주된 심사 관점은 ① 설립 취지·목적, ② 교육 과정, ③ 교원 조직, ④ 명칭, 시설·설비 등, ⑤ 교원의 자격 심사 등이다.

32 페널티 제도에 해당하는 경우는 ① 인가 신청 또는 신고에 허위 및 기타 부정한 행위가 있는 자에 대하여 당해 행위가 판명된 날부터 기산하여 5년 이내로 상당하다고 인정되는 기간을 경과하지 않은 자, ② 인가 신청자가 설립하는 대학 등이 법령 위반 상태로 인하여 명령·권고 등을 받았음에도 불구하고 개선이 인정되지 않은 자, ③ 설치 계획의 이행 상황이 상당히 부적당하다고 인정되는 대학 등을 설치하는 자이다.

33 미국에서는 대학이사회가 교원 조직인 대학평의회(Academic Senate, Faculty Senate 등)에 교육 과정 및 학위, 교원 인사 등에 관한 권한을 이양하고 있으므로 실질적인 의사 결정은 대학평의회하에 설치된 위원회에서 이루어지는 경우가 많다. 1996년에 미국대학교수협회(AAUP), 미국교육위원회(ACE), 미국대학이사회협회(AGB)가 대학 거버넌스에 관한 성명[Statement on Government of Colleges and Universities]을 채택하였다. 이 문서에서는 이사회 및 학장, 교수회의 역할을 각각 규정하고 있지만 교육 과정 및 수업 과목, 지도 방법, 연구, 교원의 대우 등에 관해서는 교수회가 주된 책임을 질 것, 연구자의 적정 판단은 기본적으로 교원 조직의 책임에 의해 결정하도록 하고 있다.

34 2019년 6월 국립대학법인인 지바대학[千葉大学]은 2020년 4월에 입학하는 학부생과 대학원생에 대하여 수업료를 연간 64만 2960엔으로 한다고 발표하

였다. 학부생의 경우 연간 10만 7160엔이 인상된다. 대학은 2020년 이후 입학자 모두에게 최대 2개월 정도의 해외 유학을 의무화할 예정인데, 수업료 인상분을 그 비용으로 충당할 예정이다. https://www.asahi.com/articles/ASM675Q72M67UDCB00K.html.

35 令和2年度学生生活調査・高等専門学校生生活調査・専修学校生生活調査. https://www.jasso.go.jp/statistics/gakusei_chosa/2020.html.

36 文部科学省. 令和4年度大学設置基準等の改正に係るQ&A. https://www.mext.go.jp/mext_02034.html#q19.

37 중앙교육심의회가 2018년 1월 26일 답신한 '2040년을 대비한 고등교육 그라운드 디자인'[2040年に向けた高等教育のグランドデザイン]에서는 "… 대학에서 매니지먼트 기능과 경영력을 강화하는 노력과 더불어 복수의 대학 등의 인적·물적 자원을 효과적으로 공유하는 동시에 교육·연구 기능의 강화를 위하여 1 법인 1 대학이 되어 있는 국립대학 체제를 재검토하고, 사립대학에서 학부 단위 등에서 사업 양도의 원활화, 국·공·사립이라는 한계를 넘어 대학 등의 연계와 기능 분담을 촉진하는 제도의 창설 등 정원 미달, 적자 경영의 대학을 안이하게 구제하지 않도록 배려하면서 대학 등의 연계·통합을 원활하게 추진할 수 있는 체제 및 이러한 전략을 촉진하기 위한 정보 분석·제공 등의 지원 체제 구축 등 실효성을 높이는 방책을 검토할 필요가 있다"라고 제안하고 있다.

38 1950년 9월 22일 제2차 보고서에서는 "사립학교 교육은 국립 및 공립학교에서 요구되고 있는 것과 동등의 기준에 달하여야 하지만 동시에 공직에 들어가는 경우에는 국가의 기준에 따르는 모든 학교의 졸업생에게 동등의 자격을 부여하여야 한다"라고 기술하고 있다.

39 지방교육행정법 개정 법률안 제안 이유에서는 "도도부현지사는 사립학교에 관한 사무에 대하여 필요하다고 인정한 때는 도도부현교육위원회에 대하여 학교교육에 관한 전문적 사항에 대하여 조언, 원조를 요청할 수 있도록 하여 사립학교에 관한 교육 행정의 충실을 도모하는 것입니다"라고 하고 있다(http://www.sangiin.go.jp/japanese/joho1/kousei/gian/166/pdf/k031660911660.pdf). 그리고 여당의 의견이 받아들여져 "지사는 사립학교와 협의하고 교육위원회는 사립학교의

독자성을 존중한다"라는 것을 국회 문부과학대신의 답변, 국회 위원회의 부대 결의 및 법 시행 통지에서 명확히 하였다.

40 지방자치법 제180조의 2. 지방공공단체의 장은 그 권한에 속하는 사무의 일부를 당해 보통 지방공공단체의 위원회 또는 위원과 협의하여 보통 지방공공단체의 위원회, 위원회의 위원장(교육위원회는 교육장), 위원 또는 이들 집행 기관의 사무를 보조하는 직원 또는 이들 집행 기관의 관리에 속하는 기관의 직원에게 위임하거나 이들 집행 기관의 사무를 보조하는 직원 또는 이들 집행 기관의 관리에 속하는 기관의 직원으로 하여금 보조 집행하게 할 수 있다.

41 デジタル毎日. (2016.3.25.). https://mainichi.jp/articles/20160325/k00/00e/040/213000c.

42 일본을 대표하는 사학인 와세다대학, 게이오대학은 평의원회가 상당한 권력을 가진 기관이 되어 있다. 그 이유로는 ① 당초 설립자의 건학 정신과는 별개로 당초 출연한 설립자의 재산이 현재의 재산에서 차지하는 비율이 아주 적고, ② 현재의 재산 대부분은 설립 후에 재단 스스로가 조성한 것이거나 졸업생 등의 기부에 의한 것이며, ③ 학교법인이 법적으로는 재단법인의 성격을 가지고 있지만 사실상 사단법인의 성격을 가지고 있다는 점 등을 들고 있다.

43 학교교육법 부칙 제9조에서는 "고등학교, 중등교육학교의 후기 과정 및 특별 지원학교와 특별 지원 학급에서는 당분간 제34조 제1항(제49조, 제62조, 제70조 제1항 및 제82조에서 준용하는 경우를 포함한다)의 규정에 불구하고 문부과학대신이 정하는 바에 따라 제34조 제1항에 규정하는 교과용 도서 이외의 교과용 도서를 사용할 수 있다"고 하여 교과용 도서 사용의 예외를 인정하고 있다.

44 계속교(系屬校)란 연계 관계를 맺는 다른 학교법인이 설립·운영하는 학교를 말하는데 주로 연계 관계를 맺는 대학의 이사장, 이사, 총장, 학장 등이 계속교의 이사장을 겸임하는 경우가 많다. 대부분의 계속교는 특정 대학 입시에서 일반 수험자와 비교하여 우선적 입시를 인정하는 등 특전을 주고 있다.

45 千葉地裁判決 1985年 5月 28日 判時1216号. 다른 판결로는 유아 교실에 대한 조성의 위헌성이 문제가 되었던 사건의 1심 판결(浦和地判 1986年 6月 9日 判時1221号)에서 '공적 지배'를 유연하게 해석하여 토지 건물의 무상 대여나 보조금 지출

등의 조성은 헌법 제89조에 위반하지 않는다고 하였다.

46 사학 조성의 인정은 1949년 사립학교법 제정 당시부터 헌법학자와 정부의 일
관된 입장이다. 1979년 3월의 중의원 예산위원회에서 사학 재정 지원과 제
89조와의 관계에 관한 내각 법제국 장관의 답변에서도 "현행 법령 체계는 89조
가 말하는 공적 지배라는 헌법의 요청을 충족하고 있다"라고 하고 있다.

47 이 법 성립 당시 참의원 문부위원회는 사립학교 경상비 보조를 가능한 한 빠른
시일 안에 2분의 1로 하도록 노력할 것을 부대 결의하였다.

48 교육기본법 제8조, "사립학교가 가지는 공적 성질 및 학교교육을 담당하는 중
요한 역할을 고려하여 국가 및 지방공공단체는 그 자주성을 존중하면서 조성
및 기타 적당한 방법에 의한 사립학교 교육의 진흥에 노력하여야 한다."

49 오사카의 취학 지원 정책의 영향으로 사학 경상비 보조액은 국가의 표준단가
인 학생 1인당 30만 8805엔보다 10% 정도가 적은 27만 7924엔으로 삭감되었
다(与田, 2012).

참고문헌

한국어 문헌

교육부·한국교육개발원. (2000=2018). 교육통계연보. 진천: 교육부·한국교육개발원.

김상규. (2014). 일본의 지방 교육 행정 동향연구: 교육위원회 개혁 논의의 역사성과 아베 내각 개혁과의 관련성을 중심으로, 교육학연구, 52(3). 85-113.

_____. (2015). 공교육 체제의 재구조화 동향과 의무교육의 과제: 영국, 미국, 일본, 한국에서의 학교 선택제에 대한 논쟁을 중심으로, 교육학연구, 53(3). 287-316.

_____. (2017a). 민족교육: 일본의 외국인 교육 정책과 재일한국인의 지위. 서울: 좋은땅.

_____. (2017b). 교육의 대화. 서울: 휴먼로그.

_____. (2017c). 사립학교 제도의 국제 비교. 사단법인 한국사립초중고등학교법인협의회 2017 사학 행정관리자 연수자료.

_____. (2018a). 세계의 사립학교 제도: 1 학교 제도의 시대적 특징, 사학회보(한국사립초중고등학교법인협의회), 264.

_____. (2018b). 세계의 사립학교 제도: 2 미국의 사립학교 제도, 사학회보(한국사립초중고등학교법인협의회), 265.

_____. (2018c). 세계의 사립학교 제도: 3 영국, 유럽의 사립학교 제도, 사학회보(한국사립초중고등학교법인협의회), 266.

_____. (2018d). 세계의 사립학교 제도: 4 아시아의 사립학교 제도, 사학회보(한국사립초중고등학교법인협의회), 267.

_____. (2018e). 세계의 사립학교 제도: 5 사립학교 제도의 조류, 사학회보(한국사립초

중고등학교법인협의회), 268.

_____. (2019a). 사학 행정 거버넌스: 1 일본, 사학회부(한국사립초중고등학교법인협의회), 276.

_____. (2019b). 의무 무상 교육에 대한 국제적 동향, 행복한 교육(교육부), 445. 14-17.

_____. (2020). 교육개혁론의 시점: 교육 행정 개혁논의의 역사적 제도론적 접근, 교육문제연구(전북대학교 교육문제연구소), 26(2). 1-21.

_____. (2021). 대학법인 경영구조 개선과 재정건전성 확보방안 연구. 서울: 한국대학법인협의회.

_____. (2022a). 세계의 글로벌화에 대응하는 대학의 경쟁력 강화방안 연구. 서울: 여시재.

_____. (2022b). 교육의 폴리틱스·이코노믹스. 서울: 세창출판사.

송기창·김상규·윤홍주·이선호. (2018). 고교 무상 교육 실현을 위한 방안 연구. 세종: 교육부.

일본어 문헌

海老原治善. (1965). 現代日本教育政策史. 東京: 三一書房.

地方分権推進委員会. (1996). 中間報告: 分権型社会の創造(1996.3.29.). 東京: 地方分権推進委員会.

地方交付税制度研究会. (2016). 2016年度 地方交付税のあらまし. 東京: 地方財務協会.

大学改革支援·学位授与機構. (2019). 高等教育·質保証システムの概要 第3版. 東京: 大学改革支援·学位授与機構.

平原春好. (1978). 法律に定める学校と公共性. 神田修 編. 学校教育と教職員の権利. 東京: 学陽書店.

橋本鉱市·阿曽沼明裕. (2022). よくわかる高等教育論. 京都: ミネルヴァ書房.

広岡義之. (2007). 教育の制度と歴史. 京都: ミネルヴァ書房.

藤井穂高. (2018). 教育の法と制度. 京都: ミネルヴァ書房.

伊ヶ崎暁生・吉原公一郎 編著. (1975). 戦後教育の原典 2 米国教育使節団報告書. 東京: 現代史出版会.

羽仁五郎. (1979). 教育の論理 文部省廃止論. 東京: ダイアモンド社.

久本幸男. (1985). 1890年前後における文部省廃止問題ー天王制教育体制確立過程における試行錯誤, 横浜国立大学紀要, 25. 105-126.

海後宗臣. (1975). 戦後日本の教育改革1 教育改革. 東京: 東京大学出版会.

経済同友会. (2019). 自ら学ぶ力を育てる初等中等教育の実現に向けて: 将来を生き抜く力を身に付けるために. 東京: 経済同友会.

金相奎. (2004). 自治事務における条例制定権の範囲ついて研究. 東北大学大学院修士論文.

_____. (2017). 義務教育における機会均等を確保するための国の責任に関する研究. 早稲田大学博士学位論文.

小林直樹. (1980). 憲法講義 上. 東京: 東京大学出版会.

小嶋和司. (1988). 憲法と財政制度. 東京: 有斐閣.

中嶋哲彦. (2012). 収奪と排除の教育改革, 世界, 830. 90-98.

二宮皓. (2018). 世界の学校: 教育制度から日常の学校風景まで. 東京: 学事出版.

総務省. (2022). 地方財政の状況. 東京: 総務省.

松坂浩史. (2010). 逐条解説 私立学校法. 東京: 学校経理研究会.

南部初世. (1993). 地方教育行政における公立学校行政と私立学校行政の連携, 日本教育経営学会紀要, 35. 97-111.

宮沢俊義. (1978). コンメンタール日本国憲法. 東京: 日本評論社.

文部省. (1972a). 学制百年史 記述編. 東京: 帝国地方行政学会.

_____. (1972b). 学制百年史 資料編. 東京: 帝国地方行政学会.

文部科學省. (2018a). 平成29年度文部科学白書. 東京: 日経印刷.

_____. (2018b). 諸外国の初等中等教育. 東京: 明石書店.

_____. (2018c). 諸外国の教育動向 2017. 東京: 明石書店.

_____. (2022). 諸外国の教育動向 2021年度版. 明石書店.

文部科学省・内閣府・国立大学協会(2022). 国立大学法人ガバナンス・コード. 東京: 文部科学省・内閣府・国立大学協会.

村井実. (1989). アメリカ教育使節団報告書. 東京: 講談社.

日本私立学校振興・共済事業団. (2021). 学校法人の経営改善などのためのハンドブック. 東京: 日本私立学校振興・共済事業団.

日本私立学校振興・共済事業団. (2021). 令和4(2022)年度 私立大学・短期大学等入学志願動向. 東京: 日本私立学校振興・共済事業団.

OECD教育調査団 編著. (1972). 日本の教育政策. 東京: 朝日新聞社.

斎藤泰雄. (2016). 私立学校の統制と活用日本の経験, 国際教育協力論集, 19(1). 113-127.

私学高等教育研究所. (2021). 私立大学研究の到達点. 東京: 日本私立大学協会附置私学高等教育研究所.

島田晴雄渥美由喜. (2007). 少子化克服への最終処方箋―政府・企業・地域・個人の連携による解決策. 東京: ダイヤモンド社.

鈴木英一. (1965). 日本における教育行政改革案の系譜, 北海道大学教育学部紀要, 11. 1-29.

田畑忍. (1964). 憲法学講義. 東京: 憲法研究所出版会.

田中耕太郎. (1961). 教育基本法の理論. 東京: 有斐閣.

辻村みよ子. (2000). 憲法. 東京: 日本評論社.

与田徹. (2012). 「高校で学ぶ権利」の保障, 教育科学研究会 編. 大阪「教育改革」が問う教育と民主主義. 京都: かもがわ出版.

横井敏郎. (2017). 教育行政学(改訂版): 子ども若者の未来を拓く. 東京: 八千代出版.

内野正幸. (1997). 憲法解釈の論点. 東京: 日本評論社.

영어 문헌

Adick, C. (2018). Bereday and Hilker: origins of the four steps of comparison' model, *Comparative Education*, 54(1). 35–48.

Allen, R., Burgess, S. & Mckenna, L. (2014). School performance and parental choice of school: secondary data analysis. Department for Education in the UK.

American Council on Education. (2019). *U.S. Higher Education: A Brief Guide*. Washington, D.C.: American Council on Education.

Anderson, R. (2006). *British Universities: Past and Present*. London: Hambledon Continum.

Apple. M. (2005). Doing things the 'right' way: legitimating educational inequalities in conservative times, *Educational Review*, 58(3). 271–293.

Arun, R. & Roksa, J. (2011). *Academically Adrift: Limited Learning on College Campuses*. Chicago, Ill.: University of Chicago Press.

Avenarius, H. (2011). *Die Herausforderung des öffentlichen Schulwesens durch private Schulen.* Frankfurt: GEW.

Bailey, E. (2016). *The Development of the City Technology College Programme: 1980s conservative ideas about English secondary education.* A thesis submitted to the Department of Social Policy of the London School of Economics for the degree of Doctor of Philosophy.

Bailyn, B. (1960). *Education in the forming of American society*. Chapel Hill, N.C.: University of North Carolina Press.

Ball, S. J. (1995). Parents, schools and Markets: The repositioning of youth in United Kingdom education, *YOUNG*, Vol. 3, No. 3. 68–79.

Bamford, T. W. (1967). *The Rise of the Public Schools*. London: Thomas Nelson & Sons.

Banville, D. & Rikard, G. L. (2009). Teacher Induction—iplications for Physical

Education Teacher Development and Retention, *American Academy of Kinesiology and Physical Education*, 61. 237–256.

Bereday, G. Z. (1964). *Comparative Method in Education*. New York: Holt, Rinehard & Winston.

Breaden, J. & Goodman, R. (2020). *Family–Run Universities in Japan: Sources Of Inbuilt Resilience in the Face of Demographic Pressure*. Oxford: Oxford University Press.

Brighouse, H. (2010). Educational Equality and School Reform, *In* Haydon, G. (ed.). *Educational Equality*. New York: Continuum International Publishing Group.

Brock, C. (2015). *Education in the United Kingdom*. London: Bloomsbury Academic.

Broughman, S. P., Kincel, B. & Peterson, J. (2019). *Characteristics of Private Schools in the United States: Results from the 2017–18 Private School Universe Survey*. Washington, D.C.: U.S. Department of Education.

Brown, P. (1990). The 'Third Wave': education and the ideology of parentocracy, *British Journal of Sociology of Education*, 11(1). 65–86.

Buchen, I. H. (2004). *The Future of the American School System*. Lanham, Md.: Rowman & Littlefield Education.

College Board. (2022). *Trends in College Pricing and Student Aid 2022*. College Board.

Department for Education. (2020). *Academy Schools Sector in England Consolidated Annual Report and Accounts*. London: Department for Education.

_____. (2022). School teachers' pay and conditions document 2022 and guidance on school teachers' pay and conditions.

Department for Education and Skills. (2005). *London Challenge: Third Survey of Parents and Carers 2005*. London: Department for Education and Skills.

Department for Business Innovation & Skills. (2016). *Success as a Knowledge Economy: Teaching Excellence, Social Mobility and Student Choice*. London: Department for Business Innovation & Skills.

Edwards, R. (1989). Margaret Thatcher, Thatcherism and Education, *McGill Journal of Education*, 24(2). 203-214.

Eurydice. (2000a). *Private Education in the European Union*. Brussels: Eurydice European Unit.

_____. (2000b). *Private education in the European Union: Organisation, administration and the public authorities' role*. Brussels: Eurydice.

_____. (2017). *National Student Fee and Support Systems in European Higher Education 2017/18*. Brussels: European Commissions.

Evans, K. (1978). *Development and Structure of the English Educational System*. London: Hodder and Stoughton.

Fidler, B. (2010). England: Maintained Secondary Schooling, *In* Colin Brock. (ed.). *Education in the United Kingdom*. London: Bloomsbury Academic.

Forest, J. J. & Altbach, P. G. (2007). *International Handbook of Higher Education*. Dordrecht: Springer.

Friedman, M. & Friedman, R. (1980). *Free to Choose A Personal Statement*. New York: Harcourt Brace Jovanovich.

Fullan, M. (2007). *The Meaning of Educational Change*. New York: Teachers College & Columbia Univetsity.

Furlong, J. (2013). Globalisation, Neoliberalism, and the Reform of Teacher Education in England. *The Education Forum*, 77(1). 37-41.

Gewirtz, S., Ball, S. J. & Bowe, R. (1995). *Markets, Choice and Equity in Education*. Buckingham: Open University Press.

Giroux, H. A. (2002). Neoliberalism, Corporate Culture, and the Promise of Higher Education: The University as a Democratic Public Sphere, *Harvard Educational Review*, 72(4). 425-463.

Glass, J. C., Mckillop, D. G. & Hyndman, N. (1995). Efficiency in the Provision of University Teaching and Research: An Empirical Analysis of UK Universities, *Journal of Applied Economics*. 10(1). 61-72.

Glenn, C. L. (1998). The History and Future of Private Education in the United States, *Journal of Catholic Education*, 1(4). 427–444.

Glennerster, H. & Pryke, R. (1964). *The Public Schools*. London: Young Fabian Group.

Goddard, J., Hazelkorn, E., Kempton, L. & Vallance, P. (2016). *The Civic University: The Policy and Leadership Challenges*. Cheltenham: Edward Elgar Publishing.

Green, A. (2013). *Education and State Formation: Europe, East Asia and the USA*. London: Palgrave Macmillan.

Griffin, P. & Care, E. (2015). *Assessment and Teaching of 21ˢᵗ Century Skills*. Dordrecht: Springer.

Hargreaves, A. (2000). Four ages of professionalism and professional learning, *Teachers and Teaching: History and Practice*, 6(2). 151–182.

Hatcher, R. (2000). Social Class and School Relationships to Knowledge, *In* Cole, M. (ed.). *Education, Equality and Human Rights Issues of Gender, 'Race', Sexuality, Special Needs and Social Class*. New York: Rutledge Falmer.

Hillman, J. (1994). Independent schools, *In* National Commission on Education. (ed.). *Insights into Education and Training*. London: Heinemann.

Hughes, T. (1857). *Tom Brown's School Days*. New York: Macmillan.

Hunt, S. & Boliver, V. (2019). Private Providers of Higher Education in the UK: maping the terrain, *Centre for Global Higher Education working paper series* Working paper no. 47. London: Centre for Global Higher Education.

Independent Schools Council. (2019). *ISC Census and Annual Report 2019*. London: ISC Research & Intelligence Team.

Institute of Education Science. (2019). *Digest of Education Statistics 2019*. Washington, D.C.: U.S. Department of Education.

—————————————. (2019). *Report on the Condition of Education 2019*. Washington, D.C.: U.S. Department of Education.

—————————————. (2022). *Report on the Condition of Education*

2022. Washington, D.C.: U.S. Department of Education.

International Affairs Office & U.S. Department of Education. (2021). Accreditation and Quality Assurance: School-Level Accreditation. U.S. Department of Education.

lUCAS, C. J. (1994). *American Higher Education: A History.* New York: St. Martin's Press.

Kimelberg, S. M. & Billingham, C. M. (2012). Attitudes Toward Diversity and the School Choice Process: Middle-Class Parents in a Segregated Urban Public School District, *Urban Education*, 48(2). 198-231.

Kim, S. K. (2017). Public Private Partnerships in Education: Perspectives and Challenges in Education Policies, *Journal of Educational Administration and Policy*, 2. 77-89.

Köppe, S. (2017). A Bicycle Built for three. Private School Governance and Politics in the United States, *In* Koinzer, T., Nikolai, R. & Waldow, F. (eds.). *Private Schools and School Choice in Compulsory Education.* Dordrecht: Springer VS.

Labaree, D. F. (2010). *Someone has to fail: The Zero-sum Game of Public Schooling.* Cambridge, Mass.: Harvard University Press.

Lawson, J. & Silver, H. (1973). *A Social History of Education in England.* London: Methuen & Co Ltd.

Long, R. & Bolron, P. (2018). Faith Schools in England: FAQs, *Briefing Paper* No. 06972, 6 June 2018, House of Commons.

Mackerras, C. (1985). Education in the Guomindang period, 1928-1949. *In* Pong, D. & Fung, S. K. (eds.). *Ideal and reality. Social and political change in modern China 1860-1949.* Lanham, Md.: University Press of America.

Moumné, R. & Saudemont, C. (2015). *Overview of the Role of Private Providers in Education in Light of the Existing International Legal Framework, United Nations Educational.* Paris: Scientific and Cultural Organization.

Murphy, J. G. (1960). *Massachusetts Bay Colony: The role of government in education.*

Unpublished doctoral dissertation, Radcliffe College.

National Center for Education Statistics. (2019). What is the Price of College? Total, Net, and Out-of-Pocket Price in 2015-16, *Stats in Brief*, NCES 2020-470.

National Education Association. (2018). *Rankings of the States 2017 and Estimates of School Statistics 2018*. Washington, D.C.: National Education Association.

New York State Division of the Budget. (2019). Description of 2019-20 New York State Executive Budget Recommendations for Elementary and Secondary Education.

Ngok, K. (2007). Chinese Education Policy in the Context of Decentralization and Marketization: Evolution and Implications, *Asia Pacifiv Education Review*, 8(1), 142-157.

Ngok, K. L. & Kwong, J. (2003). Globalization and Educational Restructuring in China, *In* Mok, K. H. & Welch, A. (eds.). *Globalization and Educational Restructuring in the Asia Pacific Region*. London: Palgrave.

OECD. (2014). *PISA 2012 Results in Focus: What 15-year-olds know and what they can do with what they know*: OECD. (2018). *PISA 2015 Results in Focus*. Paris: OECD.

———. (2019). *Benchmarking Higher Education System Performance*. Paris: OECD.

O'Neill, G. (1980). Slow Start for New Department; Secretary Answers Media Questions, *Phi Delta Kappan*, 61(5). 309-310.

Radin, B. A. & Hawley, W. (1988). *The Politics of Federal Reorganization: Creating the U.S. Department of Education*. Oxford: Pergamon Press.

Ranson, S., Farrell, C., Peim, N. & Smith, P. (2005). Does Governance Matter for School Improvement?, *School Effectiveness and School Improvement*, 16(3). 305-325.

Robert, L. & Paul, B. (2018). Faith Schools in England: FAQs, *Briefing Paper* No. 06972, 6 June 2018, House of Commons.

Robertson, R. (1992). *Globalization: Social Theory and Global Culture*. London: Sage.

Rose, S. (2012). *Third Grade Reading Policies*. Denver, Colo.: Education Commission of the States.

Rothbard, M. N. (1999). *Education Free & Compulsory*. Auburn, Ala.: Ludwig von Mises Institute.

Shaw, S. (2011). History of Education, *In* Cooper, H. (ed.). *Professional Studies in Primary Education*. Thousand Oaks, Calif.: SAGE Publications Ltd.

Spear, S. (2014). School District Organization, Reorganization and Boundary Determinations/Alterations, Presentation to District Superintendents NYSED - Office of Educational Management Services, September 9, 2014.

Stallings, D. T. (2002). A brief history of the United States Department of Education 1979-2002, *Center for Child and Family Policy*. Durham, N.C.: Duke University.

Stephens, D. (1983). President Carter, the congress, and NEA: creating the Department of Education, *Political Science Quarterly*, 98(4). 641-663.

Stickney, B. D. & Marcus, L. R. (1984). *The great education debate: Washington and the schools*. Springfield, Ill.: Charles C. Thomas.

Texas Education Agency. (2019). *Student Success Initiative Manual: Grade Advancement Requirement*. Austin: Texas Education Agency.

The Carnegie Classification of Institutions of Higher Education. (2021). 2021 Carnegie Classifications Update Facts & Figures Report.

Thelin, J. R. (2019). *A History of American Higher Education(3rd edition)*. Baltimore, Md.: Johns Hopkins University Press.

Thomas Hughes. (1857). *Tom Brown's School Days*. New York: Macmillan.

UK Standing Committee for Quality Assessment(2018). The revised UK Quality Code for Higher Education. UKSCQA & QAA.

Universities UK. (2018). *Patterns and Trends in UK Higher Education 2018*. London: Universities UK.

University of Oxford. (2021). *Financial Statement 2021/21*. Oxford: The Financial Division University of Oxford.

U.S. Department of Commerce. (1975). *Historical Statistics of the United States Colonial Times to 1970.* Suitland, Md.: U.S. Bureau of the Census.

U.S. Department of Education. (1987). *Japanese Education Today.* Washington, D.C.: U.S. Department of Education.

_____. (2010). *Alternative Schools and Programs for Public School Students At Risk of Educational Failure: 2007-08.* Washington, D.C.: U.S. Department of Education.

_____. (2018). *Digest of Education Statistics 2016.* Washington, D.C.: National Center for Education Statistics.

U.S. Department of Education Office of Innovation and Improvement Office of Non-Public Education. (2009). *State Regulation of Private Schools.* Washington, D.C.: U.S. Department of Education.

U.S. Department of Education Office of Postsecondary Education. (2017). *Teacher Shortage Areas Nationwide Listing 1990-1991 through 2017-2018.* Washington, D.C.: U.S. Department of Education Office of Postsecondary Education.

Vinovskis, M. A. (1992). Schooling and Poor Children in 19th-Century America, *American Behavioral Scientist,* 35(3). 313-331.

Vincent-Lancrin, S. (2007). The "crisis" of public higher education: A comparative perspective, *UC Berkeley Research and Occasional Papers Series.*

Wagner, T. (2014). *The Global Achievement Gap.* Philadelphia, Pa.: Basic Books.

Whitty, G. (2002). *Making Sense of Education Policy.* Thousand Oaks, Calif.: SAGE Publications Ltd.

Willetts, D. (2017). *A University Education.* Oxford: Oxford University Press.

Williams, G. (2015). England: Higher Education, *In* Brock, C. (ed). *Education in the United Kingdom.* London: Bloomsbury Academic.

World Economic Forum. (2020). *The Future of Jobs Report 2020.* Geneva: World Economic Forum.

웹 자료

국가통계포털. http://kosis.kr/index/index.do.

中央教育審議会. 2040年に向けた高等教育のグランドデザイン(答申, 中教審第211号), https://www.mext.go.jp/b_menu/shingi/chukyo/chukyo0/toushin/1411360.htm.

_____. 今後における学校教育の総合的な拡充整備のための基本的施策について, https://www.mext.go.jp/b_menu/shingi/chuuou/toushin/710601.htm.

_____. 今後の地方教育行政の在り方について, http://www.mext.go.jp/b_menu/shingi/chukyo/chukyo0/toushin/1342455.htm.

_____. 私立学校教育の振興についての答申(1955. 9. 12.), http://www.mext.go.jp/b_menu/shingi/old_chukyo/old_chukyo_index/toushin/1309458.htm.

大学入試センター. https://www.dnc.ac.jp/kyotsu/shiken_gaiyou/index.html.

法務省. 在留外国人統計, http://www.moj.go.jp/housei/toukei/toukei_ichiran_touroku.html.

経済同友会. 自ら学ぶ力を育てる初等中等教育の実現に向けて: 将来を生き抜く力を身に付けるために, https://www.meti.go.jp/shingikai/mono_info_service/mirai_kyoshitsu/pdf/010_02_01.pdf.

国立大学協会. https://www.janu.jp/univ/code/.

国立大学法人東海国立大学機構. https://www.thers.ac.jp/about/chancellor/message/index.html.

教育再生実行会議. 教育委員会制度等の在り方について, https://www.kantei.go.jp/jp/singi/kyouikusaisei/teigen.html.

教科書センター. http://www.mext.go.jp/a_menu/shotou/kyoukasho/center.htm.

自民党 憲法改正實現本部. 日本国憲法改正草案, https://constitution.jimin.jp/

document/draft/.

神奈川県公私立高等学校協議会. https://www.pref.kanagawa.jp/docs/dc4/nyusen/
koushik you/koushikyoutop.html.

文部科学省. 教育基本法の改正を受けて緊急に必要とされる教育制度の改正
について, http://www.mext.go.jp/b_menu/shingi/chukyo/chukyo0/
toushin/07031215.htm.

————. 学校基本調査, http://www.mext.go.jp/b_menu/toukei/chousa01/
kihon/1267995.htm.

————. 大学院教育の現状と課題, https://www8.cao.go.jp/cstp/project/jinzai/
haihu1/siryo4-1.pdf.

————. 学期の区分の状況, http://www.mext.go.jp/b_menu/shingi/chukyo/
chukyo3/004/siryo/attach/1388646.htm.

————. 学校評議員制度について, http://www.mext.go.jp/b_menu/shingi/
chukyo/chukyo0/gijiroku/attach/1345375.htm.

————. 義務教育諸学校等に関する行政監察の結果に基づく勧告について,
http://www.mext.go.jp/b_menu/hakusho/nc/t19921118001/t19921118001.
html.

————. コミュニティ・スクール(学校運営協議会制度), https://manabi-mirai.mext.
go.jp/torikumi/chiiki-gakko/cs.html.

————. 教員免許更新制, http://www.mext.go.jp/a_menu/shotou/koushin/.

————. 教員需要の減少期における教員養成・研修機能の強化に向けて: 国
立教員養成大学・学部、大学院、附属学校の改革に関する有識者会議
報告書, http://www.mext.go.jp/b_menu/shingi/chousa/koutou/077/
gaiyou/1394996.htm.

————. 私立高等学校の授業料の実質無償化について, http://www.
mext.go.jp/a_menu/shotou/mushouka/__icsFiles/afieldfile/2019/06/
24/1418201_1_2.pdf.

————. 学校選択制等について, https://www.mext.go.jp/a_menu/shotou/

gakko-sentaku/index.htm.

_____. 令和3年度(令和2年度実施)公立学校教員採用選考試験の実施状況について, http://www.mext.go.jp/a_menu/shotou/senkou/1416039.htm.

_____. 令和3年度私立高等学校等初年度授業料等の調査結果について, http://www.mext.go.jp/a_menu/koutou/shinkou/07021403/1380903.htm.

_____. 我が国高等教育のこれまでの歩み, https://www.mext.go.jp/b_menu/shingi/chukyo/chukyo0/toushin/attach/1397596.htm.

内閣府. 累次にわたる地方分権一括法, https://www.cao.go.jp/bunken-suishin/ikkatsu/ikkatsuhou.html.

_____. 地方分権改革, https://www.cao.go.jp/bunken-suishin/.

_____. 幼児教育・保育の無償化, https://www8.cao.go.jp/shoushi/shinseido/musyouka/index.html.

日本私立学校振興・共済事業団. https://www.shigaku.go.jp/files/s_h30koukoushigandoukou.pdf.

日本私立大学協会. https://www.shidaikyo.or.jp/apuji/about/governance.html.

大阪府. 私立学校審議会の情報, http://www.pref.osaka.lg.jp/shigaku/shinngikai/index.html.

_____. 令和元(平成31)年度以降に高校等へ入学する方への授業料支援制度について, https://www.pref.osaka.lg.jp/shigaku/shigakumushouka/shigaku_mushoka_r1.html.

裁判所. 学力テスト旭川事件最高裁判決, http://www.courts.go.jp/app/hanrei_jp/detail2?id=57016.

埼玉県私立学校助成審議会. https://www.pref.saitama.lg.jp/a0204/joseisingikai/index.html.

政府統計の総合窓口. 統計で見る日本, https://www.e-stat.go.jp/municipalities/number-of-municipalities.

総務省. 地方財政関係資料, https://www.soumu.go.jp/iken/11534.html.

総務省統計局. https://www.stat.go.jp/data/kokusei/2015/index.html.

衆議院. http://www.shugiin.go.jp/internet/itdb_annai.nsf/html/statics/ugoki/
　　h17ugoki/09siryo/H17kans14.htm.

東京都. 平成31年度高等学校就学計画について, http://www.metro.tokyo.jp/tosei/
　　hodo happyo/press/2018/09/05/01_01.html.

_____. 都内私立高等学校(全日制)の学費の状況, https://www.metro.tokyo.lg.jp/
　　tosei/hodohappyo/press/2021/12/09/13.html.

東京都生活文化局私学部. (2018). 東京都の私学行政, https://www.seikatubunka.
　　metro.tokyo.lg.jp/shigaku/sonota/0000000077.html.

東京都私立学校助成審議会. http://www.seikatubunka.metro.tokyo.jp/shigaku/
　　jyoseishingi/.

A Division of the New York State Department of State. (2018). Local Government
　　Handbook, https://dos.ny.gov/system/files/documents/2021/10/
　　localgovernmenthandbook_2021.pdf.

American Association of University Professors. Statement on Government of
　　Colleges and Universities, https://www.aaup.org/report/statement-
　　government-colleges-and-universities.

American Council on Education. (2017). *Mapping Internationalization on U.S.
　　Campuses 2017 edition*, https://www.acenet.edu/Research-Insights/Pages/
　　Internationalization/Mapping-Internationalization-on-U-S-Campuses.
　　aspx.

Assessment and Teaching of Twenty-First Century Skills Project. http://www.cisco.
　　com/c/dam/en_us/about/citizenship/socio-economic/docs/ATC21S_Exec_
　　Summ ary.pdf.

Association of Boarding Schools. http://www.boardingschools.com/find-a-school/
　　quick-lists/USA.

Association of Public and Land-grant Universities. https://www.aplu.org/members/
　　our-members/.

Association of School and College Leaders. https://www.ascl.org.uk/news-and-views /podcasts _news-detail.annual-conference-2018.html.

Banville, D. & Rikard, G. L. (2009). National Commission on Teaching and America's Future. (2007). The high cost of teacher turnover, http://nctaf.org. zeus.silvertech.net/resources/research_and_reports/nctaf_research_reports/ documents/CTTPolicyBrie f-FINAL_000.pdf.

Boarding School Review. https://www.boardingschoolreview.com/top- twenty-schools-listing/least-expensive-tuition.

California Community Colleges. https://www.cccco.edu/.

Carey, J. O. (1998). Library Skills, Information Skills, and Information Literacy: Implications for Teaching and Learning, School Library Media Research, 1, http://www.ala.org/aasl/sites/ala.org.aasl/files/content/aaslpubsandjournals/ slr/vol1/SLMR_LibrarySkills_V1.pdf.

Carnegie Foundation for the Advancement of Teaching. https://www.carne giefoundation.org/blog/giving-credit-where-credits-due-a-50-state-scan-of-course-credit-policies/.

ChildCare.gov. https://childcare.gov/consumer-education/get-help-paying-for-child-care; GOV.UK. 30 hours free childcare, https://www.gov.uk/30-hours-free-childcare.

Delaware Department of Education. https://www.doe.k12.de.us/Page/3843.

Department for Education. (2014). Admissions Code Section 1: Determining Admission Arrangements, https://assets.publishing.service.gov.uk/ government/uploads/system/uploads/attachment_data/file/389388/School_ Admissions_Code_ 2014_-_19_Dec.pdf.

_____. (2017). Omnibus Survey of Pupils and their Parents/ Carers, Research report wave 2, https://assets.publishing.service.gov.uk/ government/uploads/system/uploads/attachment_data/file/626068/PPC_ Omnibus_Wave_2_ Report.pdf.

_____. (2018). Education provision: children under 5 years of age, https://www.gov.uk/government/statistics/education-provision-children under-5-years-of-age-january-2018.

_____. (2019). Education and training statistics for the UK, https://www.gov.uk/government/statistics/education-and-training-statistics-for-the-uk-2021.

_____. (2022). Teachers' Standards, https://assets.publishing.service.gov.uk/government/uploads/system/uploads/attachment_data/file/1040274/Teachers__Standards_Dec_2021.pdf.

Department for Education and Skills. (2005). Extended schools: Access to opportunities and services for all: A prospectus, https://dera.ioe.ac.uk/6326/7/Extended-schools%20prospectus_Redacted.pdf.

DFE Raising the participation age (RPA). https://www.gov.uk/government/collections/raising-the-participation-age.

Director of Children's Service. https://assets.publishing.service.gov.uk/government/uploads/system/uploads/attachment_data/file/271429/directors_of_child_services_-_stat_guidance.pdf.

Education Commission of the States. (2013). State Education Governance Models, https://www.ecs.org/clearinghouse/77/78/7778.pdf.

_____. (2019). An Analysis of State Postsecondary Governance Structures, https://www.ecs.org/wp-content/uploads/An-Analysis-of-State-Postsecondary-Governance-Structures.pdf.

Education in England. http://www.educationengland.org.uk/articles/24hadow.html.

Education USA. U.S. Government Resources And Guidance, https://educationusa.state.gov/us-higher-education-professionals/us-government-resources-and-guidance.

eLaws.US. http://www.elaws.us/.

ESC. School Calendar, http://www.ecs.org/clearinghouse/95/05/9505.pdf.

Eton College. https://www.etoncollege.com/userfiles/files/m17678%20Eton%20 Admissions%202018%20awLR.pdf.

Eurydice. United Kingdom-England, Types of Higher Education Institution, Autonomous and diverse institutions, https://eurydice.eacea.ec.europa.eu/ national-education-systems/united-kingdom-england/higher-education.

European Commission. http://eur-lex.europa.eu/legal-content/EN/TXT/ ?uri=uriserv%3Ac11090.

Family Hubs Network, https://familyhubsnetwork.com/introducing-family-hubs/.

FindLaw. The total number of charters issued pursuant to this article statewide shall not exceed four hundred sixty, https://codes.findlaw.com/ny/education- law/edn-sect-2852.html.

GDST. Pay and Benefits, https://www.gdst.net/careers/pay-and-benefits/.

Global Law Office. http://www.glo.com.cn/en/upload/contents/2017/06/ 593e56aac176b.pdf.

GOV.UK, https://www.gov.uk/.

Gregory Walton. Gap year takers 'less likely to finish university', Telegraph 13 May 2015, https://www.telegraph.co.uk/education/11603791/Gap-year-takers- less-likely-to-finish-university.html.

Hinsdale Central High School. https://d86.hinsdale86.org/domain/111.

HM Government, Family Hubs and Start for Life programme guide, https:// assets.publishing.service.gov.uk/government/uploads/system/uploads/ attachment_data/file/1096786/Family_Hubs_and_Start_for_Life_ programme_guide.pdf.

Independent Schools Council. https://www.isc.co.uk/about-isc/.

Independent Schools Examinations Board. https://www.iseb.co.uk/Home.

_____. https://www.iseb.co.uk/getmedia/ 4298206e-eed4-4c59-8cfc-7d05ec40c86d/Documentation-CE-11-Senior-

Schools.pdf.aspx.

Institute for Security & Development Policy. http://isdp.eu/content/uploads/2018/06/Made-in-China-Backgrounder.pdf.

IRS. Excise Tax on Net Investment Income of Private Colleges and Universities, https://www.irs.gov/pub/newsroom/1-excise-tax-on-net-investment-income-colleges-4968-13701_508.pdf.

ISC Census and Annual Report 2019. https://www.isc.co.uk/media/5479/isc_census_2019_report.pdf.

Legal Information Institute. 20 U.S. Code § 3402: Congressional declaration of purpose, https://www.law.cornell.edu/uscode/text/20/3402.

legislation.gov.uk. https://www.legislation.gov.uk/.

LexisNexis: Structure of the New York State School System. http://www.lexisnexis.com/schoollaw/images/Sample.pdf.

Lynden Christian Schools. Admissions-Enrollment, https://www.lyncs.org/admissions/enrollment/.

Machin, S., McNally, S. & Wyness, G. (2012). Education Across the UK Nations: Performance Inequality and Evidence, http://files.eric.ed.gov/fulltext/ED534696.pdf.

Menzies, L. & Parameshwaran, M. (2015). Why Teach?, http://www.lkmco.org/why-teach.

NACAC. 2018 State of College Admission, https://ivyselect.com/blog/the-2018-state-of-college-admissions-report/.

National Audit Office. https://www.nao.org.uk/.

National Board for Professional Teaching Standards. http://www.nbpts.org/.

National Center for Education Statistics. (2022). Fast Facts, https://nces.ed.gov/fastfacts/display.asp?id=30.

National Data. http://data.stats.gov.cn/english/easyquery.htm?cn=C01.

National Commission on Teaching and America's Future. (2007). The high cost of teacher turnover, http://nctaf.org.zeus.silvertech.net/resources/research_and_reports/nctaf_researchreports/documents/CTTPolicyBrief- FINAL_000.pdf.

New Schools Network. (2015). Comparison of different types of school: A guide to schools in England January 2015, https://www.newschoolsnetwork.org/sites/default/files/files/pdf/Differences%20across%20school%20types.pdf.

New York State School Boards Association. https://www.nyssba.org/news/2012/12/14/on-board-online-december-17-2012/types-of-school-districts-in-new-york-state/.

NFER. New report: 10 years of Free Schools, https://www.nfer.ac.uk/news-events/press-releases/new-report-10-years-of-free-schools/.

NY State Data. https://data.nysed.gov/.

OECD. (2022). Education at a Glance. OECD.

Office for National Statistics. https://www.ons.gov.uk/peoplepopulationandcommunity/populationandmigration/populationestimates.

Office of the New York State Comptroller. https://www.osc.state.ny.us/finance/finre ports/fcr/2017/elementary_ed.htm.

Ofsted. (2019). Inspecting the curriculum: Revising inspection methodology to support the education inspection framework, https://assets.publishing.service.gov.uk/government/uploads/system/uploads/attachment_data/file/814685/Inspecting_the_curriculum.pdf.

Partnership for 21st Century Learning. http://www.p21.org/about-us/our-history.

QAA. (2020). Characteristics Statement: Qualifications involving more than one degree-awarding body. https://www.qaa.ac.uk/docs/qaa/quality-code/qualifications-involving-more-than-one-degree-awarding-body.pdf?sfvrsn=4cc5ca81_10.

Sandford, M. (2018). Local government in England: structures, https://research briefings.files.parliament.uk/documents/SN07104/ SN07104.pdf.

School Guide. How much does private school cost?, https://www.schoolguide.

co.uk/blog/how-much-does-private-school-cost.

Sixth Form.com. https://www.sixth-form.com/curriculums-a-levels/.

Study in the UK. International Student Statistics in UK 2022, https://www.studying -in-uk.org/international-student-statistics-in-uk/.

Tennessee Higher Education Commission (THEC) & Tennessee Student Assistance Corporation (TSAC). (2022). Tennessee Promise Report 2022, https://www. tn.gov/thec/research/tn-promise-annual-report.html.

The Carnegie Classification of Institutions of Higher Education. (2021). 2021 Carnegie Classifications Update Facts & Figures Report, https://carnegieclassifications. acenet.edu/downloads/CCIHE2021-FactsFigures.pdf.

The Guardian. Q&A: Specialist schools, https://www.theguardian.com/ education/2007/feb/09/schools.newschools.

Times Higher Education. World University Rankings 2023, https://www.timeshig hereducation.com/world-university-rankings/2023/world-ranking.

Troops to Teachers. https://proudtoserveagain.com/About/Overview.

UIS.Stat. http://data.uis.unesco.org/.

UK Department of International Development (DFID) & the World Bank (WBG) Study. Non-government/Private Education in China, http://siteresources. worldbank.org/EDUCATION/Resources/278200-1126210664195/1636971- 1126210694253/Non_Govt_ Private.pdf.

UNESCO International Bureau of Education. World Data on Education: Sixth edition 2006-07, Unied States of America, http://www.ibe.unesco.org/en/ resources/world-data-education.

United States Census Bureau. https://www.census.gov/quickfacts/fact/table/US/ VET605217#VET605217.

Universities and Colleges Admissions Service. https://www.ucas.com/finance/under graduate-tuition-fees-and-student-loans.

Universities UK. The scale of UK transnational education, https://www.univer

sitiesuk.ac.uk/universities-uk-international/insights-and-publications/
uuki-insights/scale-uk-transnational-education.

University of Oxford. http://www.ox.ac.uk/admissions/undergraduate/fees-and-
funding/course-fees.

U.S. Department of Education. (2005). Education in the United States: A Brief
Overview, https://www2.ed.gov/about/offices/list/ous/international/edus/
index.html.

U.S. Securities and Exchange Commission. https://www.sec.gov/reportspubs/invest
or-publications/investorpubsintro529htm.html.

USConstitution.net. https://usconstitution.net/.

Zinth, K. (2009). Maximum 9-12 Class-Size Policies, http://www.ecs.org/wp-
content/uploads/state-notes-class-size.pdf.